650 Idioms and Proverbial Phrases in Modern Standard Arabic

650 Idioms and Proverbial Phrases in Modern Standard Arabic is the ideal tool for learners of Arabic who wish to improve their knowledge and comprehension of Arabic language and culture and make their language more expressive and idiomatic.

Including over 650 idiomatic expressions found in contemporary Arabic, this book is divided into two parts. Part I lists the idioms alphabetically for ease of use, providing English equivalents and a range of illustrative example sentences to show how the idioms are used in different contexts. The idioms are chosen based on frequency of use in written Arabic as well as oral speech, in Arabic literature and mass media. Part II includes 30 practice exercises structured around original texts which include the idioms covered in Part I. These practice exercises encourage students to review the meanings of idioms while improving their reading skills and familiarity with various text genres.

Designed to be comprehensive, accurate, and easy to use, the book reflects the daily use of Arabic and draws on real and authentic use of the language. Suitable for use as a textbook or reader, this is an ideal resource for students at CEFR level B1 to C2 or Intermediate-High to Advanced-High on the ACTFL proficiency scale.

Lamia Jamal-Aldin is an Arabic language and literature academic with years of teaching experience at different universities in the UK and abroad. Lamia has a deep knowledge of the niceties of Arabic grammar and morphology in its classical, standard, and colloquial forms. Her passion for Semitic languages and her experience in pedagogy have driven her to develop unique and innovative methods in teaching Arabic as a second language.

Abdullah Hammadi is a freelance writer, translator, and analyst. His areas of interest include Arabic language and the socio-political trends in the Middle East. He formerly worked as a survey manager on an MIT project in the Middle East. Abdullah has a deep and wide understanding of classical, standard, and colloquial forms of Arabic, and of the nuances of the language. Short stories, poetry, essays, political analysis, translations, and Arabic teaching materials are part of his writing portfolio.

650 Idioms and Proverbial Phrases in Modern Standard Arabic

التعابير اللغوية والأمثال في العربية الحديثة

For Intermediate to Advanced Students

Lamia Jamal-Aldin
Abdullah Hammadi

Routledge
Taylor & Francis Group
LONDON AND NEW YORK

First published 2022
by Routledge
2 Park Square, Milton Park, Abingdon, Oxon OX14 4RN

and by Routledge
605 Third Avenue, New York, NY 10158

Routledge is an imprint of the Taylor & Francis Group, an informa business

© 2022 Lamia Jamal-Aldin and Abdullah Hammadi

The right of Lamia Jamal-Aldin and Abdullah Hammadi to be identified as authors of this work has been asserted by them in accordance with sections 77 and 78 of the Copyright, Designs and Patents Act 1988.

All rights reserved. No part of this book may be reprinted or reproduced or utilised in any form or by any electronic, mechanical, or other means, now known or hereafter invented, including photocopying and recording, or in any information storage or retrieval system, without permission in writing from the publishers.

Trademark notice: Product or corporate names may be trademarks or registered trademarks, and are used only for identification and explanation without intent to infringe.

British Library Cataloguing-in-Publication Data
A catalogue record for this book is available from the British Library

Library of Congress Cataloging-in-Publication Data
A catalog record has been requested for this book

ISBN: 978-0-367-56159-8 (hbk)
ISBN: 978-0-367-56152-9 (pbk)
ISBN: 978-1-003-09666-5 (ebk)

DOI: 10.4324/9781003096665

Typeset in Optima
by Apex CoVantage, LLC

تبقى الحكمةُ الإنسانيّةُ واحدةً مهما اختلفتِ الألسن.

Contents

Preface x
نبذة عن الكتاب xii

PART I THE IDIOMS AND PROVERBIAL PHRASES 1

1	alif (حرف الألف)	3
2	baa (حرف الباء)	38
3	taa (حرف التاء)	50
4	ṯaa (حرف الثاء)	60
5	jeem (حرف الجيم)	62
6	ḥaa (حرف الحاء)	66
7	ḫaa (حرف الخاء)	71
8	daal (حرف الدال)	76
9	ḏaal (حرف الذال)	81
10	raa (حرف الراء)	84
11	zaay (حرف الزاي)	92
12	seen (حرف السين)	95

13	šeen (حرف الشين)	102
14	ṣaad (حرف الصاد)	109
15	ḍaad (حرف الضاد)	113
16	ṭaa (حرف الطاء)	118
17	ẓaa (حرف الظاء)	122
18	ʿayn (حرف العين)	123
19	ġain (حرف الغين)	147
20	faa (حرف الفاء)	150
21	qaaf (حرف القاف)	160
22	kaaf (حرف الكاف)	170
23	laam (حرف اللام)	175
24	meem (حرف الميم)	194
25	noon (حرف النون)	208
26	haa (حرف الهاء)	216
27	waaw (حرف الواو)	219
28	yaa (حرف الياء)	226
29	Proverbial phrases (الأمثال)	228

PART II THE PRACTICE EXERCISES — 249

Practice exercise 1 (الكتاب العجيب) — 251

Practice exercise 2 (الهوَس) — 255

Practice exercise 3 (المقاهي في العواصم العربية) — 260

Practice exercise 4 (كما تدين تدان) — 264

Practice exercise 5 (التحديات البيئية في العالم العربي) — 269

Practice exercise 6 (عندما يغلب الإنسان على أمره) — 273

Practice exercise 7 (اللبان العماني) — 278

Practice exercise 8 (الوعد والخباز)	281
Practice exercise 9 (نادي الواحة يعود القهقرى في عقر داره)	285
Practice exercise 10 (الأخبار لا تتغير)	289
Practice exercise 11 (المرأة الخليجية والمناصب القيادية)	293
Practice exercise 12 (في بيت العائلة)	297
Practice exercise 13 (اللقاء الأول)	301
Practice exercise 14 (وكان اللقاء الثاني)	306
Practice exercise 15 (رسالة شكر وتقدير)	312
Practice exercise 16 (ولات حين مناص)	316
Practice exercise 17 (حديث بين عجوزين)	320
Practice exercise 18 (الحرب الأهلية إلى أين؟)	324
Practice exercise 19 (محنة شاب بدين)	329
Practice exercise 20 (مقدمة تقرير رسمي)	334
Practice exercise 21 (وهكذا دواليك)	337
Practice exercise 22 (تأبين زعيم سابق)	342
Practice exercise 23 (الأمور بخواتيمها)	346
Practice exercise 24 (الصحراء)	350
Practice exercise 25 (الطيور على أشكالها تقع)	354
Practice exercise 26 (بيان حكومي)	358
Practice exercise 27 (المقامة المسقوفية)	362
Practice exercise 28 (شجب واستنكار)	366
Practice exercise 29 (قرار محكمة التمييز)	370
Practice exercise 30 (نهاية مطرب في زمن الإنترنت)	374

Preface

Idioms and proverbs are used in everyday life in the Arab World, ranging from spoken colloquial to standard Arabic. *650 Idioms and Proverbial Phrases in MSA* is a textbook and reader that focuses on standard Arabic idioms and proverbs. The aim of this textbook is to develop the knowledge and understanding of idioms in Arabic. Furthermore, it aims to enhance the learner's skills in Modern Standard Arabic through its integrative approach that brings all skills together.

This book is suitable for students of Arabic who need to improve their understanding of Arabic idioms and proverbs and to gain fluency in the language. The book is also an indispensable source for students, scholars, translators, and all professionals who deal with Arabic.

650 Idioms and Proverbial Phrases in MSA explains and exercises the idioms in a way that reflects not only the idioms' meanings but also incorporates real life examples that bring together language, context, and culture. The book has two parts:

Part I includes 29 chapters, and covers over 650 common Arabic idioms and proverbs, which are alphabetically ordered. They are diacritically marked to show their correct pronunciations, according to the most reliable Arabic literature sources. The meanings of each idiom/proverb are given in English, then model sentences are presented, together with their English translations. These examples show the idiom's typical contextual use, and elucidate the grammatical peculiarities, the morphological modifications, and the cultural aspects of the idiom. The model examples are also diacritically marked where needed to display grammatical and syntactic features, to demonstrate accurate pronunciation of the words, and to make it easier for the learner to fully comprehend the modifications that occur to the Arabic grammatical modes.

Preface

Significant efforts have been made to find the most accurate meaning for each idiom/proverb in Arabic and English. We went through many sources in both languages, comparing and analysing texts and materials to determine how the idioms/proverbs are used and in which context. We have noticed that inaccurate translations of some Arabic idioms are widely used today. One example is "false friends," expressions that have similar forms in both languages with totally different meanings. The Arabic idiom (الحق يقال) for instance is commonly and wrongly translated as "truth be told." While it is used in English to admit or tell the truth about something negative, it is used in Arabic to express a positive opinion in defense of someone's action. It is never used in Arabic to express negative thoughts.

Part II includes 30 practice exercises; each has a text that uses idioms from Part I. We have written the texts specifically for this book, and they are diverse in their themes, styles, and genres. All the texts are fictional, and they come in the form of short stories, reports, political analysis, articles, football match report, a letter of thanks, a formal speech, official statements, a Maqamah (Arabic rhymed prose), a eulogy, and a court ruling. The idioms and proverbs are presented for study and practice in natural contexts within language usage that is informative, enjoyable, and simulates reality. Furthermore, the practice exercises concentrate on familiarising the student with the meanings of the idioms and proverbs and how they are used in different contexts and writing styles. Part II also can be used independently as a reader to enhance the student's skills in reading and analysing different texts and genres in Arabic.

This textbook/reader is indispensable for anyone who wants to develop and enrich their Arabic language and make it more expressive.

نبذة عن الكتاب

يكتسب هذا الكتاب أهميته ليس فقط من أنه كتاب تعليمي لتدريس التعابير اللغوية والأمثال المستخدمة في اللغة العربية الحديثة لغير الناطقين بها، بل يتخطى ذلك ليكون كتابًا لا غنى عنه للباحثين والمترجمين والطلاب في حقل الترجمة من العربية وإليها، ناهيك عن الذين يتعاملون باللغة العربية كتابةً وحديثًا وقراءةً، ويحرصون على أن تكون لديهم لغة عربية سليمة.

يسد هذا الكتاب نقصًا واضحًا في أي برنامج تعليمي يعنى بتدريس العربية. إذ إن دراسة أية لغة وفهمها لا يكتملان دون فهم التعابير اللغوية التي تستخدمها تلك اللغة، خصوصًا أن اللغة العربية تعجّ بها، ولا يكاد يخلو نص من نصوصها من تلك التعابير. وقد سعينا ما وسعنا السعي إلى جمع وعرض أكثر من ستمائة وخمسين تعبيرًا لغويًّا شائعًا في هذا الكتاب الذي قسمناه إلى قسمين:

القسم الأول يحوي التعابير اللغوية والأمثال الشائعة في العربية التي تم اختيارها بدقة، وتم ترتيبها بحسب الحروف الهجائية. وقد وضعنا لكل تعبير لغوي ترجمات باللغة الإنكليزية تفسر معانيه الأكثر شيوعًا واستخدامًا متحرّين الدقة في أن تكون تلك الترجمات الإنكليزية هي الأقرب والأدق لمعاني التعبير اللغوي العربي، حتى وإن تباعدت الثقافتان أحيانًا وكان من الصعب إيجاد الكلمات التي تطابق هذا التعبير اللغوي أو ذاك في اللغة الأخرى. كما حرصنا على توضيح كل تعبير لغوي أو مَثل من خلال وضعه في جمل تمت صياغتها بعناية، آخذين في الاعتبار السياقات المختلفة التي يستخدم فيها، والمتغيرات النحوية والصرفية التي تطرأ عليه. وقد تم وضع علامات التشكيل لإظهار النطق الصحيح ولمساعدة المتعلم على فهم التغيّرات الإعرابية التي تطرأ على التعابير اللغوية أثناء استخدامها في الجمل المختلفة. وبعد عرض هذه الجمل بالعربية، قمنا بترجمتها إلى الإنكليزية كي يتمكن مستخدم الكتاب من تكوين صورة أوضح عن التعبير اللغوي واستخداماته.

لقد بذلنا جهدًا في تنقيح وتصحيح بعض الترجمات الشائعة التي لا تعطي المعنى الحقيقي للتعبير اللغوي، وسعينا إلى إيجاد ترجمات أدق وأقرب للمعنى الحقيقي. ومن تلك الأخطاء الشائعة في حقل الترجمة من اللغة العربية وإليها بعض التعابير التي تتطابق في الكلمات في اللغتين إلّا أن استخدامها يكون مختلفاً كليًّا. مثالٌ على ذلك تعبير (الحقُّ يُقال) الذي يُترجم بشكل خاطئ إلى الإنكليزية بالتعبير الإنكليزي (Truth be told). يستخدم التعبير الإنكليزي لقول الحقيقة التي غالبًا ما تكون سلبية، في حين يستخدم في العربية من أجل التعبير عن الإنصاف بحق شخص أو شيء ما ولا يأتي سلبيًا أبدًا، ولذا فهو أقرب للتعبير الإنكليزي (In fairness).

لقد استغرق العمل على الكتاب الكثير من الجهد والوقت من أجل أن يخرج على أكمل وجه. وقد استعنا بأمهات الكتب التراثية واللغوية في كلا اللغتين وبعدد كبير من المصادر العربية والإنكليزية المتنوعة، الحديث منها والقديم، كي نصل للمعنى الأكثر قربًا وصدقًا للتعبير اللغوي وترجمته.

يضم القسم الثاني ثلاثين نصًا قصيرًا كتبناها خصيصًا لهذا الكتاب، يحوي كل نصٍّ منها عددًا من التعابير اللغوية التي وردت في الكتاب. وتتنوع موضوعات النصوص وأغراضها بين القصة القصيرة، والتحليل الإخباري، والبيان الرسمي، والخبر، والمقال الساخر واللغة الرسمية والدبلوماسية والقانونية والإعلامية المستخدمة في أرجاء العالم العربي. وسعينا إلى تغطية الأساليب المختلفة للكتابة العربية، فشملت الأسلوب السردي للقصة القصيرة، والأسلوب الخطابي، وحتى أسلوب المقامة لتعريف القارئ بالذوق العربي في الكتابة. لقد حرصنا أن نصوغ النصوص بعناية فائقة لكي تكون مفيدة بقدر ما هي ممتعة ومتنوعة، كي تحقق أقصى فائدة ممكنة، وقد تم تصميم تمارين مرافقة لهذه النصوص حول التعابير اللغوية الواردة فيها، وقد راعينا في التمارين أن تعكس اللغة العربية الرصينة في سياقاتها المستخدمة، وكذلك أخذنا بالاعتبار تطوير القدرات والمهارات اللغوية المتعددة كالقراءة والكتابة والتعبير الشفهي والترجمة.

إن هذا الكتاب يقوم بربط تكاملي فريد من نوعه بين مختلف الجوانب في العربية، حيث تتكامل دراسة التعابير اللغوية مع الصرف والنحو وأساليب الكتابة والثقافة العربية. لقد تم تصميم هذا الكتاب ليغطي فهم التعبير اللغوي والمثل العربي المستخدم في اللغة العربية الحديثة، ولكنه في نفس الوقت كتاب متعدد الاستخدامات يغطي مساحة واسعة ومهمة لكل من يريد تعلم اللغة العربية وإتقانها.

PART I

The Idioms and Proverbial Phrases

التعابير اللغوية والأمثال

أ

حرف الألف

ابْتَسَمَ لَهُ الحَظُّ

Fortune smiles on someone.

لقد ابتسمَ لها الحظّ بعد أن اشتهر طبخُها بفضلِ مقطع فيديو نشرتهُ على الإنترنت. / ابتسم له الحظّ بعدَ أن حصلَ على منحةٍ دراسيةٍ في كليّة الطّبّ المرموقة. / كان الحظّ يبتسمُ لها لأنّها كانت لطيفةً مع النّاس.

Good fortune smiled on her when her cooking became famous, thanks to a video she posted online./Good fortune smiled on him after he was granted a scholarship to the prestigious School of Medicine./Good fortune was smiling upon her because she was nice to people.

أَبَدُ الدَّهْرِ

Eternally; forever; for all eternity.

"ومن يَتهيّبْ صعودَ الجبالِ ...يعِشْ أبدَ الدّهرِ بين الحُفر." أبو القاسم الشّابي. / سيبقى القمر أبدَ الدّهرِ رمزًا لحُبّنا. / ستُوجّه روحُها الأمةَ أبدَ الدّهر باتجاه ازدهارها.

"He who does not dare to climb the mountains should live forever among the hollows." Abu Al-Qassim Al-Shabbi./The moon will be an eternal symbol of love between me and you./Her spirit will eternally guide the nation towards its progress.

أَبْدى وُجْهَةَ نَظَر

To express or show a point of view, perspective, or opinion.

DOI: 10.4324/9781003096665-2

سعى المحامي إلى إبداءِ وجهة نظر المتهم أثناء غيابه. / لقد كانت حريصةً على إبداءِ وجهة نظرها في النّقاشات البرلمانيّة. / لم يُبدِ المسؤول وجهة نظرٍ إيجابيةٍ حول حكمِ سيادةِ القانون في البلد.

The attorney sought to show the defendant's point of view in his absence./She was eager to express her opinion in the parliamentary discussions./The official did not express a positive perspective regarding the rule of law in the country.

أَبْصَرَ النّورَ

To see the light of day; to be born; to be launched; to start to exist.

ولولا دعم زوجتي وصبرها لما أبصرتْ هذه الرواية النور. / أبصرت اتفاقيةُ السّلام النورَ أخيرًا بعد أعوامٍ من التحضيرات. / بسبب سوء التّخطيط لم تُبصر أغلبُ مشاريع إعادةِ الإعمار النورَ قط.

This novel would never have seen the light of day without the support and patience of my wife./After years of preparations, the peace agreement finally saw the light of day./Due to poor planning, many reconstruction projects never saw the light of day.

أَبْلى بَلاءً حَسَنًا

To perform well in something challenging; to stand the test.

أبلى الحزبُ الحاكمُ بلاءً حسنًا في الانتخاباتِ الأخيرة، حيث فاز بأغلبية مقاعد البرلمان. / لقد أبلت البعثةُ الاستكشافيّة بلاءً حسنًا في مواجهةِ الشّتاء القطبيّ. / لم يُبلِ القطاعُ الخاص بلاءً حسنًا هذا العام.

The ruling party has performed well in the last elections, winning the majority of the seats in the parliament./This Expeditionary mission stood the test against the harsh arctic winters./The private sector has not done well this year.

اتّسَعَ صَدْرُهُ

To show breadth of mind; to be forbearing, understanding, patient, and open-minded; to be clement or lenient; to be tolerant or forgiving.

أظهر المديرُ سعةَ صدرٍ جديرةً بالثناء عندما واجههُ الموظّفُ بوابلٍ من الإهانات. / لقد اتّسع صدرُ الملك لكثيرٍ من الأسئلة المباشرة والصّريحة في المقابلة. / ستكونُ المنطقة المحيطة

بقاعةِ الزّفاف مزدحمةً، لكنّنا نأملُ أن يتحلّى الجيران بسعةِ الصّدر في مثل هذه المناسبة السّعيدة.
The manager showed a commendable breadth of mind when the employee confronted him with a barrage of insults./The king tolerated many direct and explicit questions in the interview./The area around the wedding hall will be congested, but we hope that the neighbours will have patience on such a happy occasion.

أَثارَ حَفيظَةَ

To provoke the anger of someone; to irritate someone.
وأثار رفعُ أسعار المواد الغذائيّة حفيظةَ السّكانِ وسخطهم. / وقد أثار تصريحُ المتحدّث الرّسميّ حفيظةَ المعارضةِ التي اعتبرتهُ إساءةً لها. / الممثلة السّويديّة تُطلقُ علامةً تجاريةً لملابس داخلية تُثير حفيظة المحافظين.
The rise in food prices has angered the population./The spokesperson's statement angered the opposition, which it considered an insult./Swedish actress launches lingerie brand irritating conservatives.

أَثْبَتَ وُجودَهُ

To prove oneself; to make one's presence felt; to excel.
لقد أثبتتِ المرأةُ وجودَها في المحافل الدّوليّة وفي صناعة القرار الدّوليّ. / بعد أن خلفَ أبيه فقد أثبتَ شيخُ القبيلة الشّاب وجوده في المعارك ضدّ القبائل الأخرى. / أثبت الحرسُ الوطنيّ وجوده في زمن الحرب والسّلام. / إنّ فنّ الغرافيتي هو وسيلة للشّباب كي يُثبتوا وجودَهم في المجتمع.
Women have proved themselves in international forums and decision-making./After succeeding his father, the young tribal sheikh proved himself in battles against the other tribes./The national guards excelled in times of war and peace./Graffiti is a way for young people to make their presence felt in society.

أَثَرًا بَعْدَ عَيْنٍ

To leave something in ruins; to be wiped out; to be in total destruction.
أصبحت مدينةُ هيروشيما أثرًا بعد عين في غضونِ ثوانٍ بعد ضربها بالقنبلة النّوويّة. / وقد ذكر البيانُ أنّ الحرب الأهليّة قد تركتِ البُنية التّحتيّة في البلد أثرًا بعد عين. / ضرب الزّلزالُ المدينةَ وترك كلّ شيء أثرًا بعد عين.

The city of Hiroshima was wiped out in a matter of seconds after it was hit by the nuclear bomb./The statement said that the civil war had left the infrastructure totally destroyed./The earthquake rocked the city and left everything in ruins.

أَثْقَلَ كاهِلَ

To weigh heavily on someone; to burden heavily.

أثقلت مشكلةُ اللاجئين والنازحين كاهلَ الحكومة التي لا تعرف كيف تُدبّر المساعداتِ العاجلة. / ومع اقتراب شهر رمضان فقد أثقل انقطاع الرواتب كاهل العائلات الفقيرة. / أثقلتِ الديونُ كاهله فقرّر الانتحار.

The problem of refugees and displaced persons has weighed heavily on the government, which does not know how to manage emergency aid./The cut in salaries has weighed heavily on poverty-stricken families as Ramadan approaches./ The debt had burdened him heavily, and he decided to commit suicide.

أَثْلَجَ صَدْرَ

To warm someone's heart; to be tremendously heartened by something; to be gratifying.

لقد أثلجَ صدري ردُّ رئيسة الوزراء واستعدادها لمساعدتنا. / لقد أثلج صدورنا التجاوب الذي لقيناه وإقبال الناس علينا. / إنّ ما يُثلج صدورنا هو قدرتنا على سداد الكثير من ديوننا لهذا العام.

I am heartened by the prime minister's response and her willingness to help us./We were heartened by the response we received from people./It is gratifying for us to be able to pay off so much of the debts for this year.

اجْتَمَعَتْ كَلِمَةُ

To join forces; to unite; to come together; to have consensus upon to do something common.

لقد اجتمعت كلمةُ الإعلام ضدّ هذا السّياسيّ الشّعبويّ. / يجبُ أن تجتمع كلمتنا على مواجهةِ الإرهاب وجذوره. / يُهمّني أن تجتمع كلمتهم تحت القيادة كي يَحموا أنفسهم ضدّ التهديداتِ الخارجيّة.

The media have come together against this populist politician./We should join our forces to battle terrorism and its origins./It is important for me that they should unite under the leadership to protect themselves against external threats.

أَجْحَفَ بِحَقِّهِ / حَقَّهُ

To be biased against someone; to be unfair or unjust to someone; to deny the right of someone.

وقد ذهب الخبيرُ إلى القول بأنّ التّقرير قد أجحفَ بحقّ البلد وكانت نتائجه غير جديرةٍ بالثّقة. / إنّ القوانين الحاليّة تُمثّل إجحافًا بحقوقِ المرأة، ومن الواضح أنّه ينبغي أن تَخضعَ للمراجعة. / لقد أجحفوا بحقّ أنفسهم عندما تبنّوا أهدافًا غير واقعيّة لايستطيعون تحقيقها.

The expert argued that the report was biased against the country and its findings lacked trustworthiness./The current laws deny the rights of women; it is obviously fair that they should be revised./They became unfair toward themselves when they set unrealistic goals they could not achieve.

أَحاطَهُ عِلْمًا بِـ

To inform someone; to bring to someone's knowledge; to brief someone.

لقد أُحيطَ الرئيسُ علمًا بعملية الإنقاذ في بحر الشّمال. / إنّ كبير أمناء المكتبة لم يُحطني علمًا بهذه المخطوطاتِ القديمة. / وسيُحيطك الخبراء علمًا ببعض القرارات التي تمّ اتّخاذها.

The president was informed about the rescue operation in the North Sea./No old manuscripts have been brought to my knowledge by the head librarian./The experts will brief you on some decisions that have been made.

أَحْدَقَتْ بِهِ المَخاطِرُ

To be surrounded by danger.

حين تُحدِقُ بالإنسان المخاطرُ فإنّه يبدأ بالتفكير في التّكيّف معها. / لقد أحدقتْ بها المخاطر وتُحاولُ حمايةَ أطفالِها بأيِّ ثمن. / وإن كانوا غير مستهدَفين فإنّهم يعرفون في قرارةِ أنفسهم أنّ الأخطار مُحدِقة بهم الآن بسبب معتقداتهم الدّينيّة.

When humans are surrounded by danger, they begin to think of adaptation./ She is surrounded by danger, and she is trying to protect her children at all costs./Even if they are not targeted, they know deep down that they are now surrounded by danger because of their religious beliefs.

أَحْكَمَ السَّيْطَرَةَ / القَبْضَةَ على

To tighten the control or the grip over something; to take full control over; to take over.

من أجل أن يُحكِم النظامُ قبضته على المنطقة، فقد قام ببناء ثكناتٍ عسكرية في المدن الرّئيسة. / لقد استغرق الأمرُ أعوامًا عديدةً حتى تمكّن البلد من إحكام سيطرته على قطاعه النّفطيّ. / بعد انهيار العمليّة السّياسيّة أحكم الحزبُ الحاكمُ قبضتَه على المؤسسات الحكوميّة بشكلٍ كامل.

In order to tighten its control over the region, the regime started building army barracks in the main cities./It took the country many years until it took full control over its oil sector./After the collapse of the political process, the ruling party has fully tightened its grip on the government institutions.

اخْتَلَسَ النَّظَرَ

To sneak a look; to peek furtively; to peep; to steal a glance.

اختلستِ النظر إلى ورقة امتحانهِ ونسختْ إجابته. / لقد لاحظ بأنّ الناس كانوا يقومونَ باختلاسِ النّظر إليه بقلق. / كان شباكُ غرفة الطّعام مفتوحًا قليلًا ولذا لم يستطِع جارُها مقاومةَ نفسهِ من اختلاس النّظر.

She sneaked a look at his exam paper and copied his answer./He noticed that people were casting furtive glances at him worryingly./The dining-room window was ajar, so her neighbour could not resist peeping in.

اخْتَلَطَ الحابِلُ بالنَّابِلِ

Everything got mixed up; to be in a state of confusion; to be plunged into chaos.

لقد اختلط الحابلُ بالنّابل بحيث لم يعُد بالإمكان التّمييز بين المدنيين والعسكريين، فالجميع يحمل السّلاحَ ويلبس اللّبس العسكريّ. / اختلط الحابلُ بالنّابل في الإنترنت بحيث أصبح

من الصّعب معرفة الأخبار الصّحيحة من الكاذبة. / اختلط الحابلُ بالنّابل عندما بدأت مجموعتانِ من الحضور بالعراكِ في الملهى الليليّ.

Things are getting confusing so that civilians are not distinguishable from the military; everybody is bearing arms and wearing camouflage./Everywhere on the Internet news is mixed up, so it is difficult to know what is true and what is not./The party became chaotic when two groups of people started fighting each other at the nightclub.

أَخَذَ بِتَلابيبِ

To grab by the lapels; to captivate the (heart/emotions/feelings).

أخذ بتلابيبِ الرّجل ودفعهُ إلى الحائط. / أخذ رجلُ الإطفاء بتلابيبها ورفعها من على الأرض. / إنّها أغنيةٌ تأخذ بتلابيبِ المشاعر.

He grabbed the man by the lapels and pushed him against the wall./The fireman grabbed her by the lapels and lifted her up off the floor./This is a song that captivates the emotions.

أَخَذَ بِيَدِ

To lead; to guide; to help; to take someone under one's wing.

لقد أخذ بيدِ الشّعب من نصرٍ إلى نصر. / لقد أخذتْ والدتي بيدي كي أكتشفَ هُويّتي الحقيقيّة. / طَلَب منه الأخذ بيد الشّباب كي يحقّقوا النّجاح في الحياة. / وأخذ الرّجلُ المحسِنُ بيد اليتيم وعلّمه القراءةَ والكتابة.

He led the people to victory after victory./My mother guided me to discover my real identity./He asked him to help the young people to achieve success in life./The kind man took the orphan under his wing, teaching him to read and write.

أَخَذَ / احْتَلَّ حَيِّزًا كَبيرًا

To receive a considerable amount of; to take a considerable amount of; to dominate.

أخذ الاكتشافُ العلميّ الجديد حيزًا كبيرًا من الاهتمام بين العلماء والمختصّين على حدٍّ سواء. / لقد أخذ التّوصّل إلى إجماعٍ بشأن التّقرير الختاميّ حيزًا كبيرًا من وقتِ الوفد. / يحتلّ موضوعُ المرأة حيزًا كبيرًا من أشعار نزار قباني.

This new scientific discovery has received a considerable amount of interest among scholars and specialists alike./It took a considerable amount of the delegation's time to achieve consensus on the final report./Notions of women dominate the poems of Nizar Qabbani.

أَخَذَ على عاتِقِه

To take it upon oneself to do something.

أخذت شركةُ النّفط على عاتِقها بناء وحداتٍ سكنيةٍ للقرويّين القاطنين قربَ حقول النّفط. / بناءً على نصيحةِ القسّ أخذ المصلّونَ على عاتِقهم تنظيفَ باحةِ الكنيسة. / بسبب نقص الإمكانيات الطبيّة أخذتِ النسوةُ على عاتِقهنّ تقديمَ العلاج للجرحى.

The oil company has taken upon itself the construction of several housing units for villagers living near the oil fields./On the advice of the priest, the worshippers took it upon themselves to clean the courtyard of the church./Because of the lack of medical capacity, women have taken it upon themselves to treat the wounded.

أَخَذَ عَلى مَأْخَذِ الجَد / حَمَلَ على مَحْمَلِ الجَد

To take something or someone seriously.

على الحكومة أن تأخذ تهديداتِ المتطرفين على مأخذ الجد. / إنّه منزعج، أظنّ أنّه حمل مزحتي على محمل الجد. / لم يأخذ الحياة على مأخذ الجد قط، وكان يعيشُ حياةً تمتلئ بالعَبَثِ والمُجون.

The government should take the threats of the extremists seriously./He is upset; I think that he took my joke seriously./He never took life seriously; he was living a life full of futility and profligacy.

أَخَذَ مَنْحىً

To take a turn; to take a direction; to take an approach.

وأخذ الجدلُ منحىً آخرَ عندما اتّهم النائبُ رئيسَ البرلمان بسوء استغلال السّلطة. / وقد أخذت حياتُه منحىً مختلفًا عندما بدأ يعمل في المقبرة. / أخذ المؤتمر منحىً سلميًّا لتحقيق أهدافِ الحقوق المدنيّة وغاياتِها.

The debate took a different turn when the member of the parliament accused the speaker of abuse of his power./His life took a different direction when he started working in the cemetery./The conference took a peaceful approach to achieve the civil rights goals and objectives.

أَخْلَفَ وَعْدَهُ / حَنَثَ بِوَعْدِهِ

To break a promise; to renege on a promise; to go back on one's word.

أخلف البنك وعده بدفع العلاوات بعد أن أبلغ عن خسائر تبلغُ خمسة ملايين دينار في العام الماضي. / أخلف الرّجلُ وعدَه ورفض أن يزوّج ابنته للمليونير الشّاب. / إن حنثتِ الحكومةُ بوعودِها هذه المرّة فسيكون ذلك بمثابةِ خيانةٍ للفقراء الذين تزعُم الحكومةُ أنّها تحميهم.

The bank reneged on its promise to pay bonuses after reporting a 5-million-dinar loss last year./The man broke his promise and refused to marry off his daughter to the young millionaire./If the government breaks their promises this time, they will betray the poor people they claim to be protecting.

أَخْلى سَبيلَ / أَطْلَقَ سَراحَ

To release someone.

أخلتِ السُلُطاتُ سبيلَ الرّوائيّ بعد إجراء التّحقيق معهُ، ولكنّه بقي تحت المراقبة إلى وفاته. / يُمكن للمحكمة أن تفرض شروطًا على إخلاء سبيل المتّهم وبالشّكل الذي تراه مناسبًا. / أُخلِيَ سبيلُ أغلب عمّال السّخرة وتمّت إعادتهم إلى حياتهم الطّبيعيّة بعد انتهاءِ الحربِ العالميّةِ الثانية. / وأُطلِق سراحُ النّاشطة بعد الثّورة.

The authorities released the novelist after investigation, but he remained under surveillance till his death./The court may impose conditions upon the release of the accused as it may determine appropriate./After the end of WWII, most of the forced labourers were released and returned to their normal lives./The activist was released from prison after the revolution.

أخيرًا ولَيْس آخِرًا

Last but not least.

وأخيرًا وليس آخِرًا فإنّ النّجاح يعتمد بشكلٍ كبيرٍ على الالتزام بتقديم الرّعاية الصّحيّة المناسبة للشّخص المناسب. / وأخيرًا وليس آخِرًا أودّ مرةً أخرى أن أشكركم على

حُسنِ استقبالِكم. / وأخيرًا وليس آخِرًا فإنّ الكثير من الأسئلةِ تبقى بلا أجوبة في الوقت الحالي.

Last but not least, success largely depends on the commitment to provide the right health care to the right persons./Last but not least, I would like once again to thank you for your kind reception./Last but not least, many questions are left without answers at this time.

أَدْلى بِدَلْوِهِ

To contribute one's opinion, comments, ideas, etc. in a discussion or about an issue; to provide some input into a discussion; to make remarks; to share one's perspective.

أودّ أن أشكر كلّ الذين أدلوا بدلوهم من أفكار وتعليقات في هذه النّدوة. / وأدلى الطبيبُ النّفسيّ بدلوه في القضيّة رافضًا ادّعاءات المدّعي العام ضدّ المرأة. / لقد أدلت لجنةُ الخبراء بدلوها ضدّ عقوبةِ الإعدام.

I would like to thank all those who contributed with their ideas and comments to this symposium./The psychiatrist gave his opinion in the case and rejected the prosecutor's claims against the woman./The committee of experts expressed its opinion against capital punishment.

أَدّى ما عَلَيْهِ

To fulfil one's duty/responsibility toward someone or something; to pay off a debt.

إنّ الجنود الأبطال الذي لقوا مصرعهم في الدّفاع عن أرضهم قد أدّوا ما عليهم تجاه وطنِهم وأمّتِهم. / يشعر الآباء بأنّهم أدّوا ما عليهم من مسؤوليةٍ تجاهِ أبنائهم. / إنّه ينوى أن يُؤدّي ما عليه من ديْنٍ في الشّهر المقبل.

The brave soldiers who were killed defending their land have fulfilled their duty toward their homeland and nation./The parents feel that they have fulfilled their responsibilities towards their children./He is considering paying off his debt in full next month.

إذا ما قُورِنَ بـِ

When compared with; in comparison with.

لا يزال عددُ النساءِ اللواتي يشغلنَ مناصبَ عُليا محدودًا إذا ما قورن بعددِ الرّجال. / انخفض أداءُ سهم الشّركة يوم الثّلاثاء إذا ما قورن بأسهم الشّركاتِ المنافسة. / إنّ إنتاج النّفطِ متواضعٌ هذا العام إذا ما قورنَ بالعام الماضي.

The number of women who occupy senior positions remains limited when compared with men./The company stock underperformed Tuesday when compared to competitors./The oil production is modest this year by comparison with last year.

أراقَ ماءَ وَجْهِهِ

To debase oneself; to degrade oneself.

إنّه على استعدادٍ لأن يُريق ماءَ وجههِ من أجل المال. / أراق الضابطُ ماء وجهه عندما ألقى بنفسه تحت قدمَي الملك طلبًا للعفو. / لن تُريقَ المرأةُ الفقيرةُ ماء وجهها لتطلب المال. / لم يُهمّه أن يُريقَ ماء وجههِ من أجل الحصول على توقيع الممثّلة.

He is willing to debase himself for money./The officer humiliated himself by throwing himself at the king's feet, asking for a pardon./The poor woman would not degrade herself by asking for money./He did not bother degrading himself to obtain the actress's autograph.

إرْبًا إرْبًا

To tear something to pieces, chunks, or shreds.

يستطيع قطيعٌ من الضّباع تقطيعَ أيّ حيوانٍ كبير إربًا إربا خلال دقائق./ إنّ ممارسات التّفرقة الظّالمة تُمزّق المدن إربًا إربًا. / قرأتِ الملكةُ رسالة التّهديد وبدون تردّدٍ قامت بتمزيقها إربًا إربًا أمام حاشيتها.

A cackle of hyenas can tear a big animal into chunks in a matter of minutes./The iniquitous practices of segregation are tearing the cities apart./The queen read the threatening letter, and without hesitation, she tore it into pieces before her retinue.

The Idioms and Proverbial Phrases

ارْتَمى في أَحْضانِ

To throw oneself into the arms of someone or something; to be under the control of someone voluntarily.

تحت ضغط العُزلة الدّوليّة سيُضطرّ النظامُ إلى أن يرتمي في أحضان الدّولة المارقة. / عندما أخبرها الطبيبُ بوفاة والدها، ارتمت في أحضان أمّها وأجهشت بالبكاء. / إنّه يتمنى أن يرتمي في أحضان الطّبيعة هربًا من ضغوطِ الحياةِ في المدينة.

The regime will be forced to throw itself into the arms of the rogue state under the pressure of international isolation./When the doctor told her that her father was dead, she threw herself into the arms of her mother and burst into tears./He wishes to throw himself in the arms of nature to escape the stress of city life.

أَرْداهُ قَتيلًا

To kill someone instantly; to put an end to someone's life.

أطلق حارسُ الأمنِ النارَ على اللصّ الذي لاذ بالفرار من البنك وأرداه قتيلًا. / كان يُعتقد أنّ شقيقها قد أقدم على طعنها بخنجره وأرداها قتيلة. / شاحنةٌ ثقيلةٌ تدهس شخصًا وتُرديه قتيلًا.

A security guard shot and killed the thief as he ran from the bank./It was thought that her brother put an end to her life by stabbing her with his dagger./A heavy truck runs over and kills a person.

اسْتَبَقَ الأَحْداثَ

To preempt the events; to get ahead of oneself; to act in advance.

أخذتِ السّلطاتُ التّهديدات الإرهابيّة على مأخذ الجد واستبقتِ الأحداث من خلال نشر وحدات مكافحة الإرهاب في المطارات لمنع أيّة هجماتٍ محتملة. / أن تستبقَ الأحداث بالتّخطيط أفضل من مواجهة عواقبها. / استبقتِ الرّوايةُ المتشائمة الأحداثَ في العالم قبل عشرين عامًا. / نصحه صديقُه بألاّ يستبق الأحداث وأن ينتظر ردة فعل زوجته على أخبار علاقته الغراميّة.

The authorities took the terrorist threats seriously and acted in advance by deploying counter-terrorism units in airports to prevent any possible attacks./It is better to plan ahead of events rather than facing their consequences./The dystopian novel preempted the events of the world 20 years ago./His friend advised him not to rush the events and urged him to wait to see his wife's reaction to the news about his affair.

اسْتَرْعى انْتِباهَ

To draw someone's attention; to come to someone's attention.

قبل أن نواصل، أودّ أن أسترعي انتباهكم إلى قضيةٍ تُهدّد بتدمير مجتمعنا. / وقد استرعى همسٌ غريبٌ انتباهَه إلى الغرفةِ التي كان يختبئ فيها اللصّان. / كان الكتابُ مكتوبًا باللغةِ العربية، مما استرعى انتباهَه لدراسةِ تلك اللغة.

Before we continue further, I would like to draw your attention to an issue that threatens to destroy our society./A strange whispering drew his attention to the room, where the two thieves were hiding./The book was written in Arabic, which drew his attention to that language.

استرَقَ السَّمْعَ

To listen in; to eavesdrop; to overhear.

كان يسترقُ السّمعَ ليفهمَ ما الذي كان يجري بين الزّوجين. / لقد تعوّد على استراقِ السّمعِ إلى الأحاديث الخاصّة بين النّاس في المقهى. / حاولتْ أن تسترقَ السّمع إلى نقاشِنا دون فائدة.

He was eavesdropping to understand what was going on between the couple./He got used to overhearing private conversations between people in the café./She tried to listen in on our discussion without success.

اسْتَشاطَ غَضَبًا

To become fuming with rage; to fly off the handle; to become livid or infuriated.

لقد استشاطت غضبًا عندما علمت أنّ زوجها بصحبةِ امرأةٍ أخرى. / لقد استشاط غضبًا بسبب احتمال فقدانه الوصاية على أولادِه. / استشاطتِ المدّعيةُ غضبًا عندما أسقط القاضي التّهمَ ضدّ المتحرش المزعوم. / استشاط المدرّسُ غضبًا عندما بدأ الطّلاب بالحديثِ في فصله.

It infuriated her that her husband was with another woman./He was fuming with rage over the possibility of losing the custody of his children./The complainant became furious when the judge dropped the charges against the alleged harasser./The teacher flew off the handle when the students started talking during his class.

اسْتَغْرَقَ بالضَّحِكِ

To crack up; to dissolve into laughter; to get the giggles; to be in stitches; to be in fits of laughter; to laugh like a drain; to guffaw.

يُمكنُ أن يؤدّيَ استنشاق غاز أحادي أكسيد النيتروجين إلى الاستغراقِ في الضّحك. / لقد استغرق مقدّم الأخبار بالضّحك دون سببٍ واضح. / واستغرقتِ الأمّ بالضّحك حين أدركت أنّ ابنها الصّغير قد أخذ بالخطأ حمّالةَ الصّدر معه إلى المدرسة. / واستغرقَ الجميع بالضّحك حين روى لهم ما جرى في مقابلة العمل.

Inhaling nitrous oxide can cause fits of giggles./The news presenter laughed uncontrollably for no obvious reason./The mother laughed like a drain when she discovered her little son had taken her bra into school by mistake./His account of the job interview sent everybody into fits of laughter.

اسْتَغْرَقَ وَقْتًا

To use an amount of time.

لقد استغرقَهُ الأمرُ وقتًا قصيرًا كي يتكيّفَ مع واقعهِ الجديد. / إنّ إتقان خطّ الثُّلث يستغرق من الخطاطين وقتًا طويلًا جدًا. / سيستغرقُ الاقتصادُ وقتًا قبل أن يعودَ كما كان إلى وضعهِ الطّبيعيّ. / هل استغرق التحضير للدرس وقتًا طويلًا؟ / ستستغرق ترجمةُ الوثيقة بأكملها يومين.

It took a short time for him to adjust to his new reality./It takes calligraphers a very long time to master the Thuluth script./The economy will take time to be back to normal again./Did it take too long to prepare for the lesson?/It will take two days to translate the whole document.

أَسْتَميحُكَ عُذْرًا

I beg your pardon; I apologise; I stand corrected.

أستميحك عذرًا هل قلتُ شيئًا غير لائق؟ / أستميحك عذرًا سيدي، هل بإمكانك أن تخبرني أين أجدُ هذه الكتب؟ / أستميحك عذرًا على ما بدر منّي تجاهك. / أستميحكم

عذرًا، أودّ أن أصحّح المعلومة فقد تمّ إنشاء المدرسة المستنصريّة في القرن الثّالث عشر لا الرّابع عشر.

I beg your pardon, have I said something wrong?/I beg your pardon, Sir, but could you please tell me where I can find these books?/I apologise for what I have done to you./I stand corrected; the Mustansiriya Madrasah was established in the 13th century, not the 14th.

اسْتَهَلَّ حَديثَهُ بـِ

To open one's speech; to start one's talk.

وقد استهلّ الوزيرُ حديثه بالثناءِ على التّاريخ المشترك بين البلدين. / استهلّ حديثه بإحصائياتٍ عن آثار التّعرّض للضّجيج على العمّال. / استهلّ المحاضرُ حديثه بعبارة "يا له مِن عالمٍ جميل."

The minister opened his speech by praising the shared history between the two countries./He started his speech with statistics on the effects of exposure to noise on workers./The lecturer started his talk with this statement: "What a beautiful world!"

أَسْدى مَعْروفًا

To do someone a favour.

وستُسدي صاحبةُ العقار لهم معروفًا وتُخفّض الإيجارات. / هلاّ أسديتَ لي معروفًا وأخذتَني معك؟ / لقد أسدى لنا المطربُ معروفًا بالموافقةِ على الظّهور في برنامجنا بلا مُقابل.

The landlady will do them a favour and cut rent./Would you do me a favour and take me with you?/The singer did us a favour by agreeing to appear on our programme for free.

اسْمٌ على مُسَمّى

A fitting name; to be aptly named.

إنّ مدينةَ الحمراء هي اسمٌ على مسمّى، فهي تشتهرُ بأسوارها وقلعتها ذات اللون الأحمر. / نجاح هي اسمٌ على مسمّى، فهي امرأةٌ ناجحةٌ عن جدارة. / و"راهات هان" في التركيّة تعني النزل المريح، والنزل هو اسمٌ على مسمّى.

The aptly named Alhambra is known for its red walls and castle./Najah's name is fitting, as she is a successful woman in her own right./"Rahat han" is Turkish for "The comfortable inn", and the name is fitting.

أُسْوَةً بِـــ

Following the example or the pattern of; in the same manner; along the lines of; just as.

كانت الفنانةُ حريصةً على إبقاء حياتها الخاصّة بعيدةً عن الأضواء أسوةً بباقي الفنانات. / أسوةً بباقي السّياسيين، اكتشف السّياسيّ أنّه من الضروريّ أن يقدّم وعودًا لأتباعِه. / لا تَخضعُ بعضُ الشّركات للقوانين أسوةً بغيرها من الشّركات.

The female artist was keen to keep her private life away from the spotlight, just as other female artists did./The politician found it necessary to make promises to his followers just like other politicians./Some businesses are not subject to regulations in the same way as other businesses.

اشْرَأَبَّتْ لَهُ الأَعْناقُ

To look up at someone with great admiration; to strain one's neck; to hold someone in awe or in high esteem.

اشرأبّت لها أعناقُ النّساء لما حقّقتهُ من إنجازاتٍ في مكافحة الأميّة بين النساء في مجتمعها. / اشرأبّت له أعناقُ النّاس وقد فتنتهم شجاعتهُ وحكمته. / إنّه روائيّ تَشرئبّ له أعناقُ الجيل الجديد من الرّوائيين والكتّاب.

She is a highly admired hero among women for her achievements in combating illiteracy among women in her society./The people looked up at him with high admiration, mesmerised by his courage and wisdom./He is one novelist highly admired by the new generation of novelists and writers.

أَشْرَفَ عَلى المَوْتِ / الهَلاكِ

To nearly die; to be on the verge of death; to be within an inch of one's life.

أشرفتِ المرأةُ على الموت حين هاجمتها مجموعةٌ من الكلابِ الشّرسة. / لقد تعرّضنا للتعذيب والإهانة وكلّ أنواع الضّغوط، وبعضُنا أشرف على الهلاك تحت وطأةِ

التّعذيب. / نجح المسعفونَ في إنقاذِ طفلٍ عمره ثلاثة أعوام، أشرف على الموت بعد أن توقّف قلبُه وفقد الوعي كليًا. / أشرف الرّجلُ الغريبُ على الهلاك وما مِن سبيلٍ له للعودةِ إلى أهله.

The woman nearly died when she was attacked by a pack of dogs./We were subjected to torture, humiliation, and all kinds of pressure; some of us nearly died./The paramedics managed to save a 3-year-old who had nearly died after his heart had stopped and he had lost consciousness completely./The stranger is on the verge of death and has no way of going home.

أَصابَهُ مَسٌّ مِنَ الجُنون

To be touched by madness; to go crazy or insane.

أصبح المحيطونَ بالديكتاتور يعتقدون أنّه قد أُصيب بمسٍّ من الجنون بسبب نوباتِ الغضب التي تنتابه. / يقول أرسطو: "لا يَبلغ العقلُ الكمالَ إن لم يُصبه مسٌّ من الجنون." / لقد كانت مشوّشةَ الذّهن ومرتبكة وتضحك بهستيريا إلى درجةِ البكاء، اعتقدتُ أنّها أُصيبت بمسٍّ من الجنون.

The sudden outbursts of rage made people around the dictator think that he was touched by madness./"No great mind ever existed without a touch of madness." – Aristotle./She was confused and laughing hysterically to the point of crying; I thought she was going insane.

أَصْبَحَ نَسْيًا مَنْسِيّا

To sink into oblivion; to become non-existent.

توشِكُ أنماطُ الحياة التّقليديّة في القُرى أن تصبحَ نسيًا منسيًا نتيجةً لزحف المدنيّة عليها. / أصبحتِ المطربةُ نسيًا منسيًا بعد أن انسحبت من الحياة العامّة لمدةٍ طويلة. / لقد تمنّى أن يكونَ نسيًا منسيا نتيجةَ العار الذي لحِقَ بهِ.

The traditional patterns of living in villages are sinking into oblivion as a result of the advance of modernity./The singer had been withdrawn from public life for a long time; she became non-existent in the eyes of people./He felt so ashamed that he wished to sink into total oblivion.

اصْطادَ في الماءِ العَكِرِ

To fish in troubled waters.

لم يستجب أحدٌ لخطاب الكراهية وهذا دليلٌ على وعي المجتمع لكلّ من يُحاول أن يصطادَ في الماء العكر. / وننصحُ السّياسيين خلال الانتخابات بعدم الاصطياد في المياهِ العكرة، وعدم استغلال الوضع لتسجيل نقاطٍ على خُصومهم.

No one responded to hate speech, and this is a testament to society's awareness of anyone trying to fish in troubled water./Politicians are advised not to fish in troubled water during the election and not to take advantage of the situation to score points over their opponents.

إصْلاحُ ذاتِ البَيْن

To settle differences; to resolve conflict; to reconcile and restore friendly relations.

يلعبُ وجهاءُ القرية دورًا رئيسًا في إصلاح ذاتِ البين بين السّكان المحليين./ فشلت جهودُ الحكومةِ في إصلاح ذاتِ البين بين شيخي القبيلتين. / تقومُ مراكزُ إصلاح ذاتِ البين العائليّة بتقديم المساعدة للحدّ من العداواتِ بين أفراد العائلات.

The notables of the village play an important role in settling the differences among the locals./The government efforts have failed to resolve the conflict between the two tribal sheikhs./The family reconciliation centres help reduce animosities among family members.

أَضْعَفُ الإيمانِ

The minimum possible action someone can take; the very least thing to do.

تستطيعُ الحكومةُ على الأقلّ أن تمنع إعلانات السّجائر، وذلك من أضعف الإيمان. / تستطيعُ أن تقومَ بالتوقيع على رسالة الاحتجاج ضدّ إجراءات التّقشّف الحكوميّة، وذلك أضعف الإيمان. / ينبغي على الأهالي حراسة المنطقةِ ليلًا كي يَحموا حيّهم، وذلك من أضعف الإيمان.

The government can at least ban cigarette advertising, and this is the minimum possible action it can take./You can sign the letter of protest against the government's austerity measures, and this is the minimum possible action you can take./The residents should guard the area at night; this is the very least thing they can do to protect their neighbourhood.

أَضْغاثُ أَحْلام

Pipe dreams; nothing but fanciful dreams.

إنّ الخطّة الحكوميّة المرتكزة على الحصول على عشرين مليار من صندوقِ النّقدِ الدّوليّ هي بمثابة أضغاث أحلام. / لم تكن تطلّعات وزير الملك للوصولِ إلى العرش إلّا أضغاث أحلام. / ربما ترين أنّ أمنياتي ما هي إلّا أضغاث أحلام إلّا أنّها قد تُصبح حقيقة.

The government's plan to get 20 billion from the IMF is a pipe dream./The vizier's aspirations for the throne were nothing but fanciful dreams./You may say that my wishes are nothing but fanciful dreams, but those fanciful dreams could become a reality.

أَطْلَقَ حُكْمًا

To pass judgment on somebody; to stereotype.

كثيراً ما تُطلَق الأحكامُ على الناسِ من خلال مَظاهرهِم. / رغم تبرئته في المحكمة، إلّا أنّ أقاربه استمرّوا في إطلاق الحُكم عليه بأنّه مجرم. / لا أستطيعُ أن أتوقّف عن إطلاق الأحكام على الآخرين.

People are mostly judged by the way they look./Although he was acquitted in court, his relatives kept judging him as a criminal./I cannot stop passing judgment on others.

أَطْلَقَ الحُكْمَ جِزافًا

To judge arbitrarily; to decide haphazardly; to be biased or prejudiced.

رجاءً لا تُطلق الأحكامَ جزافًا دون أن تعرفَ الحقائق المحيطةَ بالقضية. / أطلق عالِمُ الأجناس البشريّة أحكامَه جزافًا عن التّفوّق العِرقيّ ولم تكُن قائمةً على أسسٍ سليمة. / أطلقوا أحكامَهم عليه جزافًا من خلال لقطةِ فيديو قصيرة لم تعكس القصّة كاملة.

Please do not judge without knowing the truth surrounding the case./ The anthropologist's views on race superiority were haphazard and ill-grounded./They judged him based on a short video clip that did not reflect the full story.

أَطْلَقَ ساقَيْهِ لِلرّيحِ

To take to one's heels; to rush away; to do a runner; to shoot off into the blue, to race off.

أطلق اللّصّ ساقيه للريح لحظةَ سماعهِ صفارات سيارات الشّرطة. / وما إن أذهله إطلاق النّار حتّى أطلق الغزالُ ساقيه للريح واختفى بين الشّجيرات. / أطلق الأطفالُ سيقانهم للريح عندما فُتح الباب.

The robber took to his heels when he heard the police sirens./Stunned by the shooting, the gazelle took to the heels and disappeared in the bushes./The children raced off when the door opened.

أَطْلَقَ العَنانَ لِـ

To unleash something; to give free rein to something or someone.

إنّ خطاب الحكومة سيُطلق العنانَ لموجةٍ من الكراهية والتّعصّب. / إنّ التشريع الجديد سيُساهمُ في إطلاق العنان للنموّ الاقتصاديّ في البلاد. / لقد أطلق القرارُ العنانَ للرئيس كي يمارسَ سلطةً مطلقةً على كلّ مناحي الدّولة.

The government's discourse will unleash a wave of hatred and intolerance./ The new legislation will contribute to unleashing economic growth in the country./The resolution gave the president the free rein to exercise unbridled authority over all aspects of the state.

أَعادَ الكَرّةَ

To retry; to repeat something; to redo something over again.

بعد عدّةِ محاولات، أعاد العالِمُ الكرّةَ وأجرى التجربةَ بنجاح. / إن أعادوا الكرةَ فسيخسرونَ المكافأة وقد تمّ إنذارُهم بذلك. / لو كان عليَّ أن أُعيد الكرّة لما غيّرتُ شيئًا.

After many attempts, the scientist retried the experiment with success./They were warned that if they did it again, they would lose the bonus./If I had to do it over again, I would not change a thing.

أَعْيَتْهُ الحيلَةُ

To be at wit's end; to be in despair after making every effort.

لقد أعيتها الحيلة، فقد جرّبت كلّ شيءٍ من أجلِ إنجابِ طفل. / لقد أعيتني الحيلة لفهم التناقضاتِ في شخصيّته. / بعد أن أعيته الحيلة، فقد اقترحَ المبعوثُ الخاص أنّه ينبغي الأخذ بعين الاعتبار القيام بعملٍ عسكريّ من أجلِ حماية السّكان المدنيين.

She has tried everything to have children, and now she is at her wit's end./I am at my wit's end to understand the reason behind the contradictions in his personality./The special envoy, at his wit's end, suggested that military action should be considered to protect the civilian population.

اغْتَنَمَ / انْتَهَزَ الفُرْصَةَ

To seize the opportunity; to take advantage of something; to take the chance.

أودّ أن أغتنم هذه الفرصة كي أعبّر عن امتناني لسيادة الرّئيس. / اغتنمتْ بعضُ الشركات الفرصة في ظلّ الكساد العالميّ لتزيدَ من أرباحها. / على الناخبين اغتنام الفرصة لإحداثِ تغييرٍ حقيقيّ في البلاد.

I would like to take this opportunity to express my gratitude to his excellency the president./Some companies seized the opportunity of the global recession to increase their profits./The voters should seize the opportunity to make a real change in the country.

اغْرَوْرَقَتْ عَيْناهُ بِالدُّموعِ

One's eyes fill up with tears; one's eyes become welled up with tears.

اغرورقت عيناهُ بالدّموع عندما وصف كيف فقد زوجته بسبب مرض الألزهايمر. / اغرورقت عيناها بالدّموع عندما رأت أطلالَ المبنى الذي كان أيقونيًّا فيما مضى. / وحين نظرتُ في المرآة اغرورقت عينايَ بالدّموع ولم أصدّق كم من الوزن قد فقدت.

His eyes filled up with tears when he described how he lost his wife to Alzheimer's disease./Her eyes filled up with tears when she saw the ruins of the once iconic building./As I looked at my reflection in the mirror, my eyes welled up with tears, and I could not believe how much weight I had lost.

أَفَلَ نَجْمُهُ

One's star has waned.

أفل نجمُ البلد عندما فقد موقعَه كمركزٍ ماليٍّ رائدٍ في المنطقة. / ولكن بالنّظر إلى أُفولِ نجم السّياسيّ المخضرم، فإنّه من غير الواضح مدى النّفوذ الذي سيكون لديه على العمليّة السّياسيّة. / إنّ شعبيّة الملك في الحضيض والجنرالات ليسوا متأكدين من أنّهم يرغبونَ في أن يرهنوا مستقبلهم بهذا النّجم الآفِل.

The country's star waned when it lost its position as a leading financial centre in the region./But given the waning star of the veteran politician, it is unclear how much influence he will have over the political process./The king's popularity is at rock bottom, the generals are not sure if they want to tie their future to this waning star.

أَقامَ الدُنْيا وَلَمْ يُقْعِدْها

To raise Cain; to make a scene; to cause a great turmoil; to be up in arms.

أقامتِ الممثلةُ الدّنيا ولم تقعدها لأنّ قطة الجيران دخلت إلى فناءِ دارها. / قال المديرُ إنّه سيُقيم الدّنيا ولن يقعدها إذا لم توافق اللجنة على اقتراحِه. / أقام المرشحُ الدنيا ولم يُقعدها لأنّه لم يتمّ انتخابه، ووجّه اتهاماتٍ لمنافسيه بتزوير الانتخابات. / أقام الرّجلُ الدنيا ولم يقعدها لأنه وجد أنّ حذاءه لم يُنظَّف بشكلٍ جيّد.

The actress made a scene because the neighbour's cat walked into her yard./The manager said he would raise Cain if the committee would not approve his proposal./The candidate made a scene when he was not elected and accused his opponents of electoral fraud./The man made a scene when he found out that his shoes were not cleaned properly.

أَقْحَمَ نَفْسَهُ في

To barge in on something; to force one's self into something.

لقد أقحمت زوجةُ الوزير نفسَها في الاجتماع الرّسمي دونَ دعوة. / غضب الخبراءُ لأنّ السّياسيّ أقحم نفسه في مجالِ اختصاصِهم./ إنّ الأطراف الخارجيّة لا تمتلكُ الحقّ في إقحام نفسِها في شؤون الدّولة الداخليّة.

The minister's wife barged in without invitation to the official meeting./The experts were infuriated that the politician had barged in on their field of expertise./External actors have no right barging in on the state's internal affairs.

أَكَلَ الأَخْضَرَ وَاليابِسَ

To obliterate; to devour everything.

أكلتِ الحربُ التي طال أمدُها الأخضرَ واليابس من ممتلكاتِ العائلة. / أكل الفسادُ الأخضر واليابس من المكاسب الاقتصاديّة التي تمّ تحقيقُها خلال العقود الماضية. / ستأكلُ رسومُ الفائدة المرتفعة الأخضر واليابس من مدّخراتِ حياتِهِ.

The long-lasting war devoured everything the family had owned./Corruption wiped out all the economic gains that had been achieved in the past decades./His life savings will be obliterated by high-interest charges.

أَكَلَ عَلَيْهِ الدَهْرُ وَشَرِبَ

To be timeworn; to be dead and gone.

لقد رأى في فشلهِ فشلًا لإيديولوجيات أكل عليها الدّهرُ وشرب. / إنّ الاستمرار في تطبيق سياساتٍ أكل عليها الدّهر وشرب قد يُعرّض علاقاتِ البلد مع جيرانه للخطر. / ما تزال المَدرسةُ تستخدم أساليبَ تدريسٍ أكل عليها الدّهر وشرب. / لقد أكل الدّهر وشرب على تلك النّوعيةِ من المعتقدات.

He saw his failure as a failure of timeworn ideologies./A continued application of timeworn policies would endanger the country's relations with its neighbours./The school is still using timeworn methods of teaching./That kind of belief is dead and gone.

إلّا مَنْ رَحِمَ رَبّي

Except for the lucky or the blessed ones; except for a few; except for a small minority.

يعيشُ أغلبُ الناس إلّا من رحِم ربّي في بيوتٍ وشقق مؤجرة. / يعملُ أغلبُ أطفال القرية في مصانع الطّابوق، إلّا من رحم ربّي. / تُعاني أغلبُ النّساء من نقصٍ في الفيتامينات والمعادن، إلّا من رحم ربّي. / لم يتمكّن السكّان من تشغيلِ مكيّفاتهم إلّا من رحم ربّي ممّن يمتلكون مولّدات كهرباء.

Except for the lucky few, the vast majority of the people live in rented houses and apartments./Except for the lucky few, most children in the village work in brick factories./Except for the blessed few, most women suffer from vitamin and mineral deficiencies./Except for the few lucky ones with electricity generators, nearly all residents have been unable to run their air-conditioners.

أَلْقى بِظِلالِهِ عَلى

To cast a shadow over something.

ألقى التفاوتُ الاقتصاديّ والاجتماعيّ بظلالهِ على احتفالِ الذّكرى السّنوية للثّورة./ ألقت البياناتُ المنشورةُ حديثًا بظلالٍ من الشّكّ على التّأثير الإيجابيّ للتكنولوجيا الجديدة على التّوظيف. / يُلقي الفيلم الوثائقيّ بظلالٍ من الشّكّ على سُمعةِ المؤسساتِ الدّينيّة.

Economic and social inequalities had cast a shadow over the celebration of the revolution's anniversary./The newly published data has cast a shadow of doubt over the positive impact of new technologies on employment./ The documentary is casting a shadow over the reputation of the clerical establishments.

أَلْقى بِاللّائِمَةِ / باللَّوْمِ / بالمَسْؤولِيَّةِ عَلى

To lay the blame/responsibility on someone or something; to pin the blame on someone.

ولارتفاع معدّل الوفيّات بين المرضى ألقى التّحقيق الرّسميّ باللّائمةِ على نقص المهارات لدى الأطباء. / تنصّلتِ الحكومةُ من المسؤوليّة بإلقاء اللّوم على قوى أجنبيّة. / ليس من العدلِ إلقاء اللّوم على خادمتكم.

The official inquiry laid the blame for the high mortality rate among the sick on lack of skill among doctors./The government exempted itself from responsibility by putting the blame on foreign powers./It is not fair to pin the blame on your maid.

أَلْقى / تَرَكَ الحَبْلَ عَلى الغارِبِ

To let loose of something; to give up control of something; to leave things unchecked.

في بعضِ الأحيان ينبغي أن نُلقي الحبلَ على الغارب حين لا يكون بالإمكانِ السّيطرة على الأمور. / لم يكنْ في نيّةِ الحكومة أن تترك الحبلَ على الغارب فيما يتعلق بمراقبة استيراد المواد الغذائيّة. / يُمكن أن يتحوّل الاستخدام المفرط للإنترنت إلى إدمان، وإذا تُرك له الحبل على الغارب فقد يشكّل خطرًا على الأطفال.

Sometimes we should let loose of what we cannot control./The government never intended to let things go out of control regarding the monitoring of food imports./Excessive Internet use can become an addiction; if left unchecked, it can be dangerous for children.

أَلْقى / سَلَّطَ الضَوْءَ عَلى

To shed light on something; to highlight; to bring to light.

سلّط الواعظُ في موعظتهِ الضّوءَ على قِيَم الرّحمةِ والعدالة. / بدأ الفصلُ بإلقاء الضّوءِ على التّطوّر التّاريخيّ للنّظريّة. / وقد ألقتِ الباحثةُ الضّوءَ على التّشابهِ بين اللّغاتِ الساميّة.

The preacher emphasised in his sermon the values of kindness and fairness./ The chapter began by shedding light on the historical development of the theory./The researcher highlighted the similarities among Semitic languages.

أَلْقى الكَلامَ عَلى عَواهِنِهِ

To blurt out; to speak unthinkingly.

إنّنا نُلقي الكلامَ على عواهنهِ في بعض الأحيان دون التّفكير بالعواقب. / اعتذرَ نائبُ الرئيس لإلقائه الكلام على عواهنه وتحدّثه بما لا يليق. / لقد ألقى المسؤولُ السّابق الكلام على عواهنهِ وكذب بشأنِ سوء إدارة الحكومة لشؤون الدّولة.

Sometimes we blurt out things without thinking of the consequences./The vice president has apologised for blurting out inappropriate words./The former official blurted out lies about the government's mismanagement of state affairs.

أَلْقى لَهُ بالًا

To take notice of someone or something; to pay attention to someone or something.

لن يُلقي العالَمُ بالًا للمخاطر البيئيّة النّاتجة عن صناعةِ النّفط. / لم يُلقِ السّكّان المحليون بالًا للتحذيراتِ التي أطلقتها سلطةُ السّلامةِ العامة. / اعتقَد أنّها ستُلقي له بالًا إذا قدّم نفسَه لها وعرّفها بنفسه. / ولكنّ أحدًا لم يُلقِ بالًا لشكاوانا.

The world will never take notice of the environmental hazards caused by the oil industry./The local people ignored the warning which the public safety authority had given./He thought if he introduced himself to her, then she would take notice of him./But our complaints fell on deaf ears.

اللّٰهُمَّ إلّا

Except barely; save for.

وكثيرًا ما كانتِ المرأةُ تذهبُ إلى النّوم دون أن تتناولَ شيئًا من الطّعام، اللّهم إلّا كسرة خبز. / لم أرَ واحدةً من هذه اللّوحاتِ الإعلانيّة في أيّ مكان قط اللّهم إلّا مرّة واحدة بالقربِ من حديقةِ الحيوان. / إنّها لا تُحسِن العربيّة، اللّهم إلّا بعض الكلمات.

She often went to bed without eating anything, except barely for a piece of bread./I have never seen one of these billboards anywhere except barely once near the zoo./She cannot speak Arabic save for a few words.

إلى أَبَدِ الآبِدينَ

Forever and ever; in eternity.

تضرّع المصريونَ القدماء للإله أتوم ليحمي ملوكهم الأموات من الشّرور إلى أبدِ الآبدين. / مع رحيلهِ ستبقى ذكراهُ وقيَمه إلى أبدِ الآبدين. / سيستمرّ الكونُ في التّمدّد إلى أبدِ الآبدين.

Ancient Egyptians prayed to the god Atum to protect their dead kings against evil forever and ever./With his passing, his memory and values will last forever and ever./The universe will continue to expand forever and ever.

إلى أَجَلٍ غَيْرِ مُسَمّى

Indefinitely; until further notice.

لقد تمّ إرجاء المرحلة الأخيرة من الألعاب إلى أجلٍ غير مسمّى بسبب القلقِ من الوباء العالميّ. / قرّرت أطرافُ المعاهدةِ تمديد المعاهدة إلى أجلٍ غير مسمّى. / ستبقى إمداداتُ الغذاءِ متاحةً إلى أجلٍ غير مسمّى.

The final phase of the games has been postponed until further notice because of concerns with the pandemic./The parties to the treaty decided to extend the treaty indefinitely./The supplies of food will continue to be available until further notice.

آلى عَلى نَفْسِهِ أَنْ

To pledge oneself to do something; to take upon oneself; to devote or commit one's self to do something.

لقد آلت عالِمةُ اللّسانيّات على نفسِها أن تُعيدَ إحياء اللّغةِ الميّتة. / وبعد وفاةِ شقيقها آلتْ على نفسها أن ترعى أولاده. / تنصّ المادة 1 من النّظام الدّاخليّ على أنّ الجمعيّة تألو على نفسِها بنشر التّوعِية حول مرضِ التّوحّد. / لقد آليتُ على نفسي أن أعتنيَ بوالدتي ما بقيتُ على قيدِ الحياة.

The linguist has pledged to herself to revive the dead language./After her brother died, she took upon herself the responsibility for protecting his kids./ Rule 1 of the book of rules states that the organisation devotes itself to raising awareness about autism./I have committed myself, as long as I lived, to taking care of my mother.

أَماطَ اللِّثامَ عَنَ

To unveil something; to reveal or disclose something.

أماط حجرُ رشيد اللثامَ عن مفاتيح فهمِ الكتاباتِ الهيروغليفيّة. / أماطتِ الحكومةُ اللّثام عن خطةٍ جديدةٍ لتخفيفِ البطالة. / أثارت إماطةُ اللّثام عن هُويّةِ المجرمِ الحقيقيّةِ الصدمةَ لدى الناس.

The Rosetta stone revealed the key to understanding the hieroglyphic scripts./ The government unveiled a new unemployment mitigation plan./The unveiling of the criminal's true identity shocked the people.

أَمانَةٌ في عُنُقِهِ

To be entrusted with something; the responsibility of something rests on one's shoulder; to have a sacred obligation.

تُذكّرنا تجاربُ البشريّة بأهميةِ أن نصونَ الأماناتِ التي في أعناقنا. / أيّها المواطنون، إنّ مستقبلَ الأجيالِ القادمةِ هو أمانةٌ في عنقِنا. / إنّ الميراثَ الثقافيّ الغنيّ لأمّتِنا هو أمانةٌ في أعناقِنا. / في ظلّ هذه الظروف الصّعبة، فإنّ احترامَ القانونِ والنظام هو أمانةٌ في أعناقِكم.

The experience of humanity reminds us why we must guard what has been entrusted to us./My fellow citizens, the future of coming generations rests on our shoulders./We bind ourselves to preserve the rich cultural inheritance of our nation./Under these difficult circumstances, respecting law and order is a sacred obligation upon you.

الآمِرُ النّاهي

The person with the absolute authority; the person in the driving seat; the person in control; the one who calls the shots.

إنّ رأسَ النظام هو الحاكِم الآمِر الناهي في البلد، وقد حصل على 99.9% من الأصواتِ في الانتخاباتِ الأخيرة. / إنّ المؤسسةَ الدّينيّة هي الآمر الناهي فيما يتعلّقُ بالشّؤون الدّينيّة للناس في المنطقة. / كان الشّيف الشّهير هو الآمر الناهي في مطعمِ والدِهِ.

The head of the regime controls everything in the country and won 99.9% of the votes in the latest elections./The religious establishment has absolute authority over all the religious affairs of the people in the region./The famous chef and celebrity was the one who called the shots in his father's restaurant.

الأَمْرُ سِيّان

It is all the same; it makes no difference to someone either way.

إنّ الأمرَ سِيّان لي، إن بقيت أو رحلت. / لا يهمّهم إن كان الدفع أسبوعيًّا أو شهريًّا، فالأمرُ سِيّان بالنّسبةِ لهم. / الأمرُ سِيّان فيما إذا كان الوزير سينجو من التغيير الوزاريّ أم لا.

It is all the same to me whether you stay or leave./It makes no difference to them whether they get paid weekly or monthly./It is all the same whether the minister will survive the cabinet reshuffle or not.

أَمْلى عَلَيْهِ ضَميرُهُ

To act according to one's conscience; to be dictated by one's conscience.

وقد أصرّ المحامي على أنّه قد تصرّف بما يمليه عليه ضميرُه فيما يتعلّق بالطريقةِ التي تَعاملَ بها مع الوصِيّة. / لقد كانت مشاركتُها في النّضالِ من أجلِ المساواةِ خيارًا مدروسًا أملاهُ عليها ضميرُها. / لقد تصرّفَ العسكريّ بما أملاهُ عليهِ ضميرُه وليس بأوامر من القيادةِ العُليا.

The lawyer insisted that he had acted according to his conscience regarding the way he handled the will./Her participation in the struggle for equality was a deliberate choice dictated by her conscience./The military man acted according to his conscience; and not because of orders from the high command.

آنَ / حانَ الأَوانُ

It is time; it is about time to do something; the time has come.

إنّ السّنابلَ جافّةٌ وتنحني للأسفل، لقد آنَ أوانُ حصادِ القمح. / لقد آن الأوان كي يقومَ المستهلكونَ بالمطالبةِ بمزيدٍ من الشّفافية حول كيفيّةِ استخدامِ عمالقةِ الإنترنت للمعلوماتِ الشّخصيّة. / أظنّ أنّه قد حانَ الأوان كي نكونَ منفتحي الذّهنِ على حلولٍ واقعيّة.

The spikes are dry and bowing down; it is time to harvest the wheat./It is about time that consumers demand more transparency about how the Internet giants use personal data./I think it is about time to be open-minded about realistic solutions.

انْتَقَلَ إلى رَحْمَةِ اللهِ / جِوارِ رَبِّهِ

To pass away; to die.

بفائقِ الحزنِ والأسى نُعلنُ أنّ صاحبَ السّعادة الرّئيس قد انتقلَ إلى رحمةِ الله عن عمرٍ يُناهزُ التّسعين، إنّا لله وإنّا إليه راجعون. / يُؤسِفنا أن نُخبركم أنّ عمّتكم قد انتقلت إلى رحمة الله بعدَ صراعٍ طويلٍ مع المرض.

It is with the deepest feelings of sorrow and regret that we have to announce the passing of his excellency the president at the age of 90. To God we belong and to Him shall we return./We are sorry to tell you that your aunt passed away after a long illness.

انْصَبَّ اهْتِمامُهُ عَلى

To focus one's attention on something; to devote attention to something.

في سبعينياتِ القرن العشرين انصبّ اهتمامُ الحكومةِ على التّعليم. / إنّ البلدَ الذي كان يواجهُ أزمةً اقتصاديةً صعبة لم يَصُبّ اهتمامَه على إعادةِ الثّقةِ بالاقتصاد. / يَنصبّ اهتمامُ علماءِ الاجتماع على تحليلِ الجريمةِ وفهمِها ضمن إطارها الاجتماعيّ.

Through the 1970s, the government focused its attention on education./The country, faced with a difficult economic crisis, has not focused its attention on restoring confidence in the economy./Sociologists devote considerable attention to analysing and understanding crime in its social context.

انْضَوى تَحتَ لِواءِ

To join and become part of; to adhere; to enrol under.

بعدَ هزيمةِ المماليك في معركةِ الريدانيّة، انضوتْ مصر تحت لواء الحُكم العثمانيّ. / أُجبِر عددٌ كبيرٌ من مقاتلي الثّوار على الانضواءِ تحت لواءِ الحكومة. / لم تنضوِ المجموعاتُ الطّلّابيّة تحت لواءِ الحركةِ السّياسيّة الجديدة.

Following the defeat of the Mamluks in the battle of Ridanieh, Egypt adhered to the Ottoman rule./Many rebel fighters were forced to enrol under the flag of the government./The student groups did not join the new political movement.

انْطِلاقًا مِن

To be based on; to act out of; on the basis of.

انطلاقًا من التّوجيهات السّامية للأمير، فقد تمّ التبرّعُ بمستلزماتٍ طبيّة للبلد الفقير. / قرّرتِ اللّجنةُ بأنّه ينبغي أن تقومَ الشّركةُ وانطلاقًا من المسؤوليةِ الأخلاقيّة بتعويضِ المستهلكين المتضرّرين. / تصرّف الحاكمُ انطلاقًا من قناعتهِ بأنّ البلدَ بحاجةٍ إلى جيشٍ قويّ ليحميَ نفسه. / لقد كتبنا التّقريرَ النّهائيّ انطلاقًا من المعلوماتِ التي كانت بحوزتنا.

Based on the directives of his excellency the emir, medical supplies were donated to the poor country./The commission recommended that out of moral responsibility, the company should compensate the aggrieved consumers./The ruler acted out of his conviction that the country needed a strong army to defend itself./We wrote the final report on the basis of the information we had.

انْفَرَجَتْ أَساريرُه

One's face lights up.

لقد انفرجت أساريرُه عندما تمّ عرضُ الوظيفةِ عليه. / انفرجت أساريرها عندما رأتِ الماعز يتجوّل بحرّيةٍ في شوارع القرية. / انفرجت أساريرُ الأطفالِ عندما عادت معلّمتُهم المحبوبةُ من إجازتها.

His face lit up when he got the job offer./Her face lit up when she saw the goats roaming freely in the streets of the village./The faces of the children lit up when their beloved teacher came back from her vacation.

انْقَسَمَتْ رُدودُ الفِعْلِ / الأَفْعالِ

To have divided or mixed reactions; to have divided opinions.

انقسمت ردودُ أفعالِ علماءِ الاقتصاد حولَ التّبعاتِ الاقتصاديّةِ للهجرة. / انقسمت ردودُ أفعالِ الدّولِ الأعضاءِ فيما يتعلق بالقرار المثير للجدل. / أثار صدورُ التّقرير انتباهَ النّاس، على الرّغم من انقسامِ ردودِ الأفعالِ بين المناطق الحضريّة والرّيفيّة.

Economists had mixed reactions regarding the economic consequences of immigration./The reactions were mixed among the member states regarding the controversial resolution./The release of the report captured the attention of the public, although reactions were mixed among urban and rural areas.

أَنْكَرَ الجَميلَ / المَعْروفَ

To bite the hand that feeds you; to be ungrateful and thankless; to be in a state of ingratitude.

لقد بذلَ الرّجلُ قُصارى جُهدِهِ لمساعدتك فلا ينبغي أن تُنكِرَ الجميل وتنتقدهُ بهذا الشكل. / نحن نُحيّي تصويت البرلمان على إزاحةِ هذا الرّئيس الفاسد والنّاكر للجميل. / "إنّ نُكرانَ الجميل دليلٌ على الضّعف، ولم أعرف شخصًا قويًا قط يُنكِرُ الجميل." – يوهان غوتة.

The man went out of his way to help you, so you ought not to bite the hand that feeds you and criticise him like that./We applaud the parliament's vote to remove this corrupt and ungrateful president./ "Ingratitude is a sign of weakness; I never knew a strong character ungrateful." – Goethe.

الأَنْكى مِن ذلك

What is even worse; and worst of all; worse yet.

كنتُ متأخّرًا عن المقابلة وقد نسيتُ أخذ الأوراق المطلوبة معي، والأنكى من ذلك أنّني كنتُ في المبنى الخطأ. / قام أحدُهم بسرقةِ مفاتيح سيارتي، والأنكى من ذلك أنّني تائه وهاتفي ليس معي. / شركةُ طيران بمثل هذا الحجم ليس لديها موقع للحجز عبر الإنترنت، والأنكى من ذلك أنها لا تشرحُ موقفها بشكلٍ صحيح.

I was late for the interview, I had forgotten to take the required paperwork, and worst of all, I discovered I was in the wrong building./Someone stole my car keys, worse yet, I am lost and do not have my phone with me./An airline of this size does not have online booking, and what is even worse is they will not properly explain their position.

أَهْدَرَ دَمَهُ

To forfeit one's life or blood; to declare a justifiable homicide; the loss of tribal protection and blood vengeance when killed.

أصدرتِ المحكمةُ الدّينيّةُ فتوى بإهدار دمِ الكاتب. / أهدرتِ العشيرةُ دمَ الرِّجالِ الذين قاموا باغتيالِ شيخِها. / كان يُنظرُ حسب القانون الرّومانيّ القديم إلى "الهوموساكر" على أنّه شخصٌ خارجٌ على القانون ومهدورُ الدّم يستطيعُ أيّ شخصٍ أن يقتلهُ دون أن يواجهَ أيّ عقاب.

The religious court issued a fatwa forfeiting the author's blood./The tribe forfeited the blood of the men who murdered its sheikh./In ancient Roman law, the "homo sacer" was regarded as an outlaw who could be killed by anyone with impunity.

أَهْوَنُ الشَّرَّيْنِ

The lesser of two evils.

إنّ البلدَ محاصرٌ بين خيارين، إمّا الحرب الأهليّة أو التّقسيم، وعلى قيادتهِ أن تختار أهونَ الشرّين. / أُعطيتُ الخيار بين الساعاتِ الإضافيّة وبين البقاءِ مع الأولاد فاخترتُ أهونَ الشرّين وبقيتُ في العمل. / يُمكنُ النّظر إلى الحمايةِ المشروطةِ التي وفّرها النّظامُ للّاجئين على أنّها أهون الشرّين مقارنةً بالجرائم المروّعة التي ارتكبَها المتطرّفون.

The country is trapped between two choices: civil war or partition; its leadership should take the lesser of two evils./Given the options of doing overtime and staying with the kids, I chose the lesser of two evils and did overtime./ The conditional protection that was offered by the regime can be regarded as the lesser of two evils for the refugees compared with the horrendous crimes committed by the extremists.

أَوْجَسَ خِيفَةً

To sense a fear; to dread; to have apprehensions.

وبدأ البنكُ المركزيّ يوجسُ خيفةً من أن يفقدَ السّيطرةَ على التضخّم. / أوجستْ خيفةً من الخطرِ المجهول وهي تشاهدُ اقترابَ العاصفة. / لقد أوجس الرّجلُ المسِنُّ خيفةً عندما استمعَ إلى أنباءِ الوباءِ العالميّ.

The Central Bank started to fear that it will lose control of inflation./Watching the storm coming, she sensed a fear of the unknown danger./The old man sensed a fear when he listened to the news about the pandemic.

أَوْدى بِحَياةِ

To claim the life of someone.

وقد أُصيبَ الأبُ بجروحٍ في حادثِ سيرٍ أودى بحياةِ ابنه. / ستُصادِفُ العام المقبل الذّكرى العشرون لواحدةٍ من أكثر الحرائق مأساويةً في تاريخِ المدينة وهو الحريقُ المدمِّرُ الذي أودى بحياةِ المئات من الأشخاص.

The father sustained injuries in a car crash which claimed the life of his son./ Next year will mark the 20th anniversary of one of the most tragic fires in the city's history, a devastating blaze that claimed the lives of hundreds of people.

أَوْسَعَهُ ضَرْبًا

To beat someone up.

شوهدتْ شرطةُ مكافحة الشّغب وهي توسعُ المتظاهرينَ ضدّ الحكومةِ ضربًا. / قال أحدُ أفرادِ العصابةِ للضّحيّة: "أعطِني محفظتك وإلّا أوسعتك ضربًا." / يَرقُدُ الولدُ في المستشفى وبحالةٍ حرجة بعد أن أوسع ضربًا في حفلةٍ كان فيها.

The riot police were seen beating up the anti-government protesters./A member of the gang said to the victim: "Give me your wallet or I will beat you up!"/The boy is now in hospital in critical condition after being beaten up at a party.

أوّلًا بِأَوّل

To keep abreast; to keep someone in the loop.

وسوف نُوافيكم بالتفاصيلِ أوّلًا بأوّل. / إنّ الموقعَ الإخباريّ هو المنصّة التي تُبقيك مُطّلعًا أوّلًا بأول على العالَم الذي يتغيّر باستمرار. / وكان السكرتير يتّصلُ بهِ كلّ ساعة ليُعلِمهُ بمجرياتِ العمليّة أولًا بأول. / وأخبِرني بآخر التّطوراتِ أوّلًا بأول.

We will keep you updated as more details come in./The news agency is the platform to keep you abreast of the ever-changing world./His secretary called him every hour to keep him in the loop on what was going on with the operation./Keep me posted on the latest development.

أَيّامُهُ مَعْدودَة (ات)

One's days are numbered.

وبينما ما تزالُ الجامعةُ تحتفظُ بالكثير من سُمعتِها كمعهدٍ علميٍّ رصين، إلّا أنّ أيامها باتت معدودة. / عندما شعر بأنّ أيامه معدودة التفت إلى ابنته وابتسم. / إنّ أيامَ السّلالةِ الحاكمةِ للبلاد قد تكونُ معدودة.

While the university still retained much of its reputation as a prestigious scientific institute, its days are numbered./As he felt his days were numbered, he turned to his daughter and smiled./The days of the dynasty ruling the country may well be numbered.

أَيْقَظَ / أَشْعَلَ / أثار الفِتْنَة

To stoke strife, animosity, divisions, or discord; to instigate discord; to open the doors of conflict; to sow chaos.

يُحاولُ الجواسيسُ الأجانب أن يوقظوا الفتنةَ من خلالِ نشر أنباء كاذبة عن أعمال قتلٍ مفترضة ضدّ المجموعةِ العرقيّة. / إنّ تسييس الجيش سيؤدي إلى إيقاظِ الفتنةِ بين صُفوفهِ. / وقد حذّر رجلُ الدّين الناسَ من اتّباع هؤلاءِ الأشرار الذين يوقظونَ الفتنةَ في المجتمع. / تمّ توجيه الاتّهام للصحفيّة بإثارةِ الفتنة بسبب مقالاتٍ تدعو إلى الإصلاحِ السّياسيّ في البلد. / أيقظ اغتيالُ الملكِ الفتنةَ في المملكة.

The foreign spies are trying to stoke animosity by spreading misinformation about alleged killings of the minority ethnic group./Politicising the military will instigate discord among its ranks./The cleric warned the people not to follow those evil men who incite sedition in society./The female journalist has been charged with inciting sedition in connection with articles calling for political reform in the country./The assassination of the king opened the doors of discord and conflict in the kingdom.

آيِلٌ للسُّقوطِ / للانْهِيار

On the verge or brink of collapse; set for collapse.

مع اقتصادٍ آيلٍ للسقوط، فإنّ البلد يبحثُ عن طرقٍ لتأمينِ الأموال التي يحتاجها. / باتَ النّظامُ الصّحيّ في العاصمةِ آيلًا للسقوط بسبب مغادرة العديد من المتخصّصين في الرّعايةِ الصّحّيّة المدينة. / لقد حذّر الخبراءُ من أنّ الحاجز المُرجانيّ العظيم أصبح آيلًا للانهيار.

With an economy teetering on the verge of collapse, the country is seeking ways to secure the needed funds./The capital's healthcare system is set to collapse, as many healthcare specialists are leaving the city./Experts warned that the Great Barrier Reef is on the brink of collapse.

ب

حرف الباء

بائِعَةُ هَوىً

A prostitute; a woman of ill repute.

بعد إغلاقِ بيوتِ الدّعارة بدأتِ العديدُ من بائعاتِ الهوى بالعملِ من الشّوارع. / وصفتِ الصّحيفةُ مؤسسةَ القطاعِ العام التي تمّ خصخصتها كبائعةِ هوى يقودُ عليها تاجرٌ وتُباع لمساهمين. / تمّ وصمُ الرّاقصات على أنهنّ بائعات هوى من قِبل شرائحَ محدّدة من المجتمع.

After closing down the brothels, many prostitutes started working as street prostitutes./The newspaper described the privatised state-owned enterprise as a prostitute pimped by a dealer and sold to shareholders./Female dancers were stigmatised as whores by specific segments of society.

بادِئَ ذي بَدْءٍ

First of all; to begin with; first and foremost.

اسمحوا لي، بادئ ذي بدء، أن أهنئ جميعَ طلاّبنا الذين يتخرجونَ اليوم. / بادئَ ذي بدء، حاوِل أن تتعاملَ مع الأمورِ من منظورٍ براغماتيّ. / بادئَ ذي بدء، يُحاولُ التقريرُ توثيقَ الأحداثِ بطريقةٍ منهجيّةٍ ودقيقة.

Let me begin by congratulating all our students who are graduating today./ First of all, try to approach things from a pragmatic point of view./To begin with, the report mainly attempts to document the events in a systematic and accurate way.

DOI: 10.4324/9781003096665-3

بِأَسْرَعِ ما يُمْكِن / وقتٍ مُمْكِن

As quickly as possible; as soon as possible.

ويأملُ الوسطاءُ أن يستأنفَ الجانبانِ المحادثاتِ بأسرع ما يُمكن. / أكّد السفيرُ استعدادَ بلادهِ الكامل للمساهمةِ في إعادةِ إعمار الإقليمِ بأسرع ما يُمكن. / يجبُ إجراء فحصٍ دقيقٍ للقلبِ بأسرع ما يُمكن.

The mediators hope that both sides will restart talks as quickly as possible./ The ambassador expressed his country's readiness to contribute to the reconstruction of the region as soon as possible./A careful cardiac examination should be carried out as soon as possible.

بِأُمِّ عَيْنَيْهِ

With one's own eyes; to see for one's self; to see first-hand.

لو لم أرَ هذه الأشجار العملاقة بأمّ عينيّ لما صدّقتُ القصصَ التي تُروى عنها. / لقد رأيتُ بأمّ عينيّ فشل مَدرستي في مساندةِ التّلاميذ الذين تعرضوا للتنمُّر. / وقد رأتْ بأمّ عينَيها كم كانتِ المدينة جميلة.

If I had not seen these giant trees with my own eyes, I could not have believed the stories about them./I saw first-hand how my school failed to support bullied pupils./She saw for herself how beautiful the city was.

بِالتَّمامِ وَالكَمالِ

A whole; fully and completely; in full; exactly; to the day/hour/minute.

نحتفلُ هذه السّنة على مرور ثلاثينَ عامًا بالتّمامِ والكمال على زواجنا. / استمرّ العملُ في المشروع لخمسةِ أعوام بالتّمام والكمال، ومع ذلك لم يتمّ الانتهاء من بناءِ المستشفى. / لقد مضى عامانِ بالتّمامِ والكمال على شرائنا لهذه الشّقة.

This year my wife and I are celebrating a whole 30 years together./It has been a continuous work in the project for fully five years, and still, the hospital is not complete yet./It is two years to the day since we bought this flat.

The Idioms and Proverbial Phrases

بِالجُرْمِ المَشْهودِ

To be caught red-handed; in flagrante delicto.

تمّ ضَبطُ الجاسوسِ بالجرمِ المشهود أثناءَ إحدى عمليات التّجسّس المُضاد. / بموجبِ قوانين الطّوارئ، فإنّه يمكن اعتقال أيّ شخصٍ إذا ما تمّ ضبطه بالجرمِ المشهود أثناءَ ارتكابهِ جريمة ما. / لقد ضبطتُهم متلبّسين بالجرمِ المشهود وهم يحاولونَ سرقة دراجةٍ ناريّة.

The spy was caught red-handed during a counterespionage operation./Under the emergency laws, a person can be apprehended when caught in flagrante delicto of committing a criminal offence./I caught them red-handed, stealing a motorbike.

بِجَرَّةِ قَلَمٍ

At/with a stroke of a pen.

وبجرةِ قلم قام المجلسُ العسكريّ بإصدار عفوٍ عن عددٍ من الشّخصياتِ العسكريّة المدانة بانتهاكاتٍ ضدّ حقوقِ الإنسان. / وبجرةِ قلمٍ جرّد المرسومُ الجديدُ آلافَ المواطنين من حقّهم في التّنقّل بحريةٍ في البلاد.

With a stroke of a pen, the military council pardoned several military figures convicted of human rights abuses./At a stroke of a pen, the new decree stripped thousands of citizens of their rights to move freely in the country.

بِحَذافيرِهِ

In something's entirety; down to the minute details of something.

يحتاجُ مهندسو البرمجيّات إلى فهم تفاصيل عمل الشّركة بحذافيرها ليتسنّى لهم تصميم برامج ممتازة لها. / لقد التزمت بلادُنا باتفاقِ وقفِ إطلاقِ النّار بحذافيرِهِ. / ومن الأهميّةِ بمكان أن يتمّ تنفيذ هذه الخطّة بحذافيرها ودون تأخير.

To build excellent software, software engineers need to understand the business down to the minute details./Our country has adhered scrupulously to the ceasefire agreement./It is of utmost importance that this plan is implemented in its entirety and without delay.

بِالحَرْفِ الواحِدِ

To the letter; to do something with adherence to every detail; literally.

يجبُ اتباع أوامر المدير بالحرفِ الواحد وإلّا فإنّنا نُخاطرُ بخسارةِ الصّفقة. / وقد قالَ بالحرفِ الواحد: "يجبُ علينا أن نوقفَ التّلوّث البلاستيكيّ في المحيطات." / استدعتِ المعلمةُ الفتيات وقالت بالحرفِ الواحد إنّها ستُعاقبهنّ بالوقوفِ على ساقٍ واحدة.

The manager's orders must be followed to the letter, or we risk losing the deal./ He literally said: we need to stop plastic pollution in the oceans./The teacher called the girls and literally said they would be punished by standing on one leg.

بَخَسَ / هَضَمَ حَقَّهُ

To unfairly deny or compromise the right of someone; to withhold what is due to someone; to abuse or not to acknowledge someone's right.

بخسَ ربُّ العملِ حقّ الموظفِ في أن يحصلَ على أجرهِ بالكامل. / أعلنَ الكاتبُ وبصوتٍ عالٍ أنّ السلطات قد بخستهُ حقّه في الحصول على محاكمةٍ عادلة. / ما يزال يتمّ بخْس حقّ النّساء في التّصويت في بعض البُلدان. / لا ينبغي بخْس المواطنين حقّهم في تكافؤ الفرصِ وتحت أيّ ظرفٍ من الظروف. / إنّ السّلطة القضائيّة تعمل على منع أيّ هضمٍ لحقوق الذين يتمّ تقديمهم للمحاكمة.

The employer has unfairly denied the employee his full wages./The author loudly announced that the authorities unfairly compromised his right to a fair trial./In some countries, women are still deprived of their right to vote./Citizens' rights to equal opportunities should not be withheld under any circumstances./The judiciary is working to prevent any violation of the rights of those brought to trial.

بَذَلَ قُصارى جُهْدِهِ

To do one's utmost; to try one's best effort; to leave no stone unturned; to go to great lengths.

نحن نبذلُ قُصارى جُهدنا لنُصدِر أربعة أعداد من هذه المجلة العريقة في كلّ عام. / أعترفُ أنّي لم أبذل قصارى جهدي في التّخلّص من الوزنِ الزّائد. / تنصّ مهمةُ المؤسّسة على أن يتمّ بذْل قصارى الجهد من أجل اكتشافِ ومنع تهديداتِ الأمن السّيبرانيّ. / سيبذلونَ قصارى جهدهم للوصولِ لأهدافهم.

We do our utmost to publish four issues of this long-standing journal every year./I admit that I have not done my best to get rid of excess weight./The organisation's mission states that every effort possible is made to detect and prevent cybersecurity threats./They will leave no stone unturned to reach their goals.

بُروجٌ عاجِيَّةٌ

To live in an ivory tower.

يشعرُ بعضُ الأثرياء بالحاجة إلى مغادرةِ أبراجهم العاجيّة والعيش بنمطِ حياةٍ بسيط. / لا أتذكرُ متى نزل المحافظُ من برجهِ العاجيّ كي يُقابلَ عامّة النّاس.

Some rich people feel the need to leave their ivory tower and live a minimalist lifestyle./I cannot remember when the governor has come down from his ivory tower to meet ordinary people.

بِشَحْمِهِ وَلَحْمِهِ

In the flesh; the very same person.

والتقيتُ مؤخرًا صدفةً بالرّياضيّ الشّهير، نعم بشحمه ولحمه. / عُثر على الكتاب النّادر الذي لم يُرَ بشحمه ولحمه من قَبل في إحدى بَسطاتِ الكتبِ في بغداد. / كان المسؤولُ دومًا يشجبُ الفساد بقوة، ولكنّه بشحمه ولحمه تورّط في أكبر فضيحةٍ لاستغلالِ النّفوذ في تاريخ البلاد. / هذا هو رسّامُ الكاريكاتير بشحمه ولحمه الذي ابتكر الشّخصيّة الكارتونيّة المحبوبة.

I recently bumped into the famous athlete, yes, in the flesh./The rare book that was never seen in the flesh before was found in a bookstall in Baghdad./The official was always decrying corruption, but he in the flesh has been involved in the biggest influence-peddling scandal in the history of the country./This is the very same cartoonist who created the beloved cartoon character.

بِشِقِّ الأَنْفُسِ

With great difficulty; hard-fought; exhaustingly; to barely be able to manage something.

لقد جعلتِ الجلطةُ الدّماغيّة منه شخصًا غير قادرٍ على الكلام إلّا بشقّ الأنفس. / توصّل قادةُ العالَم بشقّ الأنفس إلى اتفاقٍ لتنظيم التّجارة العالميّة بعد أسبوعٍ من المحادثاتِ الصّعبة. / ابتسمَ عند رؤيةِ قطعةِ الأثاثِ القديمة التي أصلحَها بشقّ الأنفس خلال العام الماضي.

The stroke made him unable to speak except with great difficulty./The world leaders reached a hard-fought agreement to regulate world trade after a week of tough talks./He smiled at the sight of the vintage piece of furniture he had exhaustingly repaired over the past year.

بِصَدَدِ

One about to do something; to face something; regarding.

المحكمةُ العُليا بصددِ إعلانِ قرارها في قضيّةِ الحقوقِ المدنيّة. / نحنُ بصددِ أزمةٍ في القيادة يُمكن أن تُؤدّي بالبلاد إلى التّفكّك. / وقد رفض الوزيرُ التوقيعَ على مذكّرة تفاهمٍ بصددِ نزعِ سلاحِ منطقةِ الحدودِ بين البلدين.

The Supreme Court is about to announce its decision on the civil rights case./ We are facing a leadership crisis that could cause the country to disintegrate./ The minister refused to sign a memorandum of understanding regarding the demilitarisation of the border between the two countries.

بَصيصُ أَمَلٍ / بَصيصٌ مِنَ الأَمَلِ

A glimmer of hope; a glimpse of hope.

تعطي الموافقة على هذا العقارِ الجديد بصيصَ أملٍ للمرضى الذين يُعانونَ من ارتفاع ضغطِ الدّم. / على الرغم من انهيار محادثاتِ السّلام بين الطّرفين، إلّا أنّ هناك بصيصٌ من الأمل في إمكانيّةِ التوصّل إلى هُدنة. / إنّ السّلوك الاحتكاريّ للشركة العالميّة يقضي على بصيصِ الأملِ لدى الشّركات الصّغيرة للاستمرار في الوجود.

The approval of this new drug gives a glimmer of hope to patients with hypertension./Despite the breakdown of peace talks between the two parties, there is a glimmer of hope that a truce can still be reached./The monopolistic behaviour of the global firm is killing any glimpse of hope for small firms to survive.

بَعْدَ جُهْدٍ جَهيدٍ

After/with considerable effort.

وبعدَ جُهدٍ جهيد قام الميكانيكيّ بتجربة سيارتهِ الطّائرة بنجاح. / كانت المرأةُ العجوزُ تُعاني من ألمٍ في أسفل الظّهر، ولم تكُن تتمكّن من الحركةِ إلّا بعدَ جهدٍ جهيد. / بعدَ جهدٍ

جهيد، فشل رجلُ الأعمال في الحصول على تأشيرةِ دخولٍ للمشاركةِ في معرض التّجارة العالميّ.

After a considerable effort, the car mechanic has successfully tested his own flying car./The old woman had pain in her lower back, and only with considerable effort did she manage to move./The businessman failed after a considerable amount of effort to obtain a visa to participate in the international trade show.

بَعْدَ فَواتِ الأَوانِ

To be too late.

ونعرف أنّ نصفَ عددِ مرضى السّرطان تقريبًا يتمّ تشخيصُهم بعدَ فواتِ الأوان. / لم يلحظْ أنّ الأزمة كانت على وشكِ الحدوث إلّا بعد فواتِ الأوان. / لن يُدركَ العالَمُ خطورةَ التّهديداتِ البيئيّة إلّا بعد فواتِ الأوان.

We know that almost half of the cancer patients are diagnosed too late./He did not notice the impending crisis until after it was too late./The world will not realise the seriousness of the environmental threats until it is too late.

بِغَضِّ النَظَرِ عَن

Regardless of something; irrespective of something; no matter who/what.

ومن المحتمل أن يتمّ تحويل مجرى النّهر بحلول نهايةِ العام الجاري بغضّ النّظر عن نوع الاتّفاق الذي يتمّ التوصّل إليهِ مع دولِ الجوار. / يَخدمُ المصرفُ جميعَ العملاء بغضّ النّظر عن جنسيّاتهم. / بغضّ النّظر عمّن سيتولّى المسؤولية فإنّ الجامعة بكلّ تأكيد تُعاني من العديد من المشاكل.

The river diversion will probably happen by the end of this year, irrespective of the type of agreement reached with the neighbouring countries./The bank serves all customers, regardless of their nationality./No matter who will be in charge, certainly the university is plagued with a multitude of problems.

بِفارِغِ الصَّبْرِ

Eagerly; impatiently; with bated breath.

كان الحشدُ ينتظرُ بفارغ الصّبر بدايةَ المباراة. / في منتصفِ الشّتاء، يترقّبُ المزارعونَ قدومَ الربيع بفارغ الصّبر. / تحدثتْ وبشكلٍ مؤثّر عن شوقها بفارغ الصّبر لرؤيةِ ولدِها خارج السّجن.

The crowd was eagerly waiting for the match to begin./In the middle of winter, the farmers yearn impatiently for spring to come./She spoke movingly about her impatient longing to see her son out of prison.

بِكُلِّ ما في الكَلِمَةِ مِنْ مَعْنى

In every sense of the word.

إنّ زنجبار جزيرةٌ رائعةٌ بكلّ معنى الكلمة. / لقد كانت صديقةً حقيقيّةً بكلّ ما في الكلمةِ من معنى، فهي مساندة ومخلصة وكريمة بلا حدود. / إنّ قطعَ الأشجارِ جريمةٌ ضدّ الطبيعة بكلّ معنى الكلمة.

Zanzibar is an idyllic island in every sense of the word./She was a true friend in every sense of the word, supportive, loyal, and generous without limit./ Cutting trees is a crime against nature in every sense of the word.

بِكُلِّ المَقاييسِ

By all standards; by all measures.

لقد كانت زيارةُ الفريقِ ناجحةً بكلّ المقاييس. / من المتوقَّع أن تكونَ المشاركة في الانتخاباتِ العامّة لهذا العام ضخمةً وتاريخيّةً بكلّ المقاييس. / بكلّ المقاييس، إنّ عمليّة السّلام تسيرُ في الاتّجاه الصّحيح.

The team's visit has been successful by all measures./The voter turnout of this year's general election is expected to be massive and historical, by all standards./By all measures, the peace process is moving in the right direction.

بَلَغَ مِنَ العُمُرِ / الكِبَرِ عِتِيّا

To become decrepit/weakened by old age; to become very elderly; to reach a great age.

بعدَ أن بلغ من العُمر عتيّا، قرّر أن يعتزلَ قبيلته كي يموتَ لوحدهِ. / وسأل زكريا ربَّه: "قال ربِّ أنّى يكون لي غلامٌ وكانت امرأتي عاقرًا وقد بلغتُ من الكبر عتيّا." – سورة مريم. / بعد أن بلغ الملكُ من العمر عتيّا لم يعُد يستطيعُ الاستمرار في مواجهةِ سلطة ولدِهِ.

When he was weakened by old age, he left the tribe and lived in solitude, to die alone./Zechariah wondered: "My Lord! How can I have a son when my wife is barren, and I have become decrepit with old age?" [Quran 19:7]./The king could not continue defying his son's power as he became weakened by age.

بِما يَنْسَجِمُ مَعَ

To be in line with something; in accordance with; in keeping with.

علينا تربية أطفالنا بما ينسجمُ مع واقعِ الحياة التي أصبحتِ اليومَ أكثر تعقيدًا من أيّ وقتٍ مضى. / تتّخذُ الحكومةُ إجراءاتٍ استثنائيّةً بما ينسجمُ مع التّحدّيات الأمنيّة التي تُواجهها البلاد. / بما ينسجمُ مع هُويتها كدولةٍ ثوريّة، تتبنّى البلادُ بشكلٍ متزايدٍ سياسةً خارجيّةً أكثر راديكاليّة. / ويجبُ تعديلُ القانون بما ينسجم مع احتياجاتِ اليوم.

We must raise our children in line with the realities of life, which are more complex today than ever before./The government is taking extraordinary measures in accordance with the security challenges facing the country./The country is increasingly adopting a more radical foreign policy in line with its identity as a revolutionary state./The law should be amended in keeping with the needs of the present day.

بِمَحْضِ إرادَتِهِ

To do something of one's own or free will.

رغم أنّ معظم الذين يصبحون رجالَ دين ينحدرون من أسرٍ دينيّة، إلّا أنّ المفتي اختارَ أن يكونَ رجلَ دينٍ بمحضِ إرادته. / لن يتخلّى الديكتاتور عن السّلطةِ مالم يقاومه الشّعبُ بمحضِ إرادتهِ. / بينما يلتحقُ بعضُ المقاتلين بالميليشيات بمحضِ إرادتهم، يتمّ تجنيدُ آخرينَ قسرًا.

Though most people become clerics because they are born into religious families, the mufti became one of his own will./The dictator will not relinquish power unless the people, of their own will, resisted him./While some fighters choose to join the militias out of their free will, others are forcibly conscripted.

بِمَحْضِ الصُدْفَةِ

By serendipity; by pure coincidence; purely by chance; by accident.

إنّ الكثير من الاكتشافات المهمّة التي غيّرت العالم حصلت بمحضِ الصّدفة. / هل أنّ حصولي على أفضل الدّرجات في الامتحانات عند ارتدائي رباط عنقي الأزرق هو محضُ صدفة؟ / من المُمكن الفوز باليانصيب بمحضِ الصّدفة.

Pure serendipity made many important discoveries that changed the world./Is it a pure coincidence that I always get the best grades in exams when I wear my blue tie?/Winning the lottery can occur due to pure chance.

بَناتُ أَفْكارِ

Brainchild of someone.

كانت الأغنيةُ من بناتِ أفكار الملحّن الذي كان يرى أنّ الموسيقى الشّرقية ينبغي لها أن تسير يدًا بيد مع التكنولوجيا الحديثة. / وهذا العلاج المبتكر هو من بناتِ أفكار عيادةِ العُيون المتخصّصة التي تُعالج المرضى من جميع أنحاء المنطقة. / إنّ بنات أفكار البروفسور التي تمّ تطويرها في جامعتنا تقدّم أحدث التقنيّات في مجال الرّوبوتات الدّقيقة.

The song was the brainchild of the composer who saw modern technology and Oriental music going hand in hand./The innovative treatment is the brainchild of the specialist eye clinic that is helping patients from across the district./The professor's brainchild developed at our university offers the latest advance in microrobotics.

بَيْتُ القَصيد

The gist of something; the bottom line; the whole point behind something.

بيتُ القصيد في محاضرة اليوم هو أهميةُ الأسرة في المجتمعاتِ العربيّة. / يريدونَ أن يكسبوا أكبر عددٍ من الأصوات وهنا بيتُ القصيد. / إنّ بيتَ القصيد من بحثِنا هو معرفة ما إذا كان النّاس عقلانيّين في استجابتهم للأخبار.

The gist of today's lecture is the importance of family in Arab societies./They want to win the highest number of votes, and that's the bottom line./The whole point behind our research was to see if people are rational in their response to the news.

بَيْدَ أَنَّ

But; nevertheless; nonetheless; however; yet; still.

في أوروبا الكثيرُ من المدن الجميلة بيدَ أنّ البندقية أكثرها جمالًا. / كانت الحياةُ في الخارج رائعةً، بيدَ أنّي لا أتصوّر أن أحيا بقيةَ عمري بعيدًا عن عائلتي. / إنّ تأثيرَ الاضطرابات السّياسيّة كان محدودًا في العاصمة، بيدَ أنّ تأثيراتها كانت عميقة على البلادِ بأكملها. / بيدَ أنّه يوجد عامل آخر يجب أخذه في الحُسبان.

There are many beautiful cities in Europe, but Venice is the most beautiful./ Living abroad was great; nonetheless, I could not imagine spending the rest of my life away from my family./The impact of the political disturbances was limited in the capital; nevertheless, it had a profound effect on the whole country./There is, however, another factor to bear in mind.

بَيْنَ الفينَةِ وَالأُخْرى

Every now and then/again; from time to time; ever and anon.

وتستمرُّ قصصُ الحياة السّريّة للممثلة بالظّهور بين الفينةِ والأخرى. / قد يستمرّ البنكُ المركزيّ في التّدخّل بين الفينةِ والأخرى لإبقاءِ العملة تحت السّيطرة من التّقلّبات. / ونتلقّى بين الفينةِ والأخرى بريدًا إلكترونيًّا من اتحادِ أمناء المكتبات.

Stories about the secret life of the actress keep popping up every now and then./The Central Bank may continue to step in from time to time to keep the currency volatility in check./Every now and again, we get an e-mail from the consortium of librarians.

بَيْنَ لَيْلَةٍ / عَشِيَّةٍ وَضُحاها

To take place overnight, rapidly, or suddenly.

سيتركُ انهيارُ النظام انعكاساتٍ غير مسبوقةٍ على استقرارِ المنطقة، لكنّ التّأثير لن يحدثَ بين ليلةٍ وضُحاها. / لم تنشأ ظروفُ التّمييز الممنهج ضدّ مجموعاتٍ محدّدةٍ من البشر بين

ليلةٍ وضُحاها ولن تَنتهي بين ليلةٍ وضُحاها. / لا يُمكن أن يتحوّل المجرمُ العنيفُ إلى شخصٍ مسالمٍ ونبيلٍ بين ليلةٍ وضُحاها.

The collapse of the regime will have unprecedented consequences on the region's stability, but the effect will not take place overnight./The conditions for systematic discrimination against specific groups of people did not start overnight, and it will not end overnight./A violent criminal does not transform overnight into a peaceful gentleman.

ت

حرف التاء

تارَةً وَتارَة

Alternating; sometimes; at times.

يتحرّك البندول تارةً إلى اليمينِ وتارةً إلى اليسار. / يتصرّف المراهقونَ تارةً كأطفالٍ وكبالغينَ تارةً أخرى. / تارةً تجدُه متحمسًا للمشروع الجديد وتارةً أخرى تجدُه غيرَ مكترثٍ له.

The pendulum swings alternately to the left and the right. / Teenagers behave like children and like adults at other times. / One minute he is enthusiastic about the new project, and the next minute he acts like he does not care about it.

تَبادَرَ إلى ذِهْنِهِ

To occur (thought) to someone.

يتبادرُ إلى ذهني أنّني حقّقتُ مستوىً معقولًا من النجاح في حياتي. / لم يتبادر إلى ذهني قطّ أنّ مسؤولًا محترمًا قد يُعطي معلوماتٍ كاذبة. / هل تبادر إلى ذهنِها أنّ الأعمال الفنيّة التي رأتها قد صنعتها أيدي فنانين مكفوفين؟

It occurs to me that I have achieved a decent level of success in my life./It never occurred to me that a respectable official would give false information./ Has it occurred to her that the art she saw done was by blind artists?

تَجاذَبَ أَطْرافَ الحَديثِ

To converse, talk, or chat with someone.

ليلة أمس كنتُ أتجاذبُ أطراف الحديث مع صديقٍ قديمٍ كان يستغرقُ في الحديث عن ذكرياتِ طيشهِ في شبابه. / وتجاذبنا أطراف الحديث لبعض الوقت كما يفعل المرءُ مع

DOI: 10.4324/9781003096665-4

الزّوّارِ والضيوف. / لقد استمرّت قدراتهُ اللّغويّة بالتّطوّرِ مع استمراره بتجاذب أطراف الحديث مع السّكّان المحليين.

Last night I was talking to an old friend who was reminiscing about the pranks of his youth./We chatted for a while, as one does with visitors./His language skills developed as he continued to converse with the locals.

تَجَرَّعَ المُرَّ

A bitter pill to swallow.

تجرّعت ألمانيا المرّ وذلك من خلال توقيعها اتفاقية فرساي في عام 1919. / تجرّع الرئيسُ المرَّ عندما تنحّى تحت ضغطِ الجيش عن منصبه. / إنّ الهزيمةَ في الاستفتاء بمثابةِ تجرّع المرّ لأنّ ذلك سيؤخّر استقلال المنطقة لفترةٍ غير محدَّدة.

Germany had swallowed a bitter pill by signing the treaty of Versailles in 1919./The president swallowed a bitter pill by stepping down under the pressure of the military./The referendum defeat is a bitter pill to swallow because it will suspend the independence of the region for an unspecified period.

تَجَشَّمَ عَناءَ

To bear the burden of something; to take the trouble.

إنّني أُقدّم لك امتناني لتجشّمك عناء قراءة كتابي والتّعليق عليه. / تجشّم الرّجلُ المسنّ العناءَ كي يحصُلَ على شهادةِ الدكتوراه في السّتينيّاتِ من عمره. / يتجشّم موظفو القطاع الصّحّيّ عناء إنقاذِ حياة النّاس.

I am very grateful to you for taking the trouble to read and comment on my book./The old man undertook the trouble to gain his PhD in his 60s./The health workers bear the burden of responsibility to save people's lives.

تَحامَلَ عَلى نَفْسِهِ

To force or push oneself to do something with pain, or extreme discomfort.

بالرغم من ضعفه فقد تحاملَ على نفسِه واقفًا على قدمَيه كي يرحّبَ بضيوفه. / على الرغم من إصاباتها البليغة إلّا أنّها تحاملت على نفسِها وصرخت طلبًا للمساعدة. / وبِأصابعَ مرتجفةٍ، تحاملَ على نفسِه وكتبَ كلماتِه الأخيرة.

In spite of his weakness, he forced himself to his feet to welcome his guests./ Though she had life-threatening injuries, she pushed herself to shout, asking for help./With trembling fingers, he forced himself to put pen to paper and wrote his final words.

تَحْتَ إِمْرَةِ / سُلْطَةِ

Under the command or authority or direction of someone.

يعملُ المقرّ تحت إمرةِ القوّات المسلّحة. / إنّ إبرامَ أيّةِ اتفاقياتٍ مع البُلدان الأجنبيّة يجبُ أن يكونَ تحت سلطةِ الدّولة. / سيعملُ المديرُ الجديد تحت إمرة الرّئيس التّنفيذيّ الحاليّ.

The headquarters operates under the command of the armed forces./Entering into agreements with foreign countries should fall under the authority of the state./The new manager will be working under the directions of the current CEO.

تَحْتَ ذَرِيعَةِ

Under the pretext of.

نُدين محاولاتِ النّظام تبرير أفعالِه تحت ذريعةِ الدّفاعِ عن النّفس أو مكافحةِ الإرهاب. / قامتِ السّلطات المحليّة وتحت ذريعةِ التّطوير الحضريّ بتهجير البدو من المنطقة. / تحت ذريعةِ تطوير المجتمع، أقدم رجلُ الدّين على شنِّ حملةٍ ضدّ النّشاطات الاجتماعيّة المختلطة بين الجنسَين.

We condemn attempts by the regime to justify its action under the pretext of self-defense or countering terrorism./The local authorities, under the pretext of urban development, have displaced the Bedouins from the area./Under the pretext of improving society, the religious leader has launched a campaign against mixed-gender activities.

تَحْصِيلُ حَاصِلٍ

A foregone conclusion.

يبدو أنّ نتائجَ الانتخابات كانت تحصيل حاصل بسبب عدم مشاركةِ المعارضة فيها. / إنّ منع الأكل علانيةً في رمضان هو تحصيلُ حاصل في أغلبِ البُلدان الإسلاميّة. / إنّه تحصيل حاصل أن يتمّ اختيار القاضي الموالي للحكومة وزيرًا للعدل.

It seems that the election results were a foregone conclusion because the opposition did not participate./It is a foregone conclusion that eating in public is prohibited in Ramadan in many Islamic countries./Selecting the pro-government judge to be the minister of justice has become a forgone conclusion.

تَحَيَّنَ الفُرَصَ

To await the opportunity; to exploit or seize the opportunities, chance, or circumstances.

يتحيّنُ الصّقر الفرصةَ للانقضاضِ على فريسته. / وكان الجواسيس يتحيّنونَ الفرص كي يحصلوا على ملفّاتِ الشّركة السّرية. / تحيّنت الشّركةُ العقاريّةُ الفرص لشراءِ أراضٍ في هذا الموقع الجذّاب.

The falcon is seeking the opportunity to swoop down on its prey./The spies were awaiting the opportunity to get their hands on the company's secret files./The real estate company has exploited the opportunity to purchase land in this attractive location.

تَخَلَّفَ عَنِ الرَّكْبِ / اللَّحاقِ بالرَّكْبِ

To lag behind; to be left behind.

اعترفَ رئيسُ الوزراء بأنّ بلده قد تخلّف عن اللّحاقِ بركب البُلدانِ الأخرى في التّعليم. / إنّ الشركاتِ التي تمتلكُ استراتيجياتٍ تسويقيّةً غير فاعلةٍ تكون معرّضةً بشكلٍ متزايدٍ لمخاطر التخلّف عن ركب الشّركاتِ الأخرى. / وتخلّف الاقتصادُ في المناطقِ الريفيّةِ عن اللّحاقِ بركب الاقتصادِ في المدن.

The prime minister acknowledged his country lagged behind other countries in education./Companies with dysfunctional marketing strategies are at increased risk of being left behind./The economy in rural areas has lagged behind urban areas.

تَرَبَّعَ عَلى عَرْشِ

To reign the world of; to ascend the throne; to sit on the throne.

تربّعت أمّ كلثوم على عرشِ الغناءِ العربيّ لأكثر من نصفِ قرن. / تربّع آينشتاين على عرشِ الفيزياء بعدَ نشرهِ نظريّته النسبيّة. / يتنافسُ مصنّعو السّيارات على التربّع على عرشِ سوقِ العجلات الكهربائيّة.

Umm Kulthum reigned the world of Arabic music for over half a century./After publishing his theory of relativity, Einstein reigned the world of physics./Car manufacturers are competing to reign in the world of the electric vehicles market.

تَرَجَّلَ عَنْ صَهْوَةِ جَوادِهِ

To honourably die or be killed; to dismount from a horse; to honourably retire, depart, or step out of a position.

ترجّلَ الخطّاطُ العراقيّ هاشم البغدادي عن صهوةِ جوادِهِ وهو في ذُروةِ مسيرتهِ المهنيّة خطاطًا من الطّرازِ الأول في القرن العشرين. / ترجّل الزعيمُ عن صهوة جواده بعد حياةٍ طويلةٍ مليئةٍ بالحبّ لشعبه ووطنه. / وقد ترجّل البروفسور عن صهوة جواده كعميدٍ لكليّةِ الحُقوق.

The Iraqi calligrapher Hashim Al-Baghdadi died at the peak of his career as the most distinguished Arabic calligrapher of the 20th century./The leader respectfully died after a long life full of love for his people and country./The professor has honourably departed his position as the dean of the law school.

تَسارَعَتْ / تَصاعَدَتْ وَتيرَةُ

To gather pace; to accelerate; to escalate.

بقيتِ الحالاتُ اليوميّةُ للوباء منخفضةً في حين تسارعت وتيرةُ الإصاباتِ في أفريقيا وأمريكا اللاتينيّة. / ومع تصاعد وتيرة الهجمات الصاروخيّة شنّ الجيشُ سلسلةً من الهجماتِ الجويّةِ والمدفعيّة. / ومن المتوقّع أن تتسارع وتيرة التّضخُّم في العام المقبل مما سيزيد من الضّغط على أسعار الفائدة.

New daily cases have remained low, whereas the pandemic has gathered pace in Africa and Latin America./As the rocket attacks escalated, the army launched a series of air and artillery attacks./Inflation is expected to accelerate next year, adding further pressure on interest rates.

تَسَلَّمَ مَقاليدَ الحُكْمِ / السُّلْطَةِ

To take reins of power; to take over the power or office; to inaugurate; to take charge.

وما إن تسلّم الملكُ مقاليد الأمور في المملكة حتى أعلنَ ضمّ المناطقِ المجاورةِ إلى مملكته. / تسلّمتِ الرئيسةُ الجديدةُ مقاليدَ الحكم في العام الماضي. / تسلّمت حكومةٌ معترفٌ بها دوليًا مقاليدَ السّلطة بعدَ أن أطاح انقلابٌ عسكريٌّ بالديكتاتور السّابق.

As soon as the king took the reins of the kingdom, he announced annexing the neighbouring territories to his kingdom./The new female president was inaugurated last year./An internationally accepted government took office after a military coup ousted the former dictator.

تَسَنّى لَهُ

To be able to do something; to have the opportunity or the chance; to get to do something.

لن يتسنّى لشركةِ النّفطِ تأمينَ موارد ماليّة كافية لتغطيةِ الأضرارِ النّاجمةِ عن التّسرّب النّفطيّ. / سيتسنّى للمراقبين في نصفِ الكرةِ الشّماليّ مشاهدةَ المذنّب بالعينِ المجرَّدة. / لم يتسنَّ لي أن ألتقيَ برجلِ الأعمال لأنّه قضى اليوم مبحرًا على يختهِ.

The oil company will not be able to secure enough financial resources to cover the damages incurred by the oil spill./Observers in the Northern Hemisphere will have the chance to see the comet in their night sky with their naked eye./I did not get to meet the businessman, for he was sailing in his yacht for the day.

تَضَوَّرَ جوعًا

To suffer from hunger; to starve.

حذّرتِ الأممُ المتّحدةُ من أنّ الملايين يتضورونَ جوعًا في أجزاء مختلفة من العالَم. / وقد تضوّر الكثيرُ من النّاسِ جوعًا حتى الموت في أثناءِ الحرب. / لم أتناولْ شيئًا منذ الصّباح والآن أتضوّرُ جوعًا.

The United Nations has warned that millions are suffering from hunger in many parts of the world./So many people starved to death during the war./I have not eaten since morning, and I am starving now.

تَغَمَّدَهُ اللهُ بِرَحْمَتِهِ

May one's soul rest in peace; may God bestow his mercy and grace upon someone.

وقدّم صاحبُ السّمو تعازيه لذويها داعيًا الله أن يتغمّدَها بواسعِ رحمتهِ ويُلهم أهلَها الصّبرَ والسّلوان. / اللهم تغمّدني برحمتكَ وفضلكَ.

His Highness expressed his condolences, praying to the almighty God to rest her soul in peace and grant her family patience to bear the loss./Oh God, bless me with your mercy and grace.

تَفَتَّقَتْ قَرِيحَتُهُ

One's talent starts to shine; to ingeniously come up with an idea or invention; to be devised by the ingenuity of someone; to think up something.

ما إن حطّ الرحال في ديار الغربةِ حتّى تفتّقت قريحتهُ وكتب قصائدَهُ الأولى. / تفتّقت قريحةُ ليوناردو دافنشي عن اختراعاتٍ سبقت عصرهُ بكثير. / يقولُ المهاتما غاندي عن فلسفةِ اللاعنف إنّها أقوى وأعتى من أعظم أسلحةِ دمارٍ تفتقت عنها قريحةُ الإنسان.

As soon as he settled down in the foreign land, his talent started to shine, and he wrote his first poems./Leonardo da Vinci came up with inventions that were way ahead of their time./"Non-Violence: It is mightier than the mightiest weapon of destruction devised by the ingenuity of man." – Mahatma Gandhi.

تَقْشَعِرُّ لَهُ الأَبْدانُ

Chilling; creepy; spine-chilling; to make one's hair stand up on the back of one's neck; to send a chill down one's spine; to get goose bumps.

عُرضت في المعرض صورٌ تقشعرّ لها الأبدان عن الحربِ الأهليّةِ في بيروت. / وقد عرض الشّهودُ وصفًا تقشعرّ له الأبدان لما حدث في المجزرة. / إنّ بدنهُ يقشعرّ لمجرّد التّفكير في العودةِ إلى ذلك المكان المخيف.

The exhibition showed chilling images of the civil war in Beirut./The witnesses shared a spine-chilling description of the events during the massacre./Just the thought of going back to that eerie place makes the hair stand up on the back of his neck.

تَقَطَّعَتْ بِهِ السُّبُلُ

To be stranded; to be marooned.

تقطّعت السّبل بالمسافر في المطار بعد أن تمّ منعه من الصّعودِ على متن الطّائرة. / تمّ إنقاذُ متسلّقِ الجبال بعد أن تقطّعت به السّبل في منطقةٍ جبليةٍ وعرة. / ذكر النّاس أنّهم شاهدوا قطيعًا من الغزلان وقد تقطّعت به السّبل بسبب الفيضاناتِ في المنطقة.

A passenger was stranded in the airport after he was prevented to board the flight./The climber was rescued after he was marooned in the treacherous mountain area./People said they saw a herd of deer marooned by floods in the area.

تَكالَبَتْ عَلَيْهِ الدُّنْيا

To be gripped by life; life becomes cruel or hard to someone; to be tortured by life.

لقد تكالبت عليه الدّنيا في الأعوام الأخيرة، فقد كان عاطلًا عن العمل ولم تكُن لديهِ فرصٌ لكسب لقمةِ العَيش. / يشعر بعض الناس الذين تتكالب عليهم الدنيا بالضغينة تجاه الآخرين. / إننا سنقاومُ حتّى النّهاية حتّى لو تكالبتِ الدّنيا كلّها علينا.

Life was cruel to him in the last few years because he was unemployed with no prospects of earning a living./Some people feel hostile against others because life has been cruel to them./We will fight to the end even if the whole world stands against us.

تَماثَلَ لِلشِّفاءِ

To recover from illness; to regain one's health; to be on the mend.

كانت عمليةُ نقلِ الكبد التي أُجرِيت لها ناجحةً وسرعان ما تماثلتْ للشفاء. / وتماثل سموّ الأمير للشفاء إثر العملية التي أجرِيت له في المستشفى الجامعيّ. / كان أخي في وضعٍ صحيٍّ سيء وهو الآن يتماثلُ للشفاء.

Her liver transplant operation was successful, and she soon regained her health./His highness the Prince recovered after the operation he had undergone at the University Hospital./My brother has been very unwell, but he is on the mend now.

تَمالَكَ أَعْصابَهُ

To get a hold of one's anger; to refrain from becoming enraged due to some provocation; to pull oneself together; to keep one's temper in check; to collect one's self.

ينبغي أن تتعلمَ كيف تتمالك أعصابك بشكلٍ أفضل حين يستفزّك الآخرون. / لم يتمالك سائقُ سيارةِ الأجرة أعصابَه وبدأ يَصيحُ على أحدِ المشاةِ من كِبار السّن. / حاولتُ أن أتمالكَ أعصابي ولكن دون جدوى.

You need to do a better job of keeping your temper when other people provoke you./The taxi driver lost his temper and started shouting at an old pedestrian./I have tried to get a hold of my anger but to no avail.

تَنَحّى عَنْ مَنْصِبِهِ

To step down from one's position; to stand down.

تنحّى الوزيرُ عن منصبهِ بسبب مزاعمَ تخصّ حياته الشّخصية. / تنحّت رئيسة البرلمان عن منصبها احتجاجًا على التّهميش الذي تتعرّضُ له المرأة في المؤسّسات الحكوميّة. / إنّ تنحّي الجنرال عن منصبهِ كرئيسٍ للأركان يفتحُ نافذةً للإصلاحِ في الجيش.

The minister has stepped down from his position following allegations about his personal life./The speaker of the parliament has stepped down in protest against the marginalisation of women in the government bodies./The stepping down of the general as chief of staff opens a window of opportunity for reform in the military.

تَنَفَّسَ الصُّعَداءَ

To breathe a sigh of relief.

وقد تنفّس الصعداء عندما اكتشفَ أنّ الدُّخانَ المتصاعد لم يكُن صادرًا من بيتهِ. / تنفّست أمهاتُ الأطفالِ العالقينَ في الكهفِ الصُّعداء عندما سمعنَ أنّ أطفالهنّ بخير.

He breathed a sigh of relief when he discovered that the smoke was not coming from his house./The mothers of the children trapped in the cave breathed a sigh of relief when they heard their children were safe and well.

تَوارى عَنِ الأَنْظارِ

To disappear from view; to keep out of sight; to go in hiding.

بعد إلقاءِ القبضِ على تاجرِ المخدِّرات توارت زوجتهُ عن الأنظار خوفًا على حياتها. / واستمرّ الصبيّ في مشاهدةِ الخِراف حتى توارت عن الأنظار. / وتوارى اللصّ عن الأنظار بينما فتّش رجالُ الأمنِ سيارته.

After the drug dealer was arrested, his wife went underground in fear for her life./The boy kept watching the sheep until they disappeared from view./The thief kept out of sight while the police searched his vehicle.

تَوَرَّعَ عَنْ

To abstain from something on moral or religious ground; to scruple; to refrain from; to restrain oneself.

لقد تورّعَ والدي دومًا عن إلحاقِ أيّ أذى بالنّاس. / لم يتورّع الحاكمُ عن قتلِ أشقّائه لأنّهم عَصوا أوامره. / إنّها دائمًا ما تقول الصّدق، فقد ألزمتْ نفسَها بالتورّعِ عن الكذب.

My father has always abstained from doing any harm to people./The ruler had no scruples about killing his brothers because they did not obey his orders./ She always tells the truth; she has committed herself to refrain from lying.

تَوَسَّمَ خَيْرًا

To anticipate something good from someone; to have high hopes from someone; to see promising signs in someone or something; to expect good.

توسّمنا في المجتمعِ الدوليّ خيرًا في أن يتدخلَ لإنهاءِ الأزمةِ الإنسانيّةِ في المنطقة. / إنّني دائمًا أتوسّمُ في عمّي الخير، فهو يُصلح بين أقاربي كلّما زارنا. / هنالك أسبابٌ وجيهةٌ تجعلنا نتوسّمُ خيرًا من هذا المؤتمر.

We had high hopes that the international community might intervene and end the humanitarian crisis in the region./I always anticipate good from my uncle; when he visits us, he always tries to reconcile differences among our family members./There are valid grounds for expecting good results from this conference.

ث حرف الثاء

ثابِتُ العَزْمِ

To be resolute or unyielding; to remain firmly determined and unshaken.

علينا أن نكون ثابتي العزم في وجهِ الإرهاب ونأخذ الإجراءاتِ الحاسمة بشأنه. / وأودّ أن أؤكد أنّ المجتمع الدّوليّ ثابت العزم بشأنِ المطالبة بمراعاةٍ أكبر لحقوقِ الإنسان في هذه البُلدان.

We must be resolute in the face of terrorism and must take decisive action./I would like to emphasise that the international community is determined to demand greater respect for human rights in these countries.

ثارَتْ ثائِرَتُهُ

To fly off the handle; to become enraged or infuriated.

عندما رأى الأخُ الرّجلَ يتحرّشُ بأختهِ ثارت ثائرتُه وانهال عليهِ بالضّرب. / تثور ثائرةُ زوجتي لأتفهِ الأسباب، وغضبُها لا يتناسبُ مع حجمِ المشكلة. / وثارت ثائرةُ جاري حين أوقفتُ سيّارتي أمام بيتهِ.

When the brother saw the man harassing his sister, he flew off the handle and went up to beat him./My wife flies off the handle at the slightest things, and her anger is out of proportion to the problem at hand./My neighbour was so infuriated when I parked my car in front of his house.

DOI: 10.4324/9781003096665-5

ثَبَّط / أَثْبَطَ عَزيمَتَهُ

To discourage, demoralise, or demotivate someone.

لقد ثبّطتِ الإجراءاتُ الجديدةُ عزيمةَ بعضِ الطّلبة الأجانب من العملِ على مشاريعَ بحثيّةٍ في الجامعات. / ارتفعت أسعارُ الأسهمِ إلّا أنّ ذلك لم يُثبّط عزيمةَ المستثمرين عن الشّراء. / إنّ المديرَ الناجحَ لا يُثبط عزيمةَ موظفيه.

The new procedures have discouraged some international students from working on research projects in universities./The price of the stocks went up, but that has not discouraged investors from buying./A successful manager does not demotivate his employees.

ثَقيلُ الدَّمِ / الظِّلِّ

A bore; an uninteresting person; a dull or boring person; humdrum.

إنّ هذا الممثل ثقيل الظلّ بطبيعتهِ، إنّه مهرّجٌ أكثر من أن يكونَ ممثلًا كوميديًا. / يا لهُ من رجلٍ ثقيل الظلّ. / إنّها بلدة ثقيلة الظلّ وهذه الشابّة لا تستطيع أن تقسر نفسها على العيش فيها.

The actor is a bore by nature; he is a clown more than a comedian./This man is such a bore!/This young woman cannot bring herself to settle down in the humdrum town.

ج

حرف الجيم

جالَ في خاطِرِه

To pass through someone's mind; to cross someone's mind; to occur in someone's mind; to pop into someone's head.

وقامت على الفور بتدوينِ ما جالَ في خاطرها. / لم يجُل في خاطري قط أنّ هذه الرّواية كان من الممكن لها أن تصبح من أكثر الرّواياتِ مبيعًا. / هل جالَ في خاطرك يومًا أن تقومَ بجولةٍ في الأحياءِ القديمةِ من المدينة؟

She immediately jotted down what had passed through her mind./It never crossed my mind that this was a novel that might end up being a best-seller./Have you ever thought of taking a tour of the city's old neighbourhoods?

جَبَرَ / طَيَّبَ خاطِرَهُ

To soothe someone; to calm someone's feelings; to comfort or console someone; to make amends.

كان الطفلُ مكسورَ الخاطر بعد خسارته في اللّعبة وحاولنا أن نجبر خاطره بالهتافِ باسمه بصوتٍ عالٍ. / وطيّب خاطرها ببعضِ الكلماتِ الجميلة قبل أن يطبع قبلةً على رأسِها. / هل تعتقدينَ أنّ هذه التّعويضات الهزيلة ستُساعدُ على جبْر خاطر المتضرّرين من تحويل النّهر؟

The kid was heartbroken after losing in the game, and we tried to console him by chanting his name loudly./To make amends, he soothed her feelings with nice words before planting a kiss on the top of her head./Do you think the meagre compensation will comfort those affected by the diversion of the riverbed and make them feel better?

DOI: 10.4324/9781003096665-6

جَثَمَ على صَدْرِهِ

To be weighed down by something; to perch heavily on someone.

أُطيحَ بالنّظام الذي جثمَ على صدر هذه البلاد لِعُقود. / لقد سدّدتُ ديوني كلّها وشعرتُ بعدها وكأنّ حِملاً كان جاثمًا على صدري قد زال.

The regime that perched on the chest of this nation for decades is overthrown./I paid off my debts then I felt as if a great weight had been lifted off me.

جَرَّ أَذْيالَ الخَيْبَةِ

With one's tail between one's legs.

اضطُرّت القُوى الاستعماريّة إلى مغادرةِ مستعمراتها وهي تَجرّ أذيالَ الخيبة. / وعاد الفريقُ إلى بلدهِ جارًّا أذيالَ الخيبة بعد خسارته في المُباراةِ النهائيّة.

The colonial powers have had to leave their colonies with their tails between their legs./After losing the final game, the team went home with their tail between their legs.

جُزْءٌ لا يَتَجَزَّأ

To be an integral part of something.

مأكولاتُ الشّوارع هي جزءٌ لا يتجزأ من أسلوبِ الحياةِ في مدينةِ مراكش. / المساجدُ القديمةُ هي جزءٌ لا يتجزأ من النّمط العمرانيّ للقاهِرة. / تاريخُ أيّة مدينةٍ هو جزءٌ لا يتجزّأ من تراثها.

Street food is an integral part of Marrakesh's lifestyle./Old mosques are an integral part of Cairo's urban style./The history of any city is an integral part of its heritage.

جَسَّ نَبْضَ

To test the waters; take someone's pulse (to ascertain the general opinion); to put out feelers.

نُفضّلُ أن نَجسّ النّبض لنعرف اهتمام المستهلك بشراءِ منتجٍ ما قبلَ القيام باستثماراتٍ كبيرةٍ فيه. / وكان الهدف الرئيس من البيان الجديد هو جسّ نبض الشّارع. / واستمرّوا لأشهر يجسّون النّبض من أجل التوصّل لصفقةٍ سياسيّةٍ جديدة.

We prefer to test the waters and gauge consumers' interest level in a product before we make significant investments./The main objective of the new statement was to feel the pulse of the general public./For months they have been putting out feelers to test the waters for a new political deal.

جَلَّ مَنْ لا يُخْطِئُ / يَسْهو

Exalted the one who is not negligent nor forgetful; nobody is perfect; he is lifeless that is faultless; to err is human.

لقد اعتذرَ الكاتبُ عن الأخطاء التي وردت في مقالتهِ، وجلّ من لا يَسهو. / وجّه المدوّنُ اعتذارهُ للمسؤول الحكوميّ منوّهًا إلى أنّه قد أخطأ، وجلّ من لا يُخطئ. / لقد شرحتُ لهم مُلابساتِ الموقف والخطأ الذي حصل وجلّ من لا يُخطئ.

The writer apologised for the mistakes that were found in his article. Nobody is perfect./The blogger apologised to the official for the mistake he had made, and noting nobody is perfect./It was a mistake, and I have explained the circumstances to them; to err is human.

جَلْدُ الذّاتِ

Self-reproach; self-flagellation; to be excessively self-critical.

هو ينتقدُ ذاته كثيرًا وإن شعر بأنّه قد أخطأ بحقّ أحدٍ ما فإنّه يميل إلى جلد الذات. / يجبُ أن تنسى الماضي وتتقبل نفسك كما هي وتتخلّص من مشاعر جلد الذات.

He is excessively self-critical; when he feels like he could have upset someone, he tends to self-flagellate./You should forget the past, accept yourself, and eliminate the feelings of self-reproach.

جُمْلَةً وَتفصيلًا

As a whole and in detail; absolutely and totally; altogether; in full; completely and utterly.

اتهمتِ المرأةُ جارَها بالاعتداءات التي أنكرها جملةً وتفصيلا. / يرفض المجلسُ العسكريّ هذا المقترح جملةً وتفصيلا. / وفي بيانٍ أصدرهُ محاموها يومَ أمس نفتِ المدّعى عليها هذه الاتهامات جملةً وتفصيلا.

The woman accused her neighbour of the attacks, which he absolutely and totally denied./The military council rejects this proposal altogether./In a statement issued by her lawyers yesterday, the defendant denied the accusations in full.

جُنْحُ الظَّلامِ

Under the cover of darkness/night; behind the scene; behind closed doors; in the dead of night.

تحت جنحِ الظّلام وبسريةٍ تامةٍ وصل الوفدُ إلى طرابلس. / وقّع الزعيمانِ الاتّفاقيّة تحت جُنح الظّلام. / وفجأةً وفي جُنح الظّلام فرّا من السّجنِ واختفيا دونَ أثر.

In complete secrecy under cover of night, the delegation arrived in Tripoli./The two leaders signed the deal behind closed doors./Then suddenly in the dead of night, they escaped from prison and disappeared without a trace.

جيئَةً وَذَهابًا

Backwards and forwards (alternately); to move back and forth; to and fro.

كان البندول الكبير يتأرجحُ ببطءٍ جيئةً وذهابًا. / واستمرّ في القيام بالرحلة جيئةً وذهابًا حتّى نهايةِ الفصل الدراسيّ. / ولم تتوقّف مطلقًا عن المشي جيئةً وذهابًا على أرضِ الغُرفةِ في انفعالٍ واضطرابٍ شديدَين.

The large pendulum was swinging slowly backwards and forwards./He continued to do the journey back and forth until the end of the semester./She never ceased walking to and fro across the room in great agitation.

ح

حرف الحاء

حاضِرُ / سَريعُ البَديهَةِ

To be quick-witted; to have an alert mind to make effective reply; adroitness in reply; skill in repartee; to think on one's feet.

إنّ صديقتي مرحةٌ وحاضرةُ البديهةِ ولديها لباقة وسرعة تفكير. / يستحيل أن تشعرَ بالمللِ وأنت تتحدّث معه فهو متوقّدُ الذّهن وسريع البديهة. / كانت روحُ الدّعابةِ وسرعةُ البديهةِ لديه واضحتينِ حين أجابَ بذلك الردّ الظريف.

My friend is playful and quick-witted. She has an amazing ability to think and respond quickly./It is impossible to be bored when talking to him; he has a quick mind and a splendid gift for repartee./His ability to keep a sense of humour and think on his feet was evident when he gave that witty reply.

حالَفَهُ الحَظُّ

Luck is on one's side; to get lucky; to strike it lucky.

حالفَ الفريقَ الحظُّ عندما نجا من الهزيمةِ بفارقٍ بسيط. / لقد حالفَ عمّتي الحظّ فقد تمكنت من الفوزِ باليانصيب مرّتين خلالَ عام. / هل سيُحالفُكم الحظّ هذه المرّة وتربحونَ الجائزةَ الكبرى؟

Luck was on the team's side when they escaped with a narrow win./My aunt enjoyed a double dose of luck after winning the lottery twice in a year./Will you strike it lucky this time and win the grand prize?

DOI: 10.4324/9781003096665-7

حِبْرٌ عَلى وَرَق

Nothing but empty words; words without action; not worth the ink on the paper; not worth the paper it is written on.

وقد ظلّت هذه الأحكام القضائيّة بدون تنفيذ، ولا تعدو كونها حبرًا على ورق. / رغم أنّ التعهّدات الواردة في المرسوم مهمّة إلّا إنّها لا تزال حبرًا على ورق. / ويُدركُ المرءُ بعد حين أنّ هذه الاتفاقيات مجرّد حبر على ورق.

These important judgments have remained unimplemented and not worth the papers they are written on./While the pledges in the decree are important, they are still words without action./After a while one starts to realise that these agreements were nothing but empty words.

حَتْفَ أَنْفِهِ

To die a natural death on one's deathbed, rather than being killed.

اختلفَ المؤرخونَ حولَ ما إذا كان المَلِك قد قُتل بالسّمِّ أم مات حتفَ أنفهِ. / اعتقد قدماء العرب أنّ روح الإنسان تخرج من أنفه عندما يموت حتف أنفه، فإن مات بسبب الجراح خرجت من جراحاته.

Historians disagreed about whether the king was poisoned or died a natural death./Ancient Arabs believed that the soul of man leaves from his nose when he dies, and if he dies from his injuries, it comes out through his wounds.

حَتّى النُّخاع

To the core; through and through.

كان صاحبُ السّموّ عسكريًا حتى النّخاع. / إنّ الرئيسَ الجديد فاسدٌ حتى النّخاع ومصلحته تأتي قبل مصلحةِ الشّعب. / يرى الكثيرُ من أبناءِ هذه الطّائفة أنفسهم وطنيينّ حتى النّخاع.

His Royal Highness was a military man through and through./The new president is corrupt to the core, and his self-interest comes before the nation./A substantial number of the people of this sect see themselves as patriotic through and through.

حُجَّةٌ واهِية

Lame excuse; flimsy argument; false pretences; does not stand up to scrutiny.

أتى الموظفُ بحجّةٍ واهيةٍ للتّغطية على تأخُّرِهِ في الوُصول إلى العمل. / إنّ فكرة من يقول إنّ النُصُب ضرورية لتعليم الجيل الجديد بالشّخصيات والأحداث التّاريخيّة هي حجّةٌ واهية. / وسرعان ما سيكتشفُ الناس نقاطَ الضّعفِ في هذه الحجّةِ الواهية التي ستنهارُ بكلّ تأكيد.

The employee made up a lame excuse for being late./The argument that monuments are needed to educate the new generation about historical figures and events does not stand up to scrutiny./The flimsy argument is sure to collapse as people soon will discover its weakness.

حَدِّثْ وَلا حَرَج

You don't know the half of it; you have no idea how bad the situation is (satirical); literally: It is known to all how bad it is, feel free to speak unreservedly about it.

إنّ النّظام التعليميّ في منتهى السّوء فلا توجدُ مدارس كافية ولا مدرّسين، أمّا الوضع الصّحّيّ فحدِّث ولا حرج. / إن كنتَ تعتقد أنّ القطارات في المدينة بطيئة فالمواصلات العامة في الأرياف حدِّث ولا حرج.

The educational system is so bad; not enough schools and no teachers. As for the health situation, you have no idea how bad it is!/If you think trains in town are slow, you don't know the half of it as public transportation in rural areas is much worse.

حَذا حَذْوَ

To follow suit; to follow in someone's footsteps.

إذا قامت هذه الشّركة العملاقة بتخفيضِ أسعارها فسيتعيّن على الشّركات الأخرى أن تحذو حذوها. / شاركَ المسؤولُ صورًا تعرض عمله الخيريّ على وسائل التّواصل الاجتماعيّ لتشجيع المواطنين على أن يحذوا حذوه. / تأملُ هناء في أن تحذو حذو والدتها وتصبح مدرّسة رياضيّات.

If this giant company is cutting its prices, other companies will have to follow suit./The official shared photos of his charity work on social media to encourage citizens to follow suit./Hana hopes to follow in her mother's footsteps and become a maths teacher.

حُسْنُ نِيَّة

In good faith; bona fide; goodwill.

كبادرةِ حسن نية فقد تمّ العفو عن عددٍ من السُّجناء بمناسبةِ حلول شهر رمضان المبارك. / لم يكُن المدّعى عليه يتصرّفُ بحسن نية. / قضتِ المحكمةُ بأنّ الإخلالَ بحسن النية قد حصل عندما قامتِ الشّركةُ بفسخ العقد. / من خلالِ تعاملنا القائم على حسن النية مع بعضِنا البعض، فإنّنا قد تمكّنّا من نشرِ ثقافة التعاضد الاجتماعيّ في مجتمعِنا.

As a gesture of good faith, several prisoners have been pardoned ahead of the Holy Month of Ramadan./The respondent was not acting bona fide./The court ruled that there was a breach of the duty of good faith when the company terminated the contract./By dealing with each other in good faith, we have created a culture of mutual support in our society.

حَفِظَ ماءَ وَجْهِهِ

To save one's face; to preserve dignity or self-respect.

نظرًا للفضائح التي شوّهت صورة الوزارة، كان الوزيرُ يُسرّب معلوماتٍ مضلّلةً لوسائل الإعلام لكي يحفظَ ماء الوجه. / يتعيّن عليهم التوصّل إلى حلٍّ وسط يحفظُ ماء الوجه للطرفين. / وبدلًا من طردها مباشرةً قبلتِ الإدارةُ استقالتَها حِفظًا لماء وجهها.

Given the scandals marring the Ministry's image, the minister was leaking misleading info to the media to help save face./They have to work out a compromise that will allow both parties to save face./Rather than fire her outright, the management let her save face by accepting her resignation.

الحَقُّ يُقالُ

In fairness; to be fair; to give someone their due; to give the devil his due.

لقد اضطُررنا إلى التكيّف مع نمطِ عملٍ جديد، والحقّ يقال إنّ الجميع قد تبنّى هذا النّمط بسرور. / إنّها أكثر مدرّسةٍ تُجهد نفسها في المَدرسة والحقّ يقال فهي تستحقّ تقديرًا

أكثر مما تحصل عليه. / رغم أنّه كان مزعجًا جدًّا ولكنّ الحقّ يقال فقد ساعدني بهذه المَهمّة.

We have had to adapt to a new work pattern, and in fairness, everyone has embraced it./She is the most overworked teacher in the school, and to be fair, she deserves more recognition than she has gotten./He was so annoying but – give the devil his due – he did help me with the task.

حَمِيَ الوَطيس

The fighting escalates and becomes fierce.

وحمي وطيس الحرب عندما تدخّل التّحالفُ العسكريّ ضدّ المتمردين. / تشهدُ البلادُ هذا الشّهر حملةً انتخابيّةً حاميةَ الوطيس لانتخابِ خليفةٍ للرئيس الرّاحل.

The war escalated when the military coalition intervened against the rebels./ This month, the country is facing a fierce election campaign to find a successor to the late president.

خ حرف الخاء

خابَ أَمَلُهُ / ظَنُّهُ / رَجاؤُهُ

To have one's hopes and expectations disappointed; to be sorely disappointed; to be let down.

قد نقع في ورطةٍ إن خابت آمالُ المستثمرينَ في الحصول على عوائد الأرباح. / أعِدكم أنّي لن أُخَيِّبَ أملكم. / وقالتِ المتحدّثةُ باسم الحكومة إنّ تصويتَ البرلمان على إنهاءِ الوجود العسكريّ جاء مخيّبًا للآمال.

Investors are hoping to receive earnings yields, and there can be trouble if their hopes are disappointed./I promise I will not let you down./The government spokeswoman said the parliament's vote to end the military presence was "disappointing."

خارَتْ قُواهُ

To go weak at the knees; to suddenly lose one's strength and fall over.

لقد كان الرجلُ جائعًا، وقد خارت قواهُ وبالكاد حملتهُ ساقاه. / لدى تلقّيها نبأ وفاة ابنتها المفاجئ خارت قواها ووقعت أرضًا. / وبعدَ الرحلةِ الطويلة خارت قُوى الخيلِ تمامًا، وكان لابدّ لنا من الوقوف.

The man was so hungry; he lost his strength, and his legs hardly carried him./Receiving the news of her daughter's sudden death, the mother went weak at the knees and fell to the ground./After the long journey, the horses completely lost their strength, and we had to stop.

DOI: 10.4324/9781003096665-8

خاضَ غِمارَ الحَرْبِ

To enter the war; to engage in the war.

وقال وزيرُ الصّحّة إنّه يجب علينا أن نواجهَ هذا الفيروس كما لو كنّا نخوض غمارَ الحرب. / كان قرارُ الجنرال بخوض غمار الحرب على جبهاتٍ متعدّدةٍ قاتلًا لآمالهِ التّوسعيّة. / لم تخُض سويسرا غمار أيّة حربٍ منذ عام 1815.

We must face this virus as we would fight a war, the health minister said./The general's decision to fight a war on multiple fronts was fatal to his expansionist hopes./Switzerland never fought a war after 1815.

خالي الوِفاض

To be empty-handed.

لم يرغب الوفدُ بمغادرة المؤتمر خالي الوفاض لذا تقدّم بمسودةٍ جديدة. / هرب اللّصّ المسلّح خالي الوفاض بعد محاولتهِ سرقة المتجر. / هل عاد رئيسُ الوزراء من القمّةِ خالي الوفاض؟ / بعد أن قضى عشرة أعوامٍ بحثًا عن الكنز عاد إلى أهلهِ خالي الوفاض.

The delegation did not want to leave the conference empty-handed, so it put forward a new proposal./The armed robber left empty-handed after attempting to rob the store./Did the prime minister go home from the summit empty-handed?/After spending ten years looking for the treasure, he came back home empty-handed.

خانَتْهُ الذّاكِرَةُ

To fail to recollect; to be unable to remember; one's memory fails him.

إن لم تخنّي الذّاكرة فإنّ هذا المنزل تحديدًا كان يشغلهُ الشّاعرُ المعروف محمّد مهدي الجواهري. / هل بدأت تخونك الذّاكرة مع تقدّم السّن؟ / خانته ذاكرتهُ ولم يستطِع إكمالَ القصّة. / إن لم تخنّي الذّاكرة فإنّ عيد ميلادك يُصادف في الأول من سبتمبر.

If my memory serves me well, this particular house was occupied by the famous poet M. Al-Jawahiri./Are you starting to forget with age?/His memory failed him and he could not complete the story./If my memory serves me correctly, your birthday is on the first of September.

خانَهُ التَّعْبيرُ

To unintentionally misspeak; saying something unthinkingly that may accidentally offend someone; literally: the ability of expression fails him.

اعتذَر عمّا قاله، لم يقصد إهانةَ أحدٍ فقد خانهُ التّعبير. / لقد خانني التّعبير بشأنِ رأي مدير المَدرسة ولذا أودّ الاعتذار. / المعذرة، ربما خانني التّعبير، اسمح لي بأن أعيدَ صياغة ما قلته.

He apologised for what he had said; he misspoke and did not mean to offend anyone./I misspoke myself concerning the opinion of the headmaster. For that I wish to apologise./Pardon me, I did not mean it that way, allow me to rephrase that.

خَدَشَ حَياءَ

Inappropriate language or behaviour; socially offensive language or behaviour; abusive language or behaviour (legal); opprobrious language or behaviour.

لا يُسمح باستخدام اللّغة التي تَخدش الحياء في هذا المنتدى. / يحتوي هذا الفيلم على الكثير من المشاهد والألفاظ الخادشة للحياء. / كان من عادتهِ استخدام كلماتٍ تخدشُ الحياء كلّما أصبح عصبيًّا.

One is not allowed to use foul language on this forum./This movie contains many inappropriate scenes and language./He had a habit of using opprobrious language when he was angry.

خَدَعَتْهُ المَظاهِرُ

To be deceived by appearances or looks; to become tempted with the lure of riches.

على مرّ التّاريخ البشريّ، لم ينخدع ذوو الحكمة بالمظاهر. / وقد تعلمتُ أنّ المظاهر خدّاعة. / لم تستطِع أن ترفضَ عرضه فقد خدعتها المظاهر.

Throughout human history, people of wisdom have not been fooled by appearances./I learnt that appearances often deceive./She fell for the lure of luxury and gold and could not say no to his offer.

خَرَجَ عَنْ طَوْرِهِ

To flip out; to lose control of oneself; to blow one's cool.

وبسببِ ما قالهُ زوجُها خرجتِ المرأةُ عن طورها وراحت تصرخُ وتُكيل إليه الشّتائم. / لقد تمّ استفزازُه وعندما اشتدّ الجدال خرج عن طوره. / خرج الحارسُ الشّخصيّ عن طوره واشتبك مع الصّحفيين.

The woman flipped out about something her husband said and started screaming curse words./He was provoked and lost control of himself in the heat of the argument./The bodyguard lost control of himself and clashed with the journalists.

خَطْبٌ جَلَل

Serious misfortune; calamity.

تُشيرُ هذه التّصريحات إلى خطبٍ جلل سيُحيق بالبلاد في السّنواتِ القليلةِ المقبلة. / إنّ هذا الوباء خطبٌ جلل يُصيب المجتمعَ بأسرهِ ويحتاجُ إلى مسؤوليةٍ علينا جميعًا تحمّلها.

These statements hint towards a serious misfortune the country is expected to face in the next few years./This epidemic is a calamity that befalls an entire society and is a responsibility that we must all bear.

خَطَرَ بِبالِهِ

To cross someone's mind; to occur to someone; to pop into someone's head.

وخطر ببالها أن يكون ابنها بصالة الألعاب الرّياضيّة. / أستطيعُ أن أقولَ وبيقينٍ مطلق إنّ مثلَ هذه الفكرة لم تخطر مطلقًا ببالي. / لا أعتقدُ أنّه خطر ببالهِ في تلك اللّحظة أنّ الأسلاك كانت موصلةً بالكهرباء. / لم يخطر ببالنا قط أنّ شيئًا كهذا سيحصل.

It crossed her mind that her son might be in the gym./I can say with absolute certainty that such an idea never crossed my mind./I do not think it occurred to him at that moment that the wires were live./We never thought that anything like this would happen.

خَفيفُ الظِّلِّ

To be humorous or amusing; to be full of fun.

إنّ الخبّاز خفيفُ الظلّ ويتمتّع بروح الدّعابة ويضعُ الابتسامةَ على وجوهِ زبائنهِ دومًا. / لقد كانتِ القصّةُ خفيفةَ الظلّ وعميقةً في نفس الوقت، لقد جعلتني أضحك وأستغرق في التفكير. / إنّ صديقي خفيفُ الظلّ، وأستمتع بوقتي كثيرًا وأنا بصُحبته.

The baker has a great sense of humour and always puts a smile on the faces of his customers./The story was comical and deep; it made me laugh and think a lot./My friend is humorous; it is a lot of fun being with him.

خَيَّمَ عَلَيْهِ الحُزْنُ

Grief descends upon someone or something; sadness to pervade someone.

خيّم الحزنُ على العاصمة مع انتشار أنباء المذبحة. / كان الحزنُ يخيّم على روحهِ كلّما عُزفت الأغنية. / وخيّم علينا الحزنُ لدى سماعِنا الأخبار المحزنة. / وخيّم الحزنُ على حياتهما لِسنوات.

A cloud of grief descended on the capital as the news of the massacre spread./A deep sadness pervaded his soul whenever the song played./Deep grief descended on us when we heard the sad news./Sadness took over their whole life for so many years.

د

حرف الدال

دارَ في خَلَدِهِ

To go on in the mind of someone.

يستحيلُ أن نخمّنَ ما دار في خلدها في تلك اللّحظة. / يَعرفُ العلماءُ النزر القليل عمّا يَدورُ في خلد المصابينَ بهذا المرض النّفسيّ. / يستطيعُ بعضُ النّاس معرفة ما يدور في خلد الآخرين.

It is impossible to guess what went on in her mind at that moment./Scientists know very little about what goes on in the mind of people suffering from this mental illness./Some people can read what goes on in other people's minds.

دارَتْ رَحى الحَرْب

The war rages on; the war flares up.

وتدورُ رحى الحرب الأهليّة منذ عشر سنوات دون أن تلوحَ لها نهايةٌ في الأفق. / وبينما دارت رحى الحرب كان التّذمّر الشّعبيّ يشتدّ ضدّ سياسات التّجنيد الإلزاميّ./ وبينما كانت رحى الحرب تدور حاول المدنيّونَ التّعامل مع التّبعات المدمّرة للقتال.

The civil war has been raging for ten years with no end in sight./As the war raged on, a public discomfort against the policies of conscription was intensifying./While the war was flaring up around them, the civilians attempted to deal with the devastating effects of the fighting.

داهَمَهُ الوَقْتُ

To run out of time.

لقد داهمَها الوقتُ قبل أن تقول كلّ ما أرادت قوله، إلّا أنّها حاولتِ الردّ على بعض النّقاط التي أثيرت. / سؤالٌ وجيه، ولكن للأسف فقد داهمنا الوقت.

DOI: 10.4324/9781003096665-9

She has run out of time without saying what she wanted to say, but she tried to respond to some points made./That is a very good question but, unfortunately, we have run out of time.

دَحَضَ حُجَّتَهُ

To dismiss; to refute; to disprove; to invalidate one's argument, pretence, pretext, evidence, or claim.

دحض المحامي في مرافعتهِ حججَ المدّعي العام والتمس البراءةَ لموكّلهِ. / يتبنّى مفتي الدولة خطابًا دينيًا معتدلًا يعملُ على دحض حججِ المتطرّفين في الحياة والدّين. / إنّ المعلوماتِ التي تعرضُها الورقة تدحضُ حجّة هؤلاء الذين يريدون تغيير قانون المساواة بين الجنسين.

The lawyer dismissed the prosecutor's arguments in his pleading and sought acquittal for his client./The grand Mufti adopts a moderate religious discourse to refute the arguments of extremists of life and religion./The information presented in the paper refutes the arguments of those who want to change the gender equality law.

دَخَلَ حَيِّزَ التَّنْفيذِ

To come into force or effect.

دخلتِ السّياسةُ الجديدةُ حيّز التّنفيذ هذا العام وجعلتِ الوضعَ في المناطق الجنوبيّة يتماشى مع الوضعِ في بقيّة البلاد. / إنّ القانونَ المثير للجدل سيدخلُ حيّز التّنفيذ الشّهر المقبل. / إنّ قرار إلغاء تأشيرة الدّخول لمواطني الاتّحاد يدخلُ حيّز التّنفيذ ابتداءً من العام الجاري.

The new policy came into effect this year and brought the situation south of the border into line with the rest of the country./The controversial law will come into force next month./The decision to cancel the visa for Union's nationals is effective from this year.

دَرَأَ الشُّبْهَةَ عَنْ

To ward off suspicion; to avert suspicion.

ولكي يدرأ عن نفسهِ الشبهات فقد تظاهر منفّذُ الحريق بالصّدمة عند وصول رجال الإطفاء. / لقد قاموا بفعل كلّ شيء من أجل أن يدرؤوا شبهة الممارساتِ التّسويقيّةِ المضلّلةِ

عن أنفسهم. / حاول أن يدرأ الشبهة عن نفسهِ من خلال عرض التّقييم الرّسميّ لأدائهِ الوظيفيّ للعام المنصرم.
To avert the suspicions from himself, the arsonist purported himself as a shocked person when the firefighters arrived./They did everything to avert the suspicions regarding their misleading marketing practices./He tried to ward off suspicions about himself by showing his formal performance assessment made last year.

دَعْهُ وَشَأنَهُ

To leave someone alone.
لا يحقُّ لكم التدخّل في أمور حياتي الشّخصيّة، دعوني وشأني./ لن يدعوكَ وشأنك حتى توقّع العقد./ أعتقدُ أنّنا ينبغي أن ندع صديقنا وشأنه، فهو يحتاجُ إلى بعضِ الوقت للنّظر في خياراتهِ.
You have no right to interfere in my personal life, so leave me alone!/They will not let you alone until you sign the contract./I think we should leave our friend alone, he needs time to consider his options.

دَفَعَ عَجَلَةَ

To drive something; to advance something.
نحن بحاجةٍ إلى تطوير البنية التّحتيّة لدفع عجلةِ النّموّ الاقتصاديّ في جميع أنحاء البلاد. / سيتطلّبُ ذلك درجةً عاليةً من التّخطيط من أجل دفع عجلةِ التغيير. / لقد ساعدت صادراتُ النّفط على دفع عجلة التّنمية في البلاد.
We need to develop the infrastructure to drive economic growth across the country./It will take a high degree of planning to drive this change./The oil exports have helped advance development in the country.

دَقَّ ناقوسَ الخَطَر

To raise or sound the alarm.
دقّت منظمةُ الصّحّة العالميّة ناقوسَ الخطر بشأن تفشّي فيروس الإيبولا بمعدلاتٍ تثيرُ القلق. / قضتِ العالمةُ حياتها وهي تدقّ ناقوسَ الخطر حول انقراض هذه الحيواناتِ

المذهلة. / لقد دقّ الكاتبُ ناقوسَ الخطر بشأنِ عدم قدرة النّاس على التّفريق بين ما هو حقيقيّ وماهو زائف.

WHO raised the alarm that the Ebola outbreak was spreading at a disturbing rate./The scientist spent her life sounding the alarm bells about the extinction of these amazing animals./The writer has raised the alarm about people's inability to differentiate between what is true and what is false.

دَهْماءُ النّاس

The masses; the common people (commoners).

إنّ الكثيرَ من المصطلحاتِ السّياسيّة التي يتداولها الإعلامُ هي غير مفهومةٍ لدهماءِ النّاس. / هل توافقني أنّ النّبلاء لا يختلفونَ عن دهماء الناس وأنّ جميع الناس خُلقوا سواسية؟

Many political terms used by the media are incomprehensible to the masses./ Do you agree that nobles are no different from commoners and that all people are created equal?

دونَ أَدْنى شَك

Without the slightest doubt; undoubtedly.

وبسبب معرفتنا بنوعيّةِ المسدّس المستخدَم في عملية القتل فإنّ الرّصاصة دون أدنى شكّ تمّ إطلاقها من نفس ذلك المسدّس. / لقد نجح هذا الكتابُ دون أدنى شكّ في تحقيقِ هدفهِ. / كان بيليه دون أدنى شكّ أعظم لاعبِ كرةِ قدمٍ في العالم.

Because we know the type of pistol used in the killing, the bullet was undoubtedly fired from that same pistol./This book is without the slightest doubt successful in attaining its objective./Pelé was undoubtedly the best football player in the world.

دونَ أَنْ يَرِفَّ لَهُ جَفْن

Without blinking an eye; without remorse, scruple, compunction, or afterthought.

إنّه مجرم، وأنا متأكدة أنّه قد قام بقتل النّاس دون أن يرفّ له جفن. / يستطيعُ قائدُ الجيش إحراق المدينةِ بكاملها دون أن يرفّ له جفن. / إنّ هؤلاء المقاتلين مستعدونَ أن يُطلقوا النّار على النّاس ومن دون أن يرفّ لهم جفن.

He is a criminal, and I am sure that he has killed people all without blinking an eye./The army general can burn the entire city without any remorse./The fighters are ready to fire at people without any scruples.

دونَ جَدْوى

To no avail; in vain.

لقد حاول المسعفونَ إنقاذ الرّجلِ ولكن دون جدوى. / حاول الجيشُ التّقدّم إلى المقاطعاتِ الشّماليّة عدّة مراتٍ ولكن دون جدوى. / بذل الطيّارُ قصارى جهدهِ للتّحكّم بالطّائرة، ولكن دون جدوى.

Paramedics had tried to save the man but to no avail./The army tried many times in vain to advance into the Northern provinces./The pilot tried his best to control the plane but to no avail.

دونَ سابِقِ إنْذار

Without warning; without prior notice.

يُمكنُ أن يتمّ تخفيض حدّ بطاقة الائتمان دون سابق إنذار. / لقد تمّ تعطيل حسابات التّواصل الاجتماعيّ للعديدِ من النّشطاء دون سابق إنذار. / قد تتغيّر المبادئ التّوجيهيّة الحكوميّة بسرعةٍ ودون سابق إنذار. / أطلقتِ الشّرطةُ النّارَ على الرّجلِ دون سابق إنذار.

The credit card limit can be lowered without warning./Social media accounts of many activists were deactivated without warning./Government guidelines may change rapidly and without prior notice./The police have shot the man without warning.

دونَ وَجْهِ حَقٍّ

Unrightfully; unjustly; unfairly; unlawfully.

في بعضِ الأحيان نحكمُ على تصرّفات النّاس وسلوكهم دون وجه حقّ. / ألغى قرارُ المحكمةِ الامتيازاتِ التي تمّ منحها دون وجه حقّ للمسؤولينَ الحكوميين. / اتّهم المصرفُ بأنّه يحتجز أصول المودعين دون وجه حقّ.

Sometimes we unrightfully judge people for their behaviour./The court ruling has cancelled the privileges unjustly conferred upon the government officials./The bank was accused of unlawfully retaining the assets of the depositors.

ذ

حرف الذال

ذاعَ صيتُهُ

To become renowned or famous; for one's fame to spread.

ذاع صيتُ المنظّمةِ الخيريّة لتقديمها الرّعاية الصّحّيّة للأشخاص ذوي الإعاقة في المناطق الرّيفيّة. / وقد ذاع صيتُ مدينةِ حلب منذ القِدم بإنتاج صابون الغار المصنوع يدويًا. / وقد ذاع صيتُ الوليّ الصّالح في طول البلادِ وعرضها.

The charitable organisation has become renowned for providing health care to disabled people in rural areas./Since ancient times, the city of Aleppo became famous for its production of the handmade laurel soap./The holy man's fame has spread far and wide throughout the nation.

ذَرَفَ الدُّموعَ

To shed tears; to weep or cry.

ذرف النّاسُ الدموع عندما مرّ بهم الموكبُ الجنائزيّ المهيب للملك متوجّهًا نحو المقبرة. / وأشار صديقُ السّياسيّ الذي تمّ اغتياله أنّ الكثيرينَ يذرفونَ دموعَ التّماسيح عليه. / ذرفتِ المتسابقةُ الرّياضيّةُ دموع الفرح لأنّها فازت بالميداليّة الذّهبيّة.

People shed tears as the majestic funeral procession of the king passed by, making its way to the cemetery./The assassinated politician's friend noted that many were weeping crocodile tears on him./The athlete wept tears of joy when she won the gold medal.

DOI: 10.4324/9781003096665-10

ذَلَّلَ الصِّعاب

To overcome challenges or difficulties; to overcome the odds, obstacles, or hurdles; to surmount.

لقد ذلّل شعبُنا الكثير من الصّعاب من أجل الاستقرار. / ستجدُ الحكومةُ سبيلًا لتذليل الصّعاب وإعادة إعمار المدينة. / يجبُ علينا أن نناقشَ القضايا بهدوء ونرى كيف نستطيع تذليل الصّعاب.

Our people have overcome many difficulties for the sake of stability./The government will find a way to overcome the odds and rebuild the city./We need to discuss the issues calmly and see how we can surmount the difficulties.

ذَهابًا وإِيابًا

Round-trip; there and back.

كان الهدفُ من الرّحلة هو أخذ رُوّاد الفضاء في رحلةٍ من الأرضِ إلى القمر ذهابًا وإيابًا. / كان يتمّ أخذ المريض على الكرسيّ المتحرك ذهابًا وإيابًا كلّما احتاج الذّهاب إلى المرحاض. / عادةً ما تمشي ابنتي إلى المَدرسة ذهابًا وإيابًا.

The goal of the trip was to take the astronauts on a round-trip from Earth to the moon./The patient was wheeled there and back whenever he needed to use the toilet./My daughter usually walks to school there and back.

ذَهَبَ أَدْراجَ الرِّياحِ

To go up in smoke; to go up in flames; to fade away; to go with the wind.

ذهبت أحلامُهم أدراج الرياح حين انهارت سوقُ الأوراق الماليّة وخسروا جميع أموالهم. / ذهبت جهودُ الوسيط الدّوليّ للسلام أدراج الرياح عندما تم إطلاق صواريخ على القصر الحكوميّ. / لقد شعر صاحبُ المطعم بالحزنِ عندما رأى فرصَ نجاحهِ تذهب أدراج الرياح. / يبدو أنّ الإيمان بالقيم المطلقة قد ذهب أدراج الرياح.

They lost money when the stock market crashed, and their dreams went up in smoke./The international mediator's peace efforts went up into flames when rockets were fired on the government palace./The restaurant owner felt sad when he saw his chances of success fade away./It seems that belief in absolute values has gone with the wind.

ذَهَبَ سُدىً

To go in vain; to be wasted; to be fruitless.

إنّ التّقدّم الذي نشهدهُ هو دليلٌ على أنّ جهودنا لم تذهب سدى. / لقد ذهبت سدىً كلّ المحاولاتِ لإقناع الطّبيب النّفسيّ للكشفِ عن هُويّة المريض الذي يتولّى علاجه. / أدركتُ أنّ الخبرةَ التي اكتسبتُها لم تذهب سدى.

The progress that we are witnessing is proof that our efforts did not go in vain./The attempts to persuade the psychiatrist to disclose his patient's identity went in vain./I realised that the experience I had gained did not go wasted.

ر

حرف الراء

رَأَبَ الصَّدْعَ

To mend the rift.

لا نتوقّعُ أن تستطيع القمّة رأْبَ الصّدع وتسوية الخلافاتِ القائمةِ بين الطّرفين. / طلبتِ الأمُّ من ولدِها أن يقومَ برأبِ الصّدع بينهُ وبين والده. / سترأب هذه الحكومةُ القائمةُ على المساواة الصّدع السّياسيّ في البلد.

We do not expect the summit to mend the rift between the two sides./The mother asked her son to mend the rift between him and his father./This egalitarian government will mend the political drift in the country.

رابِطُ الجَأشِ

A person who shows equanimity; to be calm and composed in difficult situations.

بدا المتّهمُ هادئًا ورابطَ الجأش لدى سماع حكم المحكمة. / على الجميع التّحلّي برباطةِ الجأش والصمود للتغلّب على هذه الظّروف الصّعبة. / مهما ألقتِ الحياةُ على كاهلها من أمور فستجدها رابطةَ الجأشِ لا تخافُ ولا تفزع.

The defendant appeared calm and composed when he listened to the court ruling./Everyone has to be composed and steadfast in overcoming these difficult times./Regardless of what life throws at her, she is always composed and collected.

DOI: 10.4324/9781003096665-11

رَأسًا عَلى عَقِب

To be upside down.

انقلبت حياتهُ رأسًا على عقِب بعد وفاةِ زوجتهِ التي كانت تمنحهُ الحبّ والرّعاية. / قلب محقّقو الشّرطة الدارَ رأسًا على عقِب في بحثهم عن أدلّة. / وقد علِق العشراتُ من الأشخاص رأسًا على عقِب في قطار الملاهي المعطّل في المدينةِ التّرفيهيّة.

His life turned upside down after the death of his wife, who gave him love and care./The police investigators turned the house upside down in search of evidence./Dozens of people were left hanging upside down on a malfunctioning roller coaster at the amusement park.

راوَحَ مَكانَهُ

To mark time; to go in circles; to march in place; to be stagnant, to remain stalled or stuck; to stay unchanged; to show no progress; to linger.

لديّ انطباع أنّ الطّلبةَ يُراوحونَ مكانهم في الدّراسة، بل أسوأ من ذلك، إنّهم يعودونَ القهقرى. / كانت حياة الرّجل تُراوحُ مكانها، فقد كان عالقًا في عملٍ لم يُعجبه مطلقًا. / راوحتِ الفرقةُ الموسيقيّةُ الاسكتلنديّة مكانها بينما كانت تعزفُ موسيقى القرب.

I have the impression that the students are marking time, or worse still, going backwards./The man's life was going in circles, as he was stuck in a job he never liked./The Scottish music band was marching in place and playing bagpipe music.

راوَدَتْهُ عَنْ نَفْسِهِ / راوَدَها عَنْ نَفْسِها

To offer oneself sexually or intimately to someone; to have sexual advances; to seek to seduce someone; to make improper advances to someone.

راودتِ المرأةُ الرّجلَ عن نفسهِ فأدار وجهه وأعرضَ عنها. / راودَ الشّابُّ المتهوّر الفتاةَ عن نفسِها وهدّدها كي لا تُبلغ عنه. / في قصة النّبيّ يوسف حاولتِ امرأةُ العزيز مراودةَ يوسف عن نفسهِ لكنّه رفض.

The woman offered herself sexually to the man, who rejected her advances by turning his face away from her./The reckless young man made sexual advances to the young woman and threatened her not to report him./In the story of Joseph, Potiphar's wife tried to seduce Joseph, but he refused.

رَثُّ الهَيْئَةِ

To have a shabby appearance (human); to be dressed in rags.

عرفتُ من منظرها أنّها محتاجةٌ إلى المساعدة، فقد كانت رثّةَ الهيئةِ ومتعبةً ولا تكادُ تنظرُ في عينيّ حين تتحدّثُ إليّ. / يلعبُ الممثّلُ في الجزء الأول من الفيلم دورَ شخصٍ فقير، ويظهر فيه رثَّ الهيئةِ معدمًا.

I knew from the way she looked that she needed help. She was shabby, looked tired, and hardly looked into my eyes when she spoke to me./The actor plays in the first part of the film the role of an impoverished person, in which he appears to be shabby and destitute.

رَثى لِحالِهِ

To feel pity or sorry for someone or something.

لقد كنتُ دومًا أرثي لحال الطّلبة الذين يؤدّونَ هذا الامتحان الصّعب. / إنّ المركز التّجاريّ في حالٍ يُرثى لها بعد عامٍ من الإغلاق. / لقد رثتْ لحالِ المزارعينَ الذين شقوا طوال العام ليروا محاصيلهم تضّطرمُ فيها النّار في الحقول.

I have always felt pity for the students who do this difficult exam./The shopping centre is in a miserable state after a year of closure./She felt pity for the farmers who worked hard for an entire year just to see their crops burned up in the fields.

رَجْمًا بِالغَيْبِ

To be guesswork; to pluck something out of the air.

هل هذه التوقعاتُ الاقتصاديّةُ مبنيّةٌ على دراسةٍ معمّقةٍ أم أنّها وُضعت رجمًا بالغيب؟ / نعتقدُ أنّ التّقديرات السّابقة لعدد السّكّان جاءت رجمًا بالغيب. / يجبُ أن نعتمدَ على الحقائق وليس على الافتراضاتِ التي تعتمدُ على الرجم بالغيب.

Are these economic projections based on an in-depth study, or are the projected figures guesswork?/We believe that the former estimates of the number of inhabitants were mere guesswork./We must rely on facts, not the assumptions that are plucked from the air.

رَدَّ الصّاعَ صاعَيْن

Two-fold response or retaliation; to inflict a double punishment; to retaliate with more force or double the force.

وأكّد وزيرُ الدّفاع أنّ القوات المسلّحة مستعدّةٌ لردّ الصّاع صاعين إن وقع أيّ عدوان على النّقاط الحدوديّة. / لقد قرّر شيخُ العشيرة أن يردّ الصّاع صاعين على الرّجلِ الذي أهانَ إحدى نساء عشيرته.

The minister of defence threatened two-fold retaliation if any of the border posts were attacked./The sheikh of the tribe has decided to inflict a double punishment on the man who insulted one of his tribe's women.

رَزَحَ تَحْتَ نِير

Under the yoke; to fall under the control of or at the mercy of oppressive force.

ما يزال البلدُ يرزح تحت نير الاستبداد. / بعد الأزمة الماليّة التي عصفت بالبلاد ترزحُ الكثيرُ من البنوك المحليّة تحت نير الدّيون، ويسعى الخبراءُ الماليّونَ إلى إيجادِ حلٍّ للأزمة. / إنّ الملايين من البشر ما يزالون رازحين تحت نير العبوديّة الحديثة.

The country is still under the control of tyranny./After the financial crisis, many local banks are under the yoke of debt, and financial experts are seeking a solution./Millions of people are still living under the yoke of modern slavery.

رُغْمَ أَنْفِهِ

Against somebody's will or wish; in defiance of someone's will; to act against someone's reluctance; despite the disagreement of somebody.

تزوّجها رغم أنفِ والدتهِ. / نزل الطّلابُ للشوراع رغم أنف السّلطات للاحتجاج على إغلاقِ الجامعات. / أمرته المحكمة بأن يقوم رغم أنفه بتسليم كل سجلات القضية التي بحوزته.

He married her against his mother's will./In defiance of the authorities, the students took to the streets to protest the closure of universities./The court has ordered him, against his reluctance, to hand over all the records he has about the case.

رَفَعَ عَقيرَتَهُ

To raise one's voice; to shout and talk very loudly.

وغضبَ الزعيمُ الشّعبويّ ورفعَ عقيرتهُ بالمطالبة بمقاطعةِ البضائع الأجنبيّة. / ألقى الطفلُ بنفسه أرضًا ورفعَ عقيرته بالصُّراخ. / بدأ الرجلُ المخمورُ برفْعِ عقيرتهِ بالصُّراخ حالما بدأ العرض.

The populist leader got angered and raised his voice, demanding the boycott of foreign goods./The child threw himself on the floor and raised his voice screaming./The drunken man started shouting as the show got underway.

رَفَعَ الكُلْفَة

To behave informally with someone; to take liberties with someone; to be on a first-name basis with someone.

رفع الأستاذُ الكلفةَ بينه وبين طلاّبه واستبدلها بالصداقة معهم. / إنّ رفْع الكلفةِ بين الإخوة لا يعني قلّة الاحترام وإنّما دليل محبّةٍ وتقارب. / أنا لا أرفعُ الكلفةَ مع جميع زملائي في العمل.

The professor has lifted the formality between him and his students and replaced it with friendship./Taking the liberties among brothers does not mean lack of respect, rather is a sign of love and closeness./I am not on a first-name basis with all my colleagues at work.

رَفَعَ (مِن) مَعْنَوِيّاتِهِ

To boost somebody's morale; to raise someone's spirits.

حاول الملازمُ رفْع معنوياتِ الجنود بعد الهزيمة التي لحِقت بهم. / أخبِرني ما الذي أستطيع أن أفعلهُ لأرفعَ من معنوياتك في هذا الوقتِ الصّعب؟ / لقد رفع وجودُ والدتي معي أثناء إجراءات الطّلاق من معنوياتي.

The lieutenant tried to boost the morale of the soldiers after their defeat./Tell me! What can I do to lift your spirits in this difficult time?/Having my mother with me throughout the divorce proceedings lifted my spirits.

رَفَّهَ / رَوَّحَ عَنْ نَفْسِهِ

To self-entertain; to take recreation; to unwind.

في عطلة نهاية الأسبوع يأتي الكثيرُ من النّاس إلى النّادي من أجل الاسترخاءِ والتّرفيه عن النّفس. / لم يذهبوا إلى القاهرة ليرفّهوا عن أنفسهم وإنّما ذهبوا إليها في رحلة عملٍ استغرقت أسبوعًا. / ماذا تفعلين للترفيه عن نفسك؟ / إن كنتم بحاجةٍ لأن ترفّهوا عن أنفسكم فلم لا تلتحقون بصالة الألعاب الرّياضيّة في منطقتكم؟

On weekends, many people come to the club for relaxation and self-entertainment./They did not go to Cairo to entertain themselves but went on a week-long business trip./What do you do to unwind?/If you are looking to unwind, why not join your local gym?

رَقَّ لَهُ قَلْبُهُ

To feel emotional about something; to feel pity for someone.

كنتُ أظنّ أنّه قاسي القلب، ولن يرقّ قلبهُ لدموع وتوسّلات الطّفلة المسكينة، إلّا أنّه احتضنَها ومسح دموعَها. / لقد رقّ قلبي لحديثها المؤثّر. / وحين رأيتهُ يَعدّ النّقودَ القليلةَ التي أخرجها من جيبهِ ليعطيها لي رقّ له قلبي ورفضتُ أخذها.

I thought he was hard-hearted, and his heart would not fall to the tears and pleas of the poor child, but he hugged her and wiped her tears./Her talk was touching; I felt emotional about it./I felt pity for him when I saw him counting the few coins he took out of his pocket to give to me, and I refused to take them.

رَكِبَ رَأْسَهُ

To dig one's heels in; to stick to one's guns; to become obstinate; to stubbornly refuse to take others' opinions or change one's chosen course of action.

أصرّ الرئيسُ على رُكوب رأسِهِ ورفض المساومة رغم ضعفِ موقفهِ التّفاوضيّ. / أنا لا أتّفق معها في قرارها، فإنّها ستدمّر حياتها إن أصرّت أن تركبَ رأسَها. / ركب وزيرُ الماليّة رأسَه وقرّر المضيّ ضدّ نصائح الخبراء. / إنْ ركب النظامُ الحاليّ رأسَه فبلا شكّ سيلقى مصيرَ سابقهِ.

Despite the president's weak negotiating position, he insisted on digging his heels in and refused to compromise./I disagree with her decision; her sticking to her guns will destroy her life./The finance minister became obstinate and went against the advice of the experts./If the current regime decides to become obstinate, then it will undoubtedly meet the fate of its predecessor.

الرَّمَقُ الأَخِيرُ

The last breath; to be dying; on the verge of death.

قاتل الجنودُ حتى الرّمق الأخير في المعركة. / قال الرّجلُ العجوز لأحفادِهِ بأنّه سيستمرُّ في غرس الأشجار حتى الرّمق الأخير. / إنّنا نشهد الرّمقَ الأخير لثقافةٍ ازدهرت في جنان النخيل حول شطّ العرب.

The soldiers fought to their last breath in the battle./The old man told his grandchildren that he will continue planting trees until his last breath./We are witnessing the last breath of a culture that thrived in the palm-filled paradise around Shatt Al-Arab.

رَهْنُ إشارَتِهِ

At the disposal of someone; at someone's command; at someone's beck and call; at someone's fingertips.

سيكونُ سكرتيري الخاص موجودًا في مكتبِهِ طوالَ اليوم لخدمتِكم، وسيكونُ رهنَ إشارة الضّيوف الكرام. / لقد عبّرنا سابقًا عن استعدادنا لوضع أنظمتِنا رهنَ إشارة المؤسّسات الحكوميّة. / إنّ محرّك البحث رهنُ إشارة المستخدمين.

My private secretary will be at his desk all day to serve you and will be at the command of all distinguished guests./We have previously expressed our readiness to put our system at the disposal of government institutions./The search engine is at the fingerprints of users.

رُوَيْدًا رُوَيْدًا

Slowly; little by little; bit by bit; in dribs and drabs.

وأخذ الشّابُّ رويدًا رويدًا يبتعدُ عن تلك الجماعة المنحرفة بعد أن سئم مجونَها وانحرافها الأخلاقيّ. / لا شكّ عندي بأنّ زوجته الثّانية تحاولُ رويدًا رويدًا أن تُبعدَه عن أولادِهِ. / بدأتِ المياهُ تتسرّبُ رويدًا رويدًا إلى داخلِ الحاوية.

The young man slowly began to move away from that deviant group, after he got tired of their obscenity and moral perversion./I have no doubt that his second wife is taking him away bit by bit from his children./Water began to seep into the container little by little.

ز

حرف الزاي

زادَ الطِّينَ بِلّةً

To make matters worse; to be further compounded by; to add insult to injury; to add fuel to the fire.

تمّ إيقافُ الرّجل وتفتيشهُ عند نقطة التّفتيش، وممّا زاد الطّين بلّة أنّه تمّ الاعتداء عليه بالضّرب. / لقد تأخّرتِ الحكومةُ في الاستجابةِ للحادثة، ومما زاد الطين بلّة محاولاتها للتغطية عليها. / لم يكُن مستعدًا للإجابةِ على أسئلتي وما زاد الطين بلّة أنّه أغلق الهاتفَ في وجهي في منتصفِ المحادثة.

The man was stopped and searched at the checkpoint and, to make matters worse, he was assaulted./The government's late response to the incident was further compounded by its attempts to conceal it./He was not prepared to answer my questions, and to add insult to injury, he hung up on me in the middle of the discussion.

زَرافاتٍ وَوُحْدانًا

In droves; to flock.

توجّه عددٌ كبيرٌ من المشجّعين زرافاتٍ ووحدانًا إلى مضمار السّباق الجديد بمناسبة افتتاحه. / يتوجّه الحُجّاجُ إلى مكّةَ زرافاتٍ ووحدانًا لأداء مراسم الحجّ. / جاء الشّبابُ زرافاتٍ ووحدانًا لمشاهدةِ عرض الألعاب الناريّة على ضفافِ النّهر.

A huge number of spectators showed up in droves for the opening of the new racecourse./Pilgrims flock to Mecca to perform the Hajj ceremony./Young people came in droves to watch the fireworks display on the river banks.

DOI: 10.4324/9781003096665-12

زَفَّ البُشْرى

To break the good news; to announce the good news; to share the good news.

زفّتِ المطربةُ البشرى عن نيّتها الزّواج من المليونير الشّابّ على صفحتها في وسائل الاتّصال الاجتماعيّ. / أسرع الأبُ إلى عائلته كي يزفّ لهم البشرى بفوزه في اليانصيب. / يُسعدنا أن نزفّ البشرى بمغادرة ملِكِنا المفدّى المستشفى سالمًا معافى.

The singer broke the good news of her intended marriage to the young millionaire on her social media page./Hurrying back to his family, the father broke the good news of winning the lottery./We are happy to share the good news that our beloved king has left the hospital safe and sound.

زِمامُ / مَقاليدُ الأُمورِ

To take the reins of power; to be in control; to take matters into one's hands; to be in charge.

بدعمٍ من الجيش تولّى الحزبُ زمامَ الأمور في البلاد. / إنّ الأخَ الأكبر يريدُ إبقاء زمام الأمور تحت سيطرتهِ في العائلة. / لقد حان الوقت لكي نأخذَ بزمام أمورنا بأيدينا ونبني وطنَنا.

Through the support of the army, the party seized the reins of power in the country./The big brother wants to keep everything under his control in the family./It is time to take matters into our hands and build our country.

زَوْبَعَةٌ في فِنْجان

A storm in a teacup.

ووصف زعيمُ الحزب الجدلَ القائم حول القانون الجديد بأنّه "زوبعة في فنجان." / إنّ ردّ الفعل المبالَغ به من قِبل رجل الدّين لا يعدو أن يكون مجرّد زوبعة في فنجان. / إنّ الخلافاتِ بين المجموعتينِ العرقيتين ليست زوبعة في فنجان، ولكنّها جزءٌ من مسألةٍ سياسيّةٍ كبرى.

The party leader called the controversy about the new law "a storm in a teacup."/The cleric's exaggerated reaction is just a storm in a teacup./The disagreement between the two ethnic groups is not a storm in a teacup but part of a major political issue.

The Idioms and Proverbial Phrases

زيرُ نِساء

A womanizer; ladies' man; a philanderer.

لقد كان جياكومو كازانوفا أكبر زير نساء عرفه التّاريخ فمذكراتهُ تصِف لقاءاتهِ الغراميّة بالتّفصيل. / تتقبّلُ بعضُ الثّقافات أن يكون الرجل زير نساء ولديه العديد من العشيقات والمحظيات. / لقد كان زير نساء وانغمسَ في علاقاتٍ جنسيةٍ كثيرة إلّا أنه ندِم في وقتٍ لاحقٍ عمّا بدر منه من أعمالٍ مشينة.

Giacomo Casanova was the most notorious womaniser in history. His memoir describes his amorous encounters in detail./Some cultures accept that a man can be a ladies' man, having multiple lovers and concubines./He was a philanderer and indulged in many sexual activities, but he later regretted taking such actions.

س حرف السين

سابِقٌ لِأَوانِهِ

Too early or too soon; to be premature to say or do something.

إنّ من السّابقِ لأوانهِ التكهّن بما إذا كانت الهجمات على صلة ببعضها البعض. / من السّابق لأوانه القول الآن إنّنا تجاوزنا مرحلةَ الخطر بشكلٍ كامل. / ومن السّابق لأوانه في هذه المرحلة إعادة العلاقات الدبلوماسيّة بين البلدين.

It is too early to speculate whether the attacks are connected./It is premature to say that the danger is gone completely./At this stage, it is premature to resume the diplomatic relations between the two countries.

سارَ عَلى خُطى / نَهْجِ

To walk or follow in someone's footsteps.

يسير الصّائغ المشهور على خطى والدهِ. / من المتوقّع أن تسيرَ شركة الاتّصالات على خطى منافستها في تخفيض رسوم النّطاقِ العريض. / ودعا رجلُ الدّين المؤمنينَ إلى السّير على نهج النّبيّ في كلّ جوانب حياتهم.

The famous jeweller is walking in his father's footsteps./It is expected that the telecom company will follow in the footsteps of its competitor in reducing the broadband fees./The cleric called on the faithful to follow in the prophet's steps in every aspect of their lives.

DOI: 10.4324/9781003096665-13

سارَ / مَشى الـهُوَيْنى

To saunter; to walk in a slow and relaxed manner; to take a leisurely stroll; to amble.

وتظهر في مقطع الفيديو امرأة تسيرُ الهوينى في مزرعةٍ كبيرة وطفلٌ يجلسُ على أرجوحة. / غادر الحلاّقُ المبنى وأخذ يمشي الهويني على طولِ الزّقاق المؤدّي إلى وسطِ المدينة. / قام الناس بتحية الممثل المخضرم بينما كان يسيرُ الهوينى في الحديقة.

The video clip features a woman sauntering through a big farm and a child sitting on a swing./The barber left the building and began to walk slowly along the alley leading back to the town centre./The veteran actor was greeted by people as he ambled through the park.

ساعِدُهُ / ذِراعُهُ الأَيْمَنُ

To be someone's right-hand man; to be indispensable to someone.

أصبح الدّبلوماسيُّ السّابقُ السّاعدَ الأيمن لرئيسِ الوزراء في العلاقاتِ الدّوليّة. / غادر السّاعدُ الأيمن للرئيس التّنفيذيّ الشّركةَ إثر خلافٍ مع مجلس إدارتها. / وحسب تقاريرَ صحفيّة فإنّ مستشارينَ موالين يقومون بدور السّاعدِ الأيمن لزعيم الحركة.

The former diplomat has become the right-hand man of the prime minister in international affairs./A rift with the board of directors caused the CEO's right-hand man to leave the company./According to press reports, loyalist advisers are acting as the right-hand men to the leader of the movement.

سالِفُ الذِّكْر

The aforementioned; the above-mentioned.

ينبغي إرسال الاستفسارات المتعلقة ببرنامج المساعدة على العنوان سّالف الذّكر. / إنّ أغلبَ البياناتِ سالفة الذّكر تستندُ على أنماط مبنيّة على تجارب سابقة. / من المهمّ فهم تأثير العوامل سالفة الذّكر على الاحتباسِ الحراريّ في العالم.

Enquiries concerning the assistance programme should be sent to the above-mentioned address./The majority of the aforementioned data are based on patterns shown by past experiences./It is important to understand the effects of the aforementioned factors on global warming.

ساوَرَهُ الشَّكُّ

To become suspicious or sceptical about someone or something.

بدأ الشكّ يُساورها حين بدأت تصرّفاتُ زوجها تتغيّر. / ساور السّلطات الشكّ حول المبالغ النقديّة الكبيرة التي كان الرجلُ يُرسلها إلى الخارج. / يُساوره الشكّ حول الظّروف المحيطة باختفاء فرسه التي يحبّها.

She got suspicious when her husband's behaviour started to change./The authorities became suspicious of the large amounts of cash that the man was sending abroad./He is suspicious about the circumstances of the disappearance of his beloved mare.

ساوَرَهُ القَلَقُ

To become concerned about something.

بدأ القلقُ يُساور النخبةَ السياسيّة من تعاظُم دورِ القوّات المسلّحة في السّياسة. / وساور الزّوجة القلق بشأن الطريقة التي يُسيء بها زوجُها استخدام حسابهما المصرفيّ المشترك. / سارعت عائلتهُ إلى أخذه إلى الطبيب الذي ساوره القلقُ من احتمالِ وجود عدوى بكتيريّة في الدّم.

The political elite became concerned about the increased role of the military in politics./The wife became concerned about the way her husband was using their joint account./His family rushed him to the doctor, who got concerned about possible bacterial infection in the blood.

سَبَرَ غَوْر

To fathom something; to examine in-depth; to explore.

ما زالت المقابرُ التّاريخيّة القديمة في البحرين تُعَدّ من أسرار التّاريخ التي لا يُمكن سبر غورها. / ما يزال علماءُ النّفسِ مستمرينَ في محاولاتهم لسبر أغوار النّفس الإنسانيّة. / يدّعي العلماءُ أنّهم سبروا أغوار الذّرّة.

The prehistoric graveyards of Bahrain are still of the unfathomable secrets of history./Psychologists are still trying to explore the depths of the human psyche./Scientists claim that they have fathomed the mysteries of the atom.

سَدَّ رَمَقَهُ

To subsist; to afford to feed oneself or someone; to keep someone on one's feet; to afford the bare necessities of life; to help someone to stay alive or alleviate hunger; hand-to-mouth existence.

إنّ أغلبَ الأسر لا تتمكّنُ من أن تسدّ رمقها بالاعتماد على الرّاتب لوحده. / افتقر أغلبُ المزارعين إلى الموارد اللّازمة لسدّ رمقهم ورمق عائلاتهم في الشتاء. / إنني أتضوّر جوعًا، هل لديك أيّ شيءٍ أسدّ به رمقي إلى أن يجهز العشاء.

Most households cannot afford to subsist on salary alone./Most of the farmers lacked the resources to feed themselves or their families in the winter./I am starving; do you have anything to keep me on my feet until the dinner is ready?

سُرْعانَ ما

Soon.

بدأت ابنتي الرّسم في سنٍّ مبكرةٍ وسرعان ما اكتشفت أنّ موهبتها هي في الرّسم بالألوانِ المائيّة. / لماذا تتبدّدُ ذاكرة الأحلام سرعان ما نستيقظُ من النّوم؟ / اقترح مسؤولونَ في الحكومة منعَ دخولِ السّياراتِ إلى مركز المدينة، إلّا أنّهم سرعان ما عدلوا عن رأيهم.

My daughter began painting at a young age, but soon she found out that her talent was in watercolours./Why do memories of dreams disappear soon after waking up?/Government officials proposed preventing cars from entering the city centre, but they soon changed their minds.

سَطَعَ نَجْمُهُ

One's star is rising; to gain fame; to rise to prominence.

سطع نجمُ الكاتبة حيث أصبحت كتبها خلالَ عامٍ الأكثر مبيعًا في العالم العربيّ. / يسطع نجمُ المدينة من خلال الانسجام المذهل بين التراثِ والحداثة. / ستُغطّي المحاضرةُ الجامعةَ وسطوع نجمها في العالم الأكاديميّ.

The author's star rose and within a year, she became the best-selling author in the Arab World./The city is gaining fame for its amazing combination of heritage and modernity./The lecture will cover the university and its rise to prominence in the academic world.

سَقَطَ / وَقَعَ في الفَخّ

To fall or walk into a trap.

وأدرك حين وصل إلى البناية أنّه سقط في الفخّ الذي نُصب له بإحكام من قِبل الشّرطة. / قام عالِمُ الاجتماع بدراسة النّاس في هذه المنطقة الرّيفيّة دون السُّقوطِ في فخّ التّفكير النّمطيّ. / وقع السّياسيّ في فخٍّ نصبه له مناوؤوه من خلال دعوته إلى إجراء انتخاباتٍ مبكرة.

He realised when he arrived at the building that he had fallen into a trap carefully laid by the police./The sociologist studied the people in this rural area without falling into the trap of stereotyping./By calling for early elections, the political leader fell into a trap set up by his opponents.

سِلاحٌ ذو حَدَّيْن

Double-edged sword; something that has both positive and negative aspects.

إنّ وسائلَ التواصل الاجتماعيّ سلاحٌ ذو حدّين، لها تأثيرٌ جيّد وآخر سيء. / أعتقدُ أنّ الشّهرةَ غالبًا ما تكون سلاحًا ذا حدين. / إنّ السّياحةَ سلاحٌ ذو حدين، إذ إنّها تجلب دعمًا اقتصاديًا للقرى السّاحليّة وبالمقابل تجلبُ بعضَ التحدّياتِ للبيئة وللسّكّان المحليين.

Social media is like a double-edged sword. It has both good and bad effects./I believe that being famous is often a double-edged sword./Tourism is a double-edged sword, bringing an economic boost to the coastal villages but also some challenges to the locals and the environment.

سَنَحَتِ الفُرْصَةُ

To have the opportunity; to have the chance.

إتّصِل بي إذا سنحت لك الفرصة. / علينا أن نواصلَ العمل على المشروع كلّما سنحتِ الفرصة. / لماذا لم تركضْ حينما سنحت لها الفرصة؟

If you get the chance, call me./We have to continue working on the project at every opportunity that presents itself./Why did she not run when she had the chance?

السَّوادُ الأَعْظَمُ

The vast majority; most of; the great mass; the largest part.

يدعمُ السّواد الأعظم من النّاس مشروعيّةَ احتساءِ الخُمور. / إنّ السّواد الأعظم من المجتمعاتِ في العالم هي مجتمعاتٌ متعدّدةُ الثّقافات، وغالبًا ما يحملُ أفرادها قيمًا متضاربة. / هنالك أزمةٌ بين السّواد الأعظم من المواطنين والحزب الحاكم في العاصمة.

The vast majority of people support the legality of alcohol consumption./ Most societies in the world are multicultural, and their members often hold conflicting values./There is a conflict between the great mass of citizens and the ruling party in the capital.

سوءُ الطَّالعِ

Misfortune; bad luck; mischance; unfortunate.

إنّ من سوء الطّالعِ أن يولدَ الإنسانُ في هذا المجتمعِ المنغلقِ على نفسهِ. / يعتقدُ بعضُ النّاس أنّ أرقامًا معيّنةً قد تجلب سوء الطّالع. / لعن سائقُ الحافلةِ سوء طالعهِ عندما علِق في الازدحام.

It is a misfortune to be born in this closed society./Some people believe that certain numbers can bring bad luck./The bus driver cursed his mischance when he got stuck in the traffic.

سَوَّلَتْ لَهُ نَفْسُهُ

To be tempted to commit a sin or a crime; literally: one's soul disposes him to do something.

وسوّلت لقابيل نفسُه قتل أخيه هابيل. / وحين رأت خزنةَ النّقود مفتوحةً سوّلت لها نفسُها سرقةَ النّقود. / هدّد وزيرُ الدّاخليّة كلّ من تُسوّلُ له نفسُه المساسَ بأمن البلاد.

Cain was tempted to kill Abel./When she saw the safe open, she was tempted to steal the money./The Minister of the Interior threatened anyone who violates the security of the country.

سَيِّدُ المَوْقِف

To be overwhelming or prevailing; to overrun something; a dominant situation.

أثبتتِ البيروقراطيّةُ دومًا أنّها سيّدة الموقف في حياة البشر. / لا ردّ من الحكومةِ حتى الآن ولا يزال الصّمتُ سيّدَ الموقف. / لقد حان الوقتُ للعدالةِ أن تكون هي سيّدةَ الموقف.

Bureaucracy has always proven to be dominating people's lives./There has been no response from the government so far, and silence still prevails./It is time for justice to prevail.

ش

حرف الشين

شاءَ القَدَرُ

By a twist of fate; fate has intervened; it just so happens to be; it was destined; fate wills it so.

ويشاءُ القدرُ أن تصبح المدينة الساحليّة دولةً غنية. / وشاء القدر أن تصِلَ القافلة إلى سمرقند بأمان. / وتشاء الأقدار أن يجتمعا معًا بعد طولِ فراق. / وشاء القدر أن يصبح ابن هؤلاء النّاسِ البسطاء أعظمَ روائيٍّ في زماننا. / وإن شاء القدر فليكُن.

By a twist of fate, the coastal city became a rich state./Fate has intervened, and the caravan reached Samarkand safely./They were destined to meet after a long separation./It just so happens that the son of these simple people should become the greatest novelist of our time./If fate wills it, so be it.

شارِدُ الذِّهْنِ

To be absent-minded or distracted; to be miles away.

عُرِف عن إسحاق نيوتن أنّه كان شاردَ الذّهن وشديدَ الحساسيّة للنّقد. / إن كان يحصل لك شُرودٌ ذهنيّ أحيانًا فذلك لا يعني أنك مصابٌ بالخرف. / أستطيع أن أقولَ ومن خلال تعابير وجهِهِ أنّه شارد الذهن.

Isaac Newton was known to be absent-minded and very sensitive to criticism./Getting a bit absent-minded does not mean you have got dementia./I can tell by the expression on his face that he is miles away.

DOI: 10.4324/9781003096665-14

شاطَرَهُ الرَّأْيَ

To share someone's opinion.

معذرةً، ولكنّني لا أشاطرك الرأي. / أعتقد أنّي أشاطره الرأي في أنّه يجب علينا استبدال السّرير بآخر جديد. / للأسف لا يُشاطرني السّفير الرأي في هذه المسألة.

I am sorry, but I do not share your opinion./I think I share his opinion that we should throw the bed out and get a new one./Unfortunately, the ambassador does not share my opinion on this matter.

شَتّانَ ما بَيْنَ

Worlds apart; what a difference; to be beyond comparison; like night and day; far cry from.

شتانَ ما بين كتاباته وكتاباتك. / شتانَ ما بين اليوم والأمس. / شتانَ ما بين الديكتاتورية والديمقراطيّة في ترسيخ المساواة بين كلّ أفراد المجتمع. / شتان ما بين سمر ولطيفة، إذ إنّ سمر ذكيّة ومبدعة، بينما لطيفة لا توجد عندها اهتمامات سوى الخروج مع صديقاتها. / شتان ما بين خطّة الحكومةِ الاقتصاديّة والخطّة التي اقترحها مركز الدراسات.

His writings and yours are worlds apart./What a difference between today and yesterday./Dictatorship and democracy are beyond comparison in terms of enhancing equality among all the members of society./Samar and Latifa are like night and day. Samar is smart and creative, while Latifa does not have any interests other than going out with her friends./The government's economic plan is a far cry from the plan proposed by the think tank.

شَخَصَ بَصَرُهُ / بِبَصَرِهِ

To gaze; to look at; to fix one's eyes upon; to stare.

وقف الرجالُ بلا حِراك وقد شخصت أبصارُهم إلى الباب منتظرينَ خروج السّلطان. / وقد شخص دليلُ البعثة ببصره إلى النّجم وقرّر أن يُغيّر اتّجاه الموكب. / شخصتِ الفتاةُ ببصرها إلى الأستاذ بإجلالٍ واحترام.

The men stood motionless, looking at the door, waiting for the Sultan to come out./The guide of the expedition gazed at the star and decided to change the direction of the convoy./The young woman's eyes were fixed on the lecturer with a look of respect.

شَدَّ أَزْرَهُ / مِنْ أَزْرِهِ

To be side by side with someone; to give support; to stand by someone.

يجبُ أن يشدّ بعضُنا أزر بعضٍ كي نستطيعَ إعادة إعمار بلدنا. / وقد طلب الرئيسُ من الشّعب شدّ أزره في محاربةِ الجريمةِ في البلاد. / كانت زوجتهُ دومًا تشدّ من أزره في أيّام الشّدائد.

We should stand side by side with one another so that we can rebuild our country./The president has asked the people to support him to combat crime in the country./His wife always stood by him in days of hardships.

شَدَّ رِحالَهُ

To pull up stakes; to break camp; to migrate.

لم يكُن المتنبّي راضيًا بالعيشِ في بلاط سيف الدّولةِ الحمدانيّ في الموصل، فشدّ رحالهُ إلى مصر لتحقيق طموحه في أن يصبح حاكمًا. / شدّ الفنانُ الفرنسيّ جاك ماجوريل الرحال إلى المغرب ليستقرّ هو وزوجتهُ في مراكش. / كان الكثيرونَ من المهاجرين يعانونَ بسبب القحطِ والمرضِ في بلاد الغُربة، لذا شدّوا رحالهم عائدينَ إلى ديارهِم.

Al-Mutanabbi was not content living in the court of Al-Hamdani in Mosul, so he pulled up stakes and went to Egypt to fulfil his ambition to become a ruler there./The French artist Jacques Majorelle pulled up stakes and settled in Marrakech with his wife./Many migrants suffered from starvation and disease in exile, so they have pulled up stakes to go back home.

شَديدُ البَاسِ

To be brave, intrepid, or bold; to have courage.

وقد وُصف الجنرالُ السّابق بأنّه كان قائدًا شديدَ البأس، حارب بكلّ جهده من أجل حرية وطنهِ. / كانت مدام كوري عالمةً شديدةَ البأس ورائدةً في بحوث الإشعاع. / بصفتهِ مفاوضًا شديدَ البأس، فقد وقف بحزمٍ لتحقيق استقلال بلاده.

The former general was described as a brave leader who fought well for the freedom of his country./The intrepid scientist, Madame Curie, was a pioneer in the research on radioactivity./As a bold negotiator, he stood firm to achieve the independence of his country.

شَديدُ الوَطْأةِ

To have a devastating or heavy impact; to have a harmful or heavy effect.

تشيرُ التّوقعاتُ أنّ القرن الحادي والعشرين سيكونُ شديدَ الوطأةِ على حياة الملايين من البشر. / يَعرف رجلُ الأعمال أنّ علاقته الغراميّة مع صديقة زوجتهِ ستكونُ شديدةَ الوطأةِ على سمعتهِ. / إنّ نشر الأنباء الكاذبة على وسائط التّواصل الاجتماعيّ له تأثيرٌ شديدُ الوطأةِ على صحّة النّاس.

The estimates show that the 21st century will have a devastating impact on the lives of millions of people./The businessman knows that his affair with his wife's friend will have a harmful effect on his reputation./The spreading of fake news on social media has a heavy effect on the health of people.

شِرْيانُ الحَياةِ

Lifeblood.

يُعدّ النّفطُ الخام شريان الحياة لاقتصاد العالم الحديث. / إنّ مياهَ دجلة والفرات هي شريان الحياة لملايين البشر في تركيا وسوريا والعراق. / إنّ السّكك الحديد هي شريان الحياة الاقتصاديّ للبلد منذ قرون.

Crude oil is the lifeblood of the modern world's economy./Tigris and Euphrates water is the lifeblood for millions of people in Turkey, Syria, and Iraq./ Railroads have been the country's economic lifeblood for centuries.

شَريعَةُ الغابِ

The law of the jungle.

إنّ المجتمع الذي يحكمه مزاجُ قادتِه إنّما هو مجتمعٌ يحكمه قانونُ الغاب. / طبّق سائقُ التّاكسي شريعة الغاب عندما اعتدى بالضّرب على الرّجلِ الذي رفض أن يدفعَ له أجرته. / يجادل كثيرٌ من علماء السّياسةِ أنّ النّظامَ العالميّ تحكمه شريعةُ الغاب.

A society that is ruled by the mood of its leaders is a society that is ruled by the law of the jungle./The taxi driver used the law of the jungle to assault a man who refused to pay him the taxi fare./Many political scientists argue that the world order is governed by the law of the jungle.

شَظَفُ العَيْشِ

Hardship; poverty.

يترك شظفُ العيش أثره على قدرة الأطفال في تحقيق النّجاح في المَدرسة. / إنّ شظفَ العيش الذي تعاني منه المرأةُ جعلها تستجدي العمل في كلّ مكانٍ تقريبًا. / لم يكنْ لدى الشّاب أيّة وسيلةٍ للهرب من شظفِ العيش الذي تسبّبت فيه الحربُ الأهليّة.

The burden of poverty affects children's ability to succeed in school./The woman's poverty has left her begging for a job almost everywhere./The young man had no means to escape the hardships caused by civil war.

شَفى غَليلَهُ

To satisfy, quench, or fulfil someone's thirst for revenge or vengeance.

كان مستعدًا أن يتخطّى كلّ الحدود كي يَشفي غليلهُ من أعدائه. / قام الأبُ بإحراق البيت كي يَشفي غليلهُ من قاتل ولده. / أكّدت أمّ الطالبة القتيلة أنّ حُكم المحكمة ضدّ قاتل ابنتها لم يَشفِ غليلها.

There were no limits to how far he would go to quench his vengeance on his enemies./The father burned the house to satisfy his unquenchable thirst for revenge on his son's killer./The mother of the murdered schoolgirl said that the court's ruling against her daughter's murderer did not quench her thirst for revenge.

شَقّ الصَّفَّ

To divide; to drive a wedge; to sow seeds of discord; to create a split.

قام البلدُ باستغلال الظّروف لشقّ صفّ الدّول الأعضاء. / استخدمت أجهزةُ المخابراتِ أساليبَ متطورة كي تشقّ الصّفّ بين الدولةِ المارقةِ وحلفائها. / تحاولُ الصحيفةُ أن تشقّ صفوف الشّعب.

The country has taken advantage of the situation in trying to divide the member states./The intelligence services used sophisticated methods to drive a wedge between the rogue state and its allies./The newspaper is attempting to sow seeds of discord among the people.

شَقَّ طَريقَهُ

To make one's own way; to force one's way; to plough ahead.

ينبغي عليك أن تشقّ طريقك في الحياة صوبَ النّجاح. / لقد شقّت طريقها خلال الكثير من الصّعاب. / شقّت السّفينةُ طريقها في المياه العاصفة للمحيط الأطلسيّ. / بدأ حياته العمليّة كصاحبِ محلٍ للبقالة ولكنّه شقّ طريقه إلى الأعلى ليصبحَ مالكَ أكبر سلاسل البيع بالتّجزئة.

You should make your own way through life towards success./She forced her way through many difficulties./The ship ploughed ahead through the stormy water of the Atlantic./He started his career as a grocer, then made his way up to become the owner of the biggest retailing chains.

شَقَّ عَصا الطّاعَةِ

To revolt; to rebel; to disobey the ruler or the system; to renounce allegiance.

من أجل إيجاد حلٍّ للأزمة الدّستوريّة فإنّه ينبغي على أعضاء الحزب شقّ عصا الطّاعة على قيادةِ حزبهم. / وقد حذّر الخطيبُ النّاسَ من شقّ عصا الطّاعة والاستهتار بمؤسّساتِ الحكومة. / إنّ عقوبة شقّ عصا الطّاعة على الخليفة هي الموت.

To solve the constitutional crisis, the party members should revolt against the leadership of their party./The cleric warned the people against rebellion and disregard for the institutions of government./Death is the punishment for disobeying the Caliph.

شَمَّرَ عَنْ ساعِدَيْهِ

To roll up one's sleeves; to get down to work; to be keen to do something.

أمر المُشرفُ على العمل العمّالَ بأن يُشمِّروا عن سواعدهم لإنجاز العمل في الوقتِ المحدّد. / لقد حان الأوان كي نشمّر عن سواعدنا لبناء اقتصاد بلدنا. / شمّر مئاتٌ من الشّباب عن سواعدهم لجعل منطقتهم مكانًا أفضل للعيش.

The supervisor ordered the workers to roll up their sleeves to finish the work on time./It is time we got to work to build our country's economy./Hundreds of young people have rolled up their sleeves to make their neighbourhood a better place for living.

شَوْكَةٌ في خاصِرَةِ

A thorn in the side.

عدّ بعضُ الخبراء العقوباتِ الاقتصاديّة شوكةً في خاصرة النّظام. / لطالما كان رجال القبائل الخارجين عن القانون شوكة في خاصرة الدولة. / إنّ المركز التّجاريّ يبقى شوكةً في خاصرة المتاجر المحليّة الصّغيرة في البلدة.

Some experts considered the economic sanctions as a thorn in the side of the regime./The outlawed tribesmen were always a thorn in the side of the state./ The new shopping centre remains a thorn in the side of the small local shops in the town.

شَيْئًا فَشَيْئًا

Little by little

عندما تستشعر الشُكر والتقدير، فإنّ غضبك سيتلاشى شيئًا فشيئًا. / شبّه السّياسيّ بلدَه بسفينةِ حمقى تغرقُ شيئًا فشيئًا. / إنّ الثقافةَ الجديدة تنتشر شيئًا فشيئًا في المنطقة.

When you embrace gratitude, little by little your own anger will diminish./ The politician likened his country to a ship of fools that is sinking little by little./The new culture is spreading little by little throughout the region.

ص

حرف الصاد

صَبَّ جامَ غَضَبِهِ

To wreak one's anger on someone or something; to take one's anger out on someone or something; to give vent to one's anger.

وقد قالتِ الشّرطةُ المحليّة إنّ المشتبه به كانت لديه ميولٌ انتحاريّةٌ وكان يريد أن يَصبّ جام غضبِهِ على المجتمع. / قام بصبّ جام غضبه على جهاز الحاسوب بعد أن عرف بالنّتائج السّيئة جدًا لامتحاناته النّهائيّة. / لقد صبّت جام غضبها على العامل في المتجر عندما طلب منها ألّا تتخطّى الطّابور. / مع عدم قدرته على التّعاملِ مع مشاكله فقد صبّ المديرُ جام غضبه على الموظّفين.

The local police said the suspect was suicidal and wanted to vent his anger on society./He wreaked his anger on the computer and destroyed it when he knew about the terrible results of his final exams./She became furious and took her anger out on the shop clerk when he asked her not to jump the queue./Unable to deal with his problems, the manager vented his anger on his staff.

صَرَفَ النَظَرَ عَن

To change someone's mind and decide against something; to dismiss something; to discontinue to consider something.

وقال رئيسُ المنتخب الرّياضيّ: "لقد صرفنا النّظر عن التّعاقد مع اللّاعب." / أوكلتِ الحكومةُ مَهمّة تحصيل الغرامات إلى رجال الشّرطة بعد أن صرفتِ النّظر عن استخدام موظفين خاصّين لهذه المهمّة. / وقد صرفت شركةُ الإنشاءات النّظر عن المشاركة في مشاريعَ جديدةٍ في المنطقة لأسباب أمنية.

DOI: 10.4324/9781003096665-15

We have changed our mind and decided against contracting with the player, said the head of the sports team./The government entrusted the police with collecting fines after it had dismissed the use of specialised personnel for the task./The construction firm has discontinued considering new projects in the region for security reasons.

صَعْبُ المِراس

Intractable person; a difficult person hard to deal with.

على الرّغم من أنّه رئيس صعبُ المراس إلّا أنّه أثبت أنّه سياسيّ محنّك في وقت الأزمات. / إنّه شخصٌ صعبُ المراس وأجد صعوبةً بالغةً في التّعامل معه. / من الممكن أن يتحول أي إنسان إلى شخص صعب المراس إن تعرض إلى الضغط.

Despite being an intractable president, he has proven to be a very skilled politician in times of crisis./I find it very hard to deal with this intractable person./Everyone can become difficult to deal with when put under stress.

صَعْبُ المَنال

To be unattainable; hard to get; difficult to achieve; to be elusive.

إنّ إيجاد مصلٍ فعّالٍ لمكافحة الفيروس في هذه المرحلة هي مسألةٌ صعبةُ المنال. / يتّفق المراقبونَ على أنّ تطلّعات الأمم المتّحدة بشأنِ هذه القضيّة كانت وما زالت صعبةَ المنال. / إنّ مقاربة الحكومة ستجعل تحقيق أهداف التنمية صعب المنال.

Finding an effective vaccine to fight the virus at this point is an unattainable issue./Observers agree that the United Nations' aspirations regarding this issue have always been difficult to achieve./The government's approach will make the development goals elusive.

صَفّى/ سَوّى حِسابَهُ مَعَ

To settle scores with someone; to settle accounts with someone.

نفتِ الحكومةُ أيّة علاقةٍ لها بالهجوم وأشارت إلى أنّ هذا الهجوم هو تصفية حساباتٍ بين المتمرّدين. / عندما أحسّ أنّ الفرصة مواتية له كي يُصفّي حسابه مع عدوّه اللّدود، اكتشف

أنّ عدوّه قد مات منذ أيام. / إنّ الملاكمَ مصممٌ على تسوية حسابهِ مع منافسهِ الذي أطاح به في اللّعبةِ الأخيرة.

The government denied any connection with the attack and pointed out that it is a settling of accounts between insurgents./When he felt this was the opportunity for him to settle accounts with his archenemy, he discovered he was dead a few days ago./The boxer is determined to settle scores with his rival, who knocked him down in the last game.

صُلْبُ المَوْضُوعِ

Crux of the matter; at the heart of the matter; at the core of the subject; to the point of the matter.

إنّ صلب الموضوع في كتاباتهِ هو مبدأ المحاسبة. / وقد دخل الطبيبُ في صلب الموضوع وأخبر المريضَ أنّ المرضَ قد خرج عن السّيطرة. / إنّ أسئلتي تساعدك كي لا تخرج عن صلب الموضوع.

The crux of the matter in his writings is the principle of accountability./The physician then came to the heart of the matter, telling the patient that the disease was out of control./My questions help you not to fall outside the core of the subject.

صِلَةُ رَحِمٍ

Upholding ties of kinship; keeping good relations with one's relatives; blood relatives.

إنّ الدينَ يأمرُ بصلة الرّحم. / حافِظ على صلة رحمك وإن لم يقوموا هم بذلك. / إنّ حميدة وزوجها تربطهما صلة رحم، وهذا أمر أعرفه للمرة الأولى. / ينبغي ألّا ندع الحياة تخطفنا بعيدًا عن أحبّائنا ومن تربطنا بهم صلةُ رحم.

Keeping good relations with one's relatives is a religious duty./Maintain relations with family members even if they do not do the same./This is the first time I have known that Hameeda and her husband are blood-related./We should not let life take us away from our families and loved ones.

صورَةٌ / نُسْخَةٌ طِبْقُ الأصْلِ

Spitting image; a carbon copy of someone; mirror image; the exact double of someone or something; identical; a chip off the old block; two peas in a pod.

هذه الفتاةُ الصّغيرة هي نسخة طبق الأصل عن جدّتها. / إنّ تعهداتِ الرئيس ووعودهِ أثناءَ الحملةِ الانتخابيّة ما هي إلّا صورة طبق الأصل لمبادرتنا التي أعلنّا عنها سابقًا. / المضحك أنّ هذه الحيوانات تصدر أصواتًا هي طبق الأصل من أبواق الشاحنات.

This little girl is a carbon copy of her grandmother./The president's pledges and promises during the election campaign are but a mirror image of our initiative that we previously announced./What is funny is that these animals make sounds that are identical to truck horns.

صَوْلاتٌ وَجَوْلاتٌ

To be seasoned; to be indulged in something; to be skilled with experience; to fight many battles.

لقد كان جنديًا له صولاتٌ وجولات في معارك خاضها مرارًا وتكرارًا من أجل أمّته. / لقد استحقّ التقدير كلاعب شطرنج له صولاتٌ وجولات في مسابقاتِ الشّطرنج الدّوليّة. / يبدو أنّ السّياسيّ المشهور له صولاتٌ وجولات في السُكر والفجور.

He was a seasoned soldier who fought battles again and again for the sake of his nation./He earned the respect as a skilled and seasoned chess player in international chess competitions./It seems that the famous politician has indulged in drunkenness and debauchery.

ض

حرف الضاد

ضاقَ ذَرْعًا

To be unable to put up with someone or something anymore; to be fed up or tired with something; to be unable to take or bear something anymore.

إنّ العديدَ من الموظّفين صاروا يَضيقونَ ذرعًا بوضع الشّركة المزري ويفكرونَ بترك وظائفهم. / ضاق الجيرانُ ذرعًا بالضّجيج اليوميّ الصّادر من هذا البيت. / ضاقتِ الممثلةُ ذرعًا بتركيز الإعلام على حياتها الشّخصيّة.

Many employees cannot stand the dire situation in the company anymore and are considering leaving their jobs./The neighbours were fed up with the daily noise coming from this house./The actress could not bear the media focus on her private life anymore.

ضاقتْ بهِ / عَلَيْهِ الأَرضُ

To be at one's wit's end; to feel desperate or helpless.

لقد ضاقت بالهارب من وجه العدالةِ الأرضُ عندما أوقفته دوريّةٌ للشّرطة. / لقد ضاقت به الأرض بعدَ أن فقد الأمل في العُثور على علاجٍ لابنته المريضة. / لقد ضاقتِ الأرضُ بها عندما اضطُرّت لمغادرة بيتها في أعقاب التّهديداتِ التي تلقّتها.

The fugitive was at his wit's end when he was stopped by a police patrol./He found himself desperate after losing the hope of finding a cure for his ill daughter./She felt helpless when she was compelled to leave her home in the aftermath of threats she had received.

DOI: 10.4324/9781003096665-16

ضَبَطَهُ مُتَلَبِّسًا بِـ

To be caught red-handed.

تمّ ضبْط مفتّش الصّحّة متلبّسًا بتلقّي الرّشوة. / تمّ إبعادُ الدبلوماسيينَ من البلاد بسبب ضبْطِهم متلبّسينَ بأعمال غير قانونيّة.

The health inspector was caught red-handed taking a bribe./The diplomats were expelled from the country because they were caught red-handed in illegal activities.

ضَحِكَ على الذُّقون

To be a mere sham; to be mere deception; to dupe or trick someone.

إنّ خطّة الحكومة الإصلاحيّة ما هي إلّا ضحك على الذّقون ولن تُحقّق أيّ تغييرٍ حقيقيّ. / يضحك بعضُ السّياسيينَ على ذقون النّاس من خلال إطلاقِ وعودٍ كاذبة. / لقد ضحك المحتالُ على ذقونكم وسلب منكم الملايين.

The government's reform plan is a mere sham and will not bring any real change./Some politicians dupe people by making false promises./The swindler conned you out of millions.

ضَرَبَ أخْماسًا لِأسْداس

To be in a whirlwind of confusion; to be unable to think straight; at sixes and sevens; to be confused or puzzled. In Classical Arabic: to deceive.

إنّ الأنباء حول تقدّم العدو جعلت القيادة تضرب أخماسًا لأسداس حول كيفيّة التّعامل مع الموقف. / ضرب أخماسًا لأسداس كي يميّز الإنسان الحقيقيّ من الإنسان الآليّ. / كان يضربُ أخماسًا لأسداس بشأن ما ينبغي عليه فعله بعد ترك عمله.

The news of the advancing enemy left the leadership in a whirlwind of confusion over how to deal with the situation./He could not think straight in his effort to distinguish the real human from the robot./He was at sixes and sevens over what to do after leaving his job.

ضَرَبَ بِأَطْنابِهِ

To prevail and take root.

كانتِ الفوضى تضرب بأطنابها في كلّ أرجاء البلاد. / ما الذي يُمكنُ فعله كي نمنعَ الإيديولوجياتِ المتطرّفةَ من أن تضربَ بأطنابها في المجتمع؟ / يتحملُ المجتمع الدوليّ المسؤوليّة للتدخّل لإيقاف الفقر والجهل اللذين يضربانِ بأطنابهما في المنطقة.

The chaos was taking root all over the country./What can be done to prevent extreme ideologies from taking root in society?/The international community has the responsibility to intervene, to stop ignorance and poverty that is prevailing and taking root in the region.

ضَرَبَ بِجُذورِهِ

To sink deep roots into something; roots go way back into; the roots are deep.

إنّ مفهومَ العدالةِ لم يضرب بجذوره بعد في جميع التّشريعاتِ الحكوميّة. / إنّ العلاقاتِ بين البلدَين ضاربةٌ بجذورها في عُمق التّاريخ. / إنّ الكثير من اضطراباتِ الشّخصيّة تضربُ بجذورها في الطّفولة.

The concept of equality has yet to sink its roots into all the government legislations./The relationship between the two countries has deep historical roots./ The roots of many personality disorders go way back into childhood.

ضَرَبَ بِهِ عُرْضَ الحائِطِ

To flout a (law, rule).

اتُّهِم الملِكُ بأنّه ضرب بأحكام الله عرض الحائط. / ضرب الشّاعرُ المثير للجدل بقِيَم مجتمعهِ عرض الحائط. / يَضرب بعضُ الشّبان بالقانون عرض الحائط ولا يلتزمونَ بالتّباعد الاجتماعيّ.

The king was accused of flouting God's laws./The controversial poet felt free to flout the values of his society./Many young people flout the law by not keeping social distancing.

ضَرَبَ / أَعْرَضَ صَفْحًا عَنْ

To turn away from someone or something; to ignore or reject someone or something; to dismiss; to disregard; to drop; to shun; not to take into consideration.

ضرب الباحثُ صفحًا عن دور الدّين في المجتمع في كتابهِ الأخير. / لقد قرّرتِ الحكومةُ أن تضربَ صفحًا عن توصياتِ اللّجنة رغم أهميتها. / لقد أعرض المسؤول عالي المستوى صفحًا عن الإجابةِ على السّؤال.

The scholar has ignored the role of religion in society in his last book./The government has decided to ignore the recommendations of the committee despite their importance./The top official has turned away from answering the question.

ضَرَبَ عَلى الوَتَرِ الحَسّاسِ

To hit or touch a raw nerve; to touch a sore spot.

ضرب النّقاشُ حول المساواة بين الجنسَين على الوتر الحسّاس بين الجماهير. / لقد ضرب على الوتر الحسّاس عندما ناقش مشاكلها مع زملائها في العمل. / ضرب الصّحفيّ وترًا حساسًا عندما غطّى بتقريرهِ حياة الغجر الصّعبة في البلد.

The debate about gender equality hit a raw nerve among the public./He hit a raw nerve when he discussed her problems with her colleagues at work./ The journalist hit a sore spot when he reported about the hard life of gypsies in the country.

ضيقُ / قِلَّةُ ذاتِ اليَدِ

Poverty; suffering from financial hardship.

بسبب ضيق ذات اليد، يترك عددٌ كبيرٌ من الأطفال مدارسَهم وتعليمَهم. / على الرغم من المرضِ وضيق ذات اليد، تمكّنتِ المرأةُ من تربيةِ بناتها الثّلاث. / يقومُ العديدُ ممّن يعانونَ من ضيق ذات اليد بتقديم طلب الحصولِ على هذا النّوع من القروض.

Because of poverty, a large number of children drop out of school./Despite poverty and illness, the woman was able to raise her three daughters./Many of those who suffer from financial hardship apply for this kind of loan.

ضَيَّقَ الخِناقَ عَلى

To increase pressure; to be cornered; to tighten the rope; to suppress; to be embattled.

تمّ تضييقُ الخناق على رئيسِ الدّولة كي يقدّمَ المزيد من التنازلات. / أقدم المشتبه به على الانتحار بعد أن ضيّقت عليه الشّرطةُ الخناق. / ضيقتِ السّلطاتُ الخناقَ على المقيمينَ بصورةٍ غير شرعيّة كي يغادروا البلاد.

The head of the state has come under increased pressure to make more concessions./The suspect committed suicide after being cornered by police./The illegal residents were embattled by the authorities to leave the country.

حرف الطاء

طارَ صوابُهُ / عَقْلُهُ

To lose one's mind or reason; to go mad, insane, or crazy; to become furious or livid.

لقد طار صوابُ الرّجلِ وأصابه هياجٌ مخرّبًا كلّ شيءٍ في طريقهِ. / وطار صوابُ الطّالبِ عندما اكتشفَ جمجمةً قديمةً في المكتبة. / وطار صوابُها حين اكتشفت أنّه كذب عليها.

The man lost his mind and went on a rampage, destroying everything in his way./The student went mad after discovering an ancient skull in the library./ She became livid when she found out he lied to her.

طارَ فَرَحًا

To be overjoyed; to be overwhelmed with joy; to be beside oneself with joy; to be ecstatic.

لقد طار الأولادُ فرحًا بعد أن تمّ العثورُ على كلبهم الضّائع. / لقد طارت فرحًا عندما وضعت مولودتها الأولى. / لقد طار الرّجلُ فرحًا عندما حصل ولدُه على شهادة الدّكتوراه من جامعة هارفارد. / طارت الأمّ فرحًا لرؤية أطفالِها بعد غياب.

The children were overjoyed after their missing dog was found./She was overwhelmed with joy when she gave birth to her first girl./The man was overwhelmed with joy when his son earned his doctoral degree at Harvard University./The mother was beside herself with joy at seeing her children again.

DOI: 10.4324/9781003096665-17

طاعِنٌ في السِّنِّ

Very old person; elderly person.

ادَّعى أنسيلمو هيرناندِيز، وهو صيَّادٌ كوبيٌّ طاعِنٌ في السِّنِّ أنَّه كان المُلهِم للرِّوائيِّ إيرنست هيمينغواي لكتابةِ روايتِه "العجوز والبحر." / لقد فهِم الشَّابُّ أخيرًا أنَّ الرَّجلَ الحكيم الطَّاعن في السِّنِّ كان على صَواب.

Anselmo Hernandez, the old Cuban fisherman, claimed he had been the inspiration for Ernest Hemingway's novel "The Old Man and the Sea."/The young man finally realised that the wise old man was right.

الطَّامَّةُ الكُبْرى

Massive catastrophe; the greatest overwhelming calamity.

إنَّ تدريبَ المعلمينَ لا يرقى إلى المستوى المطلوب والطامَّةُ الكبرى هي في النِّظام التَّعليميِّ. / حذَّر تقريرٌ صادرٌ عن الأمم المتَّحدة من وقوع طامةٍ كبرى على المستوى العالميِّ إن تعدَّت درجاتُ الحرارة بفعلِ الاحتباسِ الحراريِّ في العالم درجة ونصف مئويَّة.

Teacher training is not up to the level, and the catastrophe is in the educational system./A worldwide catastrophe will occur when global warming exceeds 1.5 degrees, a UN report warned.

طَرَأَتْ لَهُ فِكْرَةٌ

To come to someone's mind; to have an idea; to occur to someone; to pop into someone's head.

كنتُ جالسًا على ضفَّةِ النَّهر حين طرأت لي فكرةُ كتابةِ القصَّة. / طرأت له فكرةٌ بأن يساعدَ في تغيير حياة النَّاس عبر توفير فرصِ أعمالٍ جديدة. / طرأت لها فكرةٌ لإنشاء مؤتمرٍ للمنظماتِ غير الحكوميَّة.

I was sitting by the river bank when the idea came to me to write the story./It occurred to him to help change people's lives through new job opportunities./She had an idea to create a conference for Non-Government Organisations.

طَرَحَهُ أَرْضًا

To throw someone to the ground; to hurl someone to the ground or floor.

ذكر شهودٌ عيان أنّ الرّجلَ طرح السّيدةَ أرضًا وبدأ بضربها. / طرح الحصانُ المرعوبُ فارسَه أرضًا بكلِّ قوة. / طرح لاعبُ الجودو منافسَه أرضًا. / وجدتُ الرّجلَ العجوزَ طريحَ الأرضِ وهو ينزف.

According to eyewitnesses, the man threw the lady to the ground and began to hit her./The frightened horse threw its rider to the ground with great force./ The judo player threw his opponent to the ground./I found the old man hurled to the floor, bleeding.

طَفَحَ (بِهِ) الكَيْلُ

To reach one's limit; enough is enough; to have had enough of something or someone.

لقد طفح الكيلُ بالموظّف ولم يعُد بإمكانه أن يتحمل، وقرّر أن يتركَ عملهُ. / قال الطّبيب البيطري: "لقد طفح الكيل" حين تم إحضار الجراء الجريحة وهي في حالة يرثى لها إلى الجمعية الخيرية لرعاية الحيوان. / يكفي، لقد طفحَ بنا الكيل.

The employee has reached his limit and cannot take it anymore. He has decided to leave his job./"Enough is enough," said the animal welfare charity vet as puppies were admitted with distressing injuries./That's it. We have had enough.

طَيُّ الكِتْمانِ

To keep something under wraps; to keep something secret or confidential; to be classified, restricted, under the seal of secrecy, hidden, or concealed.

أبقى الرئيسُ تفاصيلَ المحادثةِ مع نظيرهِ الصّينيّ طيّ الكتمان. / لأسباب أمنيّة فقد تمّ الإبقاء على اكتشاف عنصر البلوتونيوم المشعّ طيّ الكتمان لغاية عام 1946. / تعتزمُ الحكومةُ نشرَ التّقرير السريّ الذي ظلّ طيّ الكتمان لأربعينَ عامًا.

The president concealed the details of his conversation with his Chinese counterpart./For security reasons, the discovery of the radioactive element plutonium was kept secret until 1946./The government plans to release the classified report that was kept secret for 40 years.

طَيَّبَ اللهُ ثَراه

May he/she rest in peace; God rest his/her soul.

قال القاضي الأندلسيّ أبو الوليد بن رشد طيّب الله ثراه: "الجهلُ يقودُ للكراهية، والكراهيةُ تقودُ للعنف." / توفّي عالمُ الدّين عن عمرٍ يناهز السّابعة والثّمانين، وقد كان، طيّب الله ثراه، مشتغلًا إلى آخر أيّام حياتهِ بالكتابةِ وتدريسِ العلماء.

The famous Andalusian jurist, Abu al-Walid Ibn Rushd (Averroes) – may God rest his soul – said, "Ignorance leads to hatred, and hatred leads to violence."/ The religious scholar passed away at 87 years of age. Until his last days, he was busy writing and teaching scholars, may God rest his soul.

ظ

حرف الظاء

ظَنَّ بهِ الظُّنونَ

To become increasingly suspicious of someone's motives; to have suspicious thoughts against someone.

كان المديرُ يظنّ الظنونَ بسكرتيره الشّخصيّ، فقد ظنّ أنّه يُسرّب معلوماتٍ عنه على الإنترنت. / ظنّ الخليفةُ الظنون بأخيهِ فأمر بنفيهِ من المدينة. / أنا لا أظنّ الظنون بالرّجل، فهو شخصٌ عاديّ ولا يفكر بإيذاءِ أحد.

The boss was becoming increasingly suspicious of his personal secretary; he thought he was leaking information about him on the Internet./The Caliph had suspicious thoughts of his brother so he ordered him to be banished out of the city./I am not being suspicious of the man; he is an ordinary person and would never think to harm anybody.

ظَهَرَ مَعْدَنُهُ

To reveal or show one's true colours; to reveal one's true character.

لقد ظهر معدنهُ عندما أدلى بتصريحاتٍ تؤيّد دعمَهُ للحركةِ المضادّة للديمقراطيّة. / بدت خطيبتهُ لطيفةً في البداية إلّا أنّ معدنها ظهر أثناء التّحضيراتِ لحفلِ الزّفاف. / لقد أظهرتِ المقابلةُ معدنهُ في أنّه سياسيّ فاسدٌ أخلاقيًا.

He revealed his true colours when he announced his support for the anti-democratic movement./His fiancé seemed nice at first, but she showed her true colours during the wedding preparations./The interview showed his true character as a morally corrupt politician.

DOI: 10.4324/9781003096665-18

ع

حرف العين

عاثَ فَسادًا

To wreak havoc; to widely corrupt or destroy; to cause much damage.

عاث التّنظيمُ الإرهابيّ فسادًا في المنطقة. / يَعيث الصّراعُ الطّائفيّ فسادًا في البلد الشّرق أوسطيّ متسببًا بمعاناةٍ بشريّةٍ واسعةِ النّطاق. / لقد عاث الورّاقونَ بالنّصوصِ الأصليّة فسادًا إلى درجة يصعبُ من خلالها الثّقة بمصداقيّةِ المخطوطات.

The terrorist organisation has wreaked havoc in the region./The sectarian conflict is wreaking havoc in the Middle Eastern country, resulting in widespread human suffering./The scribes widely corrupted the original texts to the point that it is difficult to trust the credibility of the scripts.

عاجِلًا أو آجِلًا

Sooner or later; eventually.

سنصلُ إلى اتفاقٍ نهائيٍّ عاجلًا أو آجلًا. / ستُدركُ ابنتي عاجلًا أو آجلًا أنّني كنتُ على حقّ. / عاجلًا أو آجلًا ستنجح السّياساتُ الحكوميّةُ في سدّ الفجوةِ بين العرض والطلب في قطاع النّفط.

Sooner or later, we will reach a final deal./Sooner or later, my daughter is going to realise that I have been right./Sooner or later, the government policies will succeed in closing the gap between supply and demand in the oil sector.

DOI: 10.4324/9781003096665-19

عادَ أَدْراجَهُ

To retrace one's steps, to go back in the direction one has come from.

عاد أدراجه نحو الفندق، بعد ساعاتٍ من المشي على ضفّة النّهر. / خلال هجرتها الخريفيّة تعودُ طيورُ السّنونو أدراجها إلى مشاتيها في أفريقيا والمنطقة العربيّة. / وبهدوء عاد الجنودُ أدراجهم للخروج من حقل الألغام سالمين.

After a few hours' walk along the river's bank, he retraced his steps toward the hotel./During their autumn migration, swallows fly, retracing their steps from Europe to their wintering ranges in Africa and Arabia./The soldiers retraced their steps slowly to escape the minefield.

عادَ / رَجَعَ القَهْقَرى

To go backwards; to relapse; to revert back; fall back; to retreat.

من الواضح أنّ المفاوضاتِ تعودُ القهقرى، هل نحن مستعدونَ لتقديم تنازلاتٍ لإنقاذِ الاتّفاق؟ / أيّها السّيّدات والسّادة، لا يمكن العودة بالبلد القهقرى إلى الحكم الديكتاتوريّ مرّةً أخرى. / إنّ أسعار النّفط تعودُ القهقرى إلى مستوياتِ ما قبل الأزمة.

It is clear that the negotiations are going backwards. Are we willing to make concessions to save the deal?/Ladies and gentlemen, this country cannot be brought backwards to fall under dictatorial rule again./The oil prices are falling back to the levels before the crisis.

عادَ / رَجَعَ إلى صَوابِهِ

To come to one's senses; to regain one's reasoning, wit, sensibility, or rationality.

عاد الشّابُّ في النّهاية إلى صوابِهِ والتحق بالمدرسةِ مرّةً أخرى. / متى ستعودينَ إلى صوابكِ وتواجهينَ حقيقةَ وضعكِ؟ / نحن بانتظارِ أن تعودَ الحكومة إلى صوابها وتُعلن الحربَ على الفساد.

The young man eventually came to his senses and decided to go back to school./When will you come to your senses and face up to the reality of your situation?/We are still waiting for the government to come to its senses and declare war on corruption.

عادَ / رَجَعَ في كَلامِهِ

To go back on one's word; to renege on; to change one's mind.

غضب الصّبيّ شديد الغضب حين عرف أنّ والدتهُ قد عادت في كلامها ولن تشتري له ألعابَ الكومبيوتر. / عاد الزوجُ في كلامهِ بأن تُكمل زوجتهُ دراستَها وأصرّ على أن تبقى في البيت مع الأطفال. / لقد عاد في كلامهِ مرّةً أخرى وهاجم حليفَهُ السّياسيّ القديم. / لا تعُد في كلامِك أبدًا.

The boy is furious to discover his mother went back on her word, and she will not buy him the computer games./The man reneged on his agreement with his wife that she could continue studying and insisted that she stayed home with the children./He again changed his mind and attacked his old political ally./Never go back on your word.

عادَتِ الأُمورُ إلى نِصابِها

Things go back to normal again.

بدأ الرّجلُ بالتّعافي من المرض وعادتِ الأمورُ إلى نصابها في النّهاية. / ستعودُ الأمورُ إلى نصابها عندما تفتح المدارسُ أبوابَها الأسبوع المقبل. / ستقومُ السُّلطاتُ باتّخاذِ اجراءاتٍ استثنائيّةٍ لإعادة الأمور إلى نصابها.

The man started to recover from the disease, and eventually, things went back to normal./When schools open next week, things will go back to normal again./The authorities will take extraordinary measures to bring things back to normal again.

عَجَزَ لِسانُهُ عَنْ

Words cannot express or tell; to have no words; to be speechless; more than words can express.

يعجزُ لساني عن التعبير عن مدى سعادتي لولادةِ هذا الطّفل الرائع. / يعجز اللّسان عن التعبير عن مدى فخرنا بالأعمالِ العظيمةِ التي قمتُم بها من أجلِ العدالة. / وقد عجز لسانها عن كيفيّةِ الردّ على السّؤال الذي وجههُ إليها المعلّم.

Words cannot express how happy I am to have such an amazing baby./We have no words to express how proud we are of all the great work you have done for the sake of justice./She was speechless about how to respond to the teacher's question.

عَدَلَ عَنْ رَأْيِهِ

To change one's mind or opinion; to reconsider.

لم تَعدل عن رأيها في الزّواج منه، وإنّما تحاول أن يكون لديها المزيد من الوقت للتّفكير بالأمر. / إنّ التّناقضَ الموجود في النّظرية جعل العالِمَ يعدل عن رأيهِ. / لا يوجد سببٌ يجعلنا نعتقد بأنّ القاضي قد عدل عن رأيه في حُكمه.

She has not changed her mind about marrying him; she is just trying to have more time to think about the matter./The contradiction in the theory caused the scientist to change his opinion./There is no reason to think that the judge had had any change of heart regarding his ruling.

عِرْفانٌ بِالجَميلِ

Gratitude; thankfulness.

قدّمتِ المرأةُ البدويّة التّمرَ والقهوة لعضو مجلسِ النّواب تعبيرًا له عن العرفان بالجميل لمساعدتهِ ابنها في الحصولِ على عمل. / تُقدّم بعضُ الشّعوب في الكاريبي باكورةَ الموسم من الفاكهة إلى الأرضِ الأم تعبيرًا لها عن العرفان بالجميل. / إنّ تكريمَ العلماء يأتي عرفانًا بالجميل لأولئك الذين كرّسوا حياتهم من أجلِ البحثِ العلميّ. / إنّ العرفان بالجميل واجبٌ تجاه الآخرين.

The Bedouin woman served dates and coffee for the member of the parliament in a sign of gratitude for helping her son to find a job./Some people in the Caribbean express their gratitude to Mother Earth by offering first fruits to her./Honouring the scientists is an expression of gratitude to those who have dedicated their lives to scientific research./Gratitude is a duty toward others.

عَزَّ عَلَيْهِ

Not have the heart to do something; to feel hurt and saddened; to feel helpless and anguished; to be too much to bear.

يَعزّ عليّ أن أراك في هذه الحال. / لقد عزّ عليهِ أن يرى صديقَهُ مريضًا دون أن يتمكّنَ من تقديم المساعدة له. / يعزّ عليّ أن أرى البلد متوجّهًا نحو الشّموليّة. / لقد عزّ عليهِ أن يتركَ أباهُ يموتُ وحيدًا. / لقد عزّ عليها أن تُضطرّ للعملِ عندَ رجلٍ لطالما احتقرتهُ.

I do not have the heart to see you in this condition./It hurt him to see his friend sick without being able to help./It saddens me to see the country going in the direction of totalitarianism./He felt helpless and anguished about leaving his father to die alone./For her, it was too much to bear the humiliation of being forced to work for a man she has always despised.

عَضَّ أَصابِعَ النَّدَمِ

To regret sorely or bitterly; to rue the day.

إنّنا نعضُّ أصابعَ النّدم لأنّنا انتخبنا هذه الحكومة الفاسدة والضّعيفة. / ستعضّونَ أصابع النّدم على تقاعسِكم، إن لم يتمّ التّحرّك لتداركِ الموقف. / لقد أوضح لوالدتهِ أنّه عضّ أصابع النّدم على زواجه من ابنة عمّهِ.

We voted for this corrupt and weak government, and we sorely regret it./You will sorely regret your inaction if you do not act to rectify the situation./He explained to his mother that he bitterly regretted marrying his cousin.

عفّىٰ عَلَيْهِ الزَّمَنُ

To be/become obsolete, outdated, anachronistic, or old-fashioned.

تتفاوتُ الصّحفُ في قيمتها، فبعضها سيُكتَب له البقاء وبعضها سيعفّي عليه الزّمن. / أدت أساليبُ الإدارة التي عفّى عليها الزّمن إلى انهيارِ صناعةِ النّسيج في البلاد. / أبلغ المسؤولُ الحكوميّ الصّحيفةَ أنّ مبادرة المصالحةِ الوطنيّة قد عفّى عليها الزّمن ولا تصلح للمناخ السّياسيّ الحاليّ.

Newspapers vary in their value, so some will survive, and some will become obsolete./The old-fashioned management techniques have resulted in the collapse of the textile industry in the country./The government official told the newspaper that the national reconciliation initiative is outdated and will not function in today's political climate.

عَقَدَ العَزْمَ عَلى

To be firmly determined and resolved to do something; to set on doing something.

عقدتِ الوزارةُ العزم على القيام بكلّ ما يلزم للقضاءِ على الجريمة في عاصمة البلاد. / عقدتِ القناةُ التّلفزيونيّة العزم على بثّ البرنامج رغم احتمالِ فقدانها رخصتها. / يبدو أنّ أخي قد عقد العزم على الزّواج من تلك المرأة.

The ministry is resolved to do whatever it takes to eliminate crime in the capital./The television channel is determined to broadcast the programme even though it might lose its license./My brother seems set on marrying that woman.

عَقَدَ قِرانَهُ على

To tie the knot; to marry (marriage contract).

بعد أن دامت خطوبتُهما لسنتين عقدا قرانهما أخيرًا. / تستعدّ العائلةُ للاحتفالِ بعقدِ قران ابنها الشّابّ في مساء الخميس. / لم يعقد الزّوجان قرانهما وفقًا لتقاليدِ الزّواج السّائدةِ في مجتمعِهما.

After being engaged for two years, the couple has finally tied the knot./The family is preparing to celebrate the marriage of their young son on Thursday night./The couple did not marry according to marriage customs in their society.

عَكَّرَ صَفْوَ

To disturb; to mar; to disrupt; to bring down the mood; to kill someone's good spirit.

أعرب وزراءُ الخارجيّة عن أملهم في أن لا يُعكّرَ صفوَ السّلام العالميّ أيُّ عملٍ عدوانيّ متعمّد. / لقد عكّر الطقسُ السّيء صفوَ إجازتهِ التي طال انتظارها. / تُعكّر الأعمالُ الإنشائيةُ صفو هذا المكانِ الهادئ والجميل.

The foreign ministers expressed their wishes that world peace will not be disturbed by any deliberate act of aggression./His long-waited vacation was marred by bad weather./The construction works are disrupting the serenity of this quiet, beautiful place.

عَلامَةٌ فارِقَةٌ

A landmark; a mark of; a milestone; to be remarkable.

كان الهبوطُ الأولُ على سطح القمر علامةً فارقةً في تاريخ استكشافِ الفضاء. / تُمثّل جامعةُ القرويين علامةً فارقةً لمدينةِ فاس المغربيّة منذ القرن التّاسع الميلاديّ. / يُعدّ بروتوكول كيوتو الملحق باتفاقية الأمم المتّحدة الإطاريّة بشأن التغيّر المناخيّ علامةً فارقةً في مكافحةِ الاحتباسِ الحراريّ.

The first moon landing was a landmark in the history of space exploration./ The old university of al-Qarawiyyin has been a landmark of Fes in Morocco since the 800s./"The Kyoto Protocol to the United Nations Framework Convention on Climate Change" is a milestone in combating global warming.

عَلَّقَ آمالَهُ عَلى

To pin one's hopes on someone or something.

لم يكُن يعلم بأنّ سلطاتِ التّعليم العالي في بلده رفضتِ الاعترافَ بشهادتهِ الجامعيّة التي علّق آماله عليها. / لقد أدركوا أنّ نظام الإنذار الذي علّقوا عليه الآمال هو نظامٌ عديمُ الفائدة. / قبل أن تعلّقَ الحكومات آمالًا كبيرةً على الطاقة الشّمسيّة لابد أن تواجه الواقع المثير للقلق.

He was unaware that his country's higher education authorities have refused to recognise his university degree, on which he had pinned his hopes./They realised that the alarm system they pinned their hopes on turned out to be worthless./Before governments pin big hopes on solar energy, they must face the disturbing reality.

عَلَّقَ / أَوْلى أَهَمِّيَّةً عَلى

To attach importance to someone or something.

لم تعلّق المحكمة أهميّةً على حقيقة أنّ المتّهم مسنّ ولديه مشاكل صحيّة. / تعلّقُ الحكومةُ أهميّةً كبيرةً على التعاون الإقليميّ في مواجهةِ الإرهاب. / تمّ تعليقُ أهميةٍ كبيرةٍ على تأثير العوامل الاجتماعيّة والاقتصاديّة على الصّحّة.

The court did not attach any importance to the fact that the accused was old and had health difficulties./The government attaches great importance to the regional cooperation against terrorism./Great importance has been attached to the impact of socio-economic factors on health.

عَلى أَحْسَنِ / أَسْوَأ تَقْديرٍ

At best; at worst.

لن يكونَ العقار الجديد جاهزًا حتى العام المقبل، على أحسنِ تقدير. / لن تتمكّنَ أسواقُ البورصة من الانتعاشِ حتى العام المقبل على أحسنِ تقدير. / على أحسنِ تقدير، يُمكنُ وصف مقاله بأنّه هزيلٌ وسطحيّ. / وعلى أسوأ تقدير سيكون عليّ أن أبيعَ الشركة وأجد عملًا.

The new drug will not be ready until the end of next year at best./The stock markets will not recover until next year at best./His article can be described at best as being superficial and meagre./At worst, I will have to sell the business and find a job.

عَلى اطِّلاعٍ

To be well-informed; to be aware or knowledgeable; to be kept in the loop.

ونقلتِ الصّحيفةُ عن مصدرٍ على اطلاع قوله إنّ الحكومةَ على حافّةِ الانهيار. / ينبغي على السّلطاتِ المحليّة أن تفعلَ المزيد لإبقاء النّاس على اطلاعٍ بمخاطرِ السّلامة وبشكلٍ واضح. / إنّ الكثيرَ من المرضى ليسوا على اطلاعٍ على الآثار الجانبيّة التي تتسبّب فيها الأدويةُ التي يستخدمونها.

The newspaper quoted a well-informed source saying the government is on the brink of collapse./The local authorities should do more to keep the public informed about safety risks in a clear manner./Many patients are not aware of the side effects of the medicines they use.

على أَفْضَلِ / أَحْسَنِ / أَكْمَلِ وَجْهٍ

In the best possible way or manner.

يجبُ عليهِ أن يحرصَ على صرفِ المال على أحسنِ وجه. / يُحاول العمّالُ أن يؤدّوا عملهم على أفضلِ وجه. / تعملُ الوكالةُ الحكوميّةُ جاهدةً على حلّ المشكلةِ على أفضلِ وجه.

He must be sure to spend the money in the best possible way./The workers are trying to do their job in the best possible way./The government agency is working hard to solve the problem in the best possible way.

عَلى إلْمامٍ

To be familiar with; to have sufficient or enough knowledge about something.

إنّ العطّارَ على إلمامٍ بفوائد الأعشاب التي يبيعها في محلّهِ ومضارّها. / إنّه ليس خبيرًا ولكنّه على إلمامٍ بالموضوع كي يعطي تقييمًا أوّليًا موثوقًا به عن أداءِ الشّركة. / لديه بعض الإلمامِ بتاريخ صناعةِ العود في بغداد.

The herbalist is familiar with the benefits and the harms of the herbs he sells in his store./He is not an expert, but he has enough knowledge to provide a reliable preliminary review of the company's performance./He has some familiarity with the history of Oud making in Baghdad.

عَلى أُهْبَةِ الاسْتِعْدادِ

To be on standby; to be on alert and ready; to be ready on hand.

تقفُ فرقةُ الإطفاء على أهبة الاستعداد للتّدخّل عند حصول أيّ طارئ. / إنّ الصّواريخ الأرضيّة الموجّهة على أهبة الاستعداد كي يتمّ إطلاقها خلال 24 ساعة. / إنّ نساءَ القبيلةِ على أهبة الاستعداد لإعداد الطعام لمائة ضيف.

The fire brigade is ready to intervene in all kinds of emergencies./The land-based missiles are on alert and ready to be launched within 24 hours./The women of the tribe are on standby to cook food for 100 guests.

عَلى / عَنْ بَكْرَةِ أَبيها

The entire, the whole; all together; to the ground.

خرج السّكّانُ على بكرة أبيهم للتّرحيب بالزعيم عند دخولهِ المدينة. / دَمّرت حرائقُ الغاباتِ البلدةَ على بكرة أبيها. / سيقفُ الشّعبُ على بكرة أبيه ضدّ هذا الاحتلال الغاشم. / ودَمّر الزّلزالُ القريةَ عن بكرة أبيها.

When the leader entered the city, the entire population poured out to greet him./The wildfires destroyed the whole town./The whole people will stand against this brutal occupation./The village was razed to the ground by an earthquake.

عَلى بَيِّنَةٍ

To be sure of something; to know for sure; to be fully aware.

من الصَّعب أن نكونَ على بَيِّنةٍ من صحّةِ المعلوماتِ الإحصائية التي قامت بجمعها منظّماتُ المجتمع المدنيّ. / إنّ النّاسَ على بَيِّنةٍ من أمرهم فيما يتعلقُ بمن سيصوّتونَ لصالحه. / وقد اتُّهمتِ الشرطةُ بأنَّها كانت على بَيِّنةٍ من حجم المشكلات ولكنَّها لم تفعل شيئًا لتفاديها.

It is difficult to be sure of the accuracy of the statistical data gathered by NGOs./People know for sure whom they are going to cast their vote for./The police were accused of being fully aware of the scale of the problems but doing nothing to avoid it.

عَلى التَّوازي

In parallel; parallelly.

عملتْ وكالاتُ الاستخباراتِ على التَّوازي دونما تنسيقٍ فيما بينها. / يجبُ إجراء المفاوضات على موضوعي وقف إطلاق النّار واللاجئين بالتَّوازي، وأن يتمَّ وضعهما موضع التَّنفيذ على التَّوالي./ في الدّوائر الكهربائيّة الموصَّلة على التَّوازي يمرّ التّيار الكهربائيّ في أكثر من مسار.

The intelligence agencies worked in parallel without coordination./Ceasefire and refugees must be negotiated in parallel and must be put into effect, respectively./In a parallel circuit, the current flows through more than one path.

عَلى التَّوالي

Respectively; consecutively; in a row; series (electricity).

سيتمّ تنظيمُ ورش العمل على التَّوالي لاستغلال الوقت بكفاءة. / "يقومُ الاتّحاد الأوروبيّ والولاياتُ المتّحدة باتّخاذ الإجراءاتِ المبيَّنة في البندين 16 و 17 من المرفق الخامس على التَّوالي ووفقًا لقرار مجلسِ الأمن." مجلس الأمن الدّوليّ، القرار 2231 (2015). /في الدّوائر الكهربائيّة الموصَّلة على التَّوالي يمرّ التّيّار الكهربائيّ في مسارٍ واحدٍ فقط.

The workshops will be organised consecutively to make efficient use of time./"The EU and the United States take the actions described in sections 16 and 17 of Annex V respectively and in accordance with the UN Security Council resolution." UN Security Council Resolution 2231 (2015)./In a series circuit, the current flows through only one path.

عَلى جَناحِ / وَجْهِ السُّرْعَةِ

To be rushed to; with the utmost speed; urgently; at once; quickly; rapidly; as soon as possible.

تمّ نقلُ عددٍ كبيرٍ من الطّلّاب إلى المستشفى على جناح السّرعة بعد تعاطيهم عقاقير مهلوسة. / إنّنا ندعو السّلطات إلى البدء بتحقيقٍ رسميٍّ على جناح السّرعة. / طلبتِ الميليشياتُ من السّكّان إخلاءَ منازلهم على جناح السّرعة.

Many students were rushed to the hospital after taking hallucinogenic drugs./ We urge the authorities to launch an official investigation with the utmost speed./The militias told the residents to evacuate their homes at once.

على حَدِّ عِلْمِهِ

As far as one knows; to one's knowledge; for all one knows.

على حدّ علمي، فإنّ غرفة الاجتماعات ليست جاهزة بعد. / على حدّ علمنا، هذه هي الدّراسة الأولى من نوعِها في هذا المجال. / على حدّ علمي، ربما يستخدمُ الاثنانِ المصدر نفسه.

As far as I know, the meeting room is not ready yet./To our knowledge, this is the first study of its kind in this field./For all I know, they both could be using the same source.

على حَدِّ قَوْلِهِ

According to what someone said or stated; in someone's words; quoting someone's words; according to someone's quotes.

وعلى حدّ قول اللّصّ في قاعةِ المحكمة، فقد كانت نواياهُ موجّهة نحو إعادة توزيع الثّروات بين الفقراء. / وكانت إحدى الجارات قد أخبرت رجالَ الشّرطةِ بأنّها سمعت

The Idioms and Proverbial Phrases

صراخًا في الشّقّة، إلّا أنّها لم تفعل شيئًا لأنّه "حدثٌ يوميّ" على حدِّ قولها. / سيكون على المجلس اتخاذ قراراتٍ صعبةٍ جدًا على حد قول الرئيسِ على حسابه في موقع التّواصل الاجتماعيّ.

According to what the thief said in the courtroom, his intentions were directed at redistributing the wealth among the poor./One of the neighbours had told the police that she heard screaming at the flat, but she did nothing because it was a "daily event", she said./The council has very difficult decisions to make according to the president's quotes on his social media account.

عَلى حينِ غِرَّةٍ

To be taken by surprise; to be caught off one's guard; all at once; out of the blue.

الأزمةُ التي أخذتِ العالَمَ كلّه على حين غرّة أربكت صُنّاع السّياسات في كلّ مكان. / وعلى حين غرّة هاجم القرشُ غوّاص اللؤلؤ. / أُخِذتِ الحكومةُ على حين غرّة بشدة التّذمّر الشّعبيّ ضدّ تدابيرها التّقشفيّة.

The crisis that took the whole world by surprise confused the policymakers everywhere./And suddenly, the shark attacked the pearl diver./The government was taken unawares by the intensity of popular resentment against its austerity measures.

عَلى حينِ غَفْلَةٍ

To be caught unawares; to be caught off one's guard.

"ودخلَ المدينةَ على حينِ غفلةٍ من أهلِها فوجدَ فيها رجلينِ يقتتلان." (سورة القصص الآية 15). / وعلى حين غفلةٍ من الحضور انسلّ بهدوء خارجًا من القاعة. / وقد أخِذ على حين غفلة عندما اقتحم رجالٌ بزيٍّ رسميّ عليه مكانه.

As he enters the city while the people are unaware, he finds two men fighting [Quran 28:15]./He passed unperceived and slipped quietly out of the hall./He was caught totally off guard when men in uniform stormed his place.

عَلى الرَّحْبِ وَالسَّعَةِ

You are most welcome; by all means.

– "ألف شكر لك، هذا لطفٌ كبير من حضرتك" – "على الرّحبِ والسّعة! يُسعدني أنّه كان بإمكاني أن أقدمَ لك يد العون." / وإذا كان الضّيوف يرغبونَ بالاستفادةِ من هذه المرافق فبإمكانهم القيام بذلك على الرّحبِ والسّعة. / –"هل يُمكننا أن نأتي لنُلقيَ نظرةً على المبني؟" – "بالتأكيد، على الرّحبِ والسّعة."

– "Thanks very much. That's very kind of you." – "You are most welcome. I am glad to have been of some help."/If the guests want to make use of these facilities, they are most welcome./– "Can we come and have a look at the premises?" – "Sure, by all means."

على سَبيلِ المِثال

For example.

إنّ التّقريرَ لا يرسمُ صورةً متكاملةً عن الوضع، فعلى سبيل المثال هو يتجاهلُ التّكاليف الخفيّة المتعلّقة بتلوّث الهواء وضجيج السّيّارات. / لطالما عانتِ النّساءُ من الظّلم في أنحاء مختلفة من العالَم، فبعض البُلدان على سبيل المثال لم تكُن تسمح للمرأةِ أن تقومَ بإجراء عقودٍ قانونيّة.

The report does not draw up a complete picture of the situation; for example, it ignores the hidden costs related to air pollution and car noise./Women have always suffered from injustice throughout many parts of the world; in some countries, for example, it was illegal for women to sign legal contracts.

عَلى سَجِيَّتِهِ

In one's natural impulse; to be one's self; on one's naturalness; spontaneously.

ينبغي أن يتمّ السّماح للأطفال أن يكونوا على سجيّتهم في المدارس. / تظهرُ شخصيتهُ الحقيقيّة عندما يتحدّثُ على سجيّته. / لقد كان -رحمه الله- دائمًا على سجيّته، يقولُ ما يجولُ في خاطره دون أن يؤذي مشاعرَ الآخرين.

Children should be allowed to follow their natural impulse in schools./His real personality shows up when he speaks spontaneously./He was always himself, speaking his mind without hurting the feelings of others. May God bless his soul.

عَلى شَفيرِ الهاوِيَةِ

The verge of collapse or abyss; the brink of the abyss; the edge of the cliff.

إنّ صناعةَ الألبان تتأرجحُ على شفير الهاوية بسبب انخفاضِ الطّلب واضطراباتِ النّقل. / إنّ حلقةَ العنف ستضعُ البلد على شفير الهاوية. / أصبحت أغلبيةُ البنوك على شفير الهاوية أثناءَ الأزمةِ الماليّة.

The dairy industry is teetering on the verge of the abyss due to decreased demand and transport disruptions./The circle of violence will bring the country to the brink of the abyss./During the financial crisis, the majority of banks were on the verge of collapse.

عَلى طَرَفَيْ نَقيضٍ

To have the opposite position; to be polarised; to be diametrically opposed; to be at odds with each other.

غالبًا ما يجد البلَدانِ نفسيهما على طرفي نقيض في عددٍ من المسائل المهمّة. / تقفُ الأحزابُ العلمانيّة والدينيّة على طرفي نقيض فيما يخصّ مواقفها تجاه قانون الخمور. / إنّ سكّان هذه المدينة على طرفي نقيض طائفيًا وعرقيًا. / إنّ وجهات نظر الطّلبة على طرفي نقيض فيما يتعلقُ بالتعلّمِ عن بُعد.

The two countries often find themselves on opposite sides of issues of importance./The religious and secular parties have opposite positions on the Alcohol Law./The residents of this city are polarised on sectarian and ethnic lines./The students hold diametrically opposed views on distance learning.

عَلى عَجَلَةٍ مِنْ أَمْرِهِ

To be in a rush; in a hurry; to act in haste.

كان على عجلةٍ من أمره كي يصلَ البيت بعد يومٍ طويلٍ ومتعب. / أكّدتِ الراقصةُ أنّها ليست في عجلةٍ من أمرها لإعادةِ تفعيلِ حسابها المخترق في وسائل التّواصل

الاجتماعيّ. / إنّهم على عجلةٍ من أمرهم كي يغادروا المدينة قبل أن تسوءَ الأوضاع.

He was in a rush to get home after a long and tiring day./The belly dancer asserted that she is in no hurry to reactivate her hacked social media account./ They are in haste to leave the city before the situation gets worse.

على عِلّاتِه

For all its faults.

إنّ مسلسلاتِ الدراما، على علّاتها، تعكسُ جوانبَ مهمّة من الواقع. / على علّاتها، فإنّ الجامعة العربية ما تزال صوتًا محترمًا يمثّل العالَمَ العربيّ. / إنّ الحكومةَ الحاليّة، على علّاتها، هي أفضل من الفوضى.

Soap operas, for all their faults, reflect important aspects of reality./For all its faults, the Arab League is still a respected voice that represents the Arab World./The current government, for all its faults, is better than anarchy.

عَلى غِرارِ

Like; similar to; in the manner of; after the pattern of.

تمّ تصميمُ المدينةِ على غرار مدينة أمستردام، فهي تمتلئ بالقنواتِ المائيّة والجسور. / وعلى غرار جميع المستثمرين الذين تعاملتُ معهم فإنّ هذا المستثمر يعتقدُ أيضًا أنّ الاستثمارَ في العقارات هو أفضل أنواع الاستثمار. / لقد كتب أعمالَه على غرارِ المعايير الأدبيّة لأستاذهِ.

The city has been designed like Amsterdam; it is full of canals and bridges./ In the manner of all the investors I dealt with, this one believes real estate to be the best type of investment./He wrote his works after the pattern of his teacher's literary standards.

على فِكْرَة

Come to think of it; by the way.

وعلى فكرة لو لم نلتقِ في وهران في ذلك الصّيف لربّما كنا التقينا ببعضِنا في الدّار البيضاء. / لديهم هذا الفستان بألوان مختلفة على فكرة. / وعلى فكرة فأنا معجبٌ جدًا بعملك.

Come to think of it, had we not met in Oran that summer, maybe we would have found each other in Casablanca./They have this dress in different colours, come to think of it./By the way, I am very impressed with your work.

عَلى قارِعَةِ الطَّريقِ

In the middle of the road; on the street; on the open road.

استوقفتِ المرأةُ السّيّارةَ على قارعةِ الطّريق طلبًا للمساعدة. / انتهى الأمرُ بالصّبيّ إلى العيشِ على قارعةِ الطّريق بعد أن تمّ طردهُ من منزلهِ. / إنّهم يكسبونَ رزقهم من الطّبخ على قارعةِ الطّريق.

A woman stopped the car in the middle of the road, asking for help./The boy ended up living on the street after being evicted from his home./They are making a living out of cooking on the open road.

على قَدَمِ المُساواة

To be on an equal footing with someone or something; equally; to be on par with someone or something.

إنّ الدافع الرئيس للعرض هو إنشاء مِنصّةٍ للفنانات لتقديم عروضهنّ على قدم المساواة مع نظرائهنّ من الرّجال. / يُطالب المعلّمونَ في المناطق الرّيفيّة بأن يُعاملوا على قدمِ المساواة مع زملائهم في العاصمة. / إنّ الغذاء الصّحّيّ والتّمارين الرّياضيّة هما على قدم المساواة في الأهميّة لإنقاصِ الوزن.

The main motivation for the show is to create a platform for female artists to perform on an equal footing with their male counterparts./Teachers in rural areas demand to be on par with their colleagues in the capital./Healthy diet and exercise are equally important for weight loss.

على قَدَمٍ وساق

To be in full swing.

العملُ جارٍ على قدمٍ وساق لتحويل المطار المحلّيّ إلى مركز دوليّ للملاحةِ الجوّيّة. / جميع الاستعدادات جاريةٌ على قدمٍ وساق لحمايةِ المدينةِ من رياح الهبوب. / وحين وصلنا كانت الاحتفالاتُ بالسّنة الجديدة جاريةً على قدمٍ وساق.

Work is in full swing to transform the local airport into an international aviation hub./All the preparations are in full swing to protect the city against the Haboob wind./When we arrived, the New Year's celebrations were in full swing.

على قَيْدِ الحَياةِ

To be alive; to survive.

قالت لي الممرضة: "سنفعلُ كلّ ما بوسعنا لنُبقيه على قيد الحياة." / كان الحصانُ المسكينُ على قيد الحياة عندما تمّ إنقاذه من الحفرة. / إنّ المؤسّسة تُصارع من أجلِ البقاء على قيد الحياة.

The nurse said to me: "We will do everything we can to keep him alive."/ When the poor horse was rescued from the hole, it was still alive./The enterprise is struggling to survive.

عَلى ما يُرامُ

To be as well as someone possibly wishes; in excellent order; to be fine; in an outstanding manner.

ذكر نصفُ السّكّان بأنّ الأمور تسيرُ على ما يُرام في المدينة طِبقًا لنتائج استبيانٍ أجرتهُ الصّحيفةُ المحليّة. / لا تسير الأمور على ما يُرام في العالَم، حيث الحروب والأمراض والفقر. / في الماضي كان الحِرفيّونَ في مدينتي يؤدّونَ عملهم على أحسن ما يُرام.

Half of the residents said that things are going well in the city, according to results of a public opinion survey conducted by the local newspaper./Things are not going well in the world; there are wars, diseases, and poverty./In the past, the craftsmen in my city did their jobs in an outstanding manner.

عَلى المَحَكِّ

At stake; to put someone or something to the test; to put someone or something into jeopardy.

كانت مصداقيةُ رئيسِ الوزراء على المحكّ بسبب الأداء غير الملائم لمديرِ مكتبهِ. / لا ينبغي أن يَستعملَ هذا المسدّس إلّا إذا كانت حياته على المحكّ. / لقد وُضعت النّظريةُ على المحكّ من خلال تجربةٍ علميةٍ معقّدة./ إنّ أسلوبَ القيادة يضع مصيرَ المشروع على المحكّ.

The prime minister's credibility was at stake because of the inadequate performance of his chief of staff./He should not use this gun unless his life is at stake./The theory was put to the test by a complicated scientific experiment./ The leadership style is putting the fate of the project into jeopardy.

عَلى مَدِّ البَصَرِ

As far as the eye can see.

ألقى بنظرةٍ سريعةٍ حولهُ واكتشف أنّ أشجارَ النخيل كانت تنتشرُ على مدِّ البصر. / تتمشّى على الكورنيش وتستطيعُ أن ترى المحيط على مدِّ البصر. / كانتِ المنطقةُ الرمليّة تمتدّ على مدِّ البصر وتبدو كما لو أنّها تعكس عالمًا من الفراغِ والوحدة.

He gave a quick glance around and found there were palms as far as he could see in every direction./You just walk along the corniche, and you can view the ocean as far as you can see./The area of sand stretched as far as the eye could see, and seemed to reflect a world of emptiness and loneliness.

على مَرامِهِ

As one wishes or desires; to be in line with what one wants or wishes.

مهما يكُن اختيار اللجنةِ فإنّ المدير لن يقبلَ إلّا الاختيار الذي يأتي على مرامهِ. / كانت هذه المنافسة أكثر منافسة ممتعة شاركتُ فيها على الإطلاق رغم أنّ النّتيجةَ لم تأتِ على مرامي.

No matter what the committee will select, the boss will only accept the outcome if it is in line with what he wishes./This was the most enjoyable competition I have ever been in, though the result was not as I wished.

عَلى مَرْأى وَمَسْمَع

To be within sight and hearing of someone; with someone's knowledge; publicly; before everybody's eyes; in full view.

ارتكب الجيشُ الغازي جرائمَ ضدّ المدنيين على مرأى ومسمع العالَم أجمع. / تورّط الموظّفُ بعددٍ من أنشطةِ الفساد على مرأى ومسمع الإدارة. / إنّ ما يجري في معسكر الاعتقال هو على مرأى ومسمع العالَم. / وحصل الشّجارُ بين الفنانِ ومدير أعماله على مرأى ومسمع زوار المعرض.

The invading army committed crimes against the civilians in sight and hearing of the entire world./The employee was involved in a number of fraudulent activities with the management's knowledge./The whole world knows about what is going on in the concentration camps./The argument between the artist and his manager happened in full view of the gallery visitors.

على مِصْراعَيْهِ

To be wide open (a double door or double window); floodgate.

لقد فتح القانونُ الجديد البابَ على مصراعيه لسيلٍ من الشّكاوى حول التّمييز في مكان العمل. / إنّ المجال الآن مفتوحٌ على مصراعيه للباحثين المهتمين بتطوير أدويةٍ جديدة. / رغم أنّ الشّباك كان مفتوحًا على مصراعيه إلّا أنّ مستوى الأكسجين في الغرفة كان منخفضًا جدًا.

The new law opened a floodgate of complaints about discrimination in the workplace./The field is now wide open for researchers who are interested in developing new drugs./Even with the windows opened wide, the oxygen levels were very low in the room.

عَلى مَضَضٍ

Grudgingly; reluctantly; with resentment.

من المرجّح أن يتمّ قبول القرار الحكوميّ على مضض من قِبل معظم النّاس. / وقد قام على مضض بتناول الطعام غير المستساغ الذي أعدّتهُ له جدّتهُ. / وقّع كبارُ الجنرالات اتفاقَ استسلامِ الجيش على مضض.

The government decision is likely to be grudgingly accepted by most of the people./He reluctantly ate the unpalatable food his grandmother prepared for him./The top generals reluctantly signed the surrender agreement of the army.

عَلى الملأ

To be public; publicly; openly.

ظهرت على الملأ خلافاتٌ حادةٌ ومحتدمة بين ناشطينَ في مجال حقوقِ المرأة وشخصيّاتٍ دينيّةٍ على الفضائيّات العربيّة. / يجبُ نشرُ القراراتِ الصّادرة عن الهيئاتِ العامّة على الملأ. / لا يتمّ نشرُ المعلومات المتعلّقة بصحّة الملك على الملأ.

Sharp and heated disputes between women's rights activists and religious figures appeared publicly on Arab satellite channels./All decisions made by public bodies should be made publicly./Information about the king's health is not being published to the public.

عَلى نِطاقٍ واسِعٍ

Widely; widespread; on a large scale.

إنّ برنامجَ الحاسوب المستخدم على نطاقٍ واسعٍ هشٌّ وعرضةٌ لهجمات القرصنة. / أدّى الاستخدام المكثّف لمبيدات الآفات إلى مشاكلَ صحيّةٍ وبيئيةٍ خطيرة وعلى نطاقٍ واسع. / تمّ استخدامُ المنشورات التي تُلقى من الجوّ على نطاقٍ واسعٍ أثناء الحرب العالميّة الثانية.

The widely used software is vulnerable to hacker attacks./The extensive use of pesticides has led to serious and widespread health and environmental problems./Airborne leaflets were used on a large scale by warring forces during World War II.

عَلى نَفْسِ الوَتيرَةِ / عَلىٰ وَتيرَةٍ واحِدَةٍ

At pace; in the same manner; in the same way; monotonous; monotonic.

قد لا يستمرّ تطوّر التّجارة بين البلدين على نفسِ الوتيرة السّابقة. / ستستمرّ القيودُ على نفس الوتيرة أمام حريّة الحركة بين البُلدان الأوروبيّة خلال هذا العام. / إنّ النّموّ السّكّانيّ لم يكُن على وتيرةٍ واحدةٍ في المنطقة. / لقد سارت حياتهُ في القصر على وتيرةٍ واحدة وكانت تستنزفهُ نفسيًا. / لم يتم إجراء العمليّة الجراحيّة للمريض لأنّ ضغطه الشّريانيّ لم يكُن على وتيرةٍ واحدة.

The development of trade between the two countries may not continue at the same pace as before./The restrictions on free movement among European countries will continue in the same manner during this year./The population did not grow at the same pace across the region./His life in the palace was monotonous and psychologically draining./The surgery was not performed because the patient's arterial pressure was not monotonic.

على وَشَكِ

About to happen; on the verge of happening; on the brink.

يُمكنني دائمًا معرفة ما إذا كانتِ الشّجرة على وشك السّقوط من خلال الأصوات التي تَصدر منها. / هذه الحيوانات على وشكِ الانقراضِ التّامّ. / كان اغتيالُ الرئيس مؤشرًا آخر على نظامٍ سياسيٍّ على وشك الانهيار./ إنّ السّدّ على وشك الانتهاء.

I always can tell from the sounds coming from the tree that it is about to fall./ These animals are on the verge of total extinction./The president's assassination was one more indication of a political system on the verge of a breakdown./The dam is about to be completed.

عَلى وِفاقٍ مَعَ

To be on good/friendly terms with someone.

إنّ مصالحنا القوميّة تُحتّم علينا أن نكونَ على وفاقٍ مع بُلدان العالَم العربيّ. / كان رجلًا دائمَ الشّكوى والتّذمّر، ولم يكُن على وفاقٍ مع أحد. / لقد كانت دائمًا على وفاقٍ مع أشقّائها وشقيقاتها.

It would be in our national interests to be on friendly terms with the countries of the Arab World./He was a grumpy man and was not on good terms with anyone./She was always on good terms with her siblings.

عَنْ آخِرِهِم

To the last man; all of them.

رفع الجنودُ العلمَ وتعاهدوا على القتال حتى يُقتلوا عن آخرهم. / خرج أطفال القريةِ عن آخرهم للاحتفال بوصولِ آبائهم من السّفر من الخارج. / قفز البحّارةُ في الماء وحاولوا السّباحةَ إلى الشّاطئ، ولكنّهم غرقوا عن آخرهم.

The soldiers raised the flag and vowed to fight to the last man./All the village children went out to celebrate the arrival of their fathers from abroad./ The sailors jumped into the water and tried to swim to shore, but all of them drowned.

عَنْ طيبِ خاطِر

Gladly; willingly; lovingly; voluntarily; by choice; joyously.

لقد ضحّى بحياتهِ وعن طيبِ خاطر من أجلِ إنقاذ ابنه. / وقد عفا أبناءُ الضحية عن قاتلِ أبيهم عن طيب خاطر أمام الفصل العشائريّ. / لقد قرّرتْ وعن طيب خاطر أن تعيشَ مع الرّجل الذي تحبّه.

He gladly sacrificed his life to save his son./In front of the tribal court, the victim's sons willingly pardoned the murderer of their father./She lovingly decided to live her life with the man she loves.

عَن ظَهْرِ قَلْب

To know/learn by heart; to memorise.

على الرغم من أنّ المعلّقات كانت قصائد طويلة، إلّا أنّ العرب كانوا يحفظونها عن ظهر قلب. / اعتقَد بعض التربويين أنّ الحفظ عن ظهر قلب لا يُعدّ تعلّمًا على الإطلاق. / حفظ الممثّل دوره في المسرحيّة عن ظهر قلب.

Although Al-Muallaqat were long poems, Arabs used to know them by heart./Some pedagogues thought that learning by heart is not learning at all./The actor memorised his lines for his role in the play.

عَنْ قَصْد

On purpose.

أقولُ ذلك عن قصد لأنّني أريدُهم أن يسمعوا الحقيقة منّي. / وذكرتْ لائحةُ الاتّهام أنّ المُدان قد تصرّفَ عن قصد عندما ارتكبَ الجريمة. / لقد اعترفَ بأنّه قام عن قصد بتخريب العمل الفنيّ الثّمين.

I say that on purpose because I want them to hear the truth from me./The indictment implied that the convict had acted on purpose when he committed the crime./He admitted destroying the valuable artwork on purpose.

عَنْ كَثَب

Closely; first-hand.

سلامةُ موظفينا هي أولويّتنا القصوى، ونتابع عن كثب أحدثَ النّصائح الطبيّة. / قامتِ البحريّةُ بنقل قطعٍ بحريّةٍ إلى المنطقة وهي تراقب الوضع عن كثب. / تمكّن المجرمانِ من الفرار على الرغم من أنّهما كانا مراقَبين عن كثب من قِبل الحرّاس.

The safety of our staff is our utmost priority, and we are closely following the latest medical advice./The navy has moved vessels to the region and is closely monitoring the situation./Although the two criminals were closely watched by the guards, they managed to escape.

عَنانُ السَّماءِ

To skyrocket; sky-high; to soar high; the sky; to reach a very high level.

ارتفع الحماسُ إلى عنانِ السّماء في جميع أنحاء الملعب عند نهايةِ المباراة./ دفع المضاربونَ بأسعار الذّهب إلى عنانِ السّماء. / بلغت آمالها عنانَ السّماء عندما تمّ إعلان نتائج الامتحانات.

Enthusiasm skyrocketed throughout the stadium at the end of the game./The speculators have driven the price of gold to record-high levels./Her hopes soared high when the exam results were announced.

عِنْدَ حُسْنِ ظَنٍّ

To live up to someone's expectations.

سيبذل الفندقُ قصارى جهده ليكونَ عند حسن ظنّكم. / لقد كان دائم الشّعور بالذّنب لأنّه لم يكُن عند حسن ظنّ الآخرين. / لقد كانت تتمظهر بكل قدراتها لتكون عند حسن ظنّ مديرها.

The hotel will make every effort to live up to your expectations./He always felt guilty for not living up to the expectations of others./She was giving all the impressions of living up to her manager's expectations.

The Idioms and Proverbial Phrases

عَوْدًا عَلىٰ بِدْء

Back to the start/beginning; to start again; to return to a starting point; back on subject.

لقد ناقشنا هذا الموضوع سابقًا، ولكن عودًا على بدء نقول إنّ البشر في كلّ مكان هم البشر. / لقد قام بقراءة الكتاب عودًا على بدء لعله يجِد الفكرةَ التي فاتته في قراءته الأولى. / وبعد أن يُنهي الروبوت كلّ مهمة يتحرك عودًا على بدء إلى نقطة البداية.

We have discussed this topic before, but back to the beginning, people are people everywhere./He read the book back to the start hoping to find the idea he had missed from his first reading./The robot moves back to the start after it accomplishes each task.

عيلَ صَبْرُهُ

To run out of patience with someone or something.

لقد عيل صبرُ الشّعب ولم يعُد يتحمل المزيد من الضّغوط على حريّاتهِ الشّخصيّة. / لقد عيل صبرُنا بعد أن طال انتظارنا في البرد لوصولِ القارب. / لقد قامتِ المرأةُ بالاتّصال بالشّرطة بعد أن عيل صبرُها على جارها المزعج.

The people are growing impatient and cannot bear the continued pressure on their civil liberties anymore./We had no patience left after waiting so long in the cold for the boat to arrive./The woman called the police after she lost her patience with her annoying neighbour.

غ

حرف الغين

غابِرُ الزَّمانِ

Time immemorial; in ancient times; in the remote past.

لطالما كانت الموسيقى جزء من الثّقافةِ الإنسانيّة منذ غابرِ الزّمان. / إنّ زيارةَ الجناح التّاريخيّ في المتحف تجعلك تشعر وكأنّك في رحلةٍ إلى غابر الزّمان. / في غابرِ الزّمان صنّف الصّينيونَ المهنَ إلى أربعةِ أصناف رئيسة.

Since time immemorial, music has always been part of human culture./A visit to the historical wing of the museum makes you feel as if you were time-travelling into ancient times./A long time ago, the Chinese classified the professions into four major categories.

الغالي وَالنَّفيس

To sacrifice everything for someone or something.

وأريد أن أشيد بأولئك الذين بذلوا الغالي والنفيس من أجلِ أن نكونَ اليومَ هنا. / لقد ضحيتُ بالغالي والنفيس من أجلِ أولادي. / تدورُ هذه القصّة حول رجلٍ قدّم الغالي والنفيس من أجلِ إنقاذِ الآخرين.

I would like to pay tribute to those who sacrificed everything for us to be here today./I have sacrificed everything for my children./This story is about a man who sacrificed everything to save others.

غَرَّدَ خارِجَ السِّرْبِ

To not conform to what is generally believed; to go against the mainstream; to dance to a different tune.

DOI: 10.4324/9781003096665-20

كان واحدًا من أكثر رجال الدّين إثارةً للجدل، غرّد خارج سرب المؤسّسة الدّينيّة فاتُّهم بالتجديف. / وقد تمّ تعريفُ مجموعة الرّسّامين بأنّها تُغرّد خارج سرب التّيار الرئيس للفنّ المحافظ. / أكّد وزيرُ الدّاخليّة أنّه لا مكان لمن يُغرّدونَ خارج السّرب في القُوى الأمنيّة. / لقد كان شخصًا ذكيًّا يُغرّد خارج السّرب ويتصرّفُ بطريقةٍ مختلفةٍ عن مجتمعه.

He was one of the most controversial clerics, who did not conform to the religious establishment, and as a result, he was accused of blasphemy./The group of artists has been defined as a group against the mainstream of conservative art./The minister of interior has affirmed non-conformists will not be allowed to be part of the security forces./He was an intelligent person who danced to a different tune and behaved differently to his community.

غَريبُ الأَطْوارِ

A weird person; an eccentric person.

من المؤكّد أنّك شخصٌ غريبُ الأطوار لأنّك تضحكُ في موقفٍ محزنٍ كهذا. / لسببٍ غير واضح يميلُ الأشخاص غريبو الأطوار إلى التجمّع في هذه المدينة. / إنّه أرنبٌ غريبُ الأطوار يُحبّ أكل البيتزا بدلًا من الجزر.

You must be a weird person to laugh in such a sad situation./For some unobvious reason, weird people tend to congregate in this city./It is a weird rabbit that likes to eat pizza instead of carrots.

غَضَّ الطَّرْفَ عَنْ

To turn a blind eye to something.

وبينما تنتقدُ بعضُ جماعاتِ حقوقِ الإنسانِ بلادَنا فإنّها تغضّ الطّرف عن الجرائم التي ترتكبها بلدانٌ أخرى. / لم يغضّ مسؤولو المَدرسة الطّرف عن التّنمّر في المدرسة فحسب، بل وقاموا بإسكاتِ من تعرّض للتّنمّر من الطّلاب. / لقد غضضنا الطّرف عن المشكلة لفترةٍ أطول من اللاّزم.

While some human rights groups criticise our country, they turn a blind eye to crimes committed by other countries./The school officials did not only turn a blind eye to bullying in the school but also tried to silence the bullied students./We turned a blind eye toward the problem for far too long.

غَطَّ في النّومِ / سُباتٍ عَميق

To fall into a deep sleep.

غطّ الفلاّحُ في سباتٍ عميق بعد يومهِ الشّاق والطّويل في الحقل. / ورمتِ الصغيرةُ برأسها في حضنِ أمّها، وغطّت على الفور في نومٍ عميق.

After a long and hard day in the field, the farmer fell into a deep sleep./The little girl dropped her head on her mother's lap and instantaneously fell into a deep sleep.

غلَبَهُ النُعاس

To be overcome by drowsiness.

على الرّغم من أنّ سائق الشّاحنة دائمًا ما يَغلبه النّعاسُ أثناء قيادته شاحنته، إلّا أنّه لم يتعرّض لأيّ حادثٍ قط. / وما إن جلس الرّحّالة حتى غلبه النّعاس، إذ إنّه كان مرهَقًا من عناءِ رحلتهِ عبر الرّبع الخالي. / بعد أن تناولَ الوجبةَ الدّسِمة غلبه النّعاسُ ولم يتمكّن من إتمام عملهِ.

Although the truck driver always drowses at the wheel, he had never had a single accident./The explorer was overcome by drowsiness the moment he sat down after a long journey through the Empty Quarter./After the heavy meal, he found himself overcome by drowsiness and could not get his work done.

ف

حرف الفاء

فاضَتْ روحُهُ إلى بارِئِـها

To die; to breathe one's last; to yield up the ghost.

بعد يومين من زيارتنا له في المستشفى فاضت روحه إلى بارئها. / ضمّ زوجتَه إلى صدره بينما كانت روحُها تفيضُ إلى بارئها. / وقد فاضت روحُ الفنّان إلى بارئها على خشبةِ المسرح أثناء تأديتهِ دور السّندباد في المسرحيّة.

We visited him in the hospital, and he died two days later./He held his wife while she was breathing her last./The actor died on stage while playing the part of Sinbad in the play.

فَتَحَ صَفْحَةً جَديدة

To turn over a new leaf; to start afresh; to wipe the slate clean.

لقد حانَ الوقت لكي ننسى الماضي ونفتح صفحةً جديدة ونبدأ من جديد. / إنّها فرصةٌ لكِ لتسامحي نفسَك وتفتحي صفحةً جديدةً بمساعدة عائلتك. / وبعد الطّلاق قمتُ ببيع كلّ أشيائي لأنّني أردتُ أن أفتحَ صفحةً جديدة وأبدأ من جديد.

It is time to forget about the past, wipe the slate clean, and start over./This is an opportunity for you to forgive yourself and turn over a new leaf with the help of your family./After the divorce, I sold everything because I wanted to start afresh.

فَرْضُ عَيْنٍ

Individual duty; obligation.

أصدر مجلسُ الإفتاء الأعلى فتوى قال فيها إنّ الجهاد فرضُ عينٍ على كلّ رجل. / قالت مخرجةٌ فلسطينيّةٌ إنّ مشاهدة أفلامِها هو فرضُ عينٍ على كلّ مَن يتعاطف مع القضيّةِ

DOI: 10.4324/9781003096665-21

الفلسطينيّة. / حسب نقابةِ الأطبّاء فإنّ إيجاد حلولٍ لمشاكل الرّعاية الصّحّيّة فرضُ عينٍ على كلّ المنتسبين في المهنة.

The fatwa issued by the supreme council stated that jihad is a religious individual duty upon all men./The Palestinian movie director said that watching her movies is an individual duty upon all who sympathise with the Palestinian cause./According to the Medical Syndicate, finding solutions for healthcare problems is an individual obligation upon all healthcare workers.

فَرْضُ كِفايَةٍ

Collective duty; obligation.

حماية الوطن هو فرضُ كفايةٍ على المواطنين. / العمل هو فرضُ عينٍ وليس فرضُ كفاية. / إنّ المصالحة الوطنيّة ليست فرضُ كفايةٍ إن قام به البعض سقط عن الآخرين.

Protecting the country is a collective duty upon citizens./Working is an individual, not a collective duty./National Reconciliation is not a collective duty that if it is done by someone, then all others are spared.

فَغَرَ فاهُ

To gape; to be open-mouthed; one's jaw drops.

فغر الرجلُ فاهُ عندما تلقّى الرّسالةَ ومعها رصاصة. / فغرتْ فاها واتّسعتْ عيناها عندما رأتْ شكلًا على هيئةِ شبحٍ يتقدّمُ نحوها. / لقد هاجَ البحرُ وفغر فاهُ ليبتلعَ السّفينة.

The man's jaw dropped when he received a letter with a bullet inside./She stared open-mouthed, and her eyes widened as she saw a ghostly shape moving towards her./The sea became agitated, gaping to swallow the ship.

فَما بالُكَ بِـ

Let alone; still less; much less.

إنك لا ترى الرّجالَ يرقصونَ في الشّارع، فما بالُكَ بالنّساء. / لم يكُن يمتلك مالًا كي يشتري الفلافل، فما بالك بأن يأخذَ سيارة أجرة إلى البيت. / ليس لدى الحكومة خطة، فما بالك بحلٍ لمعالجةِ عدم الاستقرار في البلد. / ما كنتُ لأؤذيَ شخصًا غريبًا فما بالكَ بصديق.

You never see men, much less so women, dancing on the street./He had barely got enough money to buy a falafel wrap, much less to take a taxi home./The government has no plan, much less a solution to tackle instability in the country./I would not hurt a stranger, let alone a friend.

في آنٍ واحِد

Simultaneously; at the same time; at once; both.

– هل يمكن لهذه الآلة القيام بالمهمّتين في آنٍ واحد؟ – نعم يُمكنها أن تقومَ بأشياءَ كثيرة في آنٍ واحد. / وأشار الخبراءُ إلى أن النبيذ يحتوي على مواد مفيدة وضارة في آنٍ واحد. / وسيُمكن لمائةِ شخصٍ فقط دخول المعرض في آنٍ واحد.

– "Can this machine do both tasks simultaneously?" – "Yes, it can do many things at once."/Experts pointed out that wine contains both beneficial and harmful substances./Only 100 people will be able to enter the exhibition at the same time.

في حالٍ يُرْثى لَها

To be in dire straits; to be in a deplorable or a regrettable condition; to be in tatters.

بعد وفاةِ والدتهم أصبح الأولادُ في حالٍ يُرثى لها. / إنّ البنك الصّناعيّ في حالٍ يُرثى لها. / يعيشُ الكثيرونَ من كبار السّنّ في حالٍ يُرثى لها ومثيرة للشّفقة.

After their mother died, the children were in dire straits./The Industrial Bank is in a deplorable condition./Many elderly people live in a highly deplorable condition.

في الحُسْبان

To take into account; to take into consideration; to keep in mind.

أخذتِ الدّراسةُ في الحسبان العواملَ الاقتصاديّة المسبّبة للعنف. / يختلفُ ذوقُ المستهلك من بلدٍ إلى آخر ويجبُ وضع ذلك في الحسبان عند استهدافِ أسواق جديدة. / لم يكُن في الحسبان أنّه سيُبعثُ من جديد. / ولكن حدثَ ما لم يكُن في الحسبان.

The study took into consideration the economic factors contributing to violence./Consumer preference is different around the world, and this must be taken into account when targeting new markets./It was never in mind that he would come back from the dead./But the unexpected happened.

في الحَضيضِ

To be at a low ebb; to be in the gutter; to be at rock bottom.

أصبحنا نجدُ الأخلاق والآداب العامّة في الحضيض. / قال أوسكار وايلد: "نحن جميعًا في الحضيض إلّا أنّ بعضنا يشخص ببصره إلى النّجوم." / إن هذه الفئة من النّاس في حضيض المجتمع ولم يهتم بها أحد. / كانت معنويات الجنود في الحضيض.

We now find public morals at a low ebb./"We are all in the gutter, but some of us are looking at the stars." – Oscar Wilde./This group of people has been at the bottom of society, and no one cared about it./Morale among soldiers was at rock bottom.

في ذِمَّةِ

To be the responsibility of someone; to have an obligation towards; to be indebted; to die (when followed by God); to cease to exist or to be consigned to history.

الصحفيّ الكبير محمد حسنين هيكل في ذمّةِ الله. / لقد أصبح الاتّحاد السّوفييتي في ذمّةِ التاريخ. / لقد أصبحت تقاليدُ هذه الثقافةِ وأساطيرها في ذمّةِ التّاريخ. / من الآن فصاعدًا سيكونُ والدايَ في ذمّتي. / لقد تبيّن أنّ لك في ذمّتِه ألف دينار. / لقد أبرأ ما في ذمّتِه تجاه وطنِه بأفضل سبيلٍ ممكن.

The great journalist Muhammed Hasanain Haikal has passed away./The Soviet Union ceased to exist./The traditions and fables of this culture have been consigned to history./From now on, my parents will be my responsibility./It turned out that he owes you 1000 dinars./He acquitted himself toward his homeland in the best possible way.

في رَيْعانِ الشَّبابِ

In the full bloom of youth; in the prime of youth; in the spring of life.

أفضل ما يمكنك فعله هو الاستمتاع بحياتك في ريعانِ الشّباب قبل أن تكبر وتشيخ. / لقد فقدَ الشاعرُ بصرهُ في ريعانِ شبابهِ. / كانتِ الحركةُ تستهدفُ النّساء اللّواتي في ريعان شبابهنّ ممن كنّ ساذجاتٍ بما يكفي للانضمام إليها.

The best thing to do is to enjoy your life in the bloom of youth before you are old and grey./The poet lost his eyesight in the prime of youth./The movement was targeting women in the spring of life who were naïve enough to join.

في سَبيلِ

For; in order to; for the cause; for the sake of; on the way.

تمّ إحرازُ تقدّمٍ طفيفٍ في سبيلِ حلّ الخلافات بين البلدينِ الشّقيقين. / طالبَ المؤتمرُ الحكوماتِ العربيّةَ بالتدخّل ومواصلة العمل في سبيلِ إحلال السّلام. / قال الإمام في خطبة الجمعة: "أمّا بعد، فإنّ الجهادَ في سبيلِ الله يُعدّ من أعظم الطاعات." / على التقاليد أن لا تقف عقبةً في سبيلِ التقدّم.

Little progress has been made in order to resolve the differences between the two brotherly countries./The conference called on the Arab governments to intervene and continue to work for peace./The Imam said in his Friday sermon: "That said, Jihad for the sake of God is one of the greatest forms of obedience."/Traditions should not stand in the way of progress.

في السَّرّاءِ والضَّرّاءِ

Through thick and thin; for better or worse; in good times and bad; in weal and woe.

في الزّواج وفي أيّ نوعٍ من الشّراكةِ يتعيّن على النّاس أن يظلّوا معًا في السرّاء والضرّاء. / لقد تعاهدوا على أن يُساندَ بعضُهم بعضًا في السّرّاء والضّرّاء. / لقد وعدت ثناءُ شقيقتها بأنّهما ستكونانِ معًا في السرّاء والضرّاء.

In marriage and in any kind of partnership, people have to stick together through thick and thin./They were committed to stand by each other in weal and woe./Thanaa promised her sister that they would always be together in good and bad times.

في طَوْرِ

In the process; to take shape; to evolve; to emerge.

لا تزال الوزارةُ في طورِ صياغة حلولٍ لجميع القضايا العالقة. / هناك مؤشراتٌ تؤكّد أنّ نظامًا إقليميًا جديدًا هو في طورِ التّشكّل. / عُثر على جثة رجلٍ في طورِ التّحلّل على الضفةِ الشّرقيّة للنّهر.

The ministry is still in the process of resolving all the unsettled issues./There are indications that a new regional order is evolving./A man's decomposing body was found on the eastern bank of the river.

في عِدادِ

To be considered among; to be believed to be.

كان رئيسُ الأركان في عِدادِ القتلى في حادثِ تحطّم الطّائرة. / لم يَتصوّر قط أنّه سيكون في عِدادِ الأغنياء. / ما يزال خمسونَ شخصًا في عِدادِ المفقودين بعد مرور أكثر من أسبوعٍ على الإعصار.

The commander-in-chief is considered among the killed in the plane crash./He never thought that he would become a rich man./More than 50 persons are still believed to be missing more than a week after the hurricane.

في عُقْرِ دارِهِ

In one's own home; on one's own soil/ground; within the country.

لكن ما يهمّ هنا هو أنّ الضّرباتِ كانت في عقرِ دارِ العدوّ، وما ضُرب عدوٌّ في عقر داره إلّا ذلّ. / تمكّن المنتخبُ التّونسيّ من هزيمة المنتخبِ الكرواتيّ في عقر داره. / وقام بتأسيسِ البنك في لندن أي في عقر دار الرأسماليّة.

But what matters here is that the strikes were right inside the enemy's land. When the enemy is insulted in its own home./The Tunisian team was able to defeat the Croatian team on their own soil./He founded the bank in London, that is, in the heart of capitalism.

فِي غُضُونِ

In the meantime; in the meanwhile; in the course of; during; within; in the interim.

نحن مستعدونَ للبدءِ بالإنتاج في غُضونِ هذا العام. / ينبغي على الحكومةِ الوطنيّة أن تُشجّع الحُكم المحلّيّ وفي غُضونِ ذلك لابدّ عليها أن تضعَ السّلطاتِ المحليّةَ تحت طائلةِ المحاسبة. / لقد استقال الرئيس الحالي من منصبه، وفي غضون ذلك فإنّني أطلب من مجلس الإدارة تعييني في نفس المنصب.

We are ready to start production within the year./The national government should encourage local governance, and in the meanwhile, it should hold the local authorities accountable./The current vice-chair has stepped down from his position. In the interim, I will ask the board to appoint me to serve as vice-chair.

فِي غَمْرَةِ / خِضَمِّ

In the midst of; in the throes of; amid; in the heat of something.

ما هي الدروس التي يُمكننا أن نتعلمها في خِضمِّ النّقاش الحاليّ حول المساواةِ بين الجنسين؟ / كان الجميع يصفّقون ويرقصون وهم في غَمرةِ الجُنون. / وفي خِضمِّ المُناظرة عبّرت المسؤولة عن نفسِها بطريقةٍ جرحت مشاعرَ الجمهور وأساءت إليه. / وتظلّ لسلامة الأغذية أهميةٌ قصوى في غَمرةِ الجائحة المستمرّة.

In the midst of the current discussion of gender equality, what lessons can we learn?/Everyone was clapping and dancing in the throes of madness./In the heat of the debate, the official expressed herself in a way that hurt public sentiment./ Food safety remains paramount in the midst of the continuing pandemic.

فِي قَرارَةِ نَفْسِهِ

Deep down in one's heart; in one's heart of hearts.

منذ أن بدأتِ الغناءَ كانت تعرفُ في قرارة نفسِها أنّها تريدُ أن تصبح مطربة. / ربّما أنتقِدُه أحيانًا إلّا أنّني في قرارة نفسي أحبّه لطيبةِ قلبه. / لدينا هذه المخاوف لأنّنا نعلمُ في قرارة أنفسنا أنّه لا ينبغي لنا التّعامل مع هذه القضايا. / لطالما تمنيتُ في قرارةِ نفسي أن تعودَ إليّ طليقتي.

Since she began singing, she always knew deep down that she wanted to be a professional singer./I may criticise him sometimes, but deep down in my heart, I love him for his kind heart./We are having these anxieties because we know deep down that we should not be dealing with these issues./I always hoped in my heart of hearts that my ex-wife would come back.

في لَمْحِ البَصَرِ / في غَمْضَةِ عَيْنٍ

Quick as a flash; in the blink of an eye; in no time.
قطع الصّاروخُ المسافةَ في لمح البصر. / وفي غمضةِ عين التقط المصوّر صورةً رائعةً للفهد. / وحلّ علينا الصّيف في لمح البصر هذا العام. / واختفي الجنيّ في لمح البصر بعد أن حقّق له أمنياته الثّلاثة. / قام اللّصوصُ بفتح الخزنةِ في لمح البصر.
The rocket crossed the distance in the blink of an eye./Quick as a flash, the photographer captured a magnificent picture of the cheetah./Summer has arrived in the blink of an eye this year./The genie disappeared in the blink of an eye after he granted him the three wishes./The thieves opened the safe in no time.

في مُتَناوَلِ اليَدِ

At one's disposal; within reach; at hand; at one's beck and call; to be available.
لقد اعتاد الابنُ المدلّل على وجود سيارات فارهة في متناول يدهِ. / وسيكونُ العلاجُ في متناول يدِ الجميع في غضون العقد القادم. / إنّ كتب المناهج الحديثة ليست في متناول يدِ الكثير من الطّلّاب.
The spoiled son was used to having luxury cars at his disposal./A cure will be available to everyone within the next decade./New textbooks are not within reach for many students.

في مَعْرِضِ الحَديثِ

While one is talking about; in quote while talking; in the course of speaking.
وفي معرض حديثهِ أمامَ البرلمان نبّهَ الوزيرُ الحكومةَ إلى ضرورة تغيير مسار سياستها للمساعدات الخارجيّة. / لسنا في معرض الحديثِ عن هذه الأمور. / في معرض حديثهم عن مبيعات السّلاح فإنّ المسؤولين الغربيين يربطونَ بين تلك المبيعاتِ وحقوق الإنسان.

Speaking before the parliament, the minister cautioned the government about the need to change track on its foreign aid policy./We are not here to talk about these matters./When they talk about arms sales, Western officials link these sales with human rights.

في مُقْتَبَلِ العُمُرِ

In the prime of life; to be young.

لم يعُد غريبًا أن نسمع عن أشخاصٍ يعانون من نوباتٍ قلبيّة وهم في مقتبلِ العمر. / تقاعدَ عن معتركِ السّياسة وهو في مقتبلِ العمر. / أودى شجارٌ بين عائلتين بحياةِ شابٍّ في مقتبلِ العمر. / يبدأ الكثير من رجالِ الدين دراستهم الدينيّة وهم في مقتبلِ العمر.

It is no longer uncommon to hear of people in the prime of their lives who suffer from heart attacks./He retired from politics when he was young./A fight between two families claimed the life of a young man./Many clerics start their religious studies in the prime of their lives.

في مَهَبِّ الرّيحِ

To be at stake; to be in jeopardy; to be on the line; to be on the brink of collapse or failure.

مع استمرار الاتّهامات بارتكاب انتهاكات، فقد أصبحت الهدنة التي دخلت رسميًّا حيّز التنفيذ في الأسبوع الماضي في مهب الريح. / إنّ الاتفاقيّة في مهبِّ الريح ولا نعلمُ ما الذي سيحدث. / ستجدُ الشّركة نفسَها في مهبِّ الريح بسبب انخفاضِ تصنيفها الائتمانيّ. / إنّ الآلاف من الوظائف في مهبِّ الريح بسبب القوانين الجديدة.

The truce which officially came into force last week is in jeopardy as accusations of violations fly./The agreement is up in the air, and we do not know what is going to happen./The company will find itself on the brink of collapse as its credit rating will fall./Thousands of jobs are on the line because of the new laws.

في نِهايَةِ المَطافِ

When all is said and done; eventually; ultimately; in the end.

وفي نهايةِ المطاف لا شيء يُضاهي قضاء وقتٍ ممتعٍ مع أحبائك. / ليس لديَّ شكّ في أنّه سيتمّ التّوصّل إلى اتفاقٍ في نهايةِ المطاف. / وسيعودُ القرارُ في نهايةِ المطاف إلى إدارةِ

المَدرسة. / وسادتِ الحقيقةُ في نهايةِ المطاف. / غالبًا ما يفشل الناسُ في ملاحظةِ الأخطاء التي يقومونَ بها أثناء اتّباعهم للنّظام الغذائيّ مما يؤدّي بهم في نهايةِ المطاف إلى عدم قدرتهم على الالتزامِ بهِ.

When all is said and done, there is nothing quite like spending quality time with your loved ones./I have no doubt that an agreement will eventually be reached./Ultimately, the decision rests with the school management./In the end, the truth prevailed./People often fail to notice the mistakes they make while dieting, which eventually leads to them not being able to stick to the plan.

في هذا الصَّدَد

In this regard; in this respect; in relation to this.

ولم يكُن لدى المتحدّث الرّسميّ ما يقوله في هذا الصّدد. / وفي هذا الصّدد فقد اتّفقنا على القيام بالمزيد من المناقشاتِ حول هذه القضيّة قريبًا. / وفي هذا الصّدد تحدّث لاعبُ الكرة بصراحة عن مشكلة إدمانهِ على المخدِّرات.

The spokesperson had nothing to say in this regard./In this respect, we have agreed that further discussions will take place on this matter soon./In relation to this, the footballer opened up about his drug addictions.

في وَضَحِ النَّهارِ

In broad daylight.

وأصيب الضحيةُ بجروحٍ جراء تعرّضهِ لطعناتِ سكينٍ في وضَح النّهار. / كانا يُعلنانِ عشقهما في وضَح النّهار وعلى مرأى ومسمع المارّة. / وشوهدَ الرجلُ يسير في الشّارع وفي حوزتهِ مسدّس في وضَح النهار.

The victim suffered knife wounds after he was attacked in broad daylight./They were showing their love in broad daylight and in full view of passersby./The man was seen in possession of a gun walking down the street in broad daylight.

ق حرف القاف

قابَ قَوْسَيْنِ أَوْ أَدْنى

To become imminent; very close; on the brink of; around the corner; within striking distance.

إنّ الكارثة باتت قاب قوسين أو أدنى من الحدوث. / إنّ البشرية أصبحت قاب قوسين أو أدنى من إنتاج طاقةٍ نظيفةٍ ومستدامة. / إنّ البركان قاب قوسين أو أدنى من الانفجار. / أصبحت الشّركة قاب قوسين أو أدنى من تطوير اللّقاح وهي بذلك تكون الشّركة الوحيدة في العالَم التي طوّرت هذا النّوع من اللّقاحات.

The catastrophe is becoming imminent./Humankind is very close to being able to produce sustainable, clean energy./The volcano is on the brink of an eruption./The company is very close to developing a vaccine, and that makes it the only company in the world that has developed this type of vaccine.

قَبْلَ الأَوانِ

Prematurely.

تدّعي دراساتٌ علميةٌ أنّ أعراض نقص الانتباه تظهر لاحقًا على بعض الأطفال المولودين قبل الأوان. / في رثاء صديقه، كتب الرّوائيّ "لماذا غادرتَ الحياةَ قبل الأوان يا صاحبي؟" / يقومُ المزارعونَ بقطفِ الموز قبل الأوان ويقومونَ بشحنهِ وهو أخضر.

Scientific studies claim that some children born prematurely show later attention deficits./In tribute to his late friend, the novelist wrote: "Why did you leave life prematurely, my friend?"/Farmers harvest their bananas prematurely and ship them while they are still green.

DOI: 10.4324/9781003096665-22

قَبْلَ فَواتِ الأَوانِ

Before it is too late.

يجبُ أن تفكّر مليًّا بالعواقب قبل فوات الأوان. / يستطيع نظامُ التّشخيص الصّحيّ الجديد أن يُنقذ الأرواح قبل فوات الأوان. / ينبغي على الحكومة أن تتّخذَ إجراءاتٍ لمواجهة البطالة بين الشّباب قبل فوات الأوان.

You need to ponder about the consequences before it is too late./The new health diagnosis system could save lives before it is too late./The government should take measures to fight youth unemployment before it is too late.

قَدْرُ المُسْتَطاعِ

As much as possible; as far as possible; while somebody can; as much as one can.

أوصى الرجلُ المسنُّ حفيدَه بأن يأكلَ بيده اليُمنى قدر المستطاع. / تمّ تنفيذ إجراءاتٍ جديدةٍ للتأكّد قدر المستطاع بأن لا تتكرّرمثل هذه الحوادث أبدًا. / إنّه يسعى بقدر المستطاع لجمع المال من أجل الفقراء في منطقتهِ.

The old man commanded his grandson to eat with his right hand as much as possible./New procedures have been implemented to make sure, as far as possible, that this type of accident never happens again./He wants to do as much as he can to raise money for the poor in his community.

قَرُبَ / دَنا أَجَلُهُ

One's time is drawing near; at death's door; to approach one's end.

لقد أخبرني بشعوره باقتراب أجلهِ. / رثى الشّاعرُ العربيّ مالك بن الرّيب نفسَه بقصيدةٍ طويلةٍ عندما قرب أجلهُ. / هل قرب أجل النّظام العالميّ؟

He told me that he felt his time was drawing near./The Arab poet Malik bin Al-Reyb lamented himself with a long poem when he was at death's door./Is the world order approaching its end?

قَرَّتْ عَيْنُهُ

To be delighted; to be profoundly relieved; to be full of relief and joy.

لقد قرّت عيون النّاس بعودة صاحب السّموّ الأمير إلى أرضِ الوطن. / قرّت عينا الوالدينِ عندما وجدا أولادهما سالمين. / قرّت عينه برؤية والدتهِ وهي تقفُ أمامه.

The people were delighted with the return of His Excellency the Emir to his homeland./Parents were profoundly relieved when they found their children safe and well./He was exceedingly delighted when he saw his mother standing in front of him.

قَسا قَلْبُهُ

To harden one's own heart toward someone or something; to be heartless or cruel.

لم يحمل والدهُ ضغينةً ولم يقسُ قلبهُ على الآخرين. / أختي ستُصيبيني بالجنون، فهي لطيفةٌ ومتعاطفة ولكنّها في لحظةٍ تصبح مزعجةً وقاسيةَ القلب. / إنّ قلبهُ يزداد قسوةً يومًا بعد يوم.

His father never bore hard feelings or hardened his heart against others./My sister is driving me crazy; she can be nice and compassionate, and then one minute later, she is annoying and heartless./His heart is becoming harder day after day.

قَصَمَ ظَهْرَهُ

To break someone's backbone; to break someone's back; to finish or terminate someone.

لقد قصم الهجومُ ظهرَ العدوّ. / إنّها القشّة التي قصمت ظهرَ البعير. / لقد قُصِمَ ظهرُ الفساد في الحكومة.

The attack broke the backbone of the enemy./It is the straw that broke the camel's back./Corruption was eliminated in the government.

قَضَّ مَضْجَعَهُ

To give somebody a sleepless night; to make someone feel deeply concerned; to lose sleep over something.

لقد قضّتِ الانتفاضةُ مضجعَ الحكّام. / إنّ ما يقضّ مضجعنا هو تقاعس المجتمع الدّوليّ عن معالجةِ الفقر. / إنّ أكثر ما يقضّ مضجعي هو قلقي على مستقبل أولادي.
The uprising gave the rulers sleepless nights./We are deeply concerned by the inaction of the world community in tackling poverty./What concerns me most is the future of my children.

قَضى دَيْنَهُ

To pay off one's debt.
من قضى دَينَهُ نامت عينُهُ. / أودّ أن أغتنمَ هذه المناسبة لأتقدّم بالشّكر لكلّ من ساهم من أولاد عمّي في مساعدتي لقضاء الدّيْن المترتّب بذمّة ولدي. / أعلنتِ الحكومةُ استقلالها الماليّ من صندوق النّقد الدّوليّ بعد أن قضت ديْنها الأجنبيّ.
He who has paid his debts can sleep well./I would like to take this opportunity to thank my cousins who helped me pay off the outstanding debt of my son./The government declared its financial independence from the IMF after it paid off the state's foreign debt.

قَضى نَحْبَهُ

To die; to pass away.
قضت امرأةٌ نحبها غرقًا بعد أن ابتلعتها أمواجُ المحيط الهادئ. / لقد قضى نحبه نتيجةً لمضاعفاتِ المرض. / قضى الكثيرُ من العبيد نحبهم على الجزيرة بعيدًا عن أوطانهم.
A woman died from drowning after being swept into the Pacific Ocean by waves./He died due to complications from the disease./Many slaves passed away far from home on the island.

قَضى وَطَرَهُ مِن

To accomplish one's desire from someone or something; to fulfil one's desire; to achieve one's need or goal.
تركها بعد أن قضى وطره منها. / لقد قضت وطرها من السّفر حول العالم. / بعد أن قضى الموظفونَ وطرهم من وظائفهم غادروها ليؤسّسوا أعمالهم الخاصّة بهم. / لقد تُوفّي ولم يقضِ وطره من الحياة.

He left her after he got what he wanted from her./She accomplished her desire to travel the world./After they accomplished their needs, the employees abandoned their jobs and started their own businesses./He died without achieving his goals in life.

قَطَعَ حَبْلَ / سِلْسِلَةَ أَفْكارِهِ

To lose one's train of thought; to interrupt one's train of thought.

ما إن بدأتْ بالكتابة حتى قطع صوتُ الهاتف النقّال عليها حبلَ أفكارها. / انقطع حبلُ أفكار المحاضر بمجرّد أن قاطعه أحدُ الطّلاب. / قطعتْ مكبراتُ الصّوت وهي تُعلن وصول القطار حبلَ أفكاره.

As soon as she started writing, her cell phone ringing made her lose her train of thought./The lecturer lost his train of thought once a student interrupted him./The loudspeakers announcing the arrival of the train interrupted his train of thought.

قَطَعَ دابِرَ

To eradicate something; to root out something.

تقومُ السّلطات الصّحّيّة بتطبيق أنظمةٍ جديدةٍ كي تقطعَ دابرَ انتشار الفيروس. / إنّ تطبيق برامج الحكم الدّيمقراطيّ سيُساعد في قطع دابر العنف في البلاد. / إنّ سيف الحقّ سيقطع دابر الشّر. / إنّ هيئة النّزاهة عازمةٌ على قطع دابر الفساد في الحكومة.

The health authorities are implementing new regulations to eradicate the spread of the virus./The implementation of democratic governance programs will help to eradicate the violence in the country./The sword of truth will root out evil./The Integrity Commission is determined to root out corruption in the government.

قَطَعَ رِزْقَ

To cut off the livelihood of someone.

قامت قواتُ الاحتلال بإغلاق الميناء كي تقطعَ على النّاسِ رزقهم. / أدّى انخفاضُ مستوى تدفّق المياهِ إلى الأهوار إلى قطع رزقِ عرب الأهوار. / لقد أدّى حظرُ البيع في الشّوارع إلى قطع رزقِ الكثير من النّاس.

The occupying troops closed the port to cut off the people's livelihood./The reduced water flow to the marshes has cut off the livelihood of the Marsh Arabs./The ban on street selling has cut off the livelihood of many people.

قَطَعَ الشَّكَّ بِاليَقينِ

To dispel or replace doubt with certitude; to let the truth speak for itself; to let the facts speak for themselves; to dispel myths with facts; to eliminate doubt with certainty; to clear up doubts; to prove with evidence.

لقد جمع الباحثونَ ما يكفي من الأدلّة لقطع الشكّ باليقين حول مَن كتب المخطوطات. / قطع المسؤول الشكّ باليقين عندما أعلن انسحاب حكومتهِ رسميًّا من المنظّمة الدّوليّة. / جاء قرارُ التّشريح كي يقطعَ الشكّ باليقين حول أسباب وفاة السّجين السّياسيّ.

Researchers have collected enough evidence to replace doubts with certitude regarding the person who wrote the scripts./The official had dispelled doubt with certitude when he announced his government's formal withdrawal from the international organisation./The autopsy was ordered to dispel doubt with certitude about what caused the death of the political prisoner.

قَطَعَ شَوْطًا طويلًا

To have come a long way.

لقد قطع البلدُ شوطًا طويلًا في أن يجعل مدارسه متاحةً لمزيدٍ من التّلاميذ. / لقد قطعنا شوطًا طويلًا في حوارنا الاستراتيجيّ على مدى الأعوام الخمسةِ الماضية.

The country has come a long way in making its schools available to more pupils./We have come a long way in our strategic dialogue over the past five years.

قَطَعَ عَهْدًا

To pledge to do something; to pledge one's self; to vow.

لقد قطعنا عهدًا على أنفسِنا بأن نحميَ مصالح بلدنا. / وقطع المرشحُ عهدًا بأن يكونَ توفير الدّخل الأساسيّ المضمون على رأس أولويّاته. / وقد قطع كلّ أعضاء الجمعيّة عهدًا على أنفسهم بأن يساهمَ كلُّ واحدٍ منهم بعشرة دراهم شهريًا لهذا الغرض.

We pledged ourselves to protect the interest of our country./The candidate has pledged that providing a guaranteed basic income for all citizens will be his top priority./Each member of the society pledged himself to contribute ten dirhams every month to this purpose.

قَلَبَ / أَدارَ لَهُ ظَهْرَ المِجَن

To turn a cold shoulder to someone; to turn one's back to someone; to abandon.

أدار أصدقاؤه له ظهر المجن بعد أن علموا بأنّه تمّ التّحقيق معهُ من قِبل الشّرطة. / قلب جهازُ المخابرات ظهر المجن للمتعاونين معه وتركهم يواجهونَ مصيرهم بأنفسهم. / سبأ مملكةٌ قلبت لها الطبيعةُ ظهر المجن، وتركتها تحت رحمة رمال الصّحراء.

His friends turned a cold shoulder to him when they knew the police interrogated him./The intelligence agency has turned a cold shoulder to its collaborators and left them to face their fate on their own./Sheba was a kingdom that was abandoned by nature and left at the mercy of the sands of the desert.

قَلَبَ مَوازينَ

To tip the scale; tip the balance.

أدّى الكسادُ الاقتصاديّ إلى قلب موازين السّياسة لصالح القوى الشّموليّة. / كانت الإنترنت إحدى العوامل التي قلبت موازين التّاريخ في القرن العشرين. / أدّت محاولاتُ النّظام لتضخيم منجزاتهِ إلى قلب موازين المجتمع.

The recession tipped the balance of politics in favour of totalitarian powers./The Internet was one of the factors that tipped the balance of history in the 20th century./Inflating the achievements of the regime tipped the balance of society.

قَلْبًا وَقالَبًا

Root-and-branch; completely; in full; heart and soul; inside and out.

إنّ منهجيّة البروفسور غير علميّة إلى درجة أنّها يجب أن تُرفض قلبًا وقالبًا. / يجب أن يتمّ إصلاح آليات الصّرف الحكوميّة قلبًا وقالبًا. / لقد كانت الخطّة أنكلو-أميركيّة قلبًا وقالبًا. / لقد آمنَ والدي قلبًا وقالبًا بالعدالة الاجتماعيّة. / أنتِ جميلةٌ قلبًا وقالبًا.

The professor's methodology is so unscientific that it must be rejected root and branch./The public expenditure mechanisms should be overhauled root and branch./The plan was Anglo-American in root and branch./My father believed heart and soul in social justice./You are beautiful inside and out.

قَلَّلَ مِنْ شَأْنِ

To play down something; to belittle someone.

قلّل البنكُ المركزيّ من شأن تخفيض الضّرائب على الاقتصاد. / يجب عليك أن تتوقّف عن التّقليل من شأن الآخرين. / انتقد المؤلفُ الباحثين الذين يقلّلون من شأن تأثير الجوانب الرّوحيّة على معالجة القلق اليوميّ لدى النّاس.

The central bank downplayed the effects of tax cuts on the economy./You have to stop belittling other people./The author criticised researchers who downplayed the significance of spirituality in addressing people's daily concerns.

قُوتُ يَوْمِهِ

One's daily bread; one's daily livelihood; sustenance.

كان يكسبُ قوتَ يومِهِ من بيع الصّحف في الشّوارع. / يكافحُ الصيادون كي يضمنوا قوتَ يومهم وبقاءهم على قيد الحياة. / كان على الرّجلِ أن يتعلّم مهنةً جديدةً كي يحصلَ على قوتِ يومه.

He earned his bread by selling newspapers in the streets./Fishermen are struggling to ensure their daily livelihood and survival./The man had to learn a new profession to obtain his daily sustenance.

القَوْلُ الفَصْلُ

To have the final say; to have the last word.

إنّ المحكمةَ العليا لها القول الفصل في القضايا الدّستوريّة. / سيكونُ للحكومة القول الفصل في خصخصةِ الصّناعات المملوكة للدّولة. / لوالدِهِ القول الفصل في كلّ جانبٍ من جوانب حياتِهِ.

The Supreme Court has the final say about constitutional matters./The government will have the final say on the privatisation of the state-owned industries./His father has the last word on every aspect of his life.

قَوْلًا وَعَمَلًا / وفِعْلًا

In words and deeds; in words and actions.

يتحمّل المجتمعُ مسؤوليةَ محاربةِ الظّلم قولًا وعملًا. / يجبُ إظهارُ الاحترام للوالدَين قولًا وعملًا. / إنّ منظّمتنا داعمٌ قويّ لقضيّتكم قولًا وعملًا.

Society bears the responsibility of fighting injustice in words and deeds./ Respect must be shown to parents in words and deeds./Our organisation is a strong supporter of your cause, in words and deeds.

قَيْدُ الإعْدادِ

To be under preparation.

إنّ سياسةً جديدةً للاستيراد قيد الإعداد لحمايةِ المنتجينَ المحلّيين من المنافسةِ الأجنبيّة. / هناك مشروعٌ قيد الإعداد يتعلّقُ بتوسيع كلّيّةِ البيطرة في الجامعة.

A new import policy is under preparation to protect domestic producers from foreign competition./A project is under preparation that involves expanding the university's veterinary school.

قَيْدُ أُنْمُلَةٍ

An inch; on the brink; very close; one iota.

لن يتزحزحَ صاحبُ الجلالة الملك عن موقفهِ قيدَ أنملة. / كان الجسر على قيدِ أنملة من الانهيار. / بات البَلدانِ على قيدِ أنملة من توقيع اتّفاقِ السّلام.

His Majesty, the king, will not budge an inch from his position./The bridge was on the brink of collapse./The two countries are very close to signing a peace treaty.

قَيْدُ الدِّراسَةِ

To be under consideration; to be under study.

إنّ مشروع القانون الذي يُشرعن الزّواج العابر للدّيانات هو قيد الدّراسةِ من قِبل الحكومة. / إنّ التّعديلات الدّستوريّة قيد الدّراسة بواسطةِ اللّجنة البرلمانيّة المختصّة. / إنّ المقاربة قيد الدّراسة من قِبل مجلس المدينة لتحديدِ فعّاليتها.

A bill that legalises interfaith marriage is under consideration by the government./The constitutional amendments are under study by the specialised parliamentary committee./The approach is under study by the city council to determine its effectiveness.

القيلُ والقالُ

Chitchat; gossip; vacuous talk.

في بعضِ بُلدان الخليج يُطلَق على العادة الاجتماعيّة التي تقضي فيها النّساءُ وقتهنّ مع بعضهنّ البعض في شرب الشّاي والخوض في القيلِ والقال اسم "شاي الضّحى". / أصبحت وسائطُ التّواصل الاجتماعيّ مرتعًا للقيلِ والقال. / يتجنّب الأناسُ المحترمونَ القيلَ والقال والكلام الفارغ.

The social habit of women drinking tea together and indulging in chitchat is called "Forenoon tea" in some Gulf countries./Social media have become a potential hotbed for gossip./Respected people avoid the superficial and vacuous talk.

ك

حرف الكاف

كالَ بِمِكْيالَيْنِ

To apply a double-standard.

وقد انتقد النظامُ بعضَ القُوى العظمى لأنّها تنفّذ سياسة الكيلِ بمكيالين في المنطقة. / تميل بعضُ المؤسّسات إلى الكيل بمكيالين في توظيفِ النّساء. / لم تكِل المحاكمُ بمكيالين في أحكامِها فيما يتعلقُ بجرائم الأغنياءِ والفقراء.

The regime criticised the major powers for adopting a policy of double-standard in the region./Some organisations tend to practice double-standards regarding women's recruitment./The courts have not applied a double-standard of justice on questions of the crimes of the rich versus poor.

كالَ لَهُ الشَّتائِمَ

To hurl a barrage of expletives or insults; to heap insults on someone; to curse someone.

استشاط الطّالبُ غضبًا بسبب الدّرجةِ التي حصل عليها وكان يَكيلُ الشّتائم للأستاذ. / توجّه مشجّع كرة القدم إلى الحَكَم عند صافرة نهايةِ المباراة وكال له الشّتائم.

A student became furious with the grade he received and was hurling a barrage of expletives at the teacher./The football fan went to the referee at the final whistle and heaped a barrage of curses on him.

كَأَنَّ شَيْئًا لَم يَكُنْ

As if nothing ever happened; as if nothing ever existed; as if nothing was done.

DOI: 10.4324/9781003096665-23

بعد الأزمةِ القلبيّة لا يمكنك العودة إلى الحياة التي تعوّدت عليها وكأنَّ شيئًا لم يكُن. / لقد تشاجرا يومَ أمس، واليوم يتناولانِ الغداء معًا ويضحكانِ وكأنّ شيئًا لم يكُن. / سيقومُ المحاسبُ بإصلاح الثّغرة في الموازنة وكأنّ شيئًا لم يكُن.

After the heart attack, you cannot return to the life you used to live as if nothing ever happened./They had a big fight yesterday, and today they are eating lunch together and laughing as if nothing ever happened between them./The accountant will patch the hole in the budget as if nothing ever existed.

كَبَحَ جِماحَ

To rein in something or someone; to curb; to restrain.

تحاول وزارةُ الصّحّة كبح جماح تكاليف الرّعاية الصّحّيّة في البلاد. / وقد كبح البنك المركزيّ جماح التّضخّم في البلاد. / إنّ القراراتِ الدّوليّة تساعد في أن يكونَ البرنامج النّوويّ للنّظام مكبوح الجماح.

The ministry of health is attempting to rein in health care costs in the country./The central bank has curbed the inflation in the country./The international resolutions help to restrain the regime's nuclear programme.

كَرٌّ وَفَرّ

Advance and retreat; alternating winning and losing; highs and lows; peaks and chasms.

كانت المعركةُ مسرحًا لعملياتِ كرٍّ وفرٍّ بين الطّرفين. / مِثل كلّ لاعبي كرة القدم المشهورين، فقد كانت مسيرته المهنيّة عبارة عن كرٍّ وفرّ. / إنّ الحياة كرٌّ وفرّ، والدّهرُ يومان يومٌ لكَ ويومٌ عليك.

In the battle, there was continuous advance and retreat upon both sides./Like all famous football players, his career was a pattern of alternating winning and losing./Life is full of alternating highs and lows, and the age is two days, a day for you and a day against you.

كَسَرَ شَوْكَةَ

To defang someone or something; to inflict a crushing defeat; to eliminate or annihilate the danger; to overcome.

تهدف العملياتُ العسكريّة إلى كسر شوكة العدوّ على أراضيه. / لدى المجتمع الدّوليّ الإرادة الكافية لكسر شوكة الإرهاب العابر للحدود. / هل تمتلكُ الحكومةُ خطّةً لكسر شوكة التّعصّب في البلاد؟

The military operations aim to defang the enemy in its own territories./The international community has the will to inflict a crushing defeat on interstate terrorism./Does the government have a plan to eliminate intolerance in the country?

كَشَرَ عَنْ أَنْيابِهِ

To bare one's fangs or teeth, in the manner of an angry lion to show one's aggression; to reveal the ugly side of someone.

وقد كشر الديكتاتور عن أنيابِهِ من خلال إصداره أوامر لجيشه بمهاجمةِ الحاميةِ العسكريّة في الصّحراء. / وقد كشر السّياسيون عن أنيابهم باتّهام الأقليّات بأنها غير وطنيّة.

The dictator bared his fangs by ordering his army to attack the military garrison in the desert./The politicians bared their teeth by accusing the minorities of being unpatriotic.

كَشَفَ النِّقابَ عَنْ

To unveil or reveal something.

كشف حديثُ الوزير النّقابَ عن خُطط الحكومة للحدّ من انبعاثاتِ الكربون. / كشف علماءُ الآثار النقابَ عن أدَواتٍ حديديةٍ في الموقع الأثريّ. / كشفتِ الشرطةُ النّقابَ عن هُويّة المتّهم بالاتّجار غير المشروع بالأعضاء البشريّة.

The minister's speech unveiled the government's plans to curb carbon emissions./The archaeologists unveiled the discovery of iron tools in the archaeological site./Police revealed the identity of the man who stands accused of illegal human organ trafficking.

كَظَمَ غَيْظَهُ

To smother, restrain, or control one's anger or outrage.

بعد أن صفعتهُ المرأةُ على وجههِ دون سبب كظم غيظهُ وغادر المكان. / كظم البدويّ غيظهُ بصعوبةٍ بعد أن علم بأنّ ضيفهُ هو من قتل ولدهُ. / وكظم الرجل النبيل غيظهُ ضدّ خصومهِ وعفا عنهم.

After the woman slapped him on his face without any reason, he smothered his anger and left the place./The Bedouin controlled his anger with difficulty when he learnt that his guest was the murderer of his son./The gentleman restrained his anger against his foes and pardoned them.

كَفَّرَ عَنْ ذَنْبِهِ / خطيئتِهِ / فِعْلَتِهِ / جَريمَتِهِ

To atone for one's sins.

وبعد خروجهِ من السّجن كفّر عن خطايا الماضي بالتّبرّع بثروتهِ للجمعياتِ الخيريّة. / وبعد أن تبرّأ منه الجميع، قام القاتلُ بقتل نفسه تكفيرًا عن ذنبه.

After coming out of prison, he atoned for his sins of the past by donating his wealth to charity./After he had been disowned by everybody, the murderer atoned for his deeds by his own death.

كُلُّ مَنْ هَبَّ وَدَبّ

Every Tom, Dick, and Harry; nobodies or persons of no note.

لا يريد زوجي أن يتدخّلَ كلّ من هبّ ودبّ في شؤوننا العائليّة. / بفضلِ وسائل التّواصل الاجتماعيّ فقد أصبح كلّ من هبّ ودبّ يعتبر نفسهُ خبيرًا صحيًّا.

My husband does not want every Tom, Dick, and Harry interfering in our family issues./Thanks to social media, every Tom, Dick, and Harry considers himself as a health expert.

كُلُّهُ آذانٌ مُصْغِيَة

To listen eagerly; to be all ears; to give one's full attention.

كان الأولاد كلّهم آذانًا مصغية عندما أخذتِ الجدّة تروي لهم حكايةَ علي بابا والأربعين لصًّا. / كنتُ كلّي آذانًا مصغية حين كان صديقي يتحدّثُ عن زيارته إلى السّودان. / كلّي آذانٌ مصغية، أخبِرني عن أحلامك الغريبة.

The children were all ears when their grandmother started telling them the story of Ali Baba and the 40 thieves./I was listening eagerly to the details of my friend's trip to Sudan./I am all ears; tell me about your weird dreams.

كَيْفَمَا اتَّفَقَ

Anyhow; haphazardly; based on personal whim rather than any system.

هناك بروتوكولات اجتماعيّة عليك أن تحترمها، إذ لا يمكنك أن تستقبلَ النّاس كيفما اتّفق. / لا تستخدم هذه الأدوية كيفما اتّفق، فذلك قد يتسبّب في تفاقم المرض.

There are social protocols that you have to respect; you cannot receive people anyhow./These medications are not to be used haphazardly, as this may aggravate the illness.

ل حرف اللام

لا تأْخُذُهُ / يَخْشى / يَخافُ لَوْمَةَ لائِمٍ

To be determined with no fear of reproach, no matter what the consequences might be; to be steadfast (for a cause) against any kind of pressure.

كناشطةٍ شجاعةٍ في مجال الحقوق المدنيّة فقد عبّرت عن رأيها ضدّ الظّلم دون أن تأخذها لومةُ لائم. / سنقفُ بحزمٍ للدّفاع عن وطننا ولن تأخذنا في ذلك لومةُ لائم. / لن تأخذ الحكومةَ لومةُ لائمٍ في عزمها على مكافحةِ المحسوبيّة العائليّة وغيرها من ممارساتٍ غير عادلة.

As a brave civil rights activist, she voiced her opinion against injustice without fear of reproach./We will stand firmly to defend our land, no matter what the consequences might be./The government will not bend to pressure and is determined to complete its mission in fighting nepotism and other unfair practices.

لا تُحْمَدُ عُقْباهُ

To have ominous, unfortunate, or devastating consequences; to have terrible results or implications.

قد تتطوّر الخلافاتُ بين بُلدانِ المنطقة إلى صراعٍ لا تُحمدُ عقباه. / أدّى الرّفع الشّامل لمنع التّجوال في العاصمة إلى نتائجَ لا تُحمدُ عقباها. / قد تنتج عن الإسراف في تعاطي مسكّنات الآلام أضرارٌ لا تُحمدُ عقباها على الصّحّة.

The differences among the countries in the region might develop into a conflict with ominous consequences./The total lifting of the curfew in the capital had unfortunate implications./Heavy dosage of painkillers can have terrible effects on health.

DOI: 10.4324/9781003096665-24

لا تُعَدُّ ولا تُحْصى

Countless.

تزخرُ البحيرةُ بأنواعٍ لا تُعدّ ولا تُحصى من النّباتاتِ والحشراتِ والطّيور. / لقد أمضى ساعاتٍ لا تعدّ ولا تحصى مع ابنه المعاق معلّمًا إياه القراءة. / هناك أفكارٌ لا تعدّ ولا تحصى لجعلِ مدينتنا أكثر نظافةً وترتيبًا.

The lake abounds with countless varieties of plants, insects, and birds./He spent countless hours with his handicapped son, teaching him to read./There are countless ideas to make our city cleaner and tidier.

لا تَقومُ لَهُ قائِمَة

To never be revived again; to never rise again; to cease to exist; to be demolished or finished.

كانتِ الصحيفةُ محايدةً وتتّصف بالصّدق، ولكن بعد سقوطِها فإنّها لن تقومَ لها قائمة. / سيثابرون على العمل بجد ضدّ هذه الإيديولوجيا الفاسدة حتى يتيقّنوا أنّها لن تقومَ لها قائمة. / لم تقُم للصناعةِ قائمة بعد أن تغيّر السّلوك الاستهلاكيّ للنّاس.

The newspaper was neutral and truthful, but now, it has fallen and will never be revived again./They are going to work hard until they are sure that this corrupt ideology could never rise again./The industry has ceased to exist in the wake of shifting consumer behaviour.

لا جَدْوى مِن

There is no point in doing something; to be useless or pointless to do something.

لا جدوى من التّفاوضِ مع قادةِ المعارضةِ الذين يُشجّعون على العنف. / اتفَق معه الطّبيب بالرّأي بأنّه لا جدوى من العلاج بعد انتشار السّرطان في جسدهِ. / لن يكونَ هناك جدوى من وضع أهدافٍ تعليميةٍ على المستوى الوطنيّ إن لم تكُن هناك إرادة سياسيّة لتنفيذِها.

There is no point in negotiating with the opposition leaders who encourage violence./The doctor agreed with him that there was no point in treatment as cancer had spread throughout his body./It would be pointless to set national education goals if there were no political will to implement them.

لا جَرَمَ أَنَّ

Assuredly; unquestionably.

لا جرم أنّ الزجل والموشّحات الأندلسيّة تركت تأثيرًا كبيرًا على تطوّر الموسيقى الإسبانيّة والأوروبيّة في القُرونِ الوسطى. / لا جرم أنّ الكثافةَ السّكانيّة لكوكبنا قد ساهمت في هذا التّغيّر المناخيّ. / إنّ كتابه الجديد يُدافع عن دور التّقاليد في الحُكم، لا جرم أنّه سيكسب اعترافًا واسعًا من قِبل النُخبةِ المحافظة.

Andalusian zajal and muwashahat poems assuredly influenced the Spanish and European music in the Middle Ages./It is unquestionable that our planet's dense population has contributed to this climate change./His new book is supporting the role of traditions in governance. Unquestionably he is going to gain wide recognition among the conservative elite.

لا حَوْلَ لَهُ وَلا قُوّة

To be helpless, powerless, or defenceless.

بقي العالمُ عاجزًا بلا حول ولا قوة عن منع هجماتِ الإبادةِ الجماعيّةِ ضدّ المدنيّين في العالَم. / أنا أعتقد أنّ لدى النّاس رغبةٌ صادقةٌ في مساعدة مَن لا حولَ لهم ولا قوة. / لم تحرّك الشّرطةُ ساكنًا لحمايةِ المرأةِ التي لا حولَ لها ولا قوة من الاعتداء.

The world was helpless to prevent genocidal attacks on civilians around the world./I believe that people have a genuine desire to help the powerless./The police have failed to protect the defenceless woman from being assaulted.

لا رَجْعَةَ فيهِ / عَنْهُ

To be final and irreversible or irrevocable; no turning back on something.

إنّ قرار تدريس الطّبّ باللّغة العربيّة هو قرارٌ نهائيٌّ ولا رجعةَ فيه. / إنّه غير مستعدٍ لقبولِ عرض الحكومة، وإنّ موقفه بهذا الشّأن لا رجعة فيه وغير قابلٍ للنّقاش. / لا رجعةَ عن مسار اقتصاد السّوق.

The decision to teach medicine in Arabic is final and irreversible./He is not inclined to accept the government's offer; his position is irreversible and not open to discussion./There is no turning back on the path of the market economy.

لا سِيَّما

Particularly; especially.

تقوم السّلطاتُ بإجراء تحقيقاتٍ بشأن التّلاعبِ في الأسعار، لا سيّما في محال المواد الغذائيّة. / يجبُ على الحكومة أن تفعلَ كلّ ما بوسعها من أجل استقرار البلاد، لا سيّما فيما يتعلقُ بحصر السّلاح بيد الدّولة. / يجبُ عدم إطعام الطّيور على الشّاطئ، لاسيّما طيور النّورس.

The authorities are investigating price gouging, particularly in food stores./The government must do everything possible to stabilise the country, especially when it comes to bringing all arms under the control of the state./You should not feed the birds on the beach, especially the gulls.

لا طائِلَ مِنْهُ / مِنْ وَرائِهِ

To be futile, pointless, or useless.

لقد أضاعوا وقتًا ثمينًا في نقاشاتٍ لا طائلَ من ورائها. / وقد تمّ إنفاقُ ملايين الدّولارات على مشاريع لا طائلَ منها. / لقد أضاع حياتهُ في معاركَ لا طائلَ منها.

They have wasted precious time in futile discussions./Millions of dollars were spent on pointless projects./He wasted his life in useless battles.

لا عَجَبَ

No wonder.

مع هكذا أجور منخفضة، لا عجبَ أن تفقدَ الجامعةُ أفضل أساتذتها. / لا يوجد تعريفٌ موحّدٌ لمفهوم السّلامة في المدن، فلا عجبَ إذن أن تفشل المدن في معالجةِ مخاطر السّلامة في الأماكن العامّة. / أنتما مختلفانِ في الشّخصيّة، لا عجبَ أنّكما تُسيئانِ فهم بعضكما البعض في أغلب الأوقات.

With such low salaries, no wonder the university is losing its best teachers./There is no unified definition of safety in the cities; thus, it is no wonder cities fail to address safety hazards in public places./You are very different in personality; no wonder you misunderstand each other so often.

لا غُبارَ عَلَيْهِ

Nothing wrong with someone or something; to be unobjectionable; to be fit or suitable.

إنّ المكان لا غبارَ عليه، حيث تستطيع أن تحصل فيه على حمّامٍ دافئٍ وسريرٍ نظيف. / إنّ سمعة الشركة لا غبار عليها وهي مسجَّلة بشكلٍ أصوليّ. / لقد اتّضح بشكلٍ لا غبار عليه أنّ وكالةَ الاستخبارات كانت وراء عمليّة الاغتيال. / لقد تمّ اختياره كمرشّحٍ لا غبار عليه لشُغل المنصب.

There is nothing wrong with the place; you can find a warm bath and a clean bed there./The company's name is unobjectionable, and it is properly incorporated./It became clear without any doubt that the intelligence agency was behind the assassination./He has been chosen as a suitable candidate to fill the position.

لا غَرْوَ

No wonder; no surprise; without doubt; for sure; therefore; of course; definitely.

مع وجود مجتمعٍ عشائريّ كهذا، فلا غرو أنّ البلد سيسودُ فيه دومًا نظامٌ سياسيّ غير مستقرّ. / تفتقرُ البلادُ إلى نظام تدريبٍ رسميّ للحرفيين، فلا غرو إذن في أنّها تعاني من نقصٍ مزمنٍ في العمالة الماهرة. / لا غرو أنّ النّساء والأطفال هم من يتحمّلون أعباء الحروب.

With such a tribal society, no wonder the country will always have an unstable political system./The country lacks a formal crafts training system for craftsmen, and therefore, it is no surprise that it has a chronic shortage of skilled workers./Without a doubt, women and children bear the brunt of wars.

لا غِنى عَنْهُ

To be indispensable or essential.

أصبحت خدماتُ الإنترنت من ضروريّات الحياة التي لا غنى عنها. / كانتِ الجِمال قديمًا وسيلةً لا غنى عنها لبقاء البدو على قيد الحياة في صحارى شبه الجزيرة العربيّة. / إنّ سكّينًا جيدة وحادّة هي أداةٌ لا غنى عنها لأيِّ طبّاخٍ محترف.

Internet services have become indispensable necessities of life./Camels were essential means of survival for the Bedouins in the deserts of Arabia in the past./A good and sharp chef's knife is an indispensable item for any professional cook.

لا مَحالَة

Inevitably.

مهما كانت الأسباب فإنّ أيّة صفقةٍ مع النّظام سوف تفشلُ لا محالة. / اعتقَد القائدُ الميدانيّ أنّ النّصرَ آتٍ لا محالة. / وذهب وزيرُ التّجارة والصّناعة إلى القول بأنّ اقتصاد البلاد سيتأثر لا محالة بتباطُؤ التّجارة مع العالَم.

Whatever the reasons, any deal with the regime will inevitably fail./The field commander believed that victory is inevitable./The minister of trade and industry has argued that the economy will inevitably be affected by the slower trade growth with the world.

لا مَفَرَّ مِنْهُ

To be unavoidable or inescapable.

إنّ حصولَ كارثةٍ مناخيّة هو أمرٌ لا مفرّ منه إن استمرّ النّاس بالعيش بالطّريقة التي يعيشونها الآن. / في ذروة انتشار الوباء، فإنّ العزلة أمرٌ لا مفرّ منه. / إنّ الحروب أمرٌ لا مفرّ منه في عالمٍ تتنافسُ فيه الدّول.

A climate catastrophe is unavoidable, if people continue to live the way they do now./In the peak of the epidemic, isolation is something unavoidable./Wars are something inescapable in a world full of rival states.

لا مَناصَ

To be inescapable; to have no other option than; to have no choice but to; to be forced to.

لا مناصَ لنا من اعتمادِنا على التّكنولوجيا. / لا مناصَ أمام المحكمة سوى رفض التّسوية. / بعد أن علِقت ذراعُه بين الصّخور، لم يجِد متسلّقُ الجبال مناصًا من بتر ذراعِهِ كي ينجوَ بحياتهِ.

Our dependence on technology is inescapable./The court has no other option than to reject the settlement./After getting his arm trapped between the rocks, the mountain climber had no choice but to amputate his own arm to survive.

لا هَوادَةَ فيهِ / بِلا هَوادةٍ

To be relentless; to be unabated; to be fierce or severe; relentlessly.

دخل ناشطونَ في معركةٍ قانونيةٍ لا هوادةَ فيها لإجبار الحكومةِ المحليّة على نشر المعلوماتِ المتعلّقةِ بمستويات التّلوّث في المدينة. / هناك سعيٌ لا هوادةَ فيه نحو فرضِ الأمر الواقع على الشّعب الفلسطينيّ. / وقد لاحقه خصماهُ بلا هوادةٍ حتى قتلاهُ في الصّحراء.

The activists entered a relentless legal battle to force the local government to disclose information about pollution levels in the city./There is a relentless pursuit to impose fait accompli on the Palestinian people./His two enemies relentlessly pursued him until they killed him in the desert.

لا يَأتي مِنْ فَراغ

Does not come out of a vacuum/nowhere.

إنّ تحقيقَ النّجاح في العمل لا يأتي من فراغ ولكن من الجهد والتّركيز والالتزام. / إنّ عاداتِ النّاس وتقاليدَهم لا تأتي من فراغ، فهي تعكسُ قيَمهم وميراثهم الثّقافيّ. / لا تنتجُ اضطراباتُ الشّخصيّة من فراغ، وإنّما لها جذورٌ جينيّةٌ وبيئيّة.

Achieving success at work does not come out of a vacuum but comes out of effort, focus, and commitment./People's customs and traditions do not come out of a vacuum; they reflect their values and cultural heritage./Personality disorders do not come out of nowhere; they have a combination of genetic and environmental roots.

لا يَألْو/ يَدَّخِرُ جُهْدًا

To spare no effort; to do one's best.

ولم تألُ البُلدان الغنيّة جهدًا في مساعدةِ البُلدان النّامية لتخفيض ديونها. / لم تدّخر السّلطاتُ جهدًا في احتواءِ انتشار الفيروس. / ولم تدّخر إدارةُ العلاقاتِ العامّة جهدًا في إنجاح المؤتمر.

Rich countries have spared no effort in helping the developing countries to reduce their debts./The authorities have spared no effort to contain the spread of the virus./The department of public relations has spared no effort to make the conference a success.

لا يُبْقي ولا يَذَرُ

To cause complete, total, or massive destruction; to spare no one and nothing; to destroy everything.

إنّ الانفجارَ القويّ الذي ضرب المدينةَ لم يُبقِ ولم يذر. / إنّ الغاراتِ الجويّة تُنذر باشتعالِ حربٍ لا تُبقي ولا تذر. / تمكّن الرجالُ من الصّمود في وجه العاصفة الهَوجاء التي لم تُبقِ شيئًا حولهم ولم تذر.

The powerful explosion has caused the complete destruction of the city./The airstrikes herald the start of a war that spares no one and nothing./The men managed to withstand the wild storm that destroyed everything around them.

لا يَتَوانى عَنْ

Not to stop short of/to; not to hesitate to.

إنّ الحركةَ المسلّحة لن تتوانى عن إخضاع البلاد بأكملها تحت سيطرتها. / لن يتوانى منتِج النّفط الرئيس عن القيام بكلّ ما هو ضروريّ للفوز بحرب أسعار النّفط مع منافسيه. / لم يتوانَ حَكَمُ المباراة عن إشهار البطاقةِ الحمراء بوجهِ اللّاعب المشاغب.

The new militant movement will not stop short of bringing the whole country under its control./The major oil producer will not stop short of doing whatever is necessary to win the oil-price war against its competitors./The referee did not hesitate to brandish the red card in the face of the troublemaking player.

لا يَجِدُ غَضاضَةً / ضَيْرًا

To find nothing wrong about something; to find something justified; to take no offence; to find nothing that prevents someone from doing something.

لم يجِد الكاتبُ المعارضُ للنظام غضاضةً في قيام صحفِ النّظام بنشر مقالاتهِ التي انتقد فيها المعارضة. / إنّها لا تجِد غضاضةً في أن تلبسَ ملابس فاضحة في العلن. / إنّه لا يجِد ضيرًا في أخذ حمّامٍ باردٍ في الشّتاء.

The writer who opposed the regime did not find it wrong that the regime's newspapers were publishing his articles in which he criticised the opposition./She does not find it wrong to wear revealing clothes in public./He finds it ok to have a cold shower in winter.

لا يُجْدي نَفْعًا

To be of no use to do something.

إنّ البحثَ في هذا القاموس الطّبّيّ لا يجدي نفعًا، لأنّه لا يحتوي على العديدِ من المصطلحات المهمّة. / مع هكذا اختلافٍ في وجهاتِ النّظر، فإنّ مواصلةَ حديثنا لن تجدي نفعًا. / لن تجديك نفعًا كثرةُ الأعداء وقلّة الأصدقاء.

It is of no use to look in this medical dictionary because it lacks many important terms./With such different standpoints, it is of no use to continue our conversation./It is of no use for you to have many enemies and few friends.

لا يُحَرِّكُ ساكِنًا

Not to do anything in response to a situation; not to lift a finger; to be passive.

قامت قوّةُ حفظِ السّلام بمراقبةِ المذبحةِ عن بُعد ولم تحرّك ساكنًا لإيقافها. / لماذا لم يحرّك المليونير ساكنًا لإنقاذ شقيقهِ من الإفلاس؟ / إنّه لا يحرّكُ ساكنًا لإثبات حقّهِ في وراثة ممتلكاتِ أبيه.

The peacekeeping force stood watching the massacre from a distance and did nothing to stop it./Why did the millionaire not lift a finger to come to the rescue of his brother from bankruptcy?/He is doing nothing to prove his right to inherit his father's properties.

لا يُحْسَدُ عَلَيْهِ

Not to be envied; to be in a bad, miserable, or unfortunate shape, situation, or position.

أدّى التّدخّل الأجنبيّ في الانتخابات إلى جعل الحكومة في موقفٍ لا تُحسَد عليه. / يعيشُ حمّالو الجبال حياةً لا يُحسَدونَ عليها. / يُظهر التّقرير التّقنيّ أنّ البنيةَ التّحتيّةَ للكهرباء في وضعٍ لا تُحسَد عليه.

The foreign interference in voting has placed the government in a position that was not to be envied./Mountain porters lead a life not to be envied./The technical report shows that the electricity infrastructure is in very bad shape.

لا يَخْتَلِفُ اثْنانِ

To be indisputable; to be incontestable; to be an accepted fact.

لا يختلفُ اثنانِ على دور الخوارزميّ في تغيير اتّجاه علم الجبر. / لا يختلفُ اثنان على أنّ هناك حاجة لتحقيق إجماعٍ من أجل دفع عمليّة السّلام إلى الأمام. / لا يختلفُ اثنان حول حقيقة أنّ الدّيناصورات قد هيمنت على الأرضِ لملايين السّنين.

It is indisputable that Al-Khwarizmi has changed the course of algebra./It is an indisputable fact that a consensus is needed to propel the peace process forward./It is now an accepted fact that dinosaurs dominated Earth for millions of years.

لا يَدَعُ مَجالًا للشَّكِّ / لا يَقْبَلُ الشَّكَّ

Beyond any doubt; without question.

أثبتَ اختبارُ الأبوّة عبر الحمض النّوويّ وبما لا يدعُ مجالًا للشّكّ أنّه ابن المتوفّى. / يتفقُ العلماءُ وبما لايدعُ مجالًا للشّكّ أنّ التّدخين السّلبيّ مضِرٌّ بصحةِ النّاس. / نستطيعُ أن نقرّر بما لا يدعُ مجالًا للشّكّ بأنّ برج الاتّصالات تضرّر بفعلِ عملٍ تخريبيّ.

The DNA paternity test proved beyond any doubt that he is the decedent's child./Scientists agree beyond any doubt that secondhand smoke is harmful to the health of people./We can determine beyond any doubt that the communications tower was damaged by an act of sabotage.

لا يُسْتَهانُ بِهِ

Not to be underestimated; significant; not be undermined; a large number.

يتعرّض اللاجئونَ في المخيمات إلى مخاطر جسديّة ونفسيّة لا يُستهان بها. / للألعاب الإلكترونيّة تأثيرٌ لا يُستهان به على سلوكِ النّاس. / هناك أعدادٌ لا يُستهان بها من الطّلبة العرب الذين يُواصلونَ دراساتهم الجامعيّة العليا في الخارج.

The refugees in refugee camps face physical and psychological risks that cannot be underestimated./PC games have a significant influence on people's behaviour./There are large numbers of Arab students who continue their postgraduate studies overseas.

لا يُشَقُّ لَهُ غُبارٌ

To be unrivalled or unsurpassable; to be very competent, prominent, or distinguished; cannot be beaten.

يبرز هذا البلد كقوةٍ اقتصاديةٍ عالميةٍ لا يشقّ لها غبار. / كان يُعدّ شخصيّةً لا يُشقّ لها غبار في مجال الفنونِ والآداب. / كان شاعرًا لا يُشقّ له غبار في شِعر الغزل.

This country is emerging as an unrivalled global economic power./He was considered as a matchless figure in the fields of art and literature./He was an unsurpassable poet in love poetry.

لا يُضاهيهِ شَيْءٌ

Nothing else comes close; unlike any other; incomparable; unmatched by any other.

لقد كانت لحظةً لا تُضاهيها لحظة في حياتِهِ عندما استطاع القراءةَ للمرّةِ الأولى. / وقد احتلّت مؤلفاتُه مكانًا لا يُضاهى في تاريخ الفكر الإنسانيّ. / نهدفُ إلى توفير خدمةٍ لا يضاهيها شيء لعملائنا. / ما زلت أعتقدُ أنّ طبخَ والدتي لا يضاهيه طبخ.

It was a moment unlike any other in his life, when he was able to read for the first time./His books occupied an incomparable place in the history of human thought./We aim to provide our customers with a service unmatched by any other./I still do not think anything comes close to my mother's cooking.

لا يُطيقُ صَبْرًا

One cannot wait; one's patience wears/runs thin.

هي لا تُطيقُ صبرًا حتى تراك مرةً أخرى. / لم يَعُد النّاسُ يُطيقونَ صبرًا على استمرار مفاوضات السّلام لفترةٍ أطول ممّا ينبغي دون نتائج. / لم أعُد أطيق صبرًا على لامبالاتك.

She cannot wait to see you again./People's patience wore thin as the peace talks dragged on for too long with no results./My patience is running thin with your carelessness.

لا يَعْني بالضَّرورَةِ

Does not necessarily mean.

إنّ البلاغاتِ عن العنف المنزليّ في تناقصٍ إلّا أنّ هذا لا يعني بالضّرورة انخفاض مستوى الاعتداءات. / إنّ التّعافي من الفيروس لا يعني بالضّرورة أنّك محصّنٌ ولديك مناعة. / إنّ التّوقيعَ على العقد لا يعني بالضّرورةِ أنّه لن تتمّ مراجعتهُ فيما بَعد.

Domestic abuse reports are decreasing, but that does not necessarily mean less abuse is happening./Recovering from a virus does not necessarily mean you are immune./The signing of the contract does not necessarily mean it will not be reviewed at a later time.

لا يُقيمُ لَهُ وَزْنًا

To have disregard to or show no respect to someone or something.

لم يُقِم وزنًا لتوسّلاتِ شقيقتهِ بالعفو عن زوجها، وقتلهُ على باب خيمتهِ. / لماذا لم تُقِم وزنًا لمشاعرها في تلك الأوقاتِ الصّعبة؟ / إنّ المعتدي لا يُقيم وزنًا لأيةِ اتفاقياتٍ أو قوانين دوليّة.

He disregarded his sister's pleas to pardon her husband and killed him at the door of his tent./Why did you disregard her feelings in those difficult times?/ The aggressor has no regard for any international agreements or laws.

لا يَلْوي عَلى أَحَدٍ / شَيْءٍ

Not to care about anything or anyone; to have no consideration to anything; to pay no attention to; to be utterly reckless.

ما إن رأى الجنيّ يخرجُ من المصباح السّحريّ، حتى رمى علاء الدين المصباحَ وولّى هاربًا لا يَلوي على شيء. / لا يُمكنك أن تأكلَ وتشرب ثم تخرج وأنت لا تلوي على شيء. / لقد كان يقومُ بإلقاء تعليقاتِه السّاخرة دون أن يلوي على أحد.

As soon as he saw the genie appear from the magic lamp, Aladdin dropped the lamp and ran away, not caring about anything./You do not eat and drink, then you leave, not caring about anything./He was making his sarcastic comments without paying attention to anyone.

لا يَمُتُّ بِصِلَةٍ لـِ

To be not related to; to bear no relation; to have no relevance; nothing to do with.

إنّ التّوضيحَ الذي قدّمه الطّالب لظاهرةِ قوس قُزح لم يمت للحقائق العلميّة بصِلة. / اندلع نزاعٌ عائليٌّ لأنّ رجلًا لا يمتّ للعائلة بصِلة تزوّج من إحدى نساء العائلةِ دون أخذِ موافقةِ عمّها. / لدى بعض السّياسيينَ أهدافٌ لا تمتّ بصِلة لمصلحةِ الشّعب.

The student's explanation of the rainbow phenomenon was not related to any scientific facts./A family dispute erupted when a man who was not related to the family married one of their women without the consent of her uncle./Some politicians have goals that are not related to serving the interest of the people.

لا يَمْلِكُ شَرْوى نَقيرٍ

To own or have absolutely nothing; not have a red cent to one's name.

يبدو أنّ الرّجلَ الذي تبدو عليه ملامحُ الغِنى لا يملكُ شروى نقير. / لم يكُن يملكُ شروى نقير عندما هجرَ أسرتهُ وتوجّه إلى نواكشوط.

It seems that the wealthy-appearing man owns absolutely nothing./He was destitute and had absolutely nothing when he deserted his family and went to Nouakchott.

لاحَ في الأُفُقِ

To be in sight; to appear on the horizon; to be looming on the horizon.

انتصارٌ جديدٌ يَلوحُ في الأفُق. / والرّكود العالميّ يلوحُ في الأفق. / سوقُ الأوراق الماليّة يَتعافى وتحسُّنٌ كبيرٌ يلوحُ في الأفُق.

A new victory is in sight./A global recession is looming on the horizon./The stock market is recovering, and a big improvement is up ahead.

لاذَ بِالفِرارِ

To escape; to flee.

لاذ المجرمُ بالفِرار إلى الجبال بعد أن أقدمَ على قتلِ ضابطَي شرطة. / أحجمت قوةُ حمايةِ الحدود عن مطاردةِ قطّاع الطّرق بعد أن لاذوا بالفِرار عبر الحدود. / فوجئ الأطباءُ بالمريض المصاب بالسّلّ وهو يلوذُ بالفِرار من الحَجر الصّحّيّ.

The criminal fled to the mountains after murdering two police officers./The border protection force refrained from following the bandits after they fled across the border./The doctors were taken by surprise when a patient with tuberculosis escaped the quarantine.

لَزِمَ حُدودَهُ

Not to overstep the bounds or limits; to observe the rules; not to go beyond what is socially allowed.

إنّها فتاةٌ متحررة ومن المهمّ أن تعرف كيف تلزم حدودَها في ذلك المجتمع المحافظ. / أمرهُ والدُه بأن يلزمَ حدودَه عندما يتعاملُ مع والدتهِ. / عندما تلزمُ حدودَك فإنّ ذلك سيضمنُ لك حياةً بلا متاعب.

She is a free-minded young woman. It is important that she knows how to observe her bounds in that conservative society./His father ordered him to stay within his bounds when dealing with his mother./Not overstepping your limits will guarantee you a life without trouble.

لَعِبَ دَوْرًا

To play a role in something.

تلعب العضلاتُ دورًا أساسيًا في تنظيم سكّر الدّم. / توقّفي عن لعب دور الضّحية وابحثي عن أشياءَ تجعلكِ سعيدة. / يلعب الشّتاتُ دورًا في التّطورات السّياسيّة والاقتصاديّة في بلدهم الأصليّ.

Muscles play an essential role in blood sugar regulation./Stop playing the victim's role and start looking for things that make you happy./The diaspora plays a role in the political and economic developments in their country of origin.

اللَّفُّ وَالدَّوَرانُ

To beat around the bush.

نريد الحقيقةَ واضحةً جليّةً دون لفٍّ أو دوران. / حدّد لي النّقطة التي تقصدُها ولا داعيَ للفِّ والدوران. / لنكفّ عن اللفِّ والدوران فنحن الآن لسنا في أفضلِ حال.

We want the truth straight and honest; do not beat around the bush./There is no reason to beat around the bush; get to the point!/Let us not beat around the bush; the current situation is far from ideal.

لَفَظَ أَنْفاسَهُ الأَخيرةَ

To die; to breathe one's last.

يبدو أنّ العمليّةَ السّياسيّةَ التي تقودُها الأممُ المتّحدة تلفظُ أنفاسَها الأخيرة. / لفظ الرجلُ أنفاسَه الأخيرة أمام بوابةِ المستشفى دون أن يُسعفهُ أحد.

It looks like the UN-led political process is breathing its last./The man died at the gate of the hospital without anyone helping him.

لُقْمَةٌ سائِغَةٌ

To be an easy prey or easy target.

وهناك قلقٌ من أن يُصبح الشّبابُ لقمةً سائغةً للمنظماتِ الإرهابية. / إنّ السّفنَ الرّاسية على طول أرصفةِ الميناء هي لقمةٌ سائغةٌ للعصاباتِ الإجراميّة المحليّة. / وقد ثبت أنّ الطّبيعة أصبحت لقمةً سائغةً لشركاتِ التّعدين.

There is a concern that young men might become an easy target for terrorist organisations./Ships moored along the port's quays are easy prey for local criminal gangs./Nature has proven to be easy prey for the mining companies.

لُقْمَةُ عَيْشٍ

One's daily bread; one's keep; one's living.

يكسبُ الرّجلُ لقمةَ عيشهِ بقيامهِ بأعمالِ الصّيانةِ في بنايتنا. / يسيرُ المزارعون مسافاتٍ طويلةً كي يبيعوا منتجاتِهم ويكسبوا لقمةَ عيشِهم. / وكثيرٌ من النّاس يكافحونَ من أجلِ لقمةِ العيش.

The man earns his keep by doing maintenance in our building./Farmers walk long distances to sell their produce and earn their daily bread./Many people are struggling to put food on the table.

لَقَّنَهُ دَرْسًا

To teach someone a lesson; to cure someone of something negative.

لقد لقّنها عبءُ الدّيون درسًا ألا وهو إنّ القِرشَ الأبيض يَنفعُ في اليومِ الأسود. / يعتقِد الموظّفُ أنّ المشاكل التي واجهها مع مديره في العمل قد لقّنته درسًا في الالتزام بالمواعيد. / وقال كبيرُ المفاوضينَ إنّ الأحداثَ الأخيرةَ قد لقّنته درسًا بعدم إعطاءِ وعودٍ دون استشارة مساعديه. / هدّد قائدُ الجيش بانتقامٍ يُلقّن العدوّ درسًا لن ينساهُ أبدًا.

The burden of debt taught her a lesson: Save money for a rainy day./The employee believes that the problems he had with his manager taught him a lesson in punctuality./The chief negotiator said that the latest events taught him a lesson not to give promises without consulting his aides./The army commander threatened with retaliation, which will teach the enemy a lesson that they will never forget.

لَقِيَ / لاقى / ذاقَ / عانى الأَمَرَّيْنِ

To live through an extremely difficult or painful experience; to go to hell and back over something.

لقد لاقت ابنةُ خالي الأمرّين من هذا الحادث وأنا هنا بجانبها لأساندَها. / لقد عانى الكاتبُ الأمرّين لسنوات كي ينشرَ كتابهُ. / لقد ذاق طالبو اللّجوء الأمرّين من أجلِ الموافقةِ على طلباتهم.

My cousin went through hell and back from this accident, and I am here to support her./The writer had been through hell and back for years to publish his book./The asylum seekers went through hell and back to get their cases approved.

لَقِيَ حَتْفَهُ

To be killed; to die; to meet one's death.

وقد لقيَ الطّيّارُ حتفَهُ في الحال أثناء تحطّم طائرتهِ. / وقد لقيتِ المرأةُ حتفَها بسبب استنشاقِها الغاز السّامّ. / لقي عشراتُ الألوف من الجنود الشّباب حتفَهم في معركةِ أراس خلال الحرب العالميّة الأولى.

The pilot was killed instantly in the plane crash./The woman has died from inhalation of poisonous gas./Tens of thousands of young soldiers met their end during the Battle of Arras during WWI.

لَمْ يَعْهَدْهُ مِنْ قَبْل

To have never been seen or experienced before; unprecedented; to have never been the norm.

لقد جَلب الوباءُ تحدّياتٍ وتغيّراتٍ لم يعهدها العالمُ من قبل. / لقد أبرز عملُهم دور المرأةِ وهو أمرٌ لم يُعهَد من قبل. / دمشق، كما لم نعهدُها من قبل.

The pandemic has brought challenges and changes that the world has never experienced before./Their work has highlighted the role of women, something that had never been done before./Damascus, as we have never seen it before.

لَمْ يَغْمَضْ لَهُ جَفْنٌ

Not be able to catch a wink of sleep; not to relent; to be devoted or determined to do something.

لم يغمض له جفنٌ في تلك اللّيلةِ قلقًا على ثروتهِ بعد موتهِ. / لن يغمضَ للجيش جفنٌ حتى يستتب الأمنُ في ربوعِ البلاد. / لم يكن يغمضُ له جفنٌ طوالَ حياتهِ سعيًا من أجل تحقيق العدالةِ الاجتماعيّة.

That night, he could not catch a wink of sleep worrying about the fate of his fortune after his death./The army will not relent until security is established throughout the country./He devoted his life to the pursuit of social justice.

لَمْ يَنْبِسْ بِبِنْتِ شَفَةٍ / لاذَ بِالصَّمْتِ

To say nothing; to be completely silent; not to utter a word.

لم تَنبس ببنتِ شفة عندما تمّ الطّلب إليها بالإجابةِ على السّؤال. / اطمئن، فإنَ أحدًا لن ينبسَ ببنتِ شفة عمّا حدَث بالأمس.

She said nothing when she was asked to answer the question./Rest assured, nobody will talk about what happened yesterday.

لِمَنْ / إلى مَنْ يَهُمُّهُ الأَمْرُ

To Whom It May Concern; that concerns anybody.

ستُعلَن النتائجُ في الأسبوع المقبل، ويمكن لمن يهمّه الأمر مراجعة ديوان الخدمةِ المدنيّة للحصول على نسخةٍ من النتائج. / إلى من يهمّه الأمر، أتقدّمُ باستقالتي مِن منصبي كمحرّرٍ في صحيفتكم. / إلى كلّ من يهمّهُ الأمر، اعتنوا بأطفالِكم في هذه الأوقاتِ الصّعبة.

The results will be announced next week. Anyone who is concerned about the matter may visit the Civil Service Bureau to obtain a copy of the results./ To whom it may concern, I hereby tender my resignation from the position of editor in your newspaper./To all whom it may concern, take care of your children in these difficult times.

لَهُ باعٌ طَويلٌ

To have a long-standing knowledge or record in something; to have a long history in something; to possess a long experience or deep knowledge in something.

هذه الشّركةُ المعتمَدةُ لها باعٌ طويل في التّعاملِ مع حقوقِ الملكيّة الفرديّة. / إنّ الجرّاحينَ في هذا المستشفى ليس لهم باعٌ طويلٌ في الجراحةِ العصبيّة. / لهذه العائلةِ المتنفّذة باعٌ طويلٌ في التأثير على السّياسة في البلاد.

This accredited company has a long-standing and deep knowledge in dealing with intellectual property rights./The surgeons in this hospital do not possess deep experience in neurosurgery./This influential family has a considerable history of influence over the politics of the country.

لَهُ مُطْلَقُ الحُرِّيَّةِ

To be given complete freedom to do as one wishes.

للكتّاب مطلق الحريّة في التعبير عن آرائهم حتى لو كانت معارضةً للحكومة. / وبموجب شروطِ هذا العقد فإنّ صاحبَ العمل له مطلق الحريّة في فسخ عقد العمل ومن دون الحاجةِ

إلى إظهار السّبب الموجِب لذلك. / لكِ مطلق الحريّة في الذهابِ إلى أيّ مكانٍ ترغبينَ في الذهابِ إليه.

Writers have complete freedom to express their opinions and viewpoints, even when they are against the government./Under the terms of this contract, the employer has complete freedom to terminate the employment contract, with no need to show due cause./You have the complete freedom to go wherever you like.

لَهُ اليَدُ الطُّولى

To be instrumental in something; to have the sole power; to play a pivotal or central role; to have power over something; to be the most influential in doing something.

تمّ اتّهامُها على أنّها صاحبة اليدِ الطّولى في تنحيةِ الرئيس عن موقعِه. / ستكون للشّباب اليد الطّولى في تقرير مستقبلِ المنطقة. / للقواتِ الخاصّة اليد الطّولى في تعقّب الخلايا الإرهابيّة في المنطقة. / يبدو أنّ للمهندسينَ اليد الطّولى في الشّركة.

She has been accused of being instrumental in ousting the president from his position./The youth will have the sole power to determine the future of the region./The Special Forces play a pivotal role in tracking the terrorist cells in the area./It seems that the engineers have the power over the company.

م

حرف الميم

ما بَيْنَ السُطور

To read between the lines.

عليك أن تقرأ ما بين السّطور لكي تفهمَ ما يقصدهُ الكاتبُ في مقالتهِ. / لقد شاهدتُ المقابلة التّلفزيونيّة ويمكنك أن تفهمَ من ما بين السّطور أنّه لا يقدّر استجابةَ الحكومةِ لقضايا البيئة. / إنّني أحاولُ أن أطوّرَ مهارتي في قراءةِ ما بين السّطور.

You have to read between the lines to understand what the writer implies in his article./I have watched the interview, and you could read between the lines that he did not appreciate the government's response to the environmental issues./I am trying to develop my skills in reading between the lines.

ما بَيْنَ المِطْرَقَةِ وَالسِّنْدان

Between the hammer and the anvil; between a rock and a hard place; between the devil and the deep blue sea.

وجد نفسهُ مضغوطًا بين مطرقةِ قوانينِ الدّولةِ العلمانيّة وسندان القوانين الدّينيّة. / كان الرئيسُ عالقًا بين المطرقةِ والسّندان، بين الحاجة إلى قبولهِ بالدّعم العسكريّ الأجنبيّ وبين أن يَظهرَ وصيًّا على سيادةِ الدّولة.

Pressed on one hand by the state's secular laws, on the other by the religious laws, he found himself between the hammer and the anvil./The president was stuck between a rock and a hard place, the need to accept foreign military support while appearing the guardian of the state's sovereignty.

DOI: 10.4324/9781003096665-25

مُتَّسَعٌ مِنَ الوَقْتِ

Plenty of time; ample time; enough time.

ما يزال لديك متّسعٌ من الوقتِ للإعداد لدراستك المستقبليّة. / مُنح البرلمان متّسعًا من الوقت للتّصديقِ على المعاهدة. / لقد منحناهم متّسعًا من الوقت للتّسجيلِ في البرنامج.

You still have plenty of time to prepare for your future studies./The parliament is given ample time to ratify the treaty./We have given them enough time to sign up for the programme.

مَتى ما اقْتَضى الأَمْرُ

Whenever necessary; whenever required; as necessary.

تمّ حثّ المواطنينَ على الاتّصالِ بالسّفارة متى ما اقتضى الأمر ذلك. / على الدّولِ الأعضاء أن تكيّفَ قوانينها لتنسجمَ مع المبادئ الأساسيّة لحقوق الإنسان متى ما اقتضى الأمر ذلك. / للشّرطة الحقّ في دخول أيّ مبنى لتنفيذِ أوامر الاعتقال متى ما اقتضى الأمر ذلك.

The citizens were urged to contact the embassy whenever necessary./Whenever necessary, member states should adapt their national laws to meet the basic principles of human rights./The police may, whenever necessary, enter any building to execute a warrant of arrest.

مِثالٌ يُحْتَذى بِهِ

An example to be followed or emulated; to be/become a role model.

ستُصبح طريقةُ إداراتهم مثالًا يُحتذى به في دول العالَم الأخرى. / لقد كانت مثالًا يُحتذى به لجيلٍ ناشئٍ من النّساء. / يُمكنُ للعلاقةِ بين البلدين أن تكونَ مثالًا يُحتذى به.

Their leadership model will become an example to be followed by the rest of the world./She was a role model for an emerging generation of women./The relationship between the two countries may serve as an example to be emulated.

مُثْخَنٌ بِجِراحِهِ

To be heavily or badly wounded.

إنّ الاقتصادَ مثخنٌ بالجراح بسبب الرّكود الاقتصاديّ. / على الرغم من أنّ الضّابطَ كان مثخنًا بالجراح، إلّا إنّه واصلَ قيادة وحدتهِ في القتال. / إن البلدَ مثخنٌ بالجراح ويحتاجُ إلى بذل الكثير من الجهود كي يتعافى.

The economy has been badly wounded by the recession./Despite being badly wounded, the officer continued to lead his unit in combat./This country is heavily wounded and needs a lot of work to heal.

مِثْقالُ ذَرَّةٍ

Iota; a tiny amount; literally: ant's weight.

على الرغم من الظّروف الصّعبة إلّا أنّه لم يفقد مثقالَ ذرةٍ من الاهتمام بالقضية. / لم تقوموا بمثقال ذرةٍ من العمل الجماعيّ من أجل الجالية. / "ومَن يعملُ مثقالَ ذرةٍ خيرًا يره." سورة الزلزلة.

Despite the difficult circumstances, he has not lost an iota of interest in the case./You have not done an iota of group work for the community./"And whoever shall have wrought an ant's weight of good shall behold it" [Quran 99:7].

مُثيرٌ لِلاشْمِئْزازِ

To be disgusting or revolting.

ما يراهُ شخصٌ ما طعامًا لذيذًا شهيًّا قد يعتبره شخصٌ آخر طعامًا مثيرًا للاشمئزاز. / لقد كان محتوى الفيلم استفزازيًا ومثيرًا للاشمئزاز.

What is delicious to one person can be revolting to another./The content of the film was provocative and disgusting.

مُثيرٌ لِلْإعْجابِ

To be impressive or admirable.

تُعدّ المنطقةُ نموذجًا مثيرًا للإعجاب لكلٍّ من العمارة الغربيّة والشّرقيّة. / أثار الفنانُ إعجابَ الكثيرين على مرِّ السّنين بأسلوبهِ الفريد في الرّسم. / إنّ أفكارها المبتكرة مثيرةٌ لإعجاب العديدِ من النُقّاد.

The district is an impressive example of both Western and Oriental architecture./The artist has impressed many over the years with his unique painting style./Her innovative ideas are admirable by many critics.

مُثيرٌ لِلانْتِباهِ

To catch one's attention; to be eye-catching.

يحتلّ الباعةُ المتجولونَ مواقع مثيرةً للانتباه لجذب المتسوّقين. / وقد أثارت اهتمامي لافتةُ نعيٍ سوداء معلقة أمام منزل جارِنا.

The street vendors occupy eye-catching positions to attract shoppers./The black funeral banner that was hanging in front of our neighbour's house caught my eye.

مُثيرٌ لِلاهْتِمامِ

To be/become interesting; to arouse interest.

تصبحُ الأفكارُ مثيرةً للاهتمام عندما تُكتب على الورق. / وقد أثارَ هذا الموضوعُ الكثيرَ من الاهتمام في المؤتمر.

Ideas become interesting when they are written on paper./This subject aroused a lot of interest in the conference.

مُثيرٌ لِلْجَدَلِ

To be controversial.

ليست هذه هي المرّة الأولى التي يُدلي فيها وزيرُ الخارجيّة ببيانٍ مثيرٍ للجدل حول الحدود المتنازَعِ عليها. / وقد أثارت سياسةُ القبول الجديدة الكثيرَ من الجدل في الجامعة.

This is not the first time the foreign minister has given a controversial statement on the disputed borders./The new admission policy created a lot of controversy in the university.

مُثيرٌ لِلسُّخْرِيَةِ

To be ridiculous; to spark ridicule; to arouse amusement.

لقد أثارت تغريدةُ السّفير سخريةَ الكثير من المتابعين./ وقد أثار قرارُ الحكومةِ القاضي بتحديد استخدام الهواتف الذّكيّة في الجامعات سخريةَ الطّلاب.

The ambassador's tweet sparked ridicule by many followers./The government's decision to limit the use of smartphones in the universities sparked ridicule among the students.

مُثيرٌ لِلشَّفَقَةِ

To be pitiful.

إنّ وضعَ الكنيسةِ القديمة في السّوقِ مثيرٌ للشّفقة، فهي تُعاني من الاندثار. / وقد بدا عليه أنه أصبح رجلًا مسنًّا وعاجزًا يُثيرُ الشّفقةَ أينما حلّ.

The old church in the souk is in a pitiful state of decay./He seemed to have become a weak and helpless old man who aroused pity everywhere.

مُثيرٌ لِلْشَّكِّ / لِلرِّيبَةِ

To trigger or arouse suspicion.

لقد كان شغفهُ بجمع العناكب السّامّة مثيرًا للشّكّ والرّيبة. / حاول أحدُ الرجال التّسلّل إلى الحديقة الخلفيّة للمنزل مما أثار شكوكَ صاحبِ البيت. / يتمّ استخدامُ الحمام الزّاجلِ لإرسالِ رسائل سريّة لأنّه عادةً لا يُثير الشّكّ.

His obsession with collecting poisonous spiders was an arouser of suspicion./One of the men tried to sneak into the back garden, arousing the suspicion of the homeowner./Homing pigeons are used to send secret messages, as they do not typically arouse suspicion.

مُثيرٌ لِلْكَآبَةِ / لِلاكْتِئابِ

To be depressing; depression-triggering.

لقد كان أسبوعًا مليئًا بالأخبار المثيرة للكآبة عن انفجاراتٍ في مدن مختلفة في العالَم. / لن أخوضَ في كلّ التفاصيلِ المثيرة للاكتئاب عن وضع الشّركة الماليّ. / كان الطّبيبُ النّفسيُّ يقوم بتحليل الأحداث المثيرة للاكتئاب التي قد تكون سبّبت لها المرض.

It has been a week of depressing news about explosions in different cities in the world./I will not go through all the depressing details of the financial situation of the company./The psychologist was analysing the depression-arousing events that could have caused her illness.

مَحَطُّ أَنْظارٍ

To be the centre of attraction or the focus of attention.

كانت المدينةُ القديمة محطَّ أنظارِ علماء الآثار عبر القرون. / بسبب موقعهِ الاستراتيجيّ، كان الميناء محطّ أنظار الدّول التي كانت لديها مصالح في المنطقة.

The ancient city attracted the attention of archaeologists throughout the centuries./Due to its strategic position, the port was the centre of attraction for all the states that had interests in the region.

مَحْفوفٌ بِالمَخاطِرِ

To be fraught with danger; to be risky.

كانت رحلتُهم إلى الغابةِ محفوفةً بالمخاطر. / أقدم البرلمان على مغامرةٍ سياسيةٍ محفوفةٍ بالمخاطر من خلالِ التّصويتِ على إلغاء وزارة الإعلام.

Their trip to the jungle was fraught with dangers./The parliament has embarked on a risky political adventure by voting to abolish the ministry of media and information.

مَحَلُّ / مَوْضِعُ تَساؤُلٍ

To be questionable; to be in question.

نتّجه حاليًّا إلى حقبةٍ جديدةٍ يكون كلّ شيءٍ فيها محلّ تساؤل. / ولقد كان عدم الكشفِ عن وظائف المختبرات واستخداماتها محلّ تساؤلٍ من فرق التّفتيش الدّوليّة. / إنّ أيّ انحرافٍ عن البروتوكولات سيضعُ نتائجَ البحث محلّ تساؤل.

Currently, we are heading into a new era where everything is questionable./ Failing to disclose the functions and uses of the laboratories has been questioned by international inspection teams./Any deviation from the protocols will put the research results in question.

مُدَجَّجٌ بالسِّلاحِ

Armed to the teeth; to be heavily armed.

قام العشراتُ من رجالِ الشّرطة المدجّجين بالسّلاح بإغلاقِ كلّ ركنٍ من أركان هذه البلدة. / اقتحمت قوةٌ مدجّجةٌ بالسّلاح القصرَ الحكوميّ صباحَ اليوم.

Tens of heavily armed police locked down every corner of this town./A heavily armed force has forced their way into the government's palace this morning.

مَدْعاةٌ لِلْقَلَقِ / للسُّخْرِيَةِ / للفَرَحِ / للفَخْرِ / للخَجَلِ

A cause for concern/sarcasm/ridicule/joy/pride.

لم تكُن القيود على حريّة الحركة هذه لتشكّلَ أيّة مدعاةٍ للقلقِ لديّ. / هذا هو ما انبنت عليه القيمُ العربيّةُ الأصيلة وينبغي أن يكون مدعاةً للفخرِ والاعتزاز. / وبينما تكون ولادةُ الطّفل مدعاةً للفرح والاحتفال فهي أيضًا مدعاةٌ للقلقِ بالنسبة للأبوين. / يَعتقدُ الكثير من الشّباب أنّ زيادةَ الوزن تُعدّ مدعاةً للسّخرية.

Restrictions on free movement would not have caused me any concern./ These are what real Arab values are based on and should be a cause for pride./While a new baby is a cause for joy and celebration, it is also a cause for worry for the parents./Many young people believe that being overweight is considered a cause of ridicule.

مَرَّ مُرورَ الكِرامِ

To lightly or barely touch upon something; to barely notice; to pass unnoticed.

إنّ وسائلَ الإعلام تمرّ مرور الكرام على هذا الموضوع الحسّاس اجتماعيًّا. / مرّ يومُ المرأةِ العالميّ الذي اشتهر سابقًا بإقامة الاحتفالاتِ الواسعة والتّغطية الإعلاميّة المكثّفة له مرور الكرام. / لقد مرّ موتُه مرور الكرام لأنّه لم يَعُد من المشاهير.

The media touch lightly upon this culturally sensitive subject./The International Women's Day, once noted for widespread celebrations and intensive media coverage, has come and gone, barely noticed this year./His death was barely noticed by anyone because he is not a celebrity anymore.

مِرارًا وتِكْرارًا

Repeatedly; time and time again.

لقد قلتُها مرارًا وتكرارًا إنّه ينبغي عليك استشارة طبيبك العام أولًا قبل أن تقوم بتغيير نظامك الغذائيّ. / طلبنا منهم مرارًا وتكرارًا إعادة التفاوض على العقد. / وكما قلنا مرارًا وتكرارًا فإن الحلّ الوحيد للخروجِ من هذه الأزمةِ هو من خلال الوسائل السّياسيّة.

I have repeatedly said that you should consult with your general practitioner first before making any changes to your diet./We asked them repeatedly to renegotiate the contract./As we have said time and time again, the only solution to this crisis is through political means.

مَضى قُدُمًا

To proceed with something; to move forward; to go ahead.

أكّد وزراءُ الخارجيّة على ضرورةِ المضيّ قدمًا بخصوص تسوية الوضع السّياسيّ للمنطقة. / وقد اتفق البَلدانِ على المضيّ قدمًا في التّحالف. / من غير الواضح ما إذا كانت الحكومة ستمضي قدمًا في خطّتها لرفعِ أسعارِ الوقود.

The foreign ministers stressed the need to move forward in resolving the region's political status./The two countries have agreed to go ahead with the alliance./It remains unclear whether the government will proceed with its plan to raise fuel prices.

مَغْلوبٌ على أَمْرِهِ

To be powerless or helpless; to be defenceless, subjugated, or an underdog.

لم يُعجبني أنّه تمّ عرضهم في هذا الفيلم على أنّهم أناسٌ ضعفاء مغلوبٌ على أمرهم. / كانت ابتسامتها حزينةً للغاية، ابتسامة امرأةٍ مغلوبٍ على أمرها. / إنّ هذا البلد الصّغير ليس

مغلوبًا على أمره، ويستطيع أن يدافعَ عن نفسِه ضدّ أيّ غزوٍ محتمل. / عادةً ما يتعاطف النّاس مع كلّ مغلوبٍ على أمره ويحاولونَ تقديمَ المساعدةِ له.

I did not like that they were shown in this movie as weak, powerless people./She held a very sad smile, the smile of a powerless woman./This small country is not defenceless and can protect itself against any possible invasion./People usually sympathise with the underdogs and try to help them.

مِنَ الآنَ فَصاعِدًا

From now on.

ومن الآن فصاعدًا يجبُ على كلّ العاملين في القطاع الصّحّيّ ارتداء الكِمامات. / لن أتسامحَ من الآن فصاعدًا مع أيّ أحدٍ يمسّ أصدقائي بسوء. / لقد تعلّمنا درسًا، ومن الآن فصاعدًا سنحافظ على خصوصيّةِ علاقتنا.

From now on, all health workers must wear face masks./From now on, I will tolerate no one speaking ill of my friends./We have learnt our lesson, and from now on, we will keep the details of our relationship private.

مِنَ تِلْقاءِ نَفْسِهِ

Of one's own accord; by itself.

أنا أعيشُ في بيتٍ مسكون، ففي كلّ ليلة يَفتح بابُ المطبخ من تلقاء نفسِه مُصدِرًا صريرًا. / سيستمرّ المحرّك في العمل من تلقاء نفسِه طالما بقي نظامُ تزويد الوقود فاعلًا.

I live in a haunted house; every night, the kitchen door creaks open of its own accord./The engine will continue to operate by itself so long as the fuel supply system is capable.

مِنَ الجَديرِ بِالذِّكْرِ

It is worth mentioning; it should be noted.

ومن الجدير بالذّكر أنّ الملايين من البشر في العالَم قد نزحوا بسبب النّزاعاتِ القائمة. / من الجدير بالذّكر أنّ عددًا من السّجناء مسجّلون في دوراتِ التّعلّم عن بُعد.

It is worth mentioning that millions of people worldwide are displaced due to ongoing conflicts./It should be noted that many inmates are enrolled in long-distance learning courses.

مِنَ دَواعي سُرورِهِ

It is one's pleasure.

من دواعي سرورنا أن نُرحّب بكم في مركزنا الجديد. / وقد أخبرهم الخبيرُ الأقدم أنّه سيكون من دواعي سروره أن يعمل ضمن فريقهم ويدعمهم بأيّة طريقةٍ ممكنة.

It is our pleasure to welcome you to our new centre./The senior expert has told them he would be pleased to serve in their team and support them in whatever way he could.

مِنْ رابِعِ المُسْتَحيلاتِ

It is absolutely impossible for something to happen.

تبعًا للشاعر المعروف صفي الدين الحِلّي في إحدى قصائده فإن هنالك ثلاثة مستحيلات في الحياة ألا وهي الغول والعنقاء والخِلّ الوفي. / إن ضمان التّنفيذ الكامل للاتّفاقيات الدّوليّة يُعدّ من رابع المستحيلات بالنّسبة لأيّة دولة. / من رابع المستحيلات أن تكونَ المعلومات قد تسرّبت من معهدِنا.

According to a famous Arabic poem by Safi Al-din Al-Hilli, there are three impossibles in life: the demon, the phoenix, and the faithful friend./It is absolutely impossible that any country in the world can guarantee the full implementation of international conventions./It is impossible for the information to have leaked from our institute.

مِنَ الطِّرازِ الأَوَّلِ

To be first-rate; to be of super-premium quality; to have first-class qualities.

إنّ السّيدة فيروز مطربةٌ من الطّراز الأوّل وأيقونةٌ غنائيّةٌ خالدة. / نقومُ بتصدير تمورٍ من الطّراز الأوّل إلى الأسواق الأوروبية. / لقد أثبتت أنّها محرّرةٌ صحفيةٌ من الطّراز الأوّل وستمضي المجلةُ تحت قيادتها من نجاحٍ إلى نجاح.

Fairouz is a first-rate singer and a music icon whose work will never be diminished./We export a super-premium quality supply of dates to the European markets./She has proven to be a first-class editor, and the magazine under her leadership will go from success to success.

مِنَ عَرَقِ جَبينِهِ

By the sweat of one's brow.

ينبغي أن تُعطى الفرصةُ للرّجل والمرأة في أن يكسبا قوتهما من عرق جبينهما. / إنّ هذا الشّابّ الأرستقراطيّ لا يعيشُ من عرقِ جبينهِ. / ما تزال العديدُ من الثقافاتِ تُصوّر الرّجلَ على أنّه الذي يُعيلُ النّساءَ والأطفالَ من عرق جبينه.

Every man and woman should be given a chance to earn their living by the sweat of their brows./This young, rich aristocrat does not earn his living by the sweat of his brow./Many cultures still portray the man as the provider for women and children by the sweat of his brow.

مِنْ كُلِّ حَدَبٍ وَصَوْبٍ

From far and wide; from all corners of the world; from all sides or directions; on every hand.

وأتى الناسُ من كلّ حدبٍ وصوب لزيارة الضّريح. / إنّ الطّعام في هذا البلد هو مزيجٌ من أطباقٍ وفدت من كلّ حدبٍ وصوب. / دافع الفنانُ عن نفسِه أمام الانتقاداتِ التي انهالت عليه من كلّ حدبٍ وصوب.

People came from far and wide to visit the shrine./The food in this country is made up of cuisine brought from all corners of the world./The artist defended himself against the criticism that poured on him from all sides.

مَنْ لَفَّ لَفَّهُ

And others of one's ilk; and other suchlike of a mentioned person (to express negative feeling).

بدأ الانتهازيّ وآخرونَ ممّن لفّ لفّه بالتدفّق على هذا البلد الذي مزّقته الحرب بحثًا عن الثّروة. / إنّ هذا المُفسد ومن لفّ لفّه من المفسدين لديهم ألقاب غريبة ومضحكة. / نحن لا يمكنُ أن نثقَ بالمحتالين ومن لفّ لفّهم.

The opportunity hunter and others of his ilk began flocking to search for wealth in this war-torn country./This thug and many other suchlike have weird and funny nicknames./We cannot trust fraudulent persons and other suchlike.

مِنَ المُسَلَّمِ بِهِ

It is acknowledged as fact; to be definitely established and accepted fact.

من المسلّمِ به أنّ خطرَ حوادث السّيارات أعلى بين المراهقين منه بين أيّة فئةٍ عمريّةٍ أخرى. / من المسلّمِ به أنّ الاقتصادَ العالميّ يتحوّل من الوقود الأحفوريّ إلى مصادر طاقةٍ أكثر استدامة.

It is acknowledged as a fact that the risk of car crashes is higher among teens than among any other age group./It is a fact that the global economy is shifting its dependence from fossil fuel to more sustainable energy sources.

مُنْذُ نُعومَةِ أَظْفارِه

Ever since one was a child; ever since one can remember; from a very early age.

كانت ترغبُ في أن تصبحَ طبيبةً بيطريّة منذ نعومةِ أظفارها. / لقد كان يعزفُ على النّاي منذ نعومة أظفاره. / ومنذ نعومةِ أظفاري غرستْ أمّي في داخلي الدّافعَ للتّعلّم.

She wanted to become a vet from a very young age./He has been on flute ever since he can remember./From a very early age, my mother instilled in me a drive for learning.

مُنْطَوٍ على نَفْسِهِ

To keep to one's self; to be withdrawn.

من الواضحِ أنّها امرأةٌ منطويةٌ على نفسِها ولا ترغب في جذب الانتباه. / إنّ أخي شخصٌ منطوٍ على نفسه، ولا شيء يقطع رتابةَ حياتِهِ اليوميّة. / وفي الحفلاتِ تسحر أختي الضّيوفَ بقصصِها المسليّة في حين تراني أنطوي على نفسي في غرفتي.

She is clearly a woman who keeps to herself and does not want all the attention./My brother keeps to himself, and his routine is etched in stone./At parties, while my sister charms guests with entertaining stories, I keep myself in my room.

مُنْقَطِعُ النَّظيرِ

To be unparalleled; unrivalled; matchless.

وقد حقّقت الحركةُ البيئيّةُ نجاحًا منقطعَ النّظير عبر الفوز في الانتخاباتِ العامّة. / حظيتِ المجلةُ السّاخرةُ باهتمامٍ منقطعِ النّظير في العالَم العربيّ. / وقد قدّم الباحثُ شكرهُ إلى الباحثةِ المساعدة لأنّ أداءَها كان منقطعَ النّظير في مشروعِ البحث.

The environmental movement has achieved unparalleled success by winning the general elections./The satirical magazine has received unrivalled attention in the Arab World./The researcher thanked the research assistant for her matchless performance in the research project.

مَهَّدَ لَهُ الطَّريقَ / مَهَّدَ الطَّريقَ أمامَهُ

To pave the way for someone or something; to set the stage for someone or something.

اقترح رئيسُ الدّولة تغييراتٍ دستوريةً من شأنها أن تُمهّدَ له الطّريقَ للبقاءِ في السّلطة. / يُمكنُ للقراراتِ التي تتّخذها أن تُمهّدَ لك الطريقَ لوضعٍ ماليٍّ مستقرٍّ مدى الحياة. / إنّ فهم كيفيّة عمل هذه المواد الكيميائيّة قد يُمهّدُ الطّريقَ لعلاجاتٍ أفضل.

The president has proposed changes to the constitution that would pave the way for him to retain his grip on political power./Decisions you take could set the stage for a lifetime of financial security./Understanding how these chemicals work may set the stage for better treatments.

مَهْما كَلَّفَ الأَمْرُ

Whatever it may cost.

سنُغلق البلاد مهما كلّفنا الأمر. / يجبُ على المرء ألّا ينتهكَ حقوقَ الآخرين مهما كلّف الأمر. / سيُناضلونَ من أجل حقوقِهم مهما كلّفهم الأمر.

We will lock the country down at whatever it may cost./One must never violate other's rights, whatever it may cost./Whatever it may cost, they will fight for their rights.

مَوْطِئُ قَدَمٍ في

To have a foothold in something.

إن انسحابنا من الصّفقةِ الآن سيُعطي للخصم موطئ قدمٍ أكبر في صناعةِ القرار في المدينة. / تقومُ الشّركةُ بتغيير استراتيجياتها بعد أن حقّقت موطئ قدمٍ لها في السّوق. / من خلال قاعدتها البحرية الضّخمة تعملُ القوّةُ العُظمى وبشكلٍ متزايدٍ على تأمينِ موطئ قدمِها في القرن الأفريقيّ.

Our withdrawal from the deal now will give the opponent a greater foothold in the city's decision-making./The company is changing its strategies after gaining a foothold in the market./Through its large naval base, the superpower is increasingly securing its foothold in the African Horn.

ن

حرف النون

النّارُ في الهَشيم

To spread like wildfire.

وتوافدَ المتسوِّقون على المتاجر بعد أن انتشر نبأ وصول المنتج انتشارَ النّارِ في الهشيم. / وقال أمينُ عام الأمم المتّحدة إنّ خطابَ الكراهية يسري كالنارِ في الهشيم في العالَم وعلينا إخماده. / إنّ الفيروس ينتشرُ كالنارِ في الهشيم في مخيّماتِ اللّاجئين.

Shoppers flocked to the stores after news of the arrival of the product spread like wildfire./The UN secretary-general said, "Hate speech is spreading like wildfire in the world. We must extinguish it."/The virus is spreading like wildfire in the refugee camps.

نازَعَتْهُ نَفسُهُ

To give in to temptation; to be unable to resist the desire; to have the urge to do something; literally: one's soul entices or disposes him to do something.

عندما سمع بمقتل ابن عمّه، نازعتهُ نفسُه إلى الانتقام. / بعد أن هجر الخليفةُ المتوكّل جاريتَهُ محبوبة نازعتهُ نفسُه إليها وأراد لقاءَها. / وحين وصل إلى المدينةِ نازعتهُ نفسُه إلى الشّراب والقمار.

When he heard of the killing of his cousin, he gave in to the temptation to take revenge./After leaving his concubine Mahbouba, the caliph Al-Mutawakkil could not resist the desire to see her again./He had the urge to drink and gamble when he arrived in the city.

DOI: 10.4324/9781003096665-26

نـاصَبَـهُ الـعَداءَ

To feud with someone; to show animosity towards someone; to be hostile to someone.

لقد أرانا رجل الدولة هذا كيف نكون أصدقاء مع مَن يُناصبنا العداء. / ولزمنٍ طويلٍ ناصب أفرادُ هذه العشيرة العداءَ للعشائر الأخرى في المنطقة. / وقد ناصب اليمينُ المتطرّف العداء للمهاجرين.

This great statesmen showed how to be friends with foes./This tribe was long at feud with other tribes in the area./The far-right showed a strong hostility towards immigrants.

نـالَ اسْتِحْسـانَ

To win the approval; to be liked, accepted, or praised; to be popular; to strike a chord with.

لقد نال المخطّطُ استحسان لجنة التّحكيم التي رأت أنّه يمثّلُ إضافةً رائعةً إلى الواجهة البحريّة للمدينة. / لقد نال التّقريرُ الاقتصاديّ استحسانَ العديدِ من الجهات الدّوليّة. / لم تنَلْ الفعاليات الصّيفيّة في المدينة استحسانَ الجمهور.

The scheme was liked by the panel, who felt that it represented a great addition to the city's seafront./The economic report won the approval of many international bodies./The city's summer activities were not popular.

نـاهيكَ عَنْ

Much less that; never mind the fact; let alone; not to mention.

ليس لدى هذه المرأة أيّة أدلةٍ على أنّها قابلتِ الرّجلَ، ناهيك عن محاولتهِ اغتصابها. / ستخلقُ هذه التّجربةُ الاجتماعيّة ارتباكًا ناهيك عن أنّها ستُؤدي إلى ضررٍ ذي طبيعةٍ لا يُمكن إصلاحها. / إنّ مسألة كونها برفقةِ رجلٍ غريب كانت ستُثير الجدلَ ناهيك عن حقيقةِ أنّه أجنبيّ. / لم يكنْ لديّ أيّة فكرةٍ عن وجود غرفةٍ للغسيل ناهيك عن أنّ جارتي قامت بغسلِ ملابسها هناك.

The woman does not even have evidence she had ever met this man, much less that he had tried to rape her./The social experiment will create confusion, much less that it will result in harm of irreparable nature./The idea of being with a strange man would have sparked controversy, never mind the fact he was a foreigner./I had no idea that a laundry room existed, much less that my neighbour did her laundry there.

نَأى بِنَفْسِهِ عَنْ

To distance oneself from.

وقد نأى المسؤولُ بنفسِهِ عن تصريحاتِ الرّئيس في وقتٍ لاحقٍ من اليوم. / بعد هزيمتها في الحرب نأتِ القوّةُ الإقليميةُ بنفسِها عن التّدخل في المنطقة. / تتبنّى الحكومةُ الجديدةُ سياسةَ النأيِ بالنّفس تجاه الاتّحاد الأوروبيّ.

The official distanced himself from the president's comments later in the day./ After its defeat in the war, the regional power has distanced itself from meddling in the region./The new government is adopting the policy of self-distancing from the EU.

نَدِيُّ الكَفِّ

A generous and giving person.

كان السّيد جواد شخصًا متواضعًا ونديّ الكفّ. استمرّ في العطاء للأعمالِ الخيريّة طِوالَ حياتهِ. / كانت الأميرةُ رحمَها الله نقيّةَ القلبِ نديّةَ الكفّ.

Mr Jawad was a humble and generous person who continued to give to charity throughout his life./The princess was pure-hearted and generous; may God rest her soul.

النَّزْعُ الأَخيرُ

The last breath; in one's last days; the last gasp; in one's last agony.

الحركةُ الأدبيّةُ تمرّ في أحرج مراحلِها، بل هي في النّزع الأخير. / بحلول عام 1914 أصبحتِ الإمبراطوريّة الأسترو-هنغاريّة في النّزع الأخير. / إنّ القضيّةَ تحتضر، إنّها في النّزع الأخير.

The literary movement is passing through its most critical stage; indeed, it is in its last days./By 1914, the Austro-Hungarian Empire was in its last gasp./The cause is dying; it is in its last agony.

نَزَعَ فَتيلَ الأَزْمَةِ

To defuse the crisis.

كانت خليّةُ الأزمةِ تعملُ على وضع استراتيجيّةٍ تَهدُف إلى نَزْعِ فتيلِ الأزمة. / حسب مسؤولين فإنّ الجامعةَ العربيّة تسعى إلى نزع فتيلِ الأزمة بين البلدين. / لم يستطِع مجلسُ الأمن الدوليّ أن ينزعَ فتيلَ أزمةِ كوسوفو.

The crisis group was working to draft a strategy aimed at defusing the crisis./ According to officials, the Arab League is striving to defuse the crisis between the two countries./The Security Council was unable to defuse the Kosovo crisis.

نَزَلَ / حَلَّ ضَيْفًا

To be a guest of somebody; to stay as a guest; to avail oneself at somebody's hospitality.

نزل الرحالةُ ابن بطوطة ضيفًا على امبراطور القسطنطينيّة. / نزلتِ الفنانةُ أماني ضيفةً على البرنامج التّلفزيونيّ. / وقد استقبله أحسنَ استقبالٍ وأنزلهُ ضيفًا عنده.

The traveller Ibn Battuta stayed as a guest of the Byzantine emperor in Constantinople./The artist Amani was a guest of the TV show./He welcomed him in the best way possible and received him as a guest.

نُزولًا عِنْدَ رَغْبَةِ

In compliance with someone's wishes; at someone's request.

لقد التحقَ بكليّةِ الطّبّ نُزولًا عند رغبةِ والدِهِ. / سيتمّ إرجاءُ إقامةِ المعرض نزولًا عند رغبةِ المجلس البلديّ. / لقد عادت إلى عالَم السّينما نُزولًا عند رغبةِ معجبيها. / ونُزولًا عند رغبةِ زبائننا الكِرام فقد تَقرّر تمديدُ أوقاتِ العمل في متاجرنا.

In compliance with his father's wish, he enrolled in medical school./The exhibition will be postponed at the municipality's request./She made her way back to the film industry at the request of her fans./Following our valued customers' wishes, we decided to extend our store opening times.

نَسْجُ خَيالٍ

A figment of one's imagination; fantasy, delusion, or fiction.

من الواضح أنّ الحادثةَ برمّتها كانت من نسج خيالها. / وقد نظرتِ الحكومةُ إلى التقرير الصحفي الاستقصائي على أنّه نسج خيال. / لا تزال هويّةُ المرأةِ التي في اللّوحة غامضةً، وربّما كانت من نسج خيالِ الفنّان. / ووصف مندوبُ المنظّمة التّهم الملفّقة بأنّها من نسج خيال الأجهزة الأمنيّة.

It is obvious that the whole incident was a figment of her imagination./The government viewed the journalistic investigative report as the product of pure fantasy./The identity of the woman in the painting remains a mystery, and she might have been a figment of the artist's imagination./The organisation rep called the fabricated charges "a figment of the security services' imagination."

نَسَجَ خُيوطَ

To weave the threads of something; to plan; to conspire.

يتمّ نسج خيوط مؤامرةٍ ضدّ الدّيمقراطيّة في البلد. / اتّهم النظامُ القُوى الكُبرى بنسج خيوط أزمةٍ في المنطقة. / نسجت كلماتُها خيوطَ الأمل في حياتي.

A conspiracy is being planned against democracy in the country./The regime accused the great powers of planning to create a crisis in the region./Her words weaved the threads of hope in my life.

نَسَجَ على مِنْوالِ

To imitate; to follow in the footsteps of someone.

تَنسُج السّياساتُ الجديدة على منوال مطالب المحتجّين. / نسج الفنانُ لوحاتِهِ على منوالِ الفنّ الحديث. / يَنسُج الباحثُ نظريتهُ على منوالِ مجموعةٍ من الباحثين.

The new policies imitate the demands of the protesters./The artist followed the artistic style of modern art./The researcher's theory follows in the footsteps of a group of researchers.

نُصْبَ عَيْنَيْهِ

To be before one's eyes; to have an aim in view; to put mind to something; to focus; to set sight on; to bear in mind.

وضع الموظّفُ نُصب عينيهِ الموقعَ الذي كان يشغله رئيسهُ في الشّركة. / لقد وضعتْ نُصب عينيها أن تصبح شخصيةً رائدةً في مكافحة زواج القُصّر. / كانت مشاعر القلق لدى الناس نصب عينيهِ عندما كان يكتبُ تقريره حول مدينة الصفيح.

The employee was aiming at the position, which his boss had held in the company./She is setting her sight to become a leading figure in the fight against underage marriage./The public concern was in his mind when he was writing his report about the shantytown.

نَظَرَ إِلَيْهِ شَزْرًا

To look askance at someone; to give a disapproving look; to gaze at someone angrily; to look daggers at someone.

نظرتْ شزرًا وقالتْ له: "إنّك تمنعني مِن أن أعيشَ حياتي." / نظر إلى الرّجلِ شزرًا قبل أن يُعرِض عنه. / يقول المثل العربي القديم: "إن نظرتَ إليه شزرًا غُشيَ عليه شهرًا."

She looked at him with hate and contempt and said: "You are preventing me from living my life."/He looked askance at the man before turning away from him./"When you look at him angrily, he faints for a month." Old Arabic proverb.

نَظيفُ اليَدِ

An honest and trustworthy person; a person with true integrity.

كان المديرُ العام السابق نظيفَ اليد وقد أعطى كلّ جهدهِ لإعادةِ بناءِ الشّركة. / نحتاجُ رجلًا نظيفَ اليد يستطيع تولّي القيادة بالقدوة الحسنة. / إنّ كلماتهُ وأفعالهُ تعكسُ نظافةَ يدهِ وإخلاصهِ.

The former general manager was a man of integrity who gave all his effort to rebuild the company./We need a man of integrity who can lead by example./His words and deeds reflect his integrity and sincerity.

نَفَخَ في قِرْبَةٍ مَثْقوبَة

To flog a dead horse; wasting effort on something where there is no chance of success.

لا جدوى من محاولةِ تغيير رأيهم فنحن نَنفُخ في قربةٍ مثقوبة. / لقد طلبتُ منها مرارًا وتكرارًا أن تُحضّر لامتحاناتها مبكرًا لكنّني أنفُخ في قربةٍ مثقوبة.

There is no point trying to change their mind; we are flogging a dead horse./I have told her time and again to prepare for her exams early, but I've been flogging a dead horse.

نَفْسٌ أمّارَةٌ بِالسُّوءِ

Man's very soul that incites to evil.

لقد قام بارتكابِ الجريمة لأنّ نفسُه أمرته بالسّوء. / يجب عليها أن تَحذر من نفسِها الأمّارة بالسّوء.

He committed the crime because his very soul incited him to evil./She should beware of her very soul that incites her to evil.

نَفَّسَ عَن غَضَبِهِ

To give vent to one's anger.

لقد دفع ارتفاعُ أجرةِ النّقل النّاسَ إلى التّنفيسِ عن غضبهم والانتفاضِ ضدّ حكومتهم. / ولَكَم الفنّانُ اللوحةَ تنفيسًا عن غضبهِ. / ربّما يكون من الأفضل أن تستمعوا إلى موظفيكم وأن تسمحوا لهم بالتّنفيسِ عن غضبهم.

The transport fare hike prompted the people to give vent to their anger and rise up against their government./The artist vented his anger by punching the painting with his fist./It may be better to listen to your employees and allow them to give vent to their anger.

نَكَأَ الجُرْحَ

To open old wounds.

نكأتْ رسالتُه إلى الشّعب جرحَ انعدام المساواة الاجتماعيّة. / لقد نكأتِ المحاكمةُ العلنيّة لمسؤولي النّظام السّابق الجراحَ في البلد.

His message to the people opened old wounds of social injustice./The public trial of the former regime's officials has opened old wounds in the country.

نَكَثَ عَهْدَهُ

To break the covenant; to break a promise; to betray an agreement.

لقد وعدَ بأن يتزوّج من سعاد بأسرع ما يستطيع، ولكنّه نكث عهدَه وتزوّج من امرأةٍ أخرى. / نكثتِ العشائرُ المحليّة عهدها وبدأت صراعًا مسلّحًا ضدّ الحكومة. / ما عقوبة نَكْثِ العهد مع الله؟

He promised to marry Suad as soon as he could, but he broke his promise and married another woman./The local tribes betrayed the agreement and started armed strife against the government./What is the punishment for breaking the covenant with God?

نَكَصَ عَلى عَقِبَيْهِ

To retreat; to be pushed back; to backtrack on something; to change one's mind; to escape an agreement; to be defeated.

نكص الجيشُ على أعقابهِ وانسحب عبر النّهر. / رحَّب بالفكرة في البداية، ولكنّه نكص على عقِبيه ورفضها فيما بَعد. / ضمّ صوته لمنتقدي المنظّمة الدّوليّة التي نكصت على أعقابها ولم تؤدِّ واجباتها.

The army retreated and withdrew across the river./At first, he welcomed the idea but later, he changed his mind and refused it./He added his voice to the critics of the international organisation that backtracked on its commitments and did not fulfil its duties.

نِهايَةُ المَطافِ

At the end of the day; at the end of the road; ultimately; eventually.

لقد توصل ناديا كرة القدم في نهاية المطاف إلى اتفاقٍ بشأن انتقال المهاجم. / وفي نهاية المطاف سيكونُ عليها أن تختار أيّ رجلٍ ستتزوجه. / وفي نهاية المطاف وصل النّاجونَ إلى برِّ الأمان وقد أنهكهم الجوع.

The two football clubs have eventually reached an agreement over the transfer of the striker./At the end of the day, she has to decide which man she will marry./The survivors eventually reached safety, starved and exhausted.

ه

حرف الهاء

هاجَ وَماجَ

To flip one's lid; to lose one's temper; to go mad; to heave; to be agitated.

هاج النّائبُ في البرلمان وماج وصار حديثهُ مليئًا بالسُّباب ومبتَذلًا. / هاجتِ السيدةُ وماجت وبدأت بالصّراخ مطالبةً بالخروج من الطّائرة.

The member of the parliament flipped his lid, and his speech became profane and vulgar./The lady lost her temper and started to yell about wanting to get off the plane.

هالَهُ الأَمْرُ

To be shocked; to be horrified; to have fear from something.

لقد هاله الأمرُ عندما وجد الأطفالَ يعيشونَ في أنفاقِ المجاري. / لقد هالني الأمرُ حين رأيتُ اسم صديقي في إحدى وثائق ويكيليكس. / وسارعتِ السّلطاتُ الصّحّيّةُ التي هالها انتشارُ المرض للتّدخّل.

It shocked him when he found the children living in the sewer tunnels./It horrified me when I saw my friend's name in one of the WikiLeaks documents./ The health authorities that feared the spread of the disease intervened rapidly.

هامَ عَلى وَجهِهِ

To aimlessly wander; to drift; to roam.

هام مجنونُ ليلى على وجههِ في القِفار بعد أن رفض أبوها أن يزوّجهُ إياها. / كان هائمًا على وجههِ في شوارع المدينة باحثًا عن مكانٍ يُؤويه. / لقد كانوا يَهيمونَ على وجوههم يتنقّلونَ من مكانٍ إلى مكان دون أن يستقرّوا.

DOI: 10.4324/9781003096665-27

Majnoon Layla wandered aimlessly through the desert because Layla's father refused to approve their marriage./He was wandering aimlessly around the streets of the city searching for a shelter./They were drifters, travelling from place to place without settling.

هَباءً مَنْثورًا

To go up in smoke; to become wasted.

لقد ضاعت شهورٌ من الجهد المبذول في صناعة صاروخ جديد هباءً منثورًا. / ذهبتِ الملايينُ من براميل النّفط الخام هباءً منثورًا بعد القصفِ الجويّ الذي طال حقول النّفط. / إنّ المفاوضات تتعثّر والصّفقة على وشك أن تُصبحَ هباءً منثورًا.

Months of effort building a new rocket have gone up in smoke./After the air attacks on oil fields, millions of barrels of crude oil went up in smoke./The negotiations are collapsing, and the deal is about to go up into smoke.

هَتْك عِرْضَ

Indecent assault; unlawful carnal knowledge (forcible or consensual).

يتناول قانونُ العقوبات تعريفَ جريمةِ هتك العرض وعقوباتها. / قام قاضي محكمة الجنايات بتغيير الاتّهام من الاغتصاب إلى هَتْكِ عِرضٍ بالرّضا. / وحسب القوانين السّائدة في هذا البلد فإن أيّة علاقةٍ جنسيّة خارج إطار الزواج تُعدّ جريمة هتْك عرض.

The definition and punishment of crimes of indecent assault are covered in the Penal Code./The criminal court judge has changed the charges from rape to consensual carnal knowledge./According to the law in this country, any sexual relationship outside marriage is seen as a crime of unlawful carnal knowledge.

هَدَأَ رَوْعُهُ / هَدَّأَ مِن رَوعِهِ

To calm down; to calm someone down.

هدَأ روعُها بلحظةِ عودتها إلى البيت. / قام بتهدئة روع الطّفل المفزوع بالحديث إليه بهدوء. / هدِّئ من روعِك، فإنّ الأمور ستسيرُ على مايرام.

She calmed down as soon as she came back home./He calmed down the scared boy by talking to him quietly./Calm yourself down; things will be just fine.

هَرْجٌ وَمَرْجٌ

Hurly-burly; to be plunged into chaos; discord and disturbance.

ولطالما وجد الرّجلُ في شقّتهِ الهادئة ملاذَهُ من الهرجِ والمرجِ الذي يجري في السّوق المجاورة لشقّتهِ. / حصل هرجٌ ومرجٌ عندما أطلِقتِ النّارُ في داخل مركز التّسوّق. / أصبح البلدُ في هرجٍ ومرجٍ بسبب التّدخّلات الأجنبيّة في شؤونهِ الدّاخليّة.

The man has long found refuge in his quiet flat from the hurly-burly of the market next door./Chaos erupted when shots were fired inside the shopping centre./The country has plunged into chaos because of the foreign intervention in its internal affairs.

هَفَتْ نَفْسُهُ

To crave something; to long for someone or something; to set one's heart on something.

كان جالسًا على كرسيّهِ وقد هفت نفسُه إلى قدحٍ من القهوة. / كانت نفسُها تهفو إلى الحياة في السّبعينيّات من القرن الماضي. / إن نفسه تهفو إلى أن يتخرّج بامتيازٍ في كليّةِ القانون.

He was sitting in his chair, craving a cup of coffee./She was longing for life in the 1970s./His heart is set to graduate with distinction from the law school.

هَمْزَةُ وَصْلٍ

Link; connection; to join together.

تُمثّل قناة السّويس همزةَ وصلٍ بين الشّرق والغرب. / تلعبُ الصّحفُ دورًا مهمًا كهمزةِ وصلٍ بين المواطنِ والحكومة. / إنّ الموسيقى هي همزةُ الوصلِ بين النّاس.

The Suez Canal is a link that connects East to West./The newspapers play a significant role in connecting the people to the government./Music connects people.

و

حرف الواو

واأَسَفاه / واحَسْرَتاه

Lamentations: alas; alack; how unfortunate.

واأسفاه، لقد تحوّل أسعدُ يومٍ في حياتهما إلى مشاجرةٍ عائليّة. / واحسرتاه عليها، فقدتْ بصرها ولم تتجاوز الرّابعة من العمر. / واأسفاه، يؤلمني وأنا عجوز أن لا أرى مَن يساعدُ جاره المسِنّ.

Alas and alack, what was supposed to be the happiest day of their life turned into a family fight./Oh, alas, by the age of 4, she lost her eyesight./How unfortunate; as an old lady, I am appalled that neighbours do not offer to help the elderly.

وابِلٌ مِنَ الرَّصاصِ

A hail of bullets.

قُتل رجلُ العصاباتِ تحت وابلٍ من الرّصاص على يد رجالِ الشّرطة. / وأصيبت ابنتُهما بجراح في الهجوم عندما تمّ إطلاقُ وابلٍ من الرّصاص على سيارتهم.

The mobster died in a hail of bullets from the police officers./Their daughter was injured in the attack when their car was hit by a hail of bullets.

وافاهُ الأَجَلُ / وافَتْهُ المَنِيّةُ

To pass away; to be overtaken by death.

وقد وافتها المنيّة هذا الصّباح في بيتها في القاهرة عن عمرٍ يُناهزُ الخامسة والسّبعين، إنّا لله وإنّا إليه راجعون. / مع الأسف لقد وافاه الأجلُ قبل أن يُنهيَ كتابة مذكراتِهِ. / لقد وافاه الأجل بينما كان يقودُ الجهود لتقديم الرّعايةِ الطّبيّة للاجئين.

DOI: 10.4324/9781003096665-28

She passed away this morning at her home in Cairo at the age of 75; to God we belong and to Him we shall return./Sadly, he was overtaken by death before he could complete his memoirs./He passed away while he was leading the efforts to provide medical care to refugees.

وَجَدَ ضالَّتَهُ

To see in something/someone what one has always been looking for; to find what one wants.

وقال مديرُ المنتخب إنّ فريقهُ وجد ضالّته في هذا المدرّب الذي لديه سِجلٌّ حافلٌ بالنّجاحاتِ الكبيرة. / وجد المخرجُ الذي كان يبحث عن وجوهٍ جديدةٍ ضالّته في هذه الممثّلة الشّابّة لتلعبَ دورَ البُطولة في فيلمه.

The football team manager said that his team had found his long-sought-after trainer, who had achieved great successes./The film director who was looking for new faces found what he was looking for in this young actress to play the lead role in his film.

وَجْهًا لِوَجْهٍ

Face-to-face; in person.

لا تفضّلُ الإدارة أن تكونَ المقابلات وجهًا لوجه وإنّما عبر مكالماتِ الفيديو. / لا أستطيع أن أخبرك حتى نلتقي وجهًا لوجه. / يؤسفني أنّ معاليه لن يتمكّن من أن يلتقيَ بكم وجهًا لوجه.

The management prefers video calls to in-person interviews./I cannot tell you until we meet face-to-face./I am sorry his excellency will not be able to meet with you in person.

وَراء الكَواليسِ

Behind the scenes.

انخرطتِ الحكومةُ والمعارضةُ في محادثاتٍ من وراء الكواليس سعيًا لتحقيقِ التّفاهم المتبادل. / ويبدو من الواضح أنّ هنالك بعض الصّراعات الخطيرة من وراء الكواليس بين الطّرفين. / وفي معرض ردّهِ على أنباء إقالته قال المدرّب إنّه لا يُهمّه ما يجري وراء الكواليس.

The government and the opposition engaged in behind-the-scenes talks in pursuit of mutual understanding./It seems obvious the two parties have some serious behind-the-scenes conflicts./In response to the news of his dismissal, the coach said that he does not care about what is going on behind the scenes.

وَصْمَةُ عارٍ

A disgrace; a mark of shame; a stigma.

إنّ مسألة وجود أعدادٍ كبيرةٍ من العوائل الفقيرة في هذا البلد هي وصمةُ عارٍ على جبين الحكومة. / لا يوجدُ حتى الآن مساواةٌ بين المرأة والرّجل في الحقوق، وهذه الحقيقةُ هي وصمةُ عارٍ على المجتمع الحديث.

It is a mark of shame on this government that so many families in this country live in poverty./There is still no equal rights for women, and this is a disgrace to modern society.

وَضَعَتِ الحَرْبُ أَوْزارَها

The war comes to an end.

وحين وضعتِ الحربُ أوزارها شعر الجنودُ بأنّهم محظوظونَ لأنّهم بقوا على قيد الحياة. / وكم معركةً علينا أن نخوض قبل أن تضعَ الحربُ أوزارَها؟ / وعندما وضعتِ الحربُ أوزارها واجهتِ البلادُ عبء سداد ديونها المتعلّقة بالحرب.

When the war came to an end, the soldiers felt lucky to be alive./How many battles do we have to fight before the war is over?/When the war came to an end, the country faced the burden of repaying its war debt.

وَطَأَتْ قَدَماهُ

To set foot in a place.

وما إن وطأت قدما الممثّلةِ خشبةَ المسرح حتى ضجّ المسرحُ بتصفيقٍ عالٍ. / كان نيل أرمسترونغ أولَ شخصٍ تَطأ قدماه سطحَ القمر. / وما إن وطأت قدما اللّصّ حجرةَ الجدّة حتى أخذت تصيحُ في وجههِ فهرب على الفور.

Once the actress set foot on the stage, the theatre buzzed with loud applause./ Neil Armstrong was the first man to set foot on the surface of the moon./As soon as the thief set foot in the grandmother's room, she started shouting at him, and he immediately fled the scene.

وَفى / أَوفى بِوَعْدِهِ

To keep one's promise; to be true to one's word.

لقد وعدتُ أن أعملَ جاهدةً من أجلِ الدّائرة الانتخابيّة التي انتخبتني، وقد وفيتُ بوعدي. / وحين استلمتِ النّقودَ أوفت بوعدها لصديقتِها وشاركتها المبلغ./ وكيف ستفي بوعدِك لزوجتِك في هذه الظّروف؟

I promised that I would work hard for the constituency I was elected to serve, and I kept my promise./When she received the money, true to her words, she shared it with her friend./How will you keep your promise to your wife in these circumstances?

وَقَعَ على عاتِقِهِ

To fall or rest on someone's shoulders; to be the responsibility of someone.

كنتُ الابن الأكبر ولذا وقعت مسؤوليّةُ الأسرة على عاتقي. / تقعُ على عاتقِ مدير الشّركة التّنفيذيّ مَهمّةُ وضع الشّركةِ في مسارها الصّحيح. / لا أفهمُ لماذا يجبُ أن تقعَ كلّ المسؤوليّةِ على عاتقي.

I was the eldest child, and hence the family responsibilities fell on my shoulders./It is the responsibility of the CEO of the company to put the company on the right track./I do not see why all the responsibility should fall on my shoulders.

وَقَعَ في عِشْقِ / حُبِّ / غَرامِ

To fall in love.

وتقولُ الأسطورةُ إنّ الأميرَ وقع في عشق فتاةٍ قرويّة وقد بنى لها هذا القصر الذي ترونهُ أمامكم. / كان بقاؤنا في مدينة مراكش لبضعةِ أيامٍ كافيًا لنَقع في حبّها.

Legend has it that the prince fell in love with a villager, and he built for her this palace that you see before you./A few days in Marrakesh were enough for us to fall in love with the city.

وَقَعَتْ عَيْنَاهُ على

One's eyes fall on something; to lay eyes on; to notice.

أعجبتني القلادةُ بمجرّد أن وقعت عيناي عليها. / لقد جثا على ركبتيه عندما وقعت عيناهُ على الجبل العظيم. / وعندما اقتربتِ الشّابّةُ من منزلها وقعت عيناها على علبةٍ صغيرةٍ تُركت عند باب البيت.

I liked the necklace as soon as I laid eyes on it./He kneeled when his eyes fell upon the mighty mountain./As the young woman approached her house, her gaze fell upon a little packet left by the door.

وَقَفَ مَكْتوفَ اليَدَيْنِ

To stand idly by.

لن نَقِفَ مكتوفي الأيدي وسنضطرّ إلى اتّخاذِ تدابير مضادّة. / لن أقِفَ مكتوفَ اليدين وأسمح لك ببثِّ معلوماتٍ كاذبةٍ ومضلِّلةٍ عنّي. / لن تقِفَ الأمّ هنا مكتوفةَ اليدين تشاهدُك وأنت تضربُ ابنها.

We will not stand idly by and will be forced to take countermeasures./I will not stand idly by and allow you to spread false and misleading information about me./The mother is not going to stand here and watch you hit her son.

وَما خَفِيَ كانَ أَعْظَمُ

Just the tip of the iceberg; what is concealed of the problem may be worse than what is revealed; God knows what else.

لقد تغلغلَ الفسادُ في جميع مستوياتِ الحكومة والذي نراهُ في الأخبار هو النّزر القليل، وما خفيَ كانَ أعظم. / إنّ بعضَ تفاصيلِ الخطّة السّرّيّة بدأت تتكشّفُ، وما خفيَ كانَ أعظم. / لقد كذبَ علينا بشأنِ الأموال والعِقار الذي سجّلهُ باسمِ زوجتهِ، وما خفيَ كانَ أعظم.

Corruption has permeated all levels of the government; what we see in the news is just the tip of the iceberg./Little of the details of the secret plan is coming out, but it is just the tip of the iceberg./He lied to us about the money, and the property he registered in his wife's name, and God knows what else.

وَهَكذا دَوالَيْكَ

Again and again and so forth.

يجبُ أن تقسمَ الرّقم إلى النّصف، ثم تقسمهُ إلى النّصفِ مرةً أخرى، ثم أخرى، وهكذا دواليك حتى إلى ما لا نهاية. / ادّخِر بعضَ المال في اليوم الأول من الشّهر، ثم المزيد من المال في اليوم الثّاني، والمزيد في اليوم الثّالث، وهكذا دواليك حتى نهايةِ الشّهر.

You must halve the number, then halve it again, and again, and so on into infinity./Put aside some money for the first day of the month, more money for the second day, and more for the third day, and so forth until the end of the month.

وَهَلُمَّ جَرًّا

And so forth; and so on.

يُعاني العديدُ من النّاس من أمراض مزمنة كارتفاع ضغطِ الدّم والسّمنة وأمراض القلبِ وهلمّ جرًّا. / إنّ التّخطيط يُمثّل عمليّةً تتضمّن جمع المعلومات والتّحليل وصياغة الافتراضات وهلمّ جرّا.

Many people suffer from chronic health conditions, such as hypertension, obesity, heart disease, and so forth./Planning is a process that involves the collection of information, analysis, drafting assumptions, and so forth.

الوَهْلَةُ الأولى

At first sight or glance; at first.

على الرغم من أنّ اسمها قد يبدو غريبًا للوهلةِ الأولى، إلّا أنّ له معنىً مميزًا جدًا في لغتها الأمّ. / يبدو من الوهلةِ الأولى أنّ الكتابَ لا يُجيبُ عن السّؤال الوُجوديّ المتعلّق بمعنى الحياة. / هل تُصدّق بالحبّ من الوهلةِ الأولى؟

Her name may look strange at first glance, but it has a very special meaning in her native language./At first sight, the book seemingly does not answer the existential question of the meaning of life./Do you believe in love at first glance?

وَهُنا مَرْبَطُ الفَرَس

Therein lies the crux of the issue; and that's the key point here; and that is what this is all about.

وهنا مربطُ الفرس، فهذه الحِيَلُ النّفسيّةُ تهدفُ إلى جعلِ النّاس يشترونَ المزيدَ والمزيدَ من المنتَجاتِ التي لا يحتاجونَها. / إنّ الأمرَ لا يدورُ حول إنقاذِ الأقليّات وإنّما لوضع أيديهم على حقولِ النّفط، وهنا مربطُ الفرس.

And therein lies the crux: These psychological tricks are aimed at making people buy more and more of the products that they do not need./This whole thing is about putting their hands on the oil fields, not about saving the minorities.

ووُرِيَ جُثْمانُهُ الثَّرى

To be laid to rest; to be buried; the mortal remains were laid to rest.

وتُوفّي رائدُ القلم في يوم الأربعاء إثر إجراء عمليةٍ في القلب ووري جثمانُه الثّرى في مقبرةِ العائلة. / توفيت والدتهُ اللّيلةَ الماضية وسيوارى جثمانُها الثّرى يومَ الجمعة.

The pioneering writer died on Wednesday after having a heart operation, and he was laid to rest in the family burial plot./His mother died last night and will be laid to rest on Friday.

ي

حرف الياء

يُرعِدُ وَيُبْرِقُ

To thunder against someone/something; to thunder away threatening towards others.

وأخذ الناشطُ يُرعد ويُبرق ضدّ المسؤولينَ والسّياسيين في مؤتمر القمّة المعنيّ بالمناخ. / لقد كان واحدًا من النُقّاد الذين يُرعدونَ ويُبرقون ضدّ الاستيلاء على السّلطة. / أخذ المدير يرعد ويبرق حال وصول كتاب نقله من مكان عمله.

The activist thundered against the politicians and officials at the climate summit./He was one critic who thundered against the power grab./The manager thundered away as soon as the letter arrived, transferring him away from his workplace.

يُشارُ إليْهِ بِالبَنانِ

To be renowned, well known, famous, or celebrated; a prominent person.

إنّ هذا المحاضر هو بروفيسور ناجح يُشار إليه بالبنان في جراحةِ القلب والصّدر. / لقد كان خالي موسيقارًا يُشار إليه بالبنان في العالَم العربيّ في العزفِ على آلةِ القانون. / أودّ أن أُشيدَ بجهودِ الباحثينَ الذين ساهموا في أن يصبح مركز الدّراسات هذا مركزًا يشار إليه بالبنان في العالَم.

This lecturer is a successful and prominent professor of cardiothoracic surgery./My uncle was an eminent qanun player, celebrated in the Arab World./I would like to commend the efforts of the researchers who have contributed to making this research institute a world-class centre.

DOI: 10.4324/9781003096665-29

يَنْدى لَهُ الجَبينُ

To be shameful; to be disgraceful.

لديّ مشكلةٌ مع الذين يتشدّقونَ بالماضي المجيد ولا يذكرونَ شيئًا من فظائعهِ التي يندى لها الجبين. / إنّها واحدةٌ من الأحداث التي يندى لها الجبين في تاريخ البشريّة، ولا نَهدفُ إلى إحياءِ ذكراها.

I have an issue with people who want to claim the glorious past, but none of its shameful atrocities./This is one of the most disgraceful events in the history of humanity, and we do not aim to commemorate it.

يَهْرِفُ بما لا يَعْرِفُ

One speaking on a subject they know nothing about; one does not know what one is talking about; talking rubbish; know-it-all.

ويدّعي أنّه قد اخترع علاجاتٍ خارقةً لستةِ أمراض، إنّه يهرف بما لا يعرف. / إنّك لا تعرف شيئًا عن الموضوع فلا تهرف بما لا تعرف. / وأخذتِ المسؤولةُ تهرف بما لا تعرف أمام أبرز المثقّفين والمثقّفات في البلد.

He claims that he has invented miraculous cures for six diseases. He does not know what he is talking about./You know nothing about the topic, so do not talk rubbish!/The official is posing as Ms. Know-It-All in front of the country's most eminent intellectuals.

الأمثال

إِتَّقِ شَرَّ مَنْ أَحْسَنْتَ إِلَيْهِ

Beware of him for whom you have done good deeds; beware of evil that may come from one whom you helped; no good deed goes unpunished.

لقد ساعدهُ في أن يصبح رئيسًا، ولكنّه بدلًا من أن يُكافأه على جهودهِ قام بسجنهِ، حقًا "إتّقِ شرّ من أحسنتَ إليه." / عمل موظفو القطاع العام بجدّ كي يقدموا أفضل الخدمات الممكنة، ولكن بدلًا من أن تتمّ مكافأتهم أقدمت الحكومةُ على استقطاع رواتبهم. حقًا "إتّقِ شرّ من أحسنت إليه." / إنّها انتهازيَة وقد قابلت إحسانهُ بالخيانةِ والشرّ. "إتّقِ شرّ من أحسنتَ إليه."

He helped him to become president, but instead of being rewarded for his efforts, the president threw him into prison. Beware of him whom you have done good deeds./The civil servants were working hard to provide the best services possible but, instead of rewarding them, the government cut their wages. Truly, no good deed goes unpunished./She was an opportunist who paid his kindness with betrayal and evil. Beware of evil that may come from one whom you helped.

إذا هَبَّتْ رِياحُكَ فَاغْتَنِمْها

Seize one's opportunity while one may; if the opportunity presents itself, seize it; make hay while the sun shines; gather ye rosebuds while ye may.

توجدُ فرصةٌ كبيرةٌ لحصولك على المنحة هذا العام إن قدّمت الطّلب الآن، وإذا هبّت رياحك فاغتنمها. / إذا هبّت رياحك فاغتنمها، نستطيع أن نُمرّر الصّفقةَ مادام المدير غائبًا. / اغتنِم وضع البورصة الحاليّ والآن هو الوقتُ المناسب لتضيفَ عددًا من الأسهم إلى محفظتك الاستثماريّة، فكما يقولُ المثل إذا هبّت رياحك فاغتنمها.

DOI: 10.4324/9781003096665-30

If you apply now, you have a great chance to get a scholarship this year; seize the opportunity while you can./We can pass the deal while the manager is absent; after all, you have to make hay while the sun shines./Now is the right time to buy a diverse range of shares for your portfolio; you should make hay while the sun shines.

أَسْمَعُ جَعْجَعَةً وَلا أَرى طَحْنًا

All talk and no action; I hear the noise but see no grinding; great cry and little wool; much ado about nothing; all bark and no bite.

لسنواتٍ عديدة ومع الكثير من الوعود ما تزال المدينةُ تعاني من نقصٍ في إمداداتِ المياه الصّالحةِ للشُّرب، ومازلنا نسمعُ جعجعةً ولا نرى طحنًا. / لقد كانت هناك نقاشات عن إقامةِ حوارٍ أمنيّ إقليميّ، ولكن لم يتمّ تطوير أيّ شيءٍ جوهريّ حتي يومنا هذا، أسمع جعجعةً ولا أرى طحنًا. / مازلنا نسمع وعودًا من الوزارة لإصلاح النّظام التّعليميّ إلّا أنّنا نسمعُ جعجعةً ولا نرى طحنًا.

For many years and despite too many promises, the city is still suffering from an inadequate supply of drinking water; It has been a case of all talk and no action./There have been discussions about establishing a regional security dialogue, but nothing substantial has been developed to date; it is much ado about nothing./We keep hearing claims from the ministry that it will reform the educational system, but nothing is done; the ministry is all bark and no bite.

أَشْهَرُ مِنْ نارٍ عَلى عَلَمٍ

The most renowned; the most famous or well known.

إنّ أبا العلاء المعرّي أشهرُ من نارٍ على علم في تاريخِ الأدبِ العربيّ. / تُعدّ لوحةُ "سبت الساحرات" أشهر من نارٍ على علم بين أعمال الفنّان الأسبانيّ غويا. / لقد كان المخرج السّينمائيّ هيتشكوك أشهر من نار على علم في عالم السّينما.

Abu Al-Ala al-Ma'arri is one of the most famous figures in the history of Arabic literature./The "Witches' Sabbath" is the most famous among the works of the Spanish artist Goya./Hitchcock was the most renowned director in the world of cinema.

الأَقْرَبونَ أَوْلى بِالمَعْروفِ

Charity begins at home; a person should deal with the needs of their own family before helping others.

لا ينبغي أن تعتنيَ وتهتمّ بالغرباء على حساب أسرتك، فالأقربونَ أولى بالمعروف. / ينبغي على الحكومة أن تحوّل الأموال المخصّصة للمساعداتِ الدوليّة إلى تغطية تكاليف الرّعاية الاجتماعيّة فالأقربونَ أولى بالمعروف.

You should not care for strangers at the expense of your family; charity begins at home./The government should divert the foreign aid funds to cover the social care costs; charity begins at home.

الأُمورُ / الأَعْمالُ بِخَواتيمِها

It is the end that counts or matters; all is well that ends well; the proof is in the end result; deeds or actions are judged by their endings.

لقد قمتَ بعملٍ كبير في مشروع التّطوير لحدِّ الآن، ولكن تذكّر أنّ الأمور بخواتيمها. / كان الفريقُ الضّعيفُ يخسر المباراة إلى أن سجّل هدفَ الفوز في الدّقائق الأخيرة، إنّ الأمور بخواتيمها لا ببداياتها.

You have done a great deal of work on the development project so far, but remember, it is the achievement in the end that counts./The weak team was losing the match until it scored the winning goal in the last minutes; it is the end that counts, not the start.

إِنّا لِلّه وَإِنّا إِلَيْهِ راجِعون

To God, we belong, and to Him, shall we return.

أرسل الأميرُ برقيةَ تعزيةٍ ومواساةٍ جاء فيها: "إننا نُعبّر عن تعازينا ومواساتنا لكم ولعائلة الفقيد سائلين الله أن يتغمّدهُ برحمته، إنّا لله وإنا إليه راجعون."

"We express our condolences to you and the family of the deceased, praying to God to bestow mercy on his soul, to God, we belong, and to Him, shall we return," the Emir stated in his cable of condolences.

أَهْلُ مَكَّةَ أَدْرى بِشِعابِها

Locals know best; the people of Mecca know best their valleys.

إنّ أهلَ المدينةِ يعرفونَ احتياجاتِ مدينتهم أكثر من غيرهم، وكما قال المثل فإنّ أهل مكّة أدرى بشعابها. / عند سفرك للخارج حاوِل أن تأكلَ حيث يأكلُ السّكّان المحليّون، فأهل مكة أدرى بشعابها. / إنّ الحكومةَ تعرفُ كيف تدافع عن مصالح شعبها إذ إنّ أهل مكة أدرى بشعابها، ولن تقبل تدخّل السّفير في شؤون البلاد الدّاخليّة.

The city residents are the ones who best know the needs of their city; as the proverb goes, "The people of Mecca know best their valleys."/When travelling abroad, try to eat where locals eat, as locals know best./The government knows best how to defend the interests of the country, and the ambassador's interference in the country's internal affairs is not acceptable.

أَوّلُ الغَيْثِ قَطْرٌ ثُمَّ يَنْهَمِرُ

All great things have small beginnings; rain starts with tiny droplets; from the tiny acorn grows the mighty oak.

سيُصبحُ المشروعُ الصّغيرُ لزراعةِ الأشجار مصدرَ إلهامٍ للمئاتِ من النّاس، إنّ أول الغيثِ قطرٌ ثم ينهمر. / إذا كان أول الغيثِ قطرٌ ثم ينهمر فإنّ الاستثمارات في حقولِ الغاز وإن كانت محدودة فإنّها ستُساهم في تحقيقِ هدفِ الاكتفاء الذّاتيّ.

The tiny project of planting trees will become a source of inspiration for hundreds of people; all great things have small beginnings./All great things have small beginnings; even limited investments in the new gas fields will contribute to achieving the goal of self-sufficiency.

إيّاكِ أَعْني واسْمَعي يا جارَة

I speak to you that you may hear O neighbour; I am talking with you, but I want someone else to hear; if you want to scold the dog, beat the chicken. – Chinese proverb; beat one to frighten another.

عندما انتقد رجلُ الدّين شربَ الكحولِ في البُلدان الأخرى، فإنّه قصد بذلك بلدَه تحديدًا، وإيّاك أعني واسمعي يا جارة. / كانت العمليّة العسكريّة ضدّ الميليشيات رسالةً إلى المنطقةِ

بأكملها بأنّ معارضة النّظام الإقليميّ الجديد لن يتمّ التّسامح بشأنها، وإيّاك أعني واسمعي يا جارة. / إيّاك أعني واسمعي يا جارة، إنّ المقال مليءٌ بالنقدِ لسلوك المراهقين غير الناضجين، ولكن في الحقيقة فإنّ المقال موجّهٌ ضدّ أعضاء الوزارة.

When the cleric publicly criticised the consumption of alcohol in other countries, he was referring to his own country in particular. I speak to you that you may hear, O neighbour./The military attack against the militias was a message to the whole region that opposition to the new regional order would not be tolerated. Beat one to frighten another./The article is full of criticism of the behaviour of immature teenagers, but in reality, it is directed to the members of the cabinet. I speak to you that you may hear, O neighbour.

أَيْنَ الثَّرى مِنَ الثُّرَيّا

Ground to the Pleiades; "Hyperion to a satyr"; to compare someone or something superior to someone or something inferior; not to venture to compare; as different as night and day; no comparison.

وقال هاملت: "كان ملكًا عظيمًا مقارنةً بهذا، أين الثّرى من الثّريا." / أين الثرى من الثريا، فقصرك لا يمكن مقارنته بمنزلي المتواضع. / لا يمكن مقارنة أشكال الحكم الاستبداديّة بالديمقراطيات الدّستوريّة، أين الثرى من الثريا.

"So excellent a king; that was, to this, Hyperion to a satyr." (Hamlet) Shakespeare./I would not venture to compare your palace with my humble house./Authoritarian forms of governance cannot be compared with constitutional democracies; they are as different as night and day.

بَعْدَ خَرابِ البَصْرةِ

Too late; after death the doctor; too little too late.

إنّ الإجراءاتِ التي اتّخذتها الحكومةُ لمنع انهيار السّوق جاءت بعد خراب البصرة. / في غضونِ سنوات من الآن سيكتشفُ المشرّعونَ عواقبَ قراراتهم، ولكن بعد خراب البصرة، إذ سيكونُ حينئذٍ الوقت قد مضى لتصحيح الضّرر الذي ألحقوه بالبيئة.

The government's measures are too late to prevent the market crash./Within years from now, the legislators will find out the consequences of their decisions, but by that time, it will be too late to correct the damage they inflicted on the environment.

بَعْدَ اللَّتَيّا وَالَّتي / بَعْدَ الَّتي واللَّتَيّا

After considerable hassle; after grunting and sweating; after much toing and froing.

بعد اللّتيا والتي، أعادتِ السّلطاتُ له جوازَ سفرِهِ وسمحت له بمغادرة البلاد. / لقد حصلنا بعد اللّتيا والتي على رخصةٍ لبناءِ مركزٍ للعلاج الطّبيعيّ في القرية. / بعد اللّتيا والتي، تدخّلت المحكمةُ العليا لمنع الحكومةِ من فرضِ الرّقابة على المطبوعات.

After a lot of hassle, the authorities have finally returned his passport to him and allowed him to leave the country./After a lot of grunting and sweating, we have obtained a license to build a physiotherapy centre in the village./After much toing and froing, the Supreme Court intervened to prevent the government from censoring the publications.

بَلَغَ السَّيْلُ الزُّبى

Matters become unbearable and reach their limit; to overstep the bounds of patience, tolerance, or acceptance; enough is enough.

لقد بلغ السّيل الزّبى إذ إنّ أفعال الحكومة قد تجعل النّاسَ يتّجهونَ نحوَ العنف. / لقد بلغ السّيلُ الزّبى ولم نعُد نتحمّل المزيدَ من هذه الفوضى.

The government's actions have overstepped the bounds of patience, and people might react violently./Enough is enough; we are done with this chaos; we do not accept it anymore.

تَجْري الرِّياحُ بِما لا تَشْتَهي السُفُنُ

Fate decides otherwise; things do not work out as one wishes or plans; one does not attain everything one desires.

كانت رغبةُ عائلتهِ أن يصبح محاميًا، ولكن لأنّ الرّياحَ تجري بما لا تشتهي السّفن فقد انتهى به المطاف ليصبحَ فيلسوفًا. / تجري الرياحُ بما لا تشتهي السّفن، فبدلًا من أن تتحقّق رغبتُه في أن يعيشَ حياةً هادئةً ومسالمة وجد نفسَه يقود القواتِ في المعارك.

His family wanted him to become a lawyer, but fate decided otherwise, and he became a philosopher./Fate has decided otherwise than he had thought and wished; instead of having a calm and peaceful life, he found himself leading troops into battles.

جَزاءُ سِنِمّار

Sinimmaar's reward – when a good deed is rewarded with absolute evil; no good deed goes unpunished.

بنى المعمارُ سنِمّار قصرًا عظيمًا للملك النُعمان بن المُنذر فانبهر الملكُ بالقصر، ولم يُرد الملكُ أن يبني المعمار قصرًا مثله لأحدٍ غيره فأمر بقتلِه، وكان ذلك جزاء سنمار. / وحين احتاج إلى عمليةٍ لنقل كلية تبرعت زوجتُه له بإحدى كليتيها، إلّا أنّه خلالَ عامٍ ونصف طلّقها وتزوّج من امرأةٍ أخرى. لقد لقيتِ المسكينةُ منه جزاءَ سنمار.

The architect Sinimmaar built a great palace for king Al-Nu'maan. The king was very impressed by the palace and did not want the architect to build a similar palace for anyone else, so he ordered the architect to be killed, and that was the reward of Sinimmaar./When he needed a kidney transplant, his wife donated one of her kidneys to him; but within 18 months, he divorced her and remarried. Poor woman, she got the reward of Sinimmaar.

الجَزاءُ مِن جِنْسِ العَمَل

As you sow, so you reap; they that sow the wind shall reap the whirlwind; karma; what goes around comes around; evil be to him who evil thinks; the biter gets bit.

أُجبر الديكتاتور على مغادرة البلد بسبب الظّلم الذي مارسهُ تجاه أبناء بلدهِ، فالجزاء من جنسِ العمل. / إنْ هاجم العدوّ قواتنا فإنّنا سنردّ بسرعة والجزاء من جنس العمل. / تجلب أعمالُ البرّ السّعادة دومًا في المقابل، إنّ الجزاء من جنس العمل.

The dictator was forced to leave the country because he reaped what he had sown in bringing injustice upon his people./If the enemy attacks our forces, we will retaliate promptly; as they sow the wind, they shall reap the whirlwind./Performing acts of kindness always bring happiness in return; what goes around comes around.

الجَمَلُ بِما حَمَل

Everything or all the components of something; the whole kit and caboodle.

نحن متأكّدونَ من أنّ ابنته سترثُ الجمل بما حمل من ثروتهِ. / لقد ترك الجمل بما حمل وانسحبَ إلى الدّير في الجبال البعيدة.

We are sure that his daughter will inherit the whole kit and caboodle./He had abandoned everything he had and dragged himself to the monastery in the far mountains.

حَدِيثٌ ذو شُجونٍ

An intricate, interwoven, or interlaced topic, issue, or conversation; a topic that drifts to more related topics.

إنّ النقاشَ حولَ العنصريّة في المجتمعات هو حديثٌ ذو شجون وما يزال مستمرًا منذ سنوات. / إنّ الحديثَ عن معنى الحياة هو دائمًا حديثٌ ذو شجون ولا يمكن تجاهلهُ.

The debate regarding racism in societies is intricate and has been going for years./The conversation about the meaning of life is always interwoven and cannot be ignored.

خَيْرُ البِرِّ عاجِلُهُ

Do good things quickly (Japanese saying); to hasten to do good things or deeds; strike while the iron is hot; there is no time like the present; the earlier the better.

ماذا تنتظِر؟ إنّه أفضل وقتٍ كي تطلبَ يدَها، إنّ خيرَ البرّ عاجله. / إنّ خير البرّ عاجله، ينبغي أن نشرع ببناءِ المستشفى. / وقد حثّه صديقُه بأن يقبلَ الدّعوةَ الموجّهةَ إليه ليُصبح كاتبَ خطاباتِ الرئيس إذ إنّ خير البرّ عاجله.

What are you waiting for? There is no time like the present to propose to her./We should hasten to do good things and start building the hospital./His friend urged him to strike the iron while it is hot and to accept the invitation to be the president's speechwriter.

رُبَّ ضارَّةٍ نافِعَة

A blessing in disguise; every cloud has a silver lining; sweet are the uses of adversity.

ربّ ضارّة نافعة، فقد منحهُ الحادثُ الذي تعرّض له وقتًا كي يكتبَ فيه روايةً عظيمة. / لقد كانوا يواجهونَ صعوبةً في العمل ضمن فريق، ولكنّ ربّ ضارّة نافعة، فقد تعلّموا التّعاونَ

والعمل الجماعيّ. / ربّ ضارّة نافعة فعندما تترك عملك فإنك تكون قد تخلّصت من مديرك المزعج.

His accident was a blessing in disguise because it gave him time to write a great novel./It was difficult for them to work in a team; however, it became a blessing in disguise, as they learnt about cooperation and teamwork./Every cloud has a silver lining; when you leave your job, you also get rid of your annoying manager.

زُرْ غَبًّا تَزْدَدْ حُبًّا

Friendship increases by visiting friends, but by visiting them seldom; a constant guest is never welcome; absence makes the heart grow fonder; distance keeps loved ones closer; a hedge between keeps friendship green.

زر غبًّا تزدد حُبًّا، إذ إنّ كثرة الزّياراتِ إلى المعارفِ تؤدي إلى قلّةِ الاحترام. / لقد كنتَ تُرسل رسائل إليها أكثر من اللازم، ولهذا السّبب خسرتَ اهتمامها بك، ألم تسمع بالمثل القائل زر غبًّا تزدد حبًّا؟ / لقد أطالتِ الإقامة، وقد انتهى بها المطاف لتشعرَ بعدم التّرحيب بها من قِبل عائلةِ شقيقتها، وصدق من قال زر غبًّا تزدد حبًّا.

The frequent visits to acquaintances lead to less respect; after all, absence makes the heart grow fonder./You lost her interest in you because you were sending her messages too often. Do you not know that distance keeps loved ones closer to you?/She stayed too long with her sister and ended up feeling unwelcome by her sister's family. It is true what is said, that a constant guest is never welcome.

سَبَقَ السَّيْفُ العَذَلَ

What is done is done and cannot be undone; it is too late; the die is cast; there is no point crying over spilled milk.

قَتل ضُبَّةُ بن أد قاتل ابنهِ، فلامهُ النّاسُ لأنّه قتل نفسًا في الشّهر الحرام، فقال "سبق السّيف العذل"، أي أنّ ما حصل قد حصل ولا فائدةَ من اللّوم الآن. / نظرًا لأنشطتها الاحتياليّة فقد تمّ اتّخاذُ قرارٍ لا رجعةَ فيه بتصفيةِ الشّركة، وقد سبق السّيف العذل.

People blamed Dubba ibn Edd for avenging his son's murder during the sacred month. He replied, "The sword preceded blaming", i.e. what is done is done, and there is no point in blame now./Due to its fraudulent activities, a decision has been made to liquidate the company, and it is too late to reverse the decision.

شَرُّ البَلِيَّةِ ما يُضْحِكُ

So tragic it is hilarious; tragicomic; one does not know whether to laugh or cry; worst calamity makes one laugh; the worst hardships are those which bring laughter; misery is ironic; dramatic situations have their own humour.

إنّ الكثيرَ من النكات المضحِكة تستهدفُ الأوضاعَ البائسة التي يُواجهها الناسُ في حياتهم اليوميّة، وشرّ البليّةِ ما يُضحك. / إنّ الطبيبَ الذي صمّم نظامَ حميةٍ منخفض النّشويّات توفّي بسبب الأمراض المتّصلة بالسّمنة، إن شرّ البليّةِ ما يُضحك. / إنّ شرّ البليّةِ ما يُضحك، إذ صوّت النوابُ على زيادةِ رواتبهم بينما كان عمّال القطاع العام مضربين يطالبونَ بزيادةِ أجورهم.

Many funny jokes target miserable situations that people face every day; some of the worst calamities bring laughter./The physician who came up with a low-carb diet died from obesity-related diseases; after all, worst calamity makes one laugh./The members of parliament voted to increase their pay while the public workers were on strike demanding higher wages; the worst hardships are those which bring laughter, so tragic it is hilarious.

شَعْرَةُ مُعاوِيَةَ

To maintain an open line with others; not to sever ties with others; to keep connections alive (uncut) with others; diplomatic solutions.

قال الخليفة الأمويّ الأول معاوية بن أبي سفيان: ”ولو إنّ بيني وبين النّاس شعرةً ما انقطعتْ، كنتُ إذا مدّوها خلّيتها وإن خلّوها مددتُها.“ / رغم الاستفزازاتِ العسكريّة، إلّا أنّ شعرةَ معاوية لم تنقطع بين البلدين، وفي الحقيقة فقد التقى زعيما البلدينِ على هامشِ المنتدى الاقتصاديّ في الأسبوع الماضي. / سيكونُ الإبقاءُ على شعرةِ معاوية مع حلفِ النّاتو أحد أصعب التّحدياتِ التي يُواجهها رئيسُ الوزراء. / يُبقي المدير التنفيذيّ على شعرة معاوية بينه وبين مجلس الإدارة للحدّ من أيةِ توتراتٍ قد تنشأ.

"And even if there be one hair connecting me to people, I do not let it cut. If they pull it, I let it loose, and when they loosen it, I pull." Muawiyah ibn

The Idioms and Proverbial Phrases

abi Sufyan, the first Omayyad Caliph./Despite the recent military provocations, the ties were not severed between the two countries. In fact, the leaders of the two countries met on the sidelines of the Economic Forum last week./To maintain the fragile relationship with NATO will be one of the toughest challenges for the new prime minister./The CEO maintains an open line with the board of directors to reduce any conflicts that can occur.

الصَّبْرُ مِفْتاحُ الفَرَجِ

Patience is the key to relief, comfort, happy ending, success, or happiness; good things come to those who wait.

أعلمُ أنّكِ تمرّين بوقتٍ عصيب لكن تذكّري أنّ الصّبرَ هو مفتاح الفرج في ساعةِ الحيرة هذه. / تحلّوا بالصبر فالله لا يتأخر عن عبدهِ والصّبر مفتاح الفرج. / ستحتاجُ إلى الكثير من الصّبر والوقتِ كي تتقنَ حرفة صناعة الفخار فالصّبر مفتاح الفرج. / بعد عامٍ صعب تسعى الشّركةُ إلى الحصولِ على حصّةٍ أكبر في السّوق وكلّ ما تحتاجه هو الصّبر، فالصّبر مفتاح الفرج.

I know you are going through a bad time, but remember that patience is the key in this hour of uncertainty./Just hang in there, God is never late, and good things come to those who wait./You need a lot of patience and time to master pottery, after all patience is the key to success./After a difficult year, the company has aspirations to gain a larger market share; what is needed is patience, and patience is the key to relief.

الصَّديقُ عِنْدَ الضِّيقِ

That's what friends are for; a friend in need is a friend indeed.

لقد كانت دائمًا تساندُ أصدقاءَها خلال المحن، إنها حقًا صديقة عند الضيق. / لقد أسرع للتبرّع بدمهِ لصديقهِ الذي جُرح في الحادث، إنّ الصّديق عند الضيق.

She was always ready to stand by her friends through tough times, a true friend indeed./He rushed to donate blood to help his friend who had been injured in the accident; a friend in need is a friend indeed.

الطُّيورُ على أَشْكالِها تَقَعُ

Birds of a feather flock together.

يميلُ الكثيرُ من الفنّانيينَ البوهيميين إلى السّكن في هذا الحيّ، فالطّيور على أشكالها تقع. / هل لاحظتَ أنّ سائقي الدّرّاجات النّاريّة يلتقونَ في هذا المقهى، حقًّا إنّ الطّيور على أشكالها تقع.

Many artists with a bohemian lifestyle tend to live in this neighbourhood; birds of a feather flock together./Have you noticed that motorcyclists meet at that coffee shop; it is true that birds of a feather flock together.

عادَ بِخُفَّي حُنَيْن

To return empty-handed; to have gained nothing.

لقد عاد الصّيّادونَ بخُفّي حُنين، ولم يتمكنوا حتى من اصطِياد أرنبٍ صغير. / عاد المنتخبُ إلى بلدهِ بخُفّي حُنين بعدَ إلغاءِ الدّورةِ الرّياضيّة. / وقد تعهّد الوزيرُ بإجراءِ تغييراتٍ على الاتفاقيّة ولكنّه عاد بخُفّي حُنين.

The hunters returned empty-handed; they could not hunt even the smallest of rabbits./Following the cancellation of the tournament, the national team returned home empty-handed./The minister vowed to make changes to the agreement but came back empty-handed.

عَفا اللهُ عمّا سَلَف

Let bygones be bygones; forgive and forget; let us bury the hatchet; water under the bridge.

دعنا ننسى خلافاتِنا ونعودُ أصدقاء مرةً أخرى، وعفا الله عما سلف. / واتفقتِ الدولتانِ على حلّ كافّةِ المشاكل بينهما بالوسائلِ السّلميّة وعفا الله عمّا سلف.

Let bygones be bygones, and let us forget about our disagreements and be friends again./The two states have agreed to settle all the disputes by peaceful means, to forget the past and start out a new.

على أَهْلِها / نَفْسِها جَنَتْ بَراقِش

To have only one's self to blame; to dig one's own grave; to bring something bad on oneself; to ask for trouble; to be one's own fault; it serves one right.

كان سببُ إفلاسِهِ هو إساءة إدارة أموالِهِ، لا يسعني إلّا أن أقول على أهلها جنت براقش. / سمع الأعداءُ نباحَ الكلبةِ براقش فعرفوا مكانَ اختباء أصحابها، وقتلوهم جميعًا بما فيهم الكلبة، وعلى أهلها جنت براقش. / بسببِ مزاجه السّيءِ، فقد خسر صاحبُ المطعمِ زبائنَهُ وعلى نفسها جنت براقش.

His bankruptcy was caused by mismanagement of his money. I can only say that he brought this on himself./The enemies heard "Baraaqish" the dog barking and discovered the whereabouts of her owners, so they killed them all, including the dog; she brought it on her owners./Because of his bad temper, the restaurant owner has only himself to blame for losing his customers.

العَيْنُ بِالعَيْنِ والسِّنُّ بِالسِّنِّ

An eye for an eye and a tooth for a tooth.

نظرَ في عينَي الرّجلِ الذي قتلَ أباه وقال "العينُ بالعين والسّنّ بالسّنّ"، قبل أن يُسدّد له طعنةً بخنجرِهِ. / يُعدّ مبدأ العين بالعين والسّنّ بالسّنّ موجِّهًا لكثير من التّشريعاتِ والعلاقاتِ السّائدةِ في العالم. / وقفَ بقُربِ جثةِ أخيهِ المقتول وصاحَ متوعِّدًا: "العين بالعين والسّنّ بالسّنّ."

He looked into the eyes of the man who killed his father and said: "An eye for an eye, and a tooth for a tooth", before stabbing him with his dagger./The "an eye for an eye" principle is the guideline for many of the prevailing legislation and relationships in the world./He stood next to the body of his murdered brother and shouted: "an eye for an eye, and a tooth for a tooth", vowing to kill his brother's killer.

في خَبَرِ كانَ

To become a thing of the past; to be no more; to be relegated to history; to belong to the past.

نُقِل عن أحدِ الضبّاط اِمتعاضه من الأداء الحكوميّ قائلًا: "لولا الجيش لكانتِ الحكومة في خبر كان." / منذ أن بدأ برنامجُ التّطعيم ضدّ شلل الأطفال أصبح هذا المرض في خبر كان. / هل ستستطيعُ التكنولوجيا الحديثة أن تجعل النّقد في خبر كان؟

One general expressed his resentment of the government's performance by saying that, had not been for the army, the government would have been no more./Since the polio vaccination programme was started, this disease is almost relegated to history./Can the new technology make cash a thing of the past?

القَشّةُ التي قَصَمَتْ ظَهْرَ البَعيرِ

The final/last straw; the straw that broke the camel's back.

كان زوجها يعودُ إلى المنزل متأخرًا دومًا، ولكنّه حين عاد في تلك الليلةِ ثملًا مخمورًا كانت تلك هي القشة التي قصمت ظهرَ البعير، التي أدّت إلى طلاقِهما. / بدأ الحاكمُ سلسلةً من الجهود لتقويضِ استقلاليةِ القضاء، وقد كان تعليقُ عملِ القُضاةِ في المحكمةِ العليا بمثابةِ القشّة التي قصمت ظهرَ البعير.

Her husband has consistently come back home very late, but when he came back that night completely intoxicated, that was the straw that broke the camel's back, and consequently, they were divorced./The ruler has initiated a series of efforts to undermine the independence of the judiciary; the suspension of the high court judges has been the final straw that broke the camel's back.

كُلُّ إناءٍ بِما فيهِ يَنْضَحُ

What is bred in the bone will come out in the flesh; the mouth speaks what the heart is full of; vessels leak what they hold.

كنتُ قد كتبتُ له رسالةً لطيفة، فردّ عليّ بعد فترة بكلماتٍ بذيئة، في الواقع كلّ إناءٍ بما فيه ينضح. / كلّ إناءٍ بما فيه ينضح، ومن الواضِح أنّ المديرَ يمارسُ التّمييز ضدّ الموظفين ذوي الاحتياجات الخاصّة.

I had written a nice letter to him, but he later replied to me with bad words. Actually, vessels leak what they hold./It may be that what is bred in the bone will come out in the flesh, and it is obvious that the director is practising prejudice against disabled employees.

كَما تُدينُ تُدان

As you sow, so shall you reap; what goes around comes around; karma; evil be to him who evil thinks; the biter gets bit.

عاملت سارة أمّها العاجزة بقسوةٍ بالغةٍ في آخر سنواتها، وحين كبُرت هي في العمر ووهن العظمُ منها عاملها أولادُها بنفسِ القسوة، وكما تُدين تدان. / كان صاحبُ العملِ يُصرّ على أنّ الخِداعَ والجشع هما وسيلتا النّجاح في التّجارة، ولكنّه خسر كلّ شيء في النّهاية ولم يكُن هناك أحدٌ يُساعده، حقًّا كما تُدين تدان.

Sarah treated her helpless mother with extreme cruelty in her mother's later years, and when Sarah herself grew old and became frail, her children treated her with the same cruelty; what goes around comes around./The business owner always insisted that dishonesty and greed were the means for success; in the end, he lost everything, and nobody was ready to help him; indeed, as you sow, so shall you reap.

كالمُسْتَجيرِ مِنَ الرَّمْضاءِ بالنّارِ

To jump out of the frying pan into the fire.

إنّها كالمُستجير بالرمضاء من النار برجوعِها إلى زوجها السّابق هربًا من عائلتها المتزمّتة. / من خلال التّصويت على الرئيس الشّعبوي الجديد فإن البلاد تبدو كالمستجيرِ من الرَّمضاء بالنّار.

Going back to her ex-husband to escape her controlling family is like jumping out of the pan into the fire./By voting for the new populist president, the country appears to be moving out of the frying pan, into the fire.

لا ناقَةَ لَهُ فيها ولا جَمَل

To have nothing to do with something; I have no horse in this race.

لستُ مستاءً من أنّ عائداتِ الأرباح ستنخفض إذ لا ناقةَ لي فيها ولا جمل، ولم أشترِ لنفسي سهمًا واحدًا في حياتي. / لا ناقة لنا ولا جمل في ما يجري في ذلك الحيّ. / إنّ شغفَ أبي الأول هو الرّياضة، وهو لا يهتمّ كثيرًا في السّياسة إذ لا ناقة له فيها ولا جمل. / أنا لستُ معنيًا بالسّفر عبر الفضاء، إذ أنّني سأستمرُ في العيشِ على الأرض ولا ناقة لي بذلك ولا جمل.

I am not upset that the dividend yield will go down, as I have no horse in this race; I have never bought a single stock in my life./We have nothing to do with what is happening in that neighbourhood./My father's passion is sports, and he never troubles himself about politics; he has no horse in the race./I am not interested in space travel; I will continue to live on Earth, and I have no horse in this race.

لا يُكَلِّفُ اللهُ نَفْسًا إلّا وُسْعَها

God does not burden any soul more than it can bear; not take upon oneself more than one can bear or handle; to match duty, responsibility, or task with ability; there is not more that can be done.

إنّ أسلوبك في العمل سيقتلك، تذكّر أنّ الله لا يكلّف نفسًا إلّا وُسعَها. / إنّك تشعرُ بالتّعبِ الشّديد بسببِ ممارسةِ الرّياضة الزّائدة عن الحدّ، إنّ قوّتك لها حدودها ولا يكلّف الله نفسًا إلّا وُسعها. / لقد منحتَ عائلتَك وقتك ومالك، ولا يُمكنك فعل المزيد فالله لا يكلّف نفسًا إلّا وُسعها. / إنّ الميزانيّة لا تكفي لسدّ كلّ الاحتياجاتِ الأساسيّة للبلد هذا العام، ولا يكلّف الله نفسًا إلّا وُسعها.

The way you work will kill you; you should remember that God does not burden any soul more than it can bear./You are feeling exhausted and drained from too much exercise; your strength has its limits, and you should not take upon yourself more than you can bear./You have given your family your time and money, and you cannot do more. God does not burden any soul more than it can bear./The budget is not enough to meet all the basic needs of the country for this year, and there is not more that can be done.

لا يُلْدَغُ المُؤْمِنُ مِنْ جُحْرٍ مَرَّتَيْنِ

A believer is not stung twice by something out of the same burrow; a fox is not caught twice in the same snare; once bitten, twice shy; so a fool returns to his folly; do not make the same mistake twice.

لقد تعلّمنا من أخطاءِ الماضي ونحنُ الآن مستعدون تمامًا لمواجهةِ أيّة أزمةٍ مُماثلة، فالمؤمنُ لا يُلدغ من جحرٍ مرّتين. / بعدما سُرقت مِحفظتي في المكتب، لن أتركَ حقيبتي هناك بعدَ الآن، فلا يُلدغ المؤمنُ من جحرٍ مرّتين.

The Idioms and Proverbial Phrases

We have learnt from the mistakes we made in the past and, by this time, we are well prepared to face a similar crisis; a fox is not caught twice in the same snare./I will not leave my bag in the office again since my purse was stolen there. Truly said, once bitten, twice shy.

لِكُلِّ جَوادٍ كَبْوَة وَلِكُلِّ عالِمٍ هَفْوَة

Nobody is perfect; every excellent horse stumbles and every scholar errs; even Homer sometimes nods.

اعتذرَ الفنانُ الكوميديّ لجمهوره بسببِ المستوى غير المُرضيّ لأدائهِ في المُسلسل، قائلًا "لكلّ جوادٍ كبوة." / وكَتبَ لاعبُ الكُرة عبر حسابهِ الشّخصيّ بموقع التّواصل الاجتماعيّ: "لكلّ جوادٍ كبوة ولكلّ عالمٍ هفوة، والهزيمةُ ليست نهايةَ المطاف."

The comedian apologised to his fans for the unsatisfactory level of his performance, saying nobody is perfect./The footballer wrote on his social media account: "Nobody is perfect, and losing is not the end."

ما حَكَّ جِلْدَكَ مِثْلُ ظِفْرِك

No one can scratch your itch as well as yourself can; nobody can help you but yourself; if you want a thing well done, do it yourself; not to depend on anyone but one's self; paddle your own canoe.

إنّ والديك لن يكونا قادرينِ على الاهتمامِ بأطفالك بعدَ الآن وفي النّهاية ما حكّ جلدكَ مثل ظفرك. / كي يحمي مصالحَهُ الوطنيّة لابدّ أن يقلّلَ البلدُ اعتمادَه على المساعداتِ الدّوليّة ويبني قوّتَه الذاتيّة، وما حكّ جلدكَ مثل ظفرك. / إياكَ أن تعتمدَ على أحد، فما حكّ جلدكَ مثل ظفرك.

Your parents will not be able to care for your children anymore and, in the end, nobody can help you except yourself./To protect its national interest, the country needs to minimise its reliance on international aid and build up its own strength, as nobody can help you but yourself./Never depend on anyone but yourself; if you want a thing well done, do it yourself.

مَصائِبُ قَوْمٍ عِنْدَ قَوْمٍ فَوائِدُ

One man's loss is another man's gain; one man's misfortune is another man's opportunity.

في حين فقدَ الكثيرونَ أعمالَهم بسببِ الأزمةِ الاقتصاديّة تمكّن آخرون من استغلالها لجني أموال طائلة، حقًّا إنّ مصائبَ قومٍ عند قومٍ فوائدُ. / ومع انتشار الوباءِ وحصدهِ الكثيرَ من الأرواح ارتفعت وتيرةُ الإنتاجِ في أكبر مصنعٍ للنّعوشِ في البلد، حقًّا إنّ مصائبَ قومٍ عند قومٍ فوائدُ.

While many lost their jobs and businesses due to the financial crisis, others have been able to use it to make a lot of money. Truly said, one man's misfortune is another man's opportunity./As the pandemic spread and claimed many lives, production rose in the largest coffin factory in the country; truly said, one man's misfortune is another man's opportunity.

مُكْرَهٌ أَخاكَ لا بَطَل

To make a virtue of necessity.

لقد أجبرَ تخفيضُ الميزانيةِ الموظفينَ على تشارُك الموارد فيما بينهم، ومكرهٌ أخاكَ لا بطل. / لا يملكُ البلدُ الوسائلَ العسكريّة لحمايةِ مصالحه، ولذا فإنّ تركيزه على الوسائلِ الدبلوماسيّة هو من باب مكرهٌ أخاكَ لا بطل.

Reducing the budget has forced staff to make a virtue of necessity and pay attention to resource sharing./The country does not have the military means to safeguard its interests; it has therefore made a virtue of necessity in focusing on diplomatic means.

مَنْ شَبَّ عَلى شَيْءٍ شابَ عَلَيْهِ

Old habits die hard; child is father to the man.

كان في طفولتهِ يرسمُ دوائر متداخلة في الرّمال، ولا يزالُ يفعلُ ذلك في سنِّ الخمسين، حقًّا من شبَّ على شيءٍ شاب عليه. / حين كانت صغيرة كانت تساعدُ والدَها في العمل الخيريّ، والآن هي في أواخر السبعينات من عمرها وما تزال ناشِطةً في العملِ الخيريّ، من شبَّ على شيءٍ شابَ عليه. / إنّه لا يستطيعُ التخلّي عن عادتهِ القديمة بعَدّ الدرجاتِ عندما يستخدمُ السّلالم، من شبّ على شيءٍ شابَ عليه.

In his childhood, he used to draw overlapping circles in the sand, and he still does that in his 50s; truly said, child is father to the man./When she was little, she used to help her father with charity work, and now she is in her late 70s and still active in charity work. After all, old habits die hard./He cannot kick the old habit of counting steps when using stairways; old habits die hard.

وعَسى أَنْ تَكْرَهوا شَيْئًا وَهُوَ خَيْرٌ لَكُم

Maybe it is for the best; adversity may be a blessing in disguise; It may well be that you dislike a thing while it is good for you, and it may well be that you like a thing while it is bad for you [Quran 2:216].

شعر العروسانِ بالضّيق لاضطرارهما إلى تأجيلِ رحلةِ شهر العسل، ولكن تبيّن أنّها كانت نعمة لأنّ العاصفة كانت ستُفسِد عليهما رحلتهما. وعسى أن تكرهوا شيئًا وهو خيرٌ لكم. / -"لم أحصل على قبولٍ في كليّةِ الطّبّ" -"لا عليك، وعسى أن تكرهوا شيئًا وهو خيرٌ لكم."

The couple felt bad because they had to postpone their honeymoon, but it turned out to be a blessing in disguise. Their holiday would have been spoiled by the storm./– "I did not get accepted into medical school" – "Never mind; maybe it is for the best, and maybe it is a blessing in disguise."

وقد أَعْذَرَ مَنْ أَنْذَرَ

Forewarned is forearmed.

إنّنا نُحذّر مِن أنّه لن يتمّ التّسامح مع مثلِ هذه الأعمال بعدَ الآن، وقد أعذرَ مَن أنذر. / سيتمُّ فصلك من العمل إن قمتَ بانتهاكِ سياساتِ الشّركةِ مرّةً أخرى، وقد أعذرَ مَن أنذر. / إنّنا نُحذّرُ السّلطاتِ من أنّنا سنستخدمُ كلَّ الوسائلِ الممكنة للدّفاعِ عن حرّيتنا، وقد أعذرَ مَن أنذر.

Forewarned is forearmed; we warn that such acts would not be tolerated anymore./Forewarned is forearmed; you would be fired if you again violated the company policy./Forewarned is forearmed; we warn the authorities that we will use any means necessary to defend our freedom.

ولاتَ حينَ مَناصٍ / مَنْدَم

Too late; too late to escape; missed the boat.

إنّ الوضعَ يتدهورُ وعلينا أن نتداركَ الأمرَ من الآن قبل أن نقولَ ولات حين مناص. / بسبب الحلولِ التّرقيعيّةِ للحكومة ستصبحُ أزمةُ الغذاء كارثة، وعندئذٍ ولات حين مناص. / إذا لم

تتوقف عن تناول الأطعمة الدّسمة والسّكرية فإنّك ستعرّض نفسك للخطرِ خلالَ شهور، وحينَها لات حين مناص.

The situation is deteriorating; we need to act right now before we reach a stage in which we will say it is too late./Because of the government's patch-work, the food crisis will become a disaster and, by then, the government may have missed the boat./If you do not stop eating fatty and sugary foods soon, you will put your health in danger within months, and then it will be too late.

الوَلَدُ سِرُّ أَبيه

Like father, like son.

إنّه أمرٌ مثيرٌ للدّهشة، إذ إنّ هذا الولد البدويّ يعزفُ على الربابة بنفسِ الطّريقةِ التي يعزفُ بها والدُه، فعلًا إنّ الولد سرّ أبيه. / رغم اختلاف الظّروف، إلّا أنّ الشّابّ يُجسّد أباهُ في تفاؤلِهِ ونجاحِهِ، حقًّا إنّ الولد سرّ أبيه.

It is just amazing, this Bedouin boy plays the rababa in the same way as his father; like father, like son./Despite totally different circumstances, the young man is an embodiment of his father's optimism and success; like father, like son.

يُمْهِلُ ولا يُهْمِلُ

Retribution may be delayed, but it is sure to overtake the evil; though the mills of God grind slowly, yet they grind exceedingly small.

لقد ذاقتْ على يديهِ الأمرّين لسنوات، وانتظرتْ بصبرٍ حتى يتمّ الانتقام، وها هي العدالة تتحقّقُ فالله يُمهلُ ولا يُهمل. / إنّ الله تعالى يأخذُ حقّ المظلومِ من الظّالمِ ولو بعدَ حين، فسُبحانَه يُمهل ولا يُهمل.

She suffered at his hand for years, and she had to wait in patience for vengeance to be accomplished. Now justice is served; the mills of God grind slowly./God almighty takes revenge for the oppressed from the oppressor, even after a while, though the mills of God grind slowly, yet they grind exceedingly small.

PART II
The practice exercises
التمارين

1 الكتاب العجيب

كان حسن يتحدّثُ عن كتبهِ الكثيرة التي اقتناها وقرأها بينما كان يقبضُ بيديهِ بشدّةٍ على كتابٍ صغير. لقد امتلكَ في الماضي مكتبةً كبيرةً تضمُّ المئاتِ من الكتبِ المهمّةِ والنّادرة، ولكنّها ذهبت أدراجَ الرّياح بسببِ سفرهِ إلى بلادِ الغربةِ البعيدة. ولكنّ كتابًا عجيبًا واحدًا بقيَ معهُ ورافقهُ أينما ذهب. فقد كان يساعدهُ كلّما أعيتهُ الحيلةُ في مواجهةِ المشاكل، ويمنحهُ القوّةَ في التغلّب على صعوباتِ الحياة. وكلّما أحدقت به المخاطر كان الكتاب معه ينقذ حياته، ومن ذلك إنّه عبر البحر في قاربٍ قديم، وما إن أصبح القاربُ في عرضِ البحر حتى بدأ الماءُ يتسرّب من قعرهِ. ورغم أنّ حسن أصبح على شفا الهاوية عندما بدأ القارب بالغرق إلّا أنّه لم يكترث بمناشداتِ مَن كانوا معهُ كي يقفزَ معهم إلى البحرِ لينجوَ بنفسهِ. وأصرّ على البقاءِ في القاربِ متشبثًا بالكتاب. ولم تمضِ لحظات حتى مرّت سفينةٌ تجاريّةٌ وانتشلتهُ من القاربِ الذي غرقَ حالما غادرهُ.

يتواصلُ حسن بطريقتهِ الخاصّة مع الكتاب. فهو يفتحُ الكتابَ كيفما اتّفق متى ما شعرَ بالقلق، أو كلّما خطرَ في ذهنهِ سؤال، أو عجزَ عن اتّخاذِ قرار ليجدَ عباراتِ الكتابِ تُهدّئهُ أو تُعطيهِ جوابًا أو نصيحة. بل ويستطيعُ الكتابُ العجيبُ أن يُميطَ اللّثامَ عن أسرارِ النّاسِ الذين يلتقي بهم ويكشفَ لهُ عن نواياهم.

ولكنّ الكتابَ يُسبّبُ لهُ الإزعاجَ أحيانًا. فنصائحهُ عندما لا تأتي على مرامهِ تُثيرُ انزعاجَهُ، خصوصًا عندما تنهاهُ عن شيءٍ يُحبّهُ أو تُوجّههُ لفعلِ شيءٍ لا يرغبُ فيه، ومع ذلك أصبحَ الكتابُ جزءً لا يتجزّأ من حياتهِ، ولا يستطيعُ حسن فعلَ أيّ شيءٍ بدونهِ، ومجرّد الإحساس ببعدهِ عنهُ يُصيبهُ بمسٍّ من الجنون ويجعلهُ يُبادرُ إليهِ مسرعًا ليُمسكَهُ بيديهِ كي يشعرَ بالطّمأنينة.

كان الطّبيبُ النّفسيّ يستمعُ إلى حسن باهتمام، وبعد أن أكملَ تسجيلَ ملاحظاتهِ طلبَ منهُ الكتاب، ولكنّ حسن لم يوافق على إعطائهِ إياه إلّا على مضض. فتحَ الطّبيبُ الكتابَ وتصفّحَ أوراقَهُ كلَّها ورقةً ورقة، وكانت المفاجأة، فقد كان الكتابُ مجرّد أوراق بلا كلمات.

DOI: 10.4324/9781003096665-32

The practice exercises

(1) Carefully read the text, then discuss how the idioms are used to convey the meaning.

(2) Translate the text into English, making sure that your final translation reads like authentic English and reproduces the content and style of the text.

(3) Express what you understand in Arabic by using the idioms appearing in the text. Ensure to use all the idioms from the text correctly.

(4) Choose the correct idioms to fill in the blanks in the following sentences.

1	وحسب ما أفادت به وكالة الأنباء فإن هذا التقرير _____ الوجه الحقيقي للحزب الحاكم.	أ	أعيته الحيلة
		ب	أماط اللثام عن
		ج	أحدقت به المخاطر
2	عليك أن تتريث ولا ينبغي أن تتسرع وتصدر أحكامك _____ .	أ	على شفير الهاوية
		ب	كيفما اتفق
		ج	جزء لا يتجزأ
3	وافق رؤساء اللجنة على تأجيل الاجتماع السنوي المقرر عقده في التاسع من أيلول الجاري _____ .	أ	على مضض
		ب	على شفير الهاوية
		ج	على مرامه
4	علينا أن نعمل على توعية الناس وأخذ المزيد من الحيطة والحذر في التعامل مع هذا _____ بنا.	أ	على مضض
		ب	المس من الجنون
		ج	الخطر المحدق
5	_____ أحلام الزوجة وآمالها _____ بعدما قرر زوجها أن يتزوج عليها بأخرى.	أ	أعيتها الحيلة
		ب	ذهبت أدراج الرياح
		ج	أصابها مس من الجنون
6	إن استمرار الأزمات وتتابعها في البلد سيجعله _____ .	أ	على شفير الهاوية
		ب	كيفما اتفق
		ج	أماطت اللثام عنها

7 أعلم أنه سائق ماهر ولديه إجازة سياقة منذ سنوات، إلّا أنه اليوم كان يقود سيارته كمن ________.

أ على مرامه
ب ذهب أدراج الرياح
ج أصابه مس من الجنون

8 رغم أنها كانت تقول الحقيقة إلّا أن حديثها لم يأت ________ السامعين في تلك الأمسية.

أ كيفما اتفق
ب على مرام
ج على مضض

9 حاول مرارًا وتكرارًا فتح الصندوق وبعدما ________ لم يجد أمامه سوى أن يكسره.

أ أماط اللثام عنه
ب ذهب أدراج الرياح
ج أعيته الحيلة

10 وقال الناطق إن الجزر الأربعة المتنازع عليها هي ________ من أراضي بلاده وأن استعادتها هو واجب وطني.

أ جزء لا يتجزأ
ب كيفما اتفق
ج ذهبت أدراج الرياح

(5) Translate the following sentences into Arabic. Translate the words in bold into one of the idioms of this unit.

1 The government will **unveil** a new climate plan to tackle climate change.
2 I was **at my wit's end** to find a suitable solution to the problem.
3 What would you do if you were **surrounded by dangers**?
4 The employees will not embrace the new rules; they will **grudgingly** adjust to them.
5 You cannot use these idioms **just anyhow**. You need to learn how to use them.
6 Plans to open the border between the two countries have **gone down the drain**.
7 The woman **went mad** and started talking to herself and laughing hysterically.
8 The drawing was not **as she wished**, and she requested it be taken down.

The practice exercises

9 These rituals are **an integral part of** our society and culture.

10 The company has been struggling for some time and is now **on the brink of the abyss**.

(6) Use the idioms of this unit in sentences of your own.

> **This practice exercise covers the following Arabic idioms:**
>
> أحدقت به المخاطر   كيفما اتفق   على مضض
> على مرامه   أماط اللثام عن   جزء لا يتجزأ
> على شفير الهاوية   ذهب أدراج الرياح   أعيته الحيلة
> أصابه مس من الجنون

2

الهوَس

وصلَ المعجبونَ بها إلى مائةٍ وعشرينَ معجبًا ومعجبة. صحيحٌ أنّ أكثر من نصفهم من الأقاربِ والأصدقاء والزّملاء، إلّا أنّ العددَ كبيرٌ وما يزال يرتفع. التقطتْ صورةً لطبقِ الباقلاء مع البيضِ اللّذيذ الذي طبختهُ لعائلتِها اليوم ووضعتها بأسرع ما يُمكن على موقعِ التّواصل الاجتماعيّ كي تحصدَ أكبر عددٍ من "اللايكات" قبل أن تضعَ صديقتُها صورةَ طبقِها الصّباحيّ، وحينها قد يكونُ فاتَ الأوان. إنّها تريدُ من الآنَ فصاعدًا أن تكونَ الأولى في نيلِ الإعجاب في موقعِ التّواصل الاجتماعيّ بدلًا من صديقتِها. لم تستطع الانتظار، فبينما كانت تشربُ الشّاي على مائدةِ الإفطار تمعّنت في الصّورة، لقد حصلت على عشرينَ إعجابًا وعدة تعليقات خلال ربع ساعة. علّق عمُّها الذي يعيشُ في كندا: "لقد آن الأوان أن تُرسلي لي طبقًا مثله." فيما وضعت فتاةٌ لا تعرفُها رمزَ وردةٍ وعبارة "سأتذوقُ طبقكِ عاجلًا أم آجلًا." شعرت بأنّها أصبحت ملكةَ الموقعِ بين ليلةٍ وضُحاها، فقد كانت أعدادُ الإعجابِ والتّعليقات تزدادُ بشكلٍ كبير ومعها طلباتُ الصّداقة. يبدو أنّ صورَ الطّعامِ تجلبُ المزيدَ من المعجبين، ولهذا فإنّها ستضعُ المزيدَ من صورِ الطّعام الذي تصنعهُ بين الفينةِ والأخرى. ولكنّها في نفسِ الوقت أحسّت بالغَيظ لأنّ صديقاتها المقرَّبات منها لم يضعنَ تعليقًا أو إعجابًا. من المؤكَّدِ أنّ الغيرةَ تأكلُ قلوبَهنّ الآن، ولكن ربما سوء ظنّها بهنّ سابقٌ لأوانه، فاليوم عطلة، والوقتُ ما يزالُ مبكرًا. لقد أصبحَ موقع التّواصل الاجتماعيّ هوسًا لها، فهي تقومُ بمتابعتهِ مرارًا وتكرارًا، ومع هذه المتابعة تتغيّرُ مشاعرُها بين الفرحِ والحزن، والدّهشةِ والملل، والانبهارِ واللّامبالاة في نفسِ اليوم. فهي تفرحُ لتعليقٍ يمتدحُها ولكنّها سرعانَ ما يتغيّر مزاجُها وتصبح حزينة لأنّ أحدهم وضع تعليقًا مؤذيًا أو غير مهذب. علّقت حماتُها: "هنيئًا لأولادكِ بك، لكثرة تواجدك في موقع التّواصل الاجتماعيّ فقد أصبحتِ أمًّا وفاشينيستا في آنٍ واحد." لقد أزعجَها هذا التّعليق جدًا، وقررت دونَ تفكير أن تضعَ صورةً لها تجمعها مع ابنتها المراهقة التقطتها قبل يومين، فقد كانت تلبسُ نفسَ ملابس ابنتها مع نفس تسريحةِ الشّعر. من المؤكّد أنّ هذه الصّورة ستُغيظُ حماتها، وتُريها

DOI: 10.4324/9781003096665-33

أنّها أمٌّ قبل كلِّ شيء. وبضغطةٍ على الهاتف الذّكيّ، كانت الصّورةُ متاحةً للجميع. لم يمرّ وقتٌ طويل حتى وصلتها رسالةُ إعجاب، فتحتها بسرعة. ولكنّها ما إن فتحتها حتى اكتشفت أنّ حسابها الشّخصيّ قد أُقفِل مع رسالةٍ تقول "لقد فتحتِ الرّسالةَ قبل الأوان، كان عليك أن تنتظري قليلًا، لقد تمّ اختراقُ حسابك الشّخصيّ وسيبقى مقفلًا إلى أجلٍ غير مُسمّى."

(1) Carefully read the text, then discuss how the idioms are used to convey the meaning.
(2) Translate the text into English, making sure that your final translation reads like authentic English and reproduces the content and style of the text.
(3) Express what you understand in Arabic by using the idioms appearing in the text. Ensure to use all the idioms from the text correctly.
(4) Choose the correct idioms to fill in each of the blanks in the following sentences.

1 لقد اهتم الكاتب بمعالجة مشكلات بلاده الاجتماعية والعرقية فهو كاتب ومصلح اجتماعي ________.

أ إلى أجلٍ غير مسمى
ب في آنٍ واحد
ج بأسرع ما يمكن

2 تغيرت القوانين فمن اليوم لن يتم التعامل بالدولار. سيتم ________ التعامل بالعملة المحلية.

أ من الآن فصاعدًا
ب سرعان ما
ج سابق لأوانه

3 لقد أصبح وجودنا هنا خطرًا علينا ولا يمكننا البقاء هنا لفترة أطول. علينا أن نرحل ________.

أ مرارًا وتكرارًا
ب بين الفينة والأخرى
ج بأسرع ما يمكن

4 وأكد الرئيس على أن الأراضي المحتلة ستعود لأهلها وأنها مسألة وقت فقط، ________ ستتحرر هذه الأراضي.

أ عاجلًا أم آجلًا
ب بين الفينة والأخرى
ج مرارًا وتكرارًا

الهوَس

5 توفي الرجل بعد أن تأخرت سيارة الإسعاف في الوصول لأكثر من ساعتين. لقد وصلت سيارة الإسعاف _____.
أ سابقة لأوانها
ب بعد فوات الأوان
ج قبل فوات الأوان

6 بعد أن شاهده الجمهور يمثل باحترافية في المسلسل تحول الممثل الشاب إلى نجم لامع _____.
أ سابق لأوانه
ب بين ليلةٍ وضحاها
ج بين الفينة والأخرى

7 عادة ما يثمر شجر التين في شهر يوليو (تموز)، لكنه في هذا العام أثمر _____ في شهر مايو (أيار).
أ قبل فوات الأوان
ب بأسرع ما يمكن
ج قبل أوانه

8 لقد أجريتْ لها عملية نقل كبد قبل سبع سنوات إلّا أنها الآن بحاجة إلى عملية أخرى لنقل الكبد وعلينا أن نجد متبرعًا _____.
أ مرارًا وتكرارًا
ب قبل فوات الأوان
ج سابق لأوانه

9 لقد قلت لهم _____ إن هذه المؤسسة غير مشهود لها بالكفاءة ولكنهم لم يستمعوا لي.
أ بأسرع ما يمكن
ب آن الأوان
ج مرارًا وتكرارًا

10 _____ للبدء في العمل على هذه المشاريع.
أ سرعان ما
ب آن الأوان
ج أبد الآبدين

11 لا يصح الخوض في هذا الموضوع الآن لأنه من المبكر الحديث عنه وما تقوله هو _____.
أ سابق لأوانه
ب إلى أجل غير مسمى
ج قبل فوات الأوان

12 يُذكر أن المحافظة تشهد _____ حوادث قتل واغتيال كان آخرها محاولة فاشلة لاغتيال المحافظ.
أ من الآن فصاعدًا
ب بين الفينة والأخرى
ج إلى أبد الآبدين

The practice exercises

13 تم تأجيل الانتخابات الرئاسية التي كانت مقررة في العاشر من مايو (أيار) الجاري _____.
   أ سابقة لأوانها
   ب إلى أبد الآبدين
   ج إلى أجلٍ غير مسمى

14 نزل الشباب إلى ساحات المظاهرات في محاولة لإعادة إحياء الثورة لكن _____ تغلغلت بينهم مجموعة هتفت تأييدًا للحزب المتطرف.
   أ بين ليلةٍ وضحاها
   ب عاجلًا أم آجلًا
   ج سرعان ما

15 نقسم بالله العظيم، مسلمين ومسيحيين، أن نبقى موحدين، _____. آمين.
   أ قبل الأوان
   ب إلى أبد الآبدين
   ج بين ليلةٍ وضحاها

(5) Translate the following sentences into Arabic. Translate the words in bold into one of the idioms of this unit.

1. Tourism chiefs call on the government to save jobs **before it is too late**.
2. Often people realise **too late** that the business is costing them money.
3. Passengers arriving in the capital **from now on** will be asked to provide an address.
4. Four systems can be programmed **at the same time**.
5. **It is time** to defend our country.
6. We need to intervene **every now and then** to sort things out.
7. He was determined at the beginning, but **soon** he changed his mind.
8. The risks of closing the atomic reactor **prematurely** are very large.
9. Do you really expect the regime to change **overnight**?
10. **Sooner or later** we will go back to our homeland.
11. I need these reports **as soon as possible**.
12. These archaeological ruins will stay here **for ever and ever**.
13. All the shops will be closed **indefinitely**.
14. I have said it **time and time again**, this disease is not fatal.

15 It is **too early** to determine the specific impact of the economic boom on the society.

(6) Use the idioms of this unit in sentences of your own.

This practice exercise covers the following Arabic idioms:		
مِن الآن فصاعِدًا	قبلَ فوات الأوان	بعد فوات الأوان
قبلَ الأوان	سابقٌ لأوانه	آنَ الأوان
في آنٍ واحد	بينَ ليلةٍ وضحاها	بينَ الفينةِ والأخرى
إلى أجلٍ غير مسمّى	إلى أبدِ الآبدين	بأسرع ما يمكن
عاجلًا أم آجلًا	سرعان ما	مرارًا وتكرارًا

3 المقاهي في العواصم العربية

تتميّز مدن القاهرة وبغداد ودمشق بالمقاهي التّقليديّة العريقة التي تُعدُّ شاهدًا على تاريخِها والأحداث التي حصلت فيها. ولم تكُن تلك المقاهي أماكن للتّسليةِ والقيلِ والقال يقضي فيها الرّجالُ أوقاتَهم بتبادلِ الحديث والألعاب التّراثيّة مع تناولِ الشّاي والقهوة والمرطّبات فحسب، بل أثبتت وجودَها عبر تاريخِها الطّويل نسبيًا كنوادٍ للثّقافةِ والشّعرِ والسّياسة. كانت تنشطُ في تلك المقاهي السّجالاتُ الفكريّةُ والسّياسيّةُ والاجتماعية مثيرةً الكثير من الجدلِ وردودِ الأفعال. وبسبب اجتذابها لعددٍ مهمٍّ من كبارِ الشُّعراءِ والمؤلّفينَ والسّياسيين قبلَ سطوعِ نجمهم وأثنائهِ، كمحمد مهدي الجواهري في بغداد ونجيب محفوظ في القاهرة ومحمّد الماغوط في دمشق، فقد أصبحت مقصدًا يُطرحُ فيه للنّقاش كلُّ ما تتفتّقُ عنه قريحةُ الأدباءِ والمثقّفينَ المثيرينَ للجدل من أفكار تجاه قضايا مجتمعاتهم، أو ما يتبادرُ إلى أذهانِ السّياسيينَ المعارضين من ملاحظاتٍ على الأوضاع في بلدانهم، وساحةً لعرضِ آراء كلّ مَن يعجبهُ أن يغرّد خارج السّرب أو يناقش في مسائل تضربُ على الوتر الحسّاس بعفويةٍ وحرية. ولا نبالغ إذا قُلنا إنّ تلك المقاهي كانت تشكّلُ علامةً فارقةً في تاريخ كلِّ مدينةٍ من تلك المدن وتراثها، وكانت مصدرَ إلهامٍ لأفضل ما أنتجهُ الأدباءُ والفنانونَ العرب في زمنهم الذّهبيّ، فما بالك عن التأثيراتِ السّياسيّة والاجتماعيّة والفكريّة التي تركتها في العالَم العربيّ.

(1) Carefully read the text, then discuss how the idioms are used to convey the meaning.

(2) Translate the text into English, making sure that your final translation reads like authentic English and reproduces the content and style of the text.

(3) Express what you understand in Arabic by using the idioms appearing in the text. Ensure to use all the idioms from the text correctly.

DOI: 10.4324/9781003096665-34

(4) Choose the correct idioms to fill in each of the blanks in the following sentences.

1	إن هذا اللاعب هو أحد أهم اللاعبين في المنتخب وقد ___________ على المستويين الوطني والعربي.	أ	تفتقت قريحته
		ب	أثبت وجوده
		ج	تبادر إلى الذهن
2	_____ بعض أعضاء البرلمان _________ ويدلون بتصريحات ضد رئيس كتلتهم البرلمانية.	أ	تبادر إلى ذهن
		ب	يغرد خارج السرب
		ج	القيل والقال
3	وقد أدلى النجم السينمائي بتصريح ___________ أثار حفيظة الكثير من متابعيه.	أ	مثير للجدل
		ب	علامة فارقة
		ج	سطع نجمه
4	لست شخصًا يحب أن يشارك في جلسات النميمة و___________.	أ	العلامة الفارقة
		ب	سطع نجمي
		ج	القيل والقال
5	لا يفهم كثير من المختصين النظرية النسبية ___________ بعموم الناس.	أ	أثبتت وجودها
		ب	فما بالك
		ج	تفتقت قريحتها
6	أعتقد أن هذا السؤال هو أول ما ___________ كل فنان أو شخص من الوسط الفني.	أ	يسطع نجم
		ب	تتفتق قريحة
		ج	يتبادر إلى ذهن
7	حين ___________ العديد من الاختراعات الناجحة خصصت لها الجامعة موارد مالية لإنشاء مركز أبحاث.	أ	أثبتت وجودها
		ب	سطع نجمها
		ج	تفتقت قريحتها عن

The practice exercises

8 لقد استفز هم انتقاده لسلوك أولادهم، يبدو أنه _____ هذه المرة.
    أ ضرب على الوتر الحساس
    ب علامة فارقة
    ج سطع نجمه

9 ستظل هذه الثورة _____ في تاريخ بلدنا ونبراسًا لوحدتنا وملحمة تذكرها الأجيال بعدنا.
    أ مثيرة للجدل
    ب القيل والقال
    ج علامة فارقة

10 _____ الفنانة الكوميدية خلال السنوات الأخيرة بسبب أعمالها التي حققت نجاحًا باهرًا.
    أ غردت خارج السرب
    ب سطع نجم
    ج تفتقت قريحة

(5) Translate the following sentences into Arabic. Translate the words in bold into one of the idioms of this unit.

1. This **controversial** law will give authorities sweeping powers.
2. The ruling represents **a landmark moment** in women's rights.
3. **It occurred to** me at that point that perhaps I could express myself with a poem.
4. She has **proved herself** the best journalist in the field.
5. They do the bare necessity of work and spend their time in **idle gossip**.
6. I believe that people who **do not conform** are often bullied and have it difficult.
7. His musical **talent started to shine through** by the time he was 11 years old.
8. We still are not sure how safe the product is, **much less** if it is time to market it.
9. Omar Sharif began his career in Egypt, then **his star rose** in the West in the '60s.
10. He talked badly of his other rivals, and his statement seems to **touch a sensitive chord**.

(6) Use the idioms of this unit in sentences of your own.

المقاهي في العواصم العربية

This practice exercise covers the following Arabic idioms:

القيل والقال	تبادر إلى الذهن	مثير للجدل
علامة فارقة	أثبت وجوده	ضرب على الوتر الحساس
غرد خارج السرب	سطع نجمه	فما بالك بِـ
		تفتقت قريحته عن

4

كما تدين تدان

رغم أنّ الكثيرينَ مِمّن لا يعرفونَ الأستاذ عبدالواحد يرونهُ رجلًا صامتًا غريبَ الأطوار، إلّا أنّه لم يكُن كذلك قط. كان الأستاذ عبدالواحد مدير المَدرسةِ الثّانويّة رجلًا طويلًا ونحيفًا في السّتين من عمره، وذا وقارٍ وهيبة. لم يكُن حاضرَ البديهةِ فحسب بل كان خفيفَ الظّلّ ومتسامحًا مع ذاتهِ ومع الآخرين. وكان يتعاملُ مع النّاسِ على سجيّتهِ، ولا يتلوّنُ ولا يتملّقُ لأحد. وبابتسامةٍ سمحاء كان يُسلّم على من يلتقيهِ في شارعنا صغارًا وكبارًا. كانت ذاكرتهُ قويةً إلى درجةِ أنّه كان يعرفُ عن ظهرِ قلب أسماءَ الصّغار قبل الكِبار في المَدرسة. يعيشُ الأستاذ عبدالواحد حياةً ملؤها الوحدة والعُزلة بعد أن قطعَ على نفسهِ عهدًا ألّا يتزوّج منذ أن تركتهُ زوجتهُ الحسناء فاتن وتزوّجت من سليم تاجر الأخشابِ الثّري. لقد خدعتها المظاهرُ ولم يكُن في سليم من الخصالِ ما يجذبُها إليهِ سوى ماله، إذ إنّ الجميع يعرفُ بإدمانهِ على لعبِ القمار وعلاقاتهِ الغراميّةِ الكثيرة، فهو زيرُ نساءٍ من الطّرازِ الأول على حدّ قولِ من يعرفونهُ، وفوق ذلك كلّه أقدمَ على هضمِ حقّ إخوتهِ في إرثِ أبيهم، وما خفيَ كان أعظم.

تركت فاتن الأستاذ عبدالواحد قبل سبعةِ أعوام وبعد انتهاءِ عدّتها بيومٍ واحدٍ تزوجت من سليم. وهي بذلك لم تُقِم وزنًا لعبدالواحد ولا لحبهِ لها ونكثت عهدَها الذي قطعتهُ على نفسِها بأن تكونَ زوجةً محبّةً له وأن يبقيا معًا في السّرّاءِ والضّرّاء. وعلى الرّغم من أنّ عبدالواحد لم يخطر ببال فاتن طوالَ هذه الفترة، إلّا أنّها تذكرتهُ اليومَ وهي تعضُّ أصابعَ النّدم. فقد طلّقَها سليم حين سنحت له الفرصةُ بالزّواجِ من امرأةٍ ثريّةٍ وشابّة. هكذا هي الحياة، كما تُدين تدان.

(1) Carefully read the text, then discuss how the idioms are used to convey the meaning.

(2) Translate the text into English, making sure that your final translation reads like authentic English and reproduces the content and style of the text.

DOI: 10.4324/9781003096665-35

(3) Express what you understand in Arabic by using the idioms appearing in the text. Ensure to use all the idioms from the text correctly.

(4) Choose the correct idioms to fill in each of the blanks in the following sentences.

1	إنه شخص يتوخّى جانب الإنصاف والعدالة، لا يعتدي على الناس ولا ________ أحد.	أ يقطع عهدًا على نفس ب يهضم حق ج يقيم وزنًا لـِ
2	خسارتنا اليوم تؤكد كلامي، أعتقد أننا أهدرنا فرصة ذهبية للتعاقد مع لاعب ________.	أ من الطراز الأول ب غريب الأطوار ج عن ظهر قلب
3	صديقتنا هيفاء تتعامل مع الناس على طبيعتها ولا تتكلف. إنها إنسانة بسيطة تتصرف ________.	أ على حد قولها ب على حد علمها ج على سجيتها
4	باختصار فإن هذا النظام ________ للقوانين والأعراف الدولية والإنسانية.	أ لم تخدعه المظاهر ب لا يقيم وزنًا ج لا يخطر بباله
5	كنا في طفولتنا نحب الغناء ونحفظ كلمات الأغاني والأناشيد ________.	أ عن ظهر قلب ب وما خفي أعظم ج على سجيتها
6	يشتهر المدير بمغامراته وعلاقاته النسائية الكثيرة، إنه ________ قبل أن يكون مديرًا.	أ حاضر البديهة ب خفيف الظل ج زير نساء
7	لطالما وقف البلدان الشقيقان مع بعضهما البعض ________.	أ وما خفي أعظم ب عن ظهر قلب ج في السراء والضراء

8	_________ يومًا أني سأقوم بزيارة القصر الملكي وأتشرف بلقاء جلالة الملك.	أ ب ج	لم أقم وزنًا لم يخطر ببالي لم تخدعني المظاهر
9	وفي خطبته أمام الجماهير ______________ بأن يجعل هذه الانتخابات بداية عهد جديد.	أ ب ج	على حد قوله قطع عهدًا على نفسه هضم حقهم
10	أعتقد أن لديك خبرة طويلة في التعامل مع الناس ولم تعد _______.	أ ب ج	تسنح الفرصة تهضم حقك تخدعك المظاهر
11	إن المشروع السري تحت الأرض ينتج اليورانيوم المخصب و_________.	أ ب ج	ما خفي أعظم من الطراز الأول عن ظهر قلب
12	الشخص _________ هو الذي يختلف عن الآخرين ولا يندمج بسهولة مع غيره من الأشخاص.	أ ب ج	خفيف الظل حاضر البديهة غريب الأطوار
13	أذهبُ لزيارتهم والاطمئنان عليهم كلما _________.	أ ب ج	سنحت الفرصة خدعتني المظاهر نكثت عهدي
14	الشخص ______________ هو الذي يتجاوب بصورة تلقائية ويجيب من دون الكثير من التفكر.	أ ب ج	غريب الأطوار خفيف الظل حاضر البديهة
15	لقد آذت والدتها وأتعبتها حين كانت شابة، واليوم ابنتها تؤذيها وتتعبها تمامًا بنفس الطريقة، حقًا __________.	أ ب ج	من الطراز الأول كما تدين تدان وما خفي أعظم

غريب الأطوار	أ	الشخص _____ هو شخص يتميز بالمرح ولديه حس عالٍ من الفكاهة.	16
خفيف الظل	ب		
حاضر البديهة	ج		

خطر ببالنا	أ	نحن لسنا متأكدين تمامًا من وقت وقوع الجريمة ولكن _____ وقعت الجريمة بين الساعة الثامنة والتاسعة مساءً.	17
على حد قولنا	ب		
على حد علمنا	ج		

نكث عهده	أ	بعد أن استلم المال من تاجر الحبوب _____ المزارع _____ ولم يسلمه كامل المحصول من القمح.	18
خدعته المظاهر	ب		
أقام وزنًا	ج		

خدعته المظاهر	أ	لقد طلق الرجل زوجته في ساعة غضب ولكنه سرعان ما _____.	19
خطر بباله	ب		
عض أصابع الندم	ج		

على سجيته	أ	أعرب المخرج السينمائي عن استيائه من عدم احترام الممثلة الشابة له وحذر بأن "للصبر حدود" _____.	20
على حد قوله	ب		
على حد علمه	ج		

(5) Translate the following sentences into Arabic. Translate the words in bold into one of the idioms of this unit.

1. It had never **crossed my mind** to leave the field of engineering.
2. My neighbour is a **weird** guy; I advise you to stay away from him.
3. Do you think you can transform a **womaniser** into a devoted husband?
4. **As far as I know**, they have left the house for good.
5. She was quite **humorous**, and we enjoyed our time with her
6. We **made a pledge to ourselves** that we will never leave this town, come what may.
7. I asked my students to **learn** these phrases **by heart**.
8. The spokesperson was **quick-witted** and knew how to answer him.

The practice exercises

9. If you **get the chance** to visit Granada, don't miss the magnificent Madrasah of Granada.
10. There was a complete withdrawal, **according to** the spokesperson.
11. Years later, she **bitterly regretted** what she has done to her father.
12. Some governments **show disregard** for human rights.
13. Their new textbook shows them to be **first-rate** authors.
14. Couples are expected to stick together **through thick and thin**.
15. He can't **be himself** when he is with us.
16. Today everything is based on image. Don't **be deceived by looks**!
17. They are going through the same suffering they put us through. **What goes around comes around.**

(6) Use the idioms of this unit in sentences of your own.

This practice exercise covers the following Arabic idioms:

بخس / هضم حقه	عن ظهر قلب	غريب الأطوار
زير نساء	على حد قوله	كما تدين تدان
على حد علمه	من الطراز الأول	حاضر البديهة
وما خفي أعظم	قطع عهدًا على نفسه	خفيف الظل
في السراء والضراء	خدعته المظاهر	على سجيته
خطر بباله	نكث عهده الذي قطعه	لا يقيم له وزنًا
	سنحت الفرصة	عض أصابع الندم

5 التحديات البيئية في العالم العربي

يبدو أنّ أيام الغاباتِ والمساحاتِ الخضراء في العالَم العربيّ أصبحت معدودةً بسببِ استمرارِ الزّحف العُمرانيّ والصّناعيّ المستمرّ عليها، حيث تعاني هذه المناطقُ الطّبيعيّةُ من الإهمالِ والتّراجعِ عامًا بعد عام، وأصبح أغلبُها في وضعٍ لا يُحسد عليه مقارنةً بما كانت عليهِ في السّابق. وتفرضُ التّحدياتُ الدّيموغرافيّةُ والاقتصاديّةُ والجيوسياسيّةُ في العالم العربيّ ضغوطًا كبيرةً على البيئةِ التي باتت أكثر هشاشةً أمام التّغيّرات المناخيّة في العالم. وقد وجدتِ الحكوماتُ في العالم العربيّ نفسَها تقفُ وجهًا لوجه في مواجهةِ أزماتٍ بيئيةٍ خطيرة وتزدادُ تعقيدًا مع مرورِ الوقت مما يجعل تلك البلدان على قاب قوسين أو أدنى من انهيارٍ في مواردها المائيّةِ والغذائيّة.

ويؤكدُ الخبراءُ أنّ بلدان العالم العربيّ لا تمتلكُ وقتًا كافيًا لكبحِ جماحِ الأزمات أو الكوارث التي ستنتجُ عن الأضرارِ البيئية. وذلك بعد أن أدّتِ السّياساتُ التي كانت تغضُّ الطّرفَ عن التّلوثِ البيئيّ، والتّمدّد الحضريّ العشوائيّ على حساب المناطق الزّراعيّة، والإسراف في استخدامِ الموارد المائيّة إلى نتائج لا تُحمد عُقباها. ومن أجل تلافي تلك المخاطر فإنّ ذلك يتطلّبُ القيام بسلسلةِ إجراءاتٍ فعّالةٍ وعاجلة في سبيلِ إيقافِ التّلوُّث البيئيّ والمحافظةِ على ما تبقّى من مساحاتٍ خضراء. ومن ذلك المباشرة بتشريعِ قوانين صارمة تمنعُ إلحاق الضّررِ بالمناطق الطّبيعيّة، وتفعيل استراتيجياتٍ لإدارة الموارد المائيّة تأخذُ في الحُسبان ترشيدَ استخدامِ المياه. وعلى الرّغم من سوء الأوضاعِ وخطورتها، إلّا أنّ بصيصًا من الأملِ يلوحُ في الأفق حيث أصبحت المجتمعاتُ العربيّةُ أكثر وعيًا واستعدادًا لحمايةِ البيئةِ قولًا وعملًا.

(1) Carefully read the text, then discuss how the idioms are used to convey the meaning.

(2) Translate the text into English, making sure that your final translation reads like authentic English and reproduces the content and style of the text.

DOI: 10.4324/9781003096665-36

The practice exercises

(3) Express what you understand in Arabic by using the idioms appearing in the text. Ensure to use all the idioms from the text correctly.

(4) Choose the correct idioms to fill in each of the blanks in the following sentences.

1	رحب مندوب الأمم المتحدة باستئناف المحادثات وأكد أنه قرار جيد يمنحنا _____ .	أ	قاب قوسين أو أدنى
		ب	بصيصًا من الأمل
		ج	غض الطرف
2	إن معاهد الموسيقى والفنون في حال _____ منذ أن رفع الدعم عنها وأصبحت تعاني من نقص في الأساتذة والمواد التعليمية.	أ	لا تلوح في الأفق
		ب	لا تأخذ في الحسبان
		ج	لا تحسد عليها
3	أستبعد أنه سيبقى في مجلس إدارة الشركة طويلًا، فالتغيير قادم و_____ بلا شك.	أ	لا تحسد عليها
		ب	أيامه معدودة
		ج	لا تلوح في الأفق
4	التقى قادة العالم العربي _____ في مهمة عاجلة لمناقشة الأوضاع الراهنة في المنطقة.	أ	وجهًا لوجه
		ب	قولًا وعملًا
		ج	في سبيل
5	أكدت عدة تقارير أن البلد اليوم _____ من الدخول في أزمة اقتصادية يصعب الخروج منها.	أ	أيامه معدودة
		ب	لا تحمد عقباه
		ج	قاب قوسين أو أدنى
6	ويقال إن اتحاد المصارف كان قد _____ تحويلات مالية تعود إلى رجال أعمال متهمين بالفساد.	أ	في الحسبان
		ب	يلوح في الأفق
		ج	غض الطرف عن

التحديات البيئية في العالم العربي

7 على الوزارة الالتزام _____ بالقانون
وبأحكام الدستور ولما فيه مصلحة المواطن.

أ في سبيل
ب قولًا وعملًا
ج كبح جماح

8 على سكان الأرض المحافظة على البيئة وإلا
سيتعرض الكوكب إلى كوارث وأضرار
_____.

أ لا تحمد عقباها
ب أيامها معدودة
ج في الحسبان

9 ذكر تقرير برنامج الأغذية العالمي أن عدد من
يعانون من الجوع في العالم قد ارتفع وأن أزمة
مجاعة عالمية _____.

أ تكبح جماحها
ب لا تحسد عليها
ج تلوح في الأفق

10 علينا أن نتكاتف ونوحد الجهود _____
مواجهة التحديات المستقبلية.

أ في سبيل
ب قاب قوسين أو أدنى
ج تلوح في الأفق

11 وقد أدت ظروف جوية لم تكن _____ إلى تأجيل
تدشين افتتاح المطار الدولي.

أ وجهًا لوجه
ب تلوح في الأفق
ج في الحسبان

12 وقد أشاد الزعيم الروحي للطائفة بجهود أتباع
طائفته _____ التطرف في بلده.

أ في كبح جماح
ب في الحسبان
ج في بصيص من الأمل

(5) Translate the following sentences into Arabic. Translate the words in bold into one of the idioms of this unit.

1 Many believe that **her days are numbered** because her boss cannot stand her anymore.

2 I don't think he can attend the interview **in person**. Can we find another way?

271

The practice exercises

3 Everything else could be sacrificed **in order to** protect the lives of the hostages.

4 The economic situation has put many companies **in a bad position**.

5 The CEO claims the company **is close to** agreeing a new contract with the rival company.

6 My responsibility is to advocate for sustainable methods, **in words and actions**.

7 The widening gap between the rich and the poor will lead to **terrible consequences**.

8 This initiative provides **a glimmer of hope** for the struggling businesses.

9 An even larger crisis is **looming on the horizon**.

10 The authorities know smuggling is taking place and **turn a blind eye**.

11 The government has made greater efforts **to rein in** extremist groups.

12 Prison management should **take into account** the health conditions of the inmates.

(6) Use the idioms of this unit in sentences of your own.

This exercise covers the following Arabic idioms:

أيامه معدودة	قاب قوسين أو أدنى	لاح في الأفق
لا تحمد عقباها	كبح جماح	لا يحسد عليه
في سبيل	في الحسبان	قولًا وعملًا
بصيص من الأمل	غض الطرف عن	وجهًا لوجه

6

عندما يغلب الإنسان على أمره

للوهلةِ الأولى تبدو قصةُ الأخَوين طلال وبلال من نسجِ الخيال إلا إنّها قصةٌ حقيقيّة. كان الأخوانِ طلال وبلال على طرفي نقيض. فطلال الأخ الأكبر كان عدوانيًا صعبَ المراس، إن أغضبهُ شيءٌ صبَّ جامَ غضبهِ على أخيهِ بلال يضربهُ ويكيلُ إليه الشّتائم. أمّا بلال فلسوء طالعهِ فقد أصبح مغلوبًا على أمرهِ ومنطويًا على نفسهِ ومثيرًا للشّفقة. وعلى الرّغم من أنّه كان يلقى الأمرّين من أخيهِ طلال إلّا أنّه كان مستسلمًا، يلوذُ بالصّمت ولا ينبس ببنتِ شفة.

كان والدُهما أثناء حياتهِ يكيلُ بمكيالين في معاملتهِ لهما، حنونًا وعطوفًا على طلال وفظًّا وقاسيًا مع بلال. كان دائمَ الغضب يرعد ويبرق لأتفهِ الأمور ولم يكُن يجدُ غضاضةً في أن يقومَ بإهانةِ زوجتهِ أم طلال وابنهِ بلال أو ضربهما ضربًا مبرحًا. وهكذا أصبح طلال صورة طبق الأصل عن والده، فالولد سرّ أبيه فيما يبدو. وقد حاولتْ أمّ طلال مرارًا وتكرارًا وبطرقٍ شتّى أن تُصلح من تصرّفاتِ ابنها طلال، إلّا أن جهودَها في ذلك ذهبت سدى، ولم تستطِع أن تغيّر شيئًا، وبقيت مكتوفةَ اليدين إزاء حالِ ولدَيها، لأنّها هي الأخرى مغلوبٌ على أمرِها.

(1) Carefully read the text, then discuss how the idioms are used to convey the meaning.
(2) Translate the text into English, making sure that your final translation reads like authentic English and reproduces the content and style of the text.
(3) Express what you understand in Arabic by using the idioms appearing in the text. Ensure to use all the idioms from the text correctly.
(4) Choose the correct idioms to fill in each of the blanks in the following sentences.

DOI: 10.4324/9781003096665-37

1 تبدو روايته الأخيرة _____ كما لو تكون إعادة صياغة لمواضيع مماثلة في روايات معاصرة، ولكن سرعان ما تدرك تميزها.

أ للوهلة الأولى
ب صورة طبق الأصل
ج مغلوب على أمرها

2 لم أستمتع بقراءة هذه المصادر ولم أستفد منها وقد أسفت غاية الأسف على وقتي الذي ______ في قراءتها.

أ لقي الأمرين
ب ذهب سدى
ج على طرفي نقيض

3 نحن نرى أن إدانتكم الحادة لأعمال الشغب في البلد وموقفكم المتسم بالبرود تجاه السياسات العنيفة هما ______.

أ نسج خيال
ب على طرفي نقيض
ج صورة طبق الأصل

4 لا أستطيع أن ______ و أنا أشاهد ابني يدمر حياته.

أ أكيل له الشتائم
ب أنبس ببنت شفة
ج أقف مكتوف اليدين

5 لا ____ بعض الناس _____ في الظهور في برامج تلفزيونية والكشف عما يجري في بيوتهم.

أ يجد غضاضة
ب يرعد وتبرق
ج ينبس ببنت شفة

6 يرى المحللون السياسيون أن الجيش حاليًّا _____ إذ إن ليس بوسعه إلّا أن ينفذ أوامر القيادات السياسية والميليشيات التي تحكم البلد.

أ منطوٍ على نفسه
ب يكيل بمكيالين
ج مغلوب على أمره

7 بعد أن شاهد فريقه الذي كان يشجعه يخسر المباراة _____ على جهاز التلفاز، كسره وجعله حطامًا.

أ لقي الأمرّين
ب صب جام غضبه
ج كال بمكيالين

8 ومنذ الحادث الذي أودى بحياة خطيبته أصبح الشاب منعزلًا و______ ولا يتحدث إلى أحد.

أ يقف مكتوف اليدين
ب منطويًا على نفسه
ج يرعد ويبرق

عندما يغلب الإنسان على أمره

9 إن الابن يشبه أباه في كل شيء، فعلًا تنطبق عليه مقولة _____.
- أ على طرفي نقيض
- ب لا ينبس ببنت شفة
- ج الولد سر أبيه

10 إن أمك _____، فهي تريدك أن تكون قاسيًا على زوجتك ولكنها تريد زوج أختك أن يكون عطوفًا مع زوجته.
- أ تلقى الأمرين
- ب تكيل بمكيالين
- ج ترعد وتبرق

11 يا إلهي، إن هذا النهر هو _____ عن النهر في بلادي.
- أ صعب المراس
- ب صورة طبق الأصل
- ج منطوٍ على نفسه

12 انتبه جيّدًا، إنّ المدير _____ ولا يمكن التفاهم معه بسهولة.
- أ على طرفي نقيض
- ب مثير للشفقة
- ج صعب المراس

13 سأل الوالد عن سبب الأثر الأحمر على خد ولده، ولكن الولد _____.
- أ ذاق الأمرين
- ب لم ينبس ببنت شفة
- ج صب جام غضبه

14 وكان من _____ عند دخولي البلد أن اسمي كان يشبه اسم شخص مطلوب للعدالة.
- أ سوء طالعي
- ب نسج خيالي
- ج على طرفي نقيض

15 لقد _____ بسبب التمييز بسبب لون بشرته السمراء.
- أ وقف مكتوف اليدين
- ب ذهب سدى
- ج ذاق الأمرين

16 إن الكثير من الحكايات والمآثر التاريخية هي من _____ القصّاصين.
- أ سوء طالع
- ب نسج خيال
- ج صورة طبق الأصل

275

17	أوصيك أن _______ عندما يأتي الضيوف، إنك تخجلنا بكثرة كلامك.	أ	تذوق الأمرين
		ب	تكيل الشتائم
		ج	تلوذ بالصمت
18	لقد عرّضت نفسك للخطر مرةً أخرى، إنك حقًا _______.	أ	مثير للشفقة
		ب	منطوٍ على نفسك
		ج	صعب المراس
19	_____ الببغاء لي _____ عندما أعطيته بعض اللوز.	أ	كال بمكيالين
		ب	صب جام غضبه
		ج	كال الشتائم
20	إن هذا الرجل _______ مهددًا ومتوعّدًا حالما يبدأ بمعاقرة الخمر.	أ	للوهلة الأولى
		ب	يرعد ويبرق
		ج	يكيل بمكيالين

(5) Translate the following sentences into Arabic. Translate the words in bold into one of the idioms of this unit.

1 The two sisters have **exactly opposite** temperaments; one is very sociable while the other tends to be quiet and **keeps to herself**.

2 She **suffered** at his hand for years.

3 He is a person **hard to deal with**, but he definitely has good manners.

4 Is the story real, or is it a **figment of** their **imagination**?

5 She was a **powerless** woman who did not dare to **utter a word**.

6 He has no right to **heap insults** on this poor man.

7 My dad is **a carbon copy of** my grandad.

8 We cannot **stand idly by** while we see people dying everywhere.

9 He is an avid reader like his dad; as the saying goes "**like father like son**."

10 When he does not know what to say **he keeps silent**.

11 He **took** his **anger out on** his secretary, who misplaced the documents.

12 It was his **misfortune** that he became king in time of war.

13 The man was a **pitiful** sight; I almost cried when I saw him.

14 Their sacrifices will never **go in vain**.

15 The minister was one of those who were **thundering away** against the reforms.

16 He **sees nothing to prevent** him from taking advantage of his friends.

17 His latest painting seems **at first sight** to be similar to the Guernica.

18 Don't you see that you are adopting a **double-standard** on this subject?

(6) Use the idioms of this unit in sentences of your own.

This practice exercise covers the following Arabic idioms:

للوهلة الأولى	على طرفي نقيض	لقي/ ذاق الأمرّين
لا يجد غضاضة	ذهب سدى	مغلوب على أمره
منطوٍ على نفسه	صعب المراس	نسج الخيال
يكيل بمكيالين	صبّ جام غضبه	يرعد ويبرق
وقف مكتوف اليدين	كال له الشتائم	مثير للشفقة
صورة طبق الأصل	الولد سر أبيه	سوء الطالع
	لم ينبس ببنت شفة / لاذ بالصمت	

7 اللبان العماني

تشتهرُ منطقة ظفار منذ القِدم بزراعةِ اللّبان نظرًا لتوفرِ المناخِ المناسب والتّربةِ الملائمةِ لنموِّ شجرتهِ فيها. تتمحورُ حول اللّبانِ في تلك المنطقة أغلبُ النّشاطاتِ الاقتصاديّةِ والصّناعيّةِ والكثير من العاداتِ والتقاليد الاجتماعيّة التي تضربُ بجذورها في عمقِ التّاريخ. إذ يُستخدمُ بخورُ اللّبانِ إلى يومِنا هذا في كثيرٍ من المناسباتِ هناك. وتُشيرُ الاكتشافاتُ التّاريخيّة إلى أنّ القوافل التّجاريّة كانت تنطلق من موقع وبار في عُمان وهي تحمل اللّبان إلى مختلف أنحاء العالم القديم. وقد كان اللّبان يُعدّ مادةً مقدّسةً يشتدُّ عليها الطّلبُ عند الرومان والمصريين القدَماء، وكان يُباعُ بأسعارٍ خياليّةٍ نظرًا لخواصِّهِ واستخداماتهِ العلاجيّةِ والدّينيّة.

يرتفعُ ثمنُ اللّبانِ كلّما كان نقيًا وخاليًا من الشّوائب، ويقلّ كلّما كان لونهُ مائلًا إلى الاحمِرار أو اختلطَ بشوائب. ولا يضاهي اللّبانَ العُمانيّ لبانٌ في العالم، حيث يتميزُ بجودتهِ العالية بكلِّ المقاييس وهو أمرٌ لا يأتي من فراغ. فبالإضافةِ إلى جودةِ أنواعهِ فإنّ طريقةَ استخراجهِ تساهمُ هي الأخرى في رفعِ مستواه. إذ يحذو مزارعو اللّبانِ العمانيونَ حذوَ أسلافِهم في كيفيّةِ استخراجهِ من الأشجار، وهي حرفةٌ يتوارثونَها أبًا عن جدّ وتأخذُ حيزًا كبيرًا من جهدِهم. وتحتاجُ عمليّةُ استخراجِ اللّبانِ من الأشجار وجمعهِ خبرةً كبيرة، وتستغرقُ وقتًا كي يتمكّنَ المزارعُ من الحصولِ على إنتاجٍ وفيرٍ ونقيّ من الشّجرة دون إلحاقِ الضّررِ بها. وتتمُّ عمليةُ استخراجِ اللّبانِ من خلال كشطِ لحاءِ الشّجرةِ رويدًا رويدًا وباستخدامِ أداةٍ خاصّة، ولعدةِ مرّاتٍ، وعلى فتراتٍ متقاربةٍ، حيثُ يتمُّ بذلك تحفيزُ الشّجرةِ لإفرازِ مادةٍ لزجةٍ ينتظرُ المزارعُ تصلّبَها بفارغِ الصّبرِ ليجمعَها فيما بعد.

(1) Carefully read the text, then discuss how the idioms are used to convey the meaning.

(2) Translate the text into English, making sure that your final translation reads like authentic English and reproduces the content and style of the text.

DOI: 10.4324/9781003096665-38

اللبان العماني

(3) Express what you understand in Arabic by using the idioms appearing in the text. Ensure to use all the idioms from the text correctly.

(4) Choose the correct idioms to fill in each of the blanks in the following sentences.

1   ينتظر الطلاب _____ إعلان نتائج امتحانات الثانوية العامة.
   أ   رويدًا رويدًا
   ب   بفارغ الصبر
   ج   بكل المقاييس

2   _____ الشأن الفلسطيني _____ من محادثات الطرفين.
   أ   استغرق وقتًا
   ب   أخذ حيزًا كبيرًا
   ج   ضرب بجذوره

3   إن ظاهرة الكرم عند العرب _____ في عمق التاريخ.
   أ   تحذو حذو
   ب   لا تأتي من فراغ
   ج   ضاربة جذورها

4   كان الإقبال شديدًا على شراء المعقمات وهذا _____ فهناك إشاعات عن انتشار مرض وبائي في المدينة.
   أ   بكل المقاييس
   ب   بفارغ الصبر
   ج   لا يأتي من فراغ

5   وطالبت الحكومة الوزارات أن _____ وزراة الشؤون والعمل التي تبنت أنظمة رقمية حديثة في المعاملات اليومية.
   أ   تحذو حذو
   ب   تأخذ حيزًا كبيرًا
   ج   تضرب بجذورها

6   وبدأت الحياة في الشعاب المرجانية تعود إلى طبيعتها _____ بعد تطهيره من تسرب الزيت.
   أ   بفارغ الصبر
   ب   بكل المقاييس
   ج   رويدًا رويدًا

7   بلا شك إن نعمة الصحة _____ في الوجود، حيث إنّك عندما تفقد الصحة لا تستطيع أن تنعم بأي شيء آخر.
   أ   لا يضاهيها شيء
   ب   لا تأتي من فراغ
   ج   لا تستغرق وقتًا

The practice exercises

8 إن تقديم المساعدة للمعوقين هو عمل إنساني
   _____ .
   أ بفارغ الصبر
   ب بكل المقاييس
   ج رويدًا رويدًا

9 إن تصليح جميع هذه الآلات يتطلب جهدًا ومن المتوقع أن _____ طويلاً.
   أ يأخذ حيزًا كبيرًا
   ب يستغرق وقتًا
   ج لا يأتي من فراغ

(5) Translate the following sentences into Arabic. Translate the words in bold into one of the idioms of this unit.

1 Our success will pave the way for other organisations to **follow suit**.
2 Tourism and Hospitality will **take a long time** to get back on their feet.
3 The result is awesome **by all standards and measures**.
4 I heard that these issues **took up a considerable amount of** court time.
5 This kind of lens provides outstanding clarity **unmatched by any** worldwide.
6 The real estate market is **slowly** rebounding.
7 This is not a recent phenomenon; **its roots go way back into** the past.
8 We waited **with bated breath** to hear the court's ruling.
9 The claims for garlic for better health did **not come out of a vacuum**. The doctor said that garlic can combat sickness.

(6) Use the idioms of this unit in sentences of your own.

This practice exercise covers the following Arabic idioms:

ضربت بجذورها	أخذ حيزًا كبيرًا	بكل المقاييس
يستغرق وقتًا	رويدًا رويدًا	لا يأتي من فراغ
لا يضاهيه شيء	بفارغ الصبر	حذا حذو

8

الوعد والخباز

كان وليد يعملُ خبّازًا في مخبز الحيّ الذي يسكن فيه، وكان يعملُ قدرَ المستطاع ليكسبَ مالًا من أجلِ بناءِ مستقبلِه. فقد كان ضيقُ ذاتِ اليد يقضُّ مضجعهُ ولا يجعلُ بالَه يهدأ لحظة، خصوصًا أنّه قد فكّر أن يجمعَ ثروةً ويتزوجَ قبل أن يبلغَ الثّلاثين أسوةً بأقرانهِ الذين في عمره.

ولكن تشاءُ الأقدارُ أن يفقدَ وليد عملهُ، بعد أن قرّر صاحبُ المخبز أن يُسرّحهُ من عملهِ كي يوظّفَ خبازًا أرخص منه أجرًا قدِمَ مؤخّرًا من الرّيفِ إلى المدينة. جلس وليد يُفكّر في طريقةٍ تحلُّ مشاكلَهُ الماليّة، بعد أن طالت فترةُ بحثهِ عن عملٍ دون فائدة. وقد طرأت له فكرةٌ قد تُغيّر من حالهِ إلى حالٍ أفضل. فقد تذكّر أنّ الحاجّ شُكري وهو أحدُ الأغنياءِ في المدينة يبحثُ عن متبرّعٍ بكليتهِ، وهو مستعدٌّ لدفعِ مبلغٍ كبيرٍ من المال مقابلها. وقد ظنّ وليد أنّ هذا المبلغ سيمكّنهُ من امتلاكِ مخبزٍ خاصٍّ به يستطيعُ من خلالهِ أن يحقّق أحلامَه. وكثيرًا ما كان وليد يستغرقُ في أحلامِ اليقظة وهو يرى نفسَهُ يعدّ أرباحه الكثيرة مساءَ كلِّ يوم، بعد أن أصبح صاحبَ أفضل مخبزٍ في المدينة، يصنعُ الخبز الطيّب بأنواعهِ، ويقفُ أمام مخبزه طابورٌ طويلٌ من النّاس.

التقى وليد بِمعن مساعد الحاج شُكري الذي استقبلهُ مرحّبًا واتّفق معهُ على أن يبيعَ إحدى كليتيهِ للحاج شُكري مقابلَ عشرة آلاف دينار، على أن يتمَّ الدّفع بعد انتهاءِ العمليّة، وأن يبقى الأمرُ طيَّ الكِتمان.

نجحتِ العمليةُ، وتماثلَ الحاج شكري للشّفاء، وبقي وليد بكليةٍ واحدةٍ منتظرًا تحقّق الوعد، مرّ على العمليةِ أسبوعٌ وأسبوعان، وشهرٌ وشهران ولم يستلم وليد من معن سوى الوعود الكاذبة. بدأ وليد يظنّ الظّنون بمعن والحاج شكري، فربّما سرق معن نقودَهُ، أو ربّما لم يدفع الحاج شكري المبلغَ أصلًا. شعر بأنّه تعرّض لعمليةِ نصبٍ وخداع، فهو بالإضافةِ إلى الفَقر والحِرمان الذي يعيشهُ سُرقت منه إحدى كليتيه. أحسَّ أنّ معدنَهما ظهر على حقيقتهِ وأنّهما لن يفِيا بوعدِهما له. طار صوابُ وليد وهو يفكّر بالحال التي وصل إليها، وقرّر أن يستحصلَ مالَهُ منهما مهما كلّفهُ الأمر.

DOI: 10.4324/9781003096665-39

(1) Carefully read the text, then discuss how the idioms are used to convey the meaning.

(2) Translate the text into English, making sure that your final translation reads like authentic English and reproduces the content and style of the text.

(3) Express what you understand in Arabic by using the idioms appearing in the text. Ensure to use all the idioms from the text correctly.

(4) Choose the correct idioms to fill in each of the blanks in the following sentences.

1 سأحصل على شهادة الدكتوراه ________.

أ مهما كلف الأمر
ب أسوةً بها
ج طي الكتمان

2 وبعد قراءتي للكتاب ________ أن أترجمه إلى اللغة العربية ليستفيد منه القراء العرب.

أ ظهر معدني
ب طار صوابي
ج طرأت لي فكرة

3 معدتي حساسة جدًا لمختلف أنواع البقول والحبوب ولذلك أحاول أن أتجنبها ________.

أ حين شاء القدر
ب طي الكتمان
ج قدر المستطاع

4 ________ الوزير حين علم بانتشار فيديو لابنه وهو يتعاطى المخدرات في جلسة سمر مع الأصدقاء.

أ قض مضجع
ب طار صواب
ج طي الكتمان

5 ______ الزوجة بزوجها ______ بعد أن رأت أحمر الشفاه على ياقة قميصه.

أ شاء القدر
ب ظنت به الظنون
ج قض مضجعها

6 كانت الاستخبارات العسكرية على علم بمحاولة الاغتيال ولكنها أبقت المعلومات ________.

أ طي الكتمان
ب ضيق ذات اليد
ج تقض مضجعها

الوعد والخباز

7 لقد ساند يونس صديقه ووثق به ثقة عمياء إلّا أن صديقه _____ عندما لم يقف معه في شدته.

أ وفى بوعده
ب طرأت له فكرة
ج ظهر معدنه

8 لم يكن ببال زياد أن استيلاءه على مال الأيتام سيتحول إلى كابوس _____ طوال حياته.

أ يفي بوعده
ب يقض مضجعه
ج يظن الظنون

9 يعاني جارنا من _____ وقد قمنا بجمع بعض المال له ليشتري بعض المستلزمات.

أ ضيق ذات اليد
ب طي الكتمان
ج ظهور معدنه

10 لماذا لا يحتفل الناس بعيد الأب ويقدمون الهدايا للآباء _____ عيد الأم؟

أ قدر المستطاع
ب وفاءً بوعد
ج أسوةً بِـ

11 إن رئيس الجمهورية لم _____ الانتخابي الذي قطعه على نفسه ولهذا السبب لا يمكننا الوثوق بكلمته.

أ يشاء القدر
ب يفِ بوعده
ج يظهر معدنه

12 هاجر والدهم إلى الخارج لتأمين لقمة عيش كريمة ولكن _____ أن يتوفى بعد سفره بأسبوع إثر جلطة في الدماغ.

أ طرأت لهم فكرة
ب طار صوابهم
ج شاء القدر

(5) Translate the following sentences into Arabic. Translate the words in bold into one of the idioms of this unit.

1 It was after she married him that she **showed** her **true colours**.

2 The company is aiming to minimise job losses **as far as possible**.

3 As I started my journey into entrepreneurship, a new **idea occurred to** me.

4 Even professionals are suffering from **financial hardship** amid the recession.

283

The practice exercises

5 We shall not let the foreign agenda succeed, **whatever it may cost**.

6 He **went mad** when he learnt that his best friend betrayed him.

7 Our school received financial support, **as did** other schools in the area.

8 With good communication, no party will **harbour** any **suspicious thoughts** for the other.

9 Thinking about the medical test results **kept** her **up all night**.

10 I was crying because I thought at first that my mother didn't **keep her promise**.

11 **By a stroke of fate**, we met again after 20 years.

12 The formula of the scent stayed **a secret** for so long until she was able to get her hands on it.

(6) Use the idioms of this unit in sentences of your own.

This practice exercise covers the following Arabic idioms:

طي الكتمان	شاء القدر	قدر المستطاع
قض مضجعه	أسوةً بِـ	ظهر معدنه
مهما كلف الأمر	طار صوابه	ظن الظنون
ضيق ذات اليد	وفى بوعده	طرأت له فكرة

9

نادي الواحة يعود القهقرى في عقر داره

لقّن نادي الأبطال الرياضي مضيفَهُ نادي الواحة الرياضي درسًا في فنونِ كُرة القدم بعد أن فازَ عليهِ في عقر دارهِ بنتيجة (2–1) يوم الخميس الماضي في خِتام الجولةِ الثانيةِ والعشرين من الدَّوري الوطنيّ لكرةِ القدم. وجاء هذا الانتصارُ مفاجئًا لا سيّما وأنّ نادي الأبطال ظلّ يُراوحُ مكانَهُ منذ أكثر من ثلاثِ سنواتٍ في المركزِ الأخير.

وقد تنفّسَ جمهورُ نادي الواحة الصّعداء عندما أهدرَ لاعبُ هجوم نادي الأبطال ركلةَ جزاءٍ في بدايةِ الشّوطِ الأولِ من عمر المباراة. وفي منتصفِ الشّوطِ الثّاني أحكمَ نادي الأبطال قبضتَهُ تمامًا على مجرياتِ الأمور من خلالِ هدفين سجّلَهما اللاعبانِ كريم أبو حنك وفايز أبو شنب على التّوالي. وقد تمكّن اللاعبُ البديل حميد أبو راس من تسجيلِ هدفٍ وحيدٍ حفظَ بهِ ماءَ وجهِ نادي الواحة في الدّقائق الأخيرة من المباراة.

وبعد المباراة قال مدرّبُ نادي الواحة في لقاءٍ لهُ مع وسائل الإعلام إنّ فريقَهُ لم يحالفَهُ الحظّ في هذه المباراة، ولكنّهُ على الرغم من ذلك قدّم مستوىً عاليًا يليقُ بسمعتهِ في هذا الموسم. وكان نادي الواحة على وشكِ حسم لقب الدّوري الوطنيّ لكرةِ القدم للموسمِ الرّابعِ على التّوالي، بعدما حقّق انتصارًا على ضيفهِ نادي السّدرة ضمنَ منافساتِ هذه الجولة.

وكان أبرز ما عكّر صفوَ المباراة هي التّدخلات العنيفة وكثرة البطاقاتِ الملوّنة، وكذلك إصابة مهاجم الأبطال يونس أبو ذراع في كتفهِ إثرَ إلقاءِ برطمان زجاجيّ كبير عليهِ من مدرجاتِ جمهور نادي الواحة اضطرّ على إثرها لتلقّي العلاج، في مشهدٍ أثارَ حفيظةَ جمهور نادي الأبطال وغضبَه. إلّا أنّ ذلك لم يُثبط من عزيمةِ نادي الأبطال حيث تمكّن من إزاحةِ نادي الواحة من التّربُّعِ على عرشِ الكرة الذي دامَ لأربعِ سنوات.

(1) Carefully read the text, then discuss how the idioms are used to convey the meaning.

(2) Translate the text into English, making sure that your final translation reads like authentic English and reproduces the content and style of the text.

DOI: 10.4324/9781003096665-40

The practice exercises

(3) Express what you understand in Arabic by using the idioms appearing in the text. Ensure to use all the idioms from the text correctly.

(4) Fill the blanks with a suitable idiom from the list of idioms of this unit.

1	وكان القرار بإلغاء امتيازات الموظفين الحكوميين قد _____ بعض المسؤولين الكبار الذين اعتبروا أن القرار يستهدفهم.	أ	أثار حفيظة
		ب	تنفس الصعداء
		ج	أحكم قبضته
2	تمكن حمل صغير من النجاة من ثعبان التفّ عليه بشكل كامل بعد أن _____ وتدخل شخص أبعد الثعبان عنه.	أ	تنفس الصعداء
		ب	تربع على العرش
		ج	حالفه الحظ
3	إن الملاكم محمد علي كلاي الذي يعد من أعظم رياضيي العالم _____ الوزن الثقيل لستة عشر عامًا.	أ	ثبط عزيمة
		ب	تربع على عرش
		ج	عكر صفو
4	أكد رئيس الأركان أن الجيش قد _____ على جميع محاور العاصمة.	أ	حفظ ماء وجهه
		ب	أثار حفيظة
		ج	أحكم قبضته
5	وقد خرجت مظاهرات مناهضة للسلطة لليوم الرابع _____.	أ	على وشك
		ب	عادت القهقرى
		ج	على التوالي
6	تم رفع صورة مسيئة للزعيم السياسي _____.	أ	يراوح مكانه
		ب	في عقر داره
		ج	يتنفس الصعداء
7	حين عرفنا أننا غير مطلوبين _____ وشعرنا بأن حملًا ثقيلًا قد انزاح عن صدورنا.	أ	حفظنا ماء وجهنا
		ب	ثبطت عزيمتنا
		ج	تنفسنا الصعداء

286

8	ويرى المسؤولون أن عملية التسوية مع العدو ______ منذ عدة أشهر.	أ ب ج	في عقر دارها تراوح مكانها تحفظ ماء وجهها
9	على الرغم من أن بداية المشروع كانت متعثرة وفاشلة نسبيًا إلّا أن ذلك لم _____ العاملين عليه.	أ ب ج	يثبط عزيمة يعكر صفو يحفظ ماء وجه
10	لقد أعادت له هذه الأزمة قليلًا من تواضعه و ______ لن ينساه.	أ ب ج	تربع على عرش أحكم قبضة لقنته درسًا
11	حاول المدير العام التستر على القضية على أمل ______ الإدارة في هذه الحادثة.	أ ب ج	تعكير صفو حفظ ماء وجه تثبيط عزيمة
12	يطالب المشتكون بتدخل وزير السكن للنظر في المشاريع التي أثرت على سكنهم و ________ حياتهم.	أ ب ج	أحكمت قبضة أثارت حفيظة عكرت صفو
13	كانت هذه الدول من أعظم الدول في العالم إلّا أنها ______ في بداية القرن العشرين ولم تستطع النهوض بعد ذلك.	أ ب ج	عادت القهقرى تربعت على عرش في عقر دارها
14	وحذرت المنظمة من أن نظام الرعاية الصحية ______ الانهيار بسبب الوباء.	أ ب ج	على التوالي لا سيما على وشك
15	انهارت العملة المحلية مقابل العملات الأجنبية ______ الدولار الذي وصل سعر صرفه أمس الأربعاء أعلى مستوى له منذ سنتين.	أ ب ج	على وشك في عقر دار لا سيما

The practice exercises

(5) Translate the following sentences into Arabic. Translate the words in bold into one of the idioms of this unit.

1. Three matches will be played **consecutively** over five hours.
2. Business owners **breathed a sigh of relief** after the government lowered taxes.
3. Those teenagers need to be **taught a lesson**.
4. Negotiations **remained stalled** this week in the Swiss resort.
5. The retailer once **reigned the world of** fashion.
6. The manager had to resign in order **to save face**.
7. The soldier was **about to** shoot when he heard a scream.
8. This brand of sportswear was outranked **in its own home**.
9. You were **lucky** this time, but will you be **lucky** next time?
10. The most important thing for us now is to **tighten our grip** on the market.
11. We had fun, but unfortunately, the rain **spoiled the joy** of the festival.
12. When the article was published, it **angered** many readers.
13. Don't let this one failure **discourage** you.
14. Wages are set to **fall back** to the level of ten years ago.
15. My grandmother gets along with everybody, **particularly** children.

(6) Use the idioms of this unit in sentences of your own.

This practice exercise covers the following Arabic idioms:

راوح مكانه	في عقر داره	لقّنه درسًا
أحكم قبضته	تنفس الصعداء	لا سيما
حالفه الحظ	حفظ ماء وجه	على التوالي
أثار حفيظة	عكر صفو	على وشك
تربع على عرش	عاد القهقرى	ثبط عزيمة

10 الأخبار لا تتغير

سارَ الهُوينى نحو منزلِهِ بعد أن خرجَ من دار السّينما، فقد كانت أحداث الماضي التي عرضها الفيلم القديم تجولُ في خاطرِهِ مثيرةً عندهُ الكثيرَ من التّساؤلات. توقّفَ قليلًا عند كُشك الصّحف وتحرّكت عيناهُ على الجرائد والمجلّات التي كانت تُحاولُ إثارةَ الانتباه عبرَ نشر أخبارِ الكوارثِ والفضائحِ والحروب. كانت عناوينُها مثيرةً للكآبة، ولا تحملُ سوى أخبارًا سيئةً كالمعتاد. تساءلَ في نفسِهِ لماذا يحرصُ السّوادُ الأعظمُ مِمّن يعملونَ في الأخبار على أن تكونَ قصصُ الموتِ والدّمارِ والبُؤسِ في الصّدارة؟ هل لأنّ الخرابَ والموتَ ضربا بأطنابهما في العالم أجمع؟ أم لأنّ الخيرَ والسّعادةَ قد أصبحا في خبر كان؟ أم لأنّ صناعةَ الأخبارِ أصبحت في وضعٍ يُرثى له بحيث إنّها لا تريدُ أن تُظهِر ما هو مبهجٌ وجميلٌ في هذه الحياة؟ أم لأنّ وسائلَ الإعلام دائمًا ما تنزلُ عند رغبةِ عامّةِ النّاس الذين تجتذبُهم أخبارُ الكوارثِ والأزمات؟ تحسّرَ في قرارةِ نفسِهِ على الدنيا التي أصبحت في الحضيض.

(1) Carefully read the text, then discuss how the idioms are used to convey the meaning.

(2) Translate the text into English, making sure that your final translation reads like authentic English and reproduces the content and style of the text.

(3) Express what you understand in Arabic by using the idioms appearing in the text. Ensure to use all the idioms from the text correctly.

(4) Choose the correct idioms to fill in each of the blanks in the following sentences.

DOI: 10.4324/9781003096665-41

The practice exercises

1 أعاد المطرب غناء الأغنية في الحفلة _____ الحاضرين.
   - أ ضرب بأطناب
   - ب نزولًا عند رغبة
   - ج يجول في خاطر

2 افتتح مقاله بسؤال ربما _____ البشر على مر العصور، ألا وهو "ما الغاية من وجودنا على هذا الكوكب وما معنى الحياة؟".
   - أ سار الهوينى
   - ب نزل عند رغبة
   - ج جال في خاطر

3 إن المؤسسات الاجتماعية لم تعد تبالي بالقضايا التي تؤثر سلبًا على الأطفال، لن يمر وقت طويل حتى يصبح المجتمع _____ .
   - أ يضرب بأطنابه
   - ب في الحضيض
   - ج يسير الهوينى

4 والغريب أن الإنتاج النثري والشعري لدى هذا الأديب أصبح غزيرًا بشكل _____ بعد أن وصل للعقد السادس من عمره.
   - أ مثير للانتباه
   - ب في خبر كان
   - ج في حال يرثى لها

5 _____ كنت أعلم أنني سأحقق النجاح رغم الصعوبات.
   - أ في السواد الأعظم
   - ب في الحضيض
   - ج في قرارة نفسي

6 لقد تعبت الجماهير وكان لابد من الوقوف بوجه الفساد الذي _____ في كل مفاصل الدولة.
   - أ نزل عند رغبتهم
   - ب ضرب بأطنابه
   - ج سار الهوينى

7 وكانت قافلة الجمال _____ في ليل الصحراء.
   - أ تسير الهوينى
   - ب تجول في خاطرها
   - ج تضرب بأطنابها

8 يبدو من الاشتباكات الحاصلة أن اتفاق وقف إطلاق النار الذي وقعه الطرفان قد انتهى مفعوله وأصبح _____ .
   - أ السواد الأعظم
   - ب مثير للكآبة
   - ج في خبر كان

الأخبار لا تتغير

9 لا شك أن مستوى الجريمة الذي نراه في بعض أحياء المدينة هو أمر _____ والإحباط.
أ في حال يرثى لها
ب السواد الأعظم
ج مثير للكآبة

10 إن التجمعات الشبابية الجديدة وما يصاحبها من تصرفات غريبة عن مجتمعنا المحافظ تشكل حالة مستغرَبة لدى _____ من الناس.
أ نزولًا عند رغبة
ب السواد الأعظم
ج في حال يرثى لها

11 لم يعد السياح يأتون إلى هذه المناطق للأسف وأصبحت السياحة فيها _____ .
أ مثيرة للانتباه
ب في حال يرثى لها
ج تجول في خاطرها

(5) Translate the following sentences into Arabic. Translate the words in bold into one of the idioms of this unit.

1. The weather in that part of the world is **depressing** most times of the year.
2. The polls show that the **vast majority of people** don't want a referendum.
3. We lost everything we had, and things were at a **very low ebb**.
4. She knew **in her heart of hearts** that she is to blame for what happened to me.
5. They are shouting to **catch his attention**, unaware that he is deaf.
6. Classical Arabic music and real Tarab seem to be **a thing of the past**.
7. The explorer recalled what **went into her mind** while in that cave.
8. People in this refugee camp live in the **most deplorable conditions**.
9. Tribal law is **taking roots** and becoming firmly entrenched in the southern provinces.
10. The lovers were **taking a gentle stroll** over the bridge.
11. **In compliance with the wishes of** our customers, we have decided to change store closing time.

(6) Use the idioms of this unit in sentences of your own.

This practice exercise covers the following Arabic idioms:

في حال يرثى لها	سار الهوينى	في قرارة نفسه
نزل عند رغبته	في خبر كان	السواد الأعظم
مثير للانتباه	ضرب بأطنابه	جال في خاطره
في الحضيض	مثير للكآبة	

11

المرأة الخليجية والمناصب القيادية

لا جرم أنّ المرأةَ الخليجيّةَ قد قطعت شوطًا لا يُستهانُ بهِ في تَسنُّم مناصبَ قياديةٍ في مجتمعها. وشتّانَ ما بين وضع المرأةِ الخليجيّةِ في الماضي ووضعها اليوم. حيث نجحت بعضُ النّساءِ الخليجيّات خلالَ الأعوامِ القليلةِ الماضية بلعبِ دورٍ أكبر في صناعةِ القرار في بلدانهنّ، بيدَ أنّ هذا الإنجاز يبقى ضئيلًا ولا يتناسبُ مع المستوياتِ العلميّةِ والثّقافيّةِ المتقدمةِ التي حقّقتها النّساءُ في دول الخليج العربيّ. ومن الجدير بالذّكر أنّ المرأةَ الخليجيّةَ بشكلٍ عام تواجهُ عقباتٍ كثيرةً تمنعُها من أن تكونَ وزيرةً أو سفيرةً أو مديرةً أو ممثلةً للشّعبِ في البرلمان على قدمِ المساواةِ مع الرّجل. ومن أهمِّ هذه العقبات هو أنّ المجتمعاتِ العربيّة ولاسيّما الخليجيّة منها هي مجتمعاتٌ محافظةٌ بطبيعتها ولا تتقبّلُ بسهولةٍ حضورًا قياديًا للمرأةِ في مؤسساتِ الدّولةِ والمجتمع، وبالتّالي فإنّها تميلُ بشكلٍ عام إلى بخسِ المرأةِ حقّها في الحصولِ على أيِّ دورٍ قياديٍّ وفقَ مبادئ تكافؤ الفرص. فعلى سبيل المثال دخلتِ المرأةُ الخليجيّةُ متأخّرةً في العملِ الدّبلوماسيّ حيث تمّ تعيينُ أولَ امرأةٍ خليجيّةٍ سفيرةً لبلادِها عام 1993. ومع ذلك كلّه، تبذلُ البُلدانُ الخليجيّةُ جهودًا ملموسةً لتمكينِ المرأةِ لتتولّى مسؤولياتٍ عُليا في الحكومة. وإن نظرنا عن كثب إلى تجارب الشّعوب الأخرى في هذا المجال، فإنّنا نجدُ وبما لا يقبل الشّكّ أنّ تَقبُّل المجتمعاتِ للتغيير يتطلّبُ الكثيرَ من الوقتِ والجُهدِ على الصّعيدَين الحكوميّ والشّعبيّ.

(1) Carefully read the text, then discuss how the idioms are used to convey the meaning.

(2) Translate the text into English, making sure that your final translation reads like authentic English and reproduces the content and style of the text.

(3) Express what you understand in Arabic by using the idioms appearing in the text. Ensure to use all the idioms from the text correctly.

DOI: 10.4324/9781003096665-42

The practice exercises

(4) Choose the correct idioms to fill in each of the blanks in the following sentences.

1 ويشار إلى أن وزير الخارجية _____ مؤثرًا في وساطة بلده من أجل حل الأزمة الخليجية مع دول الجوار.
   أ لا يستهان به
   ب لعب دورًا
   ج قطع شوطًا

2 انتهى الشوط الأول بالتعادل ولكن _____ مستوى الفريق قبل الاستراحة وبعد العودة إلى الملعب.
   أ بيد أنّ
   ب لا جرم أنّ
   ج شتان ما بين

3 وصار البلد في السنوات الأخيرة يتمتع بثقل اقتصادي كبير وأصبح قوة اقتصادية _____.
   أ عن كثب
   ب لا يستهان بها
   ج وبما لا يقبل الشك

4 ولفت المسؤول إلى أن للمواطن الحق بأن يلقى معاملة خاصة في بلده ولكن دون _____ الجاليات الأخرى.
   أ على قدم المساواة
   ب لعب دورًا
   ج بخس حق

5 لقد _____ هذه الشركة _____ طويلًا في تطوير الأنظمة الرقمية وصناعتها وأصبحت من الشركات الرائدة في هذا المجال.
   أ قطعت شوطًا
   ب لعبت دورًا
   ج بخست حقًا

6 لقد ناقشنا المشروعات ذات الأولوية الخاصة ومنها _____ مشروع تطوير نظم الإشارات على خط سكك الحديد.
   أ من الجدير بالذكر
   ب على سبيل المثال
   ج على قدم المساواة

7 وتقف بلادنا في إنتاج الأسمدة _____ مع كبرى الشركات الأجنبية والعالمية.
   أ عن كثب
   ب بيد أن
   ج على قدم المساواة

8 لقد ثبت _____ أن هذه النوعية من الأحزاب غير قادرة على أن تكون جزء من العملية السياسية.

أ ومن الجدير بالذكر
ب بما لا يقبل الشك
ج عن كثب

9 تعاني هذه المناطق من غزو الجراد الصحراوي عليها _____ علماء البيئة أوضحوا أن نوعية الجراد قد تغيرت في السنوات الأخيرة.

أ لا جرم أن
ب عن كثب
ج بيد أن

10 وقالت الشركة الروسية لصناعة الطائرات إنها تتابع حادثة اختفاء الطائرة _____ .

أ عن كثب
ب على سبيل المثال
ج على قدم المساواة

11 إن الأجواء ملبدة بالغيوم، _____ نرى الناس يحملون المظلات.

أ من الجدير بالذكر
ب وبما لا يقبل الشك
ج لا جرم أننا

12 و_____ أن الحكومة تعقد اجتماعًا طارئًا لتدارس الموقف.

أ على سبيل المثال
ب من الجدير بالذكر
ج بما لا يقبل الشك

(5) Translate the following sentences into Arabic. Translate the words in bold into one of the idioms of this unit.

1 This new technology will bring manufacturers **on equal footing** with global counterparts.

2 The ministry **has gone a long way** towards improving this situation.

3 This is not a complicated issue, **however** there are some dangers.

4 We don't intend to **unfairly give her less than she deserves**.

5 This country has a **significant** military force.

6 We are **closely** following the advice set out by the department of health.

7 Water **plays a crucial role** in the emergence of life.

The practice exercises

8 Let's take blood circulation, **for example**.

9 The **difference between** the beginning of the trip and the end **is huge**.

10 **It should be noted** that some research has shown different results.

11 **It is unquestionable that** members of the ruling family live privileged lives.

12 This menu is **beyond a doubt** the most delicious in town.

(6) Use the idioms of this unit in sentences of your own.

This practice exercise covers the following Arabic idioms:

لا جرم أنّ	لا يستهان به	شتان ما بين
على قدم المساواة	لا يدع مجالًا للشك	قطع شوطًا
عن كثب	من الجدير بالذكر	بيد أنّ
لعب دورًا	على سبيل المثال	بخس / هضم حقه

12 في بيت العائلة

بعد أن انتقلَ الوالدُ إلى رحمةِ الله لم يعُد لوالدتي من يُعينها ويأخذُ بيدِها، فأخذتُ على عاتقي أن أعتنيَ بها وأرعاها في كبرها. طلبتُ منها أن تنتقلَ للسّكنِ معي ولكنّها لم تأخذ طلبي على مأخذِ الجد، فكيف لها أن تتركَ بيتَ العائلةِ الذي قضت فيه أجملَ سنواتِ عمرها، ناهيكَ عن أنّ البيتَ كبيرٌ ومريح إذا ما قورن بشقّتنا المتواضعة، فهو مبنيٌّ على الطّرازِ القديم، فيه باحةٌ داخليّةٌ ونافورةٌ وحديقة. لكنّها بعدَ أن وعدتني بأنّها ستوافق على الأمر، أخلفت وعدها ولم تحمل طلبي على محمل الجد. أعدتُ الكرّة بعد أيام فإذا بها تطلبُ مني بدلًا من ذلك الانتقالَ للعيشِ معها في البيت. لم يكُن قرارًا سهلًا ولكنّني استجبتُ لطلبها، وما هي إلّا أيّام حتى أصبحنا نتشاركُ حياتنا في ذلك البيتِ الرّحِب.

لم يمرّ على انتقالِنا وقتٌ طويلٌ حتى انقلبت حياتُنا رأسًا على عقب. لقد تغيّرت شخصيةُ والدتي وصارت تتحكّمُ بنا بشكلٍ كامل، وأصبحتْ هي الآمر النّاهي في كلّ صغيرةٍ وكبيرةٍ تتعلّقُ بتفاصيلِ حياتنا اليوميّة، لا يُرضيها شيء، وتبكي وتحزن لأتفهِ الأمور. وليت الأمر وقف عند هذا الحدّ، فقد كانت أحيانًا تسترقُ السّمع من وراء باب حجرتي متسمعةً لحديثنا أنا وزوجتي، كي تتأكّدَ من أنّنا لا نتآمرُ عليها لنتخلّص منها، وأحيانًا أخرى كانت تختلسُ النّظرَ من ثقب الباب حين لا تجدُ الأطفال حولها، لأنّها تظنُّ أنّ الأولادَ قد هربوا من البيت. وقد أقفلتْ مرّةً بابَ الحجرةِ على الأولاد بالمفتاح وهم بداخلِها، ونسيتْ أنّها التي فعلتْ ذلك، ولم تتذكر أين وضعتِ المفتاح. لقد اضطررتُ إلى كسر الباب بعد أن تعبتُ من البحثِ عن المفتاح كي أُخرج الأولاد الذين بدوا كسجناء ينتظرونَ إخلاءَ سبيلهم. كانت تصرفاتُها الغريبةُ والمتغيّرة تُثيرُ استغرابَنا وغضبَنا وألمَنا، إلى أن فهمنا بعد أن أجرى لها الطّبيبُ اختبارًا أنّها تعاني من الخرف، وإنّ ما نراهُ منها ما هي إلّا أعراض ذلك المرضِ اللّعينِ القاتل.

DOI: 10.4324/9781003096665-43

The practice exercises

(1) Carefully read the text, then discuss how the idioms are used to convey the meaning.

(2) Translate the text into English, making sure that your final translation reads like authentic English and reproduces the content and style of the text.

(3) Express what you understand in Arabic by using the idioms appearing in the text. Ensure to use all the idioms from the text correctly.

(4) Choose the correct idioms to fill in each of the blanks in the following sentences.

1   هذا الفندق تتوفّر فيه كافة وسائل الراحة _____ بالفندق الذي أقمنا فيه قبل عام.

  أ   ناهيك عن
  ب   رأسًا على عقب
  ج   إذا ما قورن

2   لماذا _____ الرجل إليك _____ من وراء الجريدة؟

  أ   يعيد الكرّة
  ب   يختلس النظر
  ج   يخلف وعده

3   إنها تحلم بأن يكون البيت لها وحدها وتكون هي _____ فيه.

  أ   الآمر الناهي
  ب   تأخذ بيده
  ج   تخلف وعدها

4   سمعتُ أن الشرطة قد _____ الصبي الذي تشاجر مع ابنك يوم أمس.

  أ   أخذت على عاتقها
  ب   أخذت بيد
  ج   أخلت سبيل

5   إنه لا يتحمّل تلقي الأوامر من مديره _____ زملائه في العمل.

  أ   الآمر الناهي
  ب   ناهيك عن
  ج   إذا ما قورن

6   لقد جربت صناعة دمية خشبية ولكنني فشلت، _____ الأسبوع المقبل.

  أ   سأعيد الكرّة
  ب   سأخلف وعدي
  ج   سآخذ على عاتقي

7	سمعنا بأن سائق حافلة الطلاّب قد ________ يوم الجمعة الماضي.	أ	أخذ على مأخذ الجد
		ب	انتقل إلى رحمة الله
		ج	أخذ بيد
8	لقد ________ منذ صغرها أن تعتني بإخوتها.	أ	أخلفت وعدها
		ب	أخذت على عاتقها
		ج	حملت محمل الجد
9	لن أستطيع أن أتفق معه على شيء من الآن فصاعدًا، إنه دائمًا يعِد و______ معي.	أ	يخلي سراحه
		ب	يأخذ على مأخذ الجد
		ج	يخلف وعده
10	إن التسرب الإشعاعي ينبغي أن ________ قبل فوات الأوان.	أ	يأخذ على عاتقه
		ب	يؤخذ بيده
		ج	يؤخذ على مأخذ الجد
11	لا تنبس ببنت شفة، فهناك من ________ لكل ما نقوله.	أ	يسترق السمع
		ب	يختلس النظر
		ج	يأخذ بيده
12	هذا خاتم مبارك، وببركته _____ الأقدار ______ نحو الخير.	أ	ستسترق السمع
		ب	ستخلي سبيلنا
		ج	ستأخذ بيدنا
13	ما إن وصل الأولاد إلى بيت جدهم حتى ________ من بيت مرتب إلى مكان أشبه بساحة حرب.	أ	انتقل إلى رحمة الله
		ب	قلبوه رأسًا على عقب
		ج	الآمر الناهي

(5) Translate the following sentences into Arabic. Translate the words in bold into one of the idioms of this unit.

1 You must take this task **seriously**.

2 The militia will only **release** their captives if we release their chief.

3 The servant **peeked furtively** through the keyhole.

4 We are asking God to **help and guide** us.

5 The commander **took upon** himself **the responsibility** of military affairs.

6 She caught them **eavesdropping** outside the window.

7 The president **broke** his **promise** to fix the debt.

8 But that's nothing **when compared** to the suffering of the refugees.

9 I was so embarrassed and never **did it again**.

10 This reclusive neighbour does not have a friend, **much less** a wife.

11 His Royal Highness the Emir **passed away** last night.

12 My life was **turned upside down** when my mother-in-law came to live with us.

13 My mother is the **boss** and the **one in control** in this house.

(6) Use the idioms of this unit in sentences of your own.

This practice exercise covers the following Arabic idioms:

أخذ على عاتقه	أخذ بيده	اختلس النظر
أخلف وعده	أخلى سبيله	أخذه على مأخذ الجد
أعاد الكرّة	استرق السمع	حمله على محمل الجد
رأسًا على عقب	انتقل إلى رحمة الله	الآمر الناهي
	إذا ما قورن	ناهيك عن

13 اللقاء الأول

وبمحضِ الصُّدفةِ وبينما كان الضّيوفُ يتجاذبونَ أطرافَ الحديثِ مع بعضِهم البعض في الحفل لمح عُمر وجهًا مألوفًا بين الضّيوفِ فاتجه نحوه.

– هل حضرتك الأستاذ فريد سامر؟
– تقصد فؤاد سامر.
– أستميحكَ عذرًا أستاذ فؤاد فقد خانتني الذّاكرة، الأستاذ فؤاد سامر المحامي ذائع الصّيت؟
– بشحمه ولحمه.
– أنا عمر زيدان، إن لم تخنّي الذّاكرة فحضرتك كنتَ صديق والدي المرحوم الأستاذ عاطف زيدان المحامي.

انفرجت أساريرُ الأستاذ فؤاد حين سمع ذلك ورحّب بعمر أيّما ترحيب فالمرحوم الأستاذ عاطف كان صديقًا حميمًا له في شبابهِ. ثم دار بينهما حديثٌ طويلٌ، أفضى إلى أن يُخبرهُ عمر بمشاكلَ قانونيّة كان يُواجهُها.

– هل لي أن أغتنمَ فرصةَ وجودِك هنا اليوم لأستشيركَ ببعضِ المسائلِ القانونيّة؟
– على الرّحبِ والسّعة، أنا رهنُ إشارتك. خيرًا إن شاء الله؟
– أتمنّى لو تُسدي لي معروفًا فقد ضاقت بيَ الدُّنيا.
– حسنًا، يُمكننا أن نلتقي في مكتبي غدًا ومن الضّروريّ أن تجلبَ معك كلّ الأوراق المُهمّة التي بحوزتك كي أدرسَها بحذافيرها، وإن شاء الله سنجدُ حلًّا. لا تدري يا عمر كم كان والدك رحمهُ الله صديقًا عزيزًا عليّ.

توسّمَ عمر في الأستاذ فؤاد خيرًا، والحقُّ يُقال إنّ الأستاذ فؤاد لم يخيّب أملهُ بل وآلى على نفسهِ بأن يساعدَ ابن صديقٍ قديمٍ له.

DOI: 10.4324/9781003096665-44

(1) Carefully read the text, then discuss how the idioms are used to convey the meaning.

(2) Translate the text into English, making sure that your final translation reads like authentic English and reproduces the content and style of the text.

(3) Express what you understand in Arabic by using the idioms appearing in the text. Ensure to use all the idioms from the text correctly.

(4) Choose the correct idioms to fill in each of the blanks in the following sentences.

1 لقد كان سيء الطباع، ولكن ________ كان كريمًا إلى أبعد حدود.

أ بحذافيره
ب الحق يقال
ج بمحض الصدفة

2 مادام عمك موجودًا بيننا، دعني ________ كي أوجه له شكري لأنه ساعدني في النجاح في الامتحان.

أ أتوسم فيه خيرًا
ب أخيّب أمله
ج أغتنم الفرصة

3 إن لم ________، فقد كانت سفينة شراعية ترسو في هذا المكان.

أ أتوسّم خيرًا
ب تخنّي الذاكرة
ج أغتنم الفرصة

4 قرّرت اعتزال التمثيل بعد أن ________ كأفضل فنانة دراما.

أ آلت على نفسها
ب أسدت معروفًا
ج ذاع صيتها

5 لقد ________ بعد أن قررت اللجنة استثناءه من المشاركة في المسابقة.

أ خاب أمله
ب آلى على نفسه
ج توسم فيها خيرًا

6 ________، لأنني صدّقت كل ما قيل عنك من أكاذيب.

أ والحق يقال
ب على الرحب والسعة
ج أستميحك عذرًا

اللقاء الأول

7 تقول إنها _____ أن تصبح أفضل سائقة سباق في التاريخ.
أ ضاقت بها الدنيا
ب آلت على نفسها
ج انفرجت أساريرها

8 لقد _____ عندما رأى أولاده في استقباله في المطار.
أ خانته الذاكرة
ب ذاع صيته
ج انفرجت أساريره

9 لقد صنعنا وليمة ثوابًا لوالدنا المتوفى فمن يأتي فـ _____.
أ بشحمه ولحمه
ب رهن إشارتنا
ج على الرحب والسعة

10 لقد _____ لأنه لم يستطع أن يبيع السمك الذي اصطاده.
أ خانته الذاكرة
ب ضاقت به الدنيا
ج ذاع صيته

11 كان دائم التفكير بالرجل الذي _____ وأعطاه المال في وقت الشدة وهو لا يعرفه.
أ أسدى له معروفًا
ب اغتنم الفرصة
ج ضاقت به الدنيا

12 إن كلب الصيد _____ الصياد متأهبًا للانقضاض على الفريسة.
أ بحذافيره
ب يتوسم خيرًا في
ج رهن إشارة

13 إنني _____ وقد وافقت على زواجك من ابنتي.
أ أتجاذب أطراف الحديث
ب أتوسم فيك الخير
ج أستميحك عذرًا

14 أترى ذلك الرجل، إنه رئيس الجمهورية _____.
أ بحذافيره
ب بشحمه ولحمه
ج رهن إشارته

The practice exercises

15 كثيرًا ما نجد كبار السن وهم _____ في ساعات الضحى في المقهى.
   أ تخونهم الذاكرة
   ب تخيب آمالهم
   ج يتجاذبون أطراف الحديث

16 قامت الحكومة بتطبيق المنهاج الحكومي _____.
   أ بشحمه ولحمه
   ب بحذافيره
   ج بمحض الصدفة

17 لا تصدّق الشائعات، لقد كان لقاؤهما في المقهى _____.
   أ بحذافيره
   ب بمحض الصدفة
   ج بشحمه ولحمه

(5) Translate the following sentences into Arabic. Translate the words in bold into one of the idioms of this unit.

1 **By pure chance**, I met the consultant in the afternoon.
2 **Pardon me**, can you elaborate on that?
3 **If my memory serves me right**, the department was established in May 1987.
4 His **face lit up** when he heard the news.
5 Don't expect to have him at your **beck and call**.
6 I can assure you sir that we have followed the plan **to the letter**.
7 Can I attend the meeting? – Of course, **by all means**.
8 We ought to **seize** this **opportunity** to promote peace in the Middle East.
9 I didn't like his attitude, but **to be fair**, he's done a superb job.
10 We sat and **conversed** for a long time.
11 "You saw the actress?" the husband asked. "Yes, **in the flesh**", the wife replied.
12 Sadly, his father's **hopes** were **disappointed**.
13 I don't want to **disappoint** your **expectations**.
14 This is the last time I **do** her **a favour**.
15 After that, Ibn Battuta became a **renowned** explorer.

16 I **took upon myself** to protect her reputation.

17 Don't **expect good in** a nation that leaves its people suffering.

(6) Use the idioms of this unit in sentences of your own.

This practice exercise covers the following Arabic idioms:

آلى على نفسه	بمحض الصدفة	انفرجت أساريره
رهن إشارة	بحذافيره	الحق يقال
ضاقت به الدنيا	اغتنم الفرصة	على الرحب والسعة
تجاذب أطراف الحديث	توسم خيرًا	خانته الذاكرة
خاب أمله	بشحمه ولحمه	أستميحك عذرًا
	أسدى له معروفًا	ذاع صيته

14 وكان اللقاء الثاني

وفي صباحِ اليومِ التّالي دخل عمر زيدان إلى مكتب المحامي فؤاد سامر حاملًا معه أوراقًا كثيرةً ليُسلّمها إليه ويُخبره عن تفاصيل المشكلةِ التي جاء من أجلها. رحّب به المحامي وطلبَ له فنجانَ قهوة بعدما أجلسه على كرسيٍّ قبالته.

– هذه أوراقُ القضيّةِ التي أخبرتُك عنها. يعجزُ لساني عن التّعبير عن شكري لك أستاذ فؤاد. لا أعرفُ إن كان لديكَ متسعٌ من الوقت لنناقشَ كافة تفاصيل القضية اليوم.
– من دواعي سروري أن أقومَ بمساعدتك يا عمر. نعم عندنا الوقتُ الكافي وكلّي آذانٌ مصغية، أخبِرني من فضلك بالقضية لأكونَ على اطّلاعٍ بتفاصيلها.
– بعد أن انتقلنا من المدينة، أصيبَ والدي بمرضٍ عُضال أقعدهُ عن العمل، كنتُ أنا وقتها قد تخرّجتُ للتوّ من الجامعة وكان أخي الأصغر مازن يُكملُ تعليمهُ الجامعيّ، وكانت والدتي ربّةَ بيت فلم يعُد لنا معيل. وقد أملى عليَّ ضميري أن أتكفّلَ لوحدي بمصاريف البيت، حيث اضطُررتُ للعملِ في وظيفتين كي أغطّيَ مصاريفَ البيت ومصاريفَ علاج والدي ومصاريفَ دراسةِ أخي. ولم تكُن الحياةُ سهلةً، فقد كنتُ أحصلُ على المالِ بشقِّ الأنفس واستمرّ ذلك لسنوات. ولكنّ الله وفّقني أخيرًا، فقد تخرّج مازن من الجامعة وتمكّنَ من العمل واستقرّ في حياتهِ. ويشاءُ الله في الأثناء أن تتوفّى والدتي التي حزن عليها والدي أشدَّ الحزن إلى أن تغمّدهُ الله برحمتهِ بعدَها بأشهر قليلة. بعد ذلك بسنتين حصلتُ على عملٍ في الخارج، ونجحتُ في جمع مبلغٍ لا بأسَ بهِ من المال اشتريتُ بهِ شقّةً كي تكونَ مستقرّي عند عودتي، ولكن بسبب إقامتي في الخارج فقد أعطيتُ أخي مازن وكالةً عامةً ليتسنّى لهُ أن يقضيَ مصالحي هنا ريثما أعود. وحين عدتُ صُدمتُ بما لم أكُن أتوقّعهُ. فقد وجدتُ أنّ أخي مازن قد سجّل شقّتي باسمهِ، وليتهُ وقف عند هذا الحدّ، فقد أخبرَني سِمسارٌ في المنطقة أنّها معروضةٌ للبيع. يعزُّ عليَّ أن أرى أخي ينكرُ الجميل ويضربُ بإخوّتنا عرضَ الحائط ويقومُ بالاستيلاءِ على شقّتي التي هي كلّ ما أملك، ولا سيّما أنّني

DOI: 10.4324/9781003096665-45

تعاملتُ معهُ بكلّ حُسن نيّة ولم أؤذه قيدَ أُنملة طوالَ حياتي. وقد جعلني ذلك أضربُ أخماسًا لأسداس، لماذا استولي على شقّتي دون وجهِ حقّ؟ والأنكى من ذلك أنّني حين واجهتهُ بالأمر ثارت ثائرتهُ دون أن يتمكّنَ من درأ التُّهمةِ عن نفسه. وقد أرسلتُ إليه أكثر من وسيط لعلّه يعود إلى صوابهِ ولكنّ الوُسطاءَ أخبروني بأنّه لا طائلَ من الكلامِ معه.

– مؤسفٌ جدًا أن يحصلَ ذلك بين الإخوة. أعتقدُ أنّه ينبغي علينا الإسراع في الإجراءاتِ قبل أن يُداهمَنا الوقتُ وتُباعُ الشّقّةُ وتصبحُ الأمورُ أكثر تعقيدًا من النّاحيةِ القانونيّة.

(1) Carefully read the text, then discuss how the idioms are used to convey the meaning.

(2) Translate the text into English, making sure that your final translation reads like authentic English and reproduces the content and style of the text.

(3) Express what you understand in Arabic by using the idioms appearing in the text. Ensure to use all the idioms from the text correctly.

(4) Choose the correct idioms to fill in each of the blanks in the following sentences.

1	إنه يحاول أن ________ تخريب الممتلكات العامة عن نفسه من خلال المطالبة بالاطلاع على تسجيلات كاميرات المراقبة.	أ	بشق الأنفس
		ب	بحسن نية
		ج	يدرأ تهمة
2	هل عرفت حقيقة ما جرى في جلسة البرلمان السرية؟ هات ما عندك ________.	أ	يعزّ عليّ
		ب	كلي آذان مصغية
		ج	والأنكى من ذلك
3	لقد حصل على العمل في الجريدة بمساعدة صديقه، ولكنه سرعان ما ________ وكتب مقالًا ينتقد أداء صديقه كصحفي.	أ	تغمده الله برحمته
		ب	ضرب به عرض الحائط
		ج	أنكر الجميل
4	لم نتمكن من الوصول إلى قمة هذا الجبل إلّا ________.	أ	بشق الأنفس
		ب	قيد أنملة
		ج	دون وجه حق

5 بسبب إغلاق المطارات فإنه لم ________ مغادرة البلد جوًا.

أ يعزّ عليه
ب تثر ثائرته
ج يتسنّ له

6 أود أن أؤكّد لكم أنّ الحكومة ________ بقضية المواطن المحتجز في الباخرة.

أ تضرب أخماسًا لأسداس
ب تسنى لها
ج على اطلاع

7 ________ التعبير عن ألمي لمصابكم بوالدكم.

أ من دواعي سروري
ب يعجز لساني عن
ج يعزّ عليّ

8 ما يزال أمامنا ________ قبل وصول القطار.

أ داهمنا الوقت
ب قيد أنملة
ج متسع من الوقت

9 ________ بسبب نشر صورة لها بدون مكياج.

أ درأت التهمة عنها
ب داهمها الوقت
ج أقامت الدنيا ولم تقعدها

10 إن التحذيرات التي يطلقها أفراد العائلة للجيران ________، فهي مجرد كلام لا غير.

أ بشق الأنفس
ب لا طائل من ورائها
ج دون وجه حق

11 معروف عن والدتي العناد، وهي إن اتخذت موقفًا فإنها لا تتزحزح عنه ________.

أ قيد أنملة
ب تضرب به عرض الحائط
ج بحسن نية

12 كان الأمير ________ محبًا لوطنه وعطوفًا على شعبه.

أ تغمده الله برحمته
ب يضرب أخماسًا لأسداس
ج ناكرًا للجميل

وكان اللقاء الثاني

13 لم تتم محاسبة المسؤول الفاسد على فساده، بل و_____ تم تكريمه من قبل الرئيس.
- أ أملى عليه ضميره
- ب بشق الأنفس
- ج الأنكى من ذلك

14 _____ عندما علم بأن زوجته قد تركت البيت دون علمه.
- أ ثارت ثائرته
- ب داهمه الوقت
- ج لا طائل من ورائه

15 دونما تفكير قام بإطعام الكلب الجائع، فقد تصرف بما _____.
- أ يدرأ التهمة عنه
- ب يمليه عليه ضميره
- ج حسن نية

16 لقد وجدته _____ بعد أن وصلته أنباء انهيار سوق البورصة.
- أ يعود على صوابه
- ب دون وجه حق
- ج يضرب أخماسًا لأسداس

17 بعد أن انتابته نوبة غضب هدد فيها زميله وتوعده، _____ واعتذر منه.
- أ ضرب به عرض الحائط
- ب عزّ عليه
- ج عاد إلى صوابه

18 إنه _____ أن نتقدّم لخطبة كريمتكم لولدنا.
- أ يعزّ علينا
- ب من دواعي سرورنا
- ج لا طائل من وراء

19 إن _____ وستصل موجة الفيضان إلى هنا في أية لحظة.
- أ الوقت يداهمنا
- ب متسع من الوقت
- ج لا طائل من ورائه

20 إن أي تشريع يتنافى مع مبادئ الدستور ينبغي أن _____.
- أ يضرب أخماسًا لأسداس
- ب يعود إلى صوابه
- ج يضرب به عرض الحائط

The practice exercises

21 لم تقصد إيذاءه، فقد كانت تعليقاتها عن نظارته _____ .
    أ دون وجه حق
    ب بحسن نية
    ج تعزّ عليها

22 رغم رضاها إلّا أنه لا يجوز أن يتصرف بأموالها _____ .
    أ على اطلاع
    ب قيد أنملة
    ج دون وجه حق

23 _____ أن يرى بيته الذي تعب على بنائه يباع في المزاد العلني.
    أ عجز لسانه
    ب من دواعي سروره
    ج عزّ عليه

(5) Translate the following sentences into Arabic. Translate the words in bold into one of the idioms of this unit.

1. We have **run out of time**, so let's discuss it some other time.
2. We extended the deadline **with extreme difficulty**.
3. When he heard his daughter was dating, he **flew off the handle**.
4. The mother did her best to **avert suspicion from** her son.
5. She **made a scene** because the waiter served her assistant first.
6. There are **no words to express** how thankful we are.
7. Most people are not **well-informed** about the role of probiotics in gut health.
8. He said she was **ungrateful** to him after all he had done for her.
9. When I am elected president, I promise to act as **my conscience dictates**.
10. They will have **ample time** to complete the test.
11. Due to staff shortage, they were **unable to** see more patients in the hospital.
12. I believe these discussions are **futile**.
13. When will she **come to her senses** and stop talking about this crazy idea!

وكان اللقاء الثاني

14 My husband was so dazed by all the debts that he **couldn't think straight**.

15 **May God bestow his mercy upon** her, and may you always remember her with love.

16 As **a gesture of good faith**, we are giving it for free.

17 Tell us what happened. **We are all ears**.

18 **It is hard for me** to see him in that position.

19 I tried to negotiate a better deal, but the other side would not **budge an inch**.

20 **It is my pleasure** to be of help to you.

21 The woman decided to **flout** tradition and wear whatever she likes.

22 This poor man should not have to die **in an unrightful way** because of his skin colour.

23 The calorie burn differs from one person to another, and **worse yet**, people don't track calories well.

(6) Use the idioms of this unit in sentences of your own.

This practice exercise covers the following Arabic idioms:

عجز لسانه عن	ضرب أخماسًا لأسداس	متسع من الوقت
أنكر الجميل	من دواعي سروره	عزّ عليه
بشق الأنفس	ضرب به عرض الحائط	على اطلاع
تغمده الله برحمته	قيد أنملة	حسن نية
تسنّى له	دون وجه حق	كلي آذان مصغية
ثارت ثائرته	داهمه الوقت	الأنكى من ذلك
أقام الدنيا ولم يقعدها	أملى عليه ضميره	درأ التهمة عنه
	لا طائل من ورائه	عاد إلى صوابه

15

رسالة شكر وتقدير

أودُّ باديء ذي بدء أن أُعربَ لمعاليكم عن جزيلِ الشُّكرِ والامتنان بالأصالةِ عن نفسي وبالنّيابةِ عن العاملينَ في المركز لما قدّمتموهُ من دعمٍ ومساعدةٍ لإنجازِ "مركز السّلام الثّقافيّ." لقد أبصرَ هذا الصّرحُ الثّقافيُّ الكبيرُ النّورَ على ضوءِ توجيهاتِكم الحكيمة وأيديكم السّخية المعطاء. ومع مرور عامٍ على افتتاحِ المركز، فإنّني وبالنيابةِ عن موظّفي المركز أزُفُّ لكم بُشرى عرضِ أولِ مسرحيةٍ على قاعةِ المسرحِ في المركز، وهي عبارةٌ عن مسرحيةٍ غنائيّةٍ استعراضيّة تحملُ اسم (مسيرةُ عَلَم) تعرضُ تاريخَ الثّقافةِ وعمقها في مدينتنا ودوركم الرائد في تأسيسها.

إنّ مركزَ السّلام الثّقافيّ الذي يضمُّ مكتبةً عامّة ومسرحًا وسينما ومعرضًا وورشًا للأعمالِ الفنيّةِ المتنوّعة، قد أصبح بنشاطاته المختلفة أشهرَ من نارٍ على علم في عالَم الثّقافةِ والفُنون، وقد ترك أثرًا طيبًا على واقعِ الثّقافةِ في المدينة. حيث أصبحتِ المكتبةُ العامّةُ فيه قِبلةً لكلّ من لديهِ شغفٌ بالقراءةِ والاطّلاع، وما تزالُ المكتبةُ تشهدُ حضورًا يوميًا كثيفًا ومتزايدًا لمرتاديها ومن مختلفِ الأعمارِ والطّبقات. كما تنشط في الورشِ الفنيّةِ والثّقافيةِ دوراتٌ تدريبيّةٌ ونشاطاتٌ متنوّعةٌ يقومُ بها فنانونَ وموسيقيونَ وأدباء، وهي نشاطاتٌ تُثلجُ الصّدر لما ستتركهُ من أثرٍ إيجابيٍّ كبيرٍ في رفعِ المستوى الثّقافيّ والذّوق الفنّيّ لدى النّاس.

إنّ برنامج نشاطاتِ المركزِ الفنيّةِ والأدبيّةِ في هذا العام وطبقًا لتوجيهاتِ معاليكم حافل بقضايا التراثِ المميّز لمدينتِنا العريقة. وقد شملتِ النّشاطاتُ إقامةَ أُمسياتٍ تراثيّةٍ وأدبيّةٍ وموسيقيّةٍ ومعارضَ فنيّة. وبهذا الاتّجاه أيضًا قُمنا بتشجيعِ كلّ مَن له باعٌ طويلٌ في التّراثِ من الباحثينَ في المشاركةِ في هذه النّشاطات. بالإضافةِ إلى ذلك تمّ توثيقُ ذكرياتِ كبار السّنّ رجالًا ونساءً عن المدينةِ وتقاليدِها عبر تسجيلها في مقابلاتٍ تلفزيونيّةٍ تمّ عرضُ بعضِها على أطفالِ المدارس.

صاحب المعالي، إنّني في ختامِ رسالتي هذه أودُّ أن أغتنمَ الفرصةَ مرةً أخرى لأعبرَ لكم عن تقديري لكلّ ما تبذلونهُ من جهودٍ من أجلِ رفع المستوى الثّقافيّ في المدينة، وفي نفسِ

DOI: 10.4324/9781003096665-46

الوقت فإنّني أعتبرُ مركزَ السّلام الثّقافيّ أمانةً في عُنُقي ولن أتردّدَ أنا والعاملينَ في المركز في بذلِ الغالي والنّفيس من أجلِ أن يستمرَّ المركز الذي يعكسُ رؤيتَكم الثّقافيّةَ العظيمةَ في أخذِ دورهِ كصرحٍ ثقافيٍّ تشرئبُّ إليهِ الأعناق.

(1) Carefully read the text, then discuss how the idioms are used to convey the meaning.
(2) Translate the text into English, making sure that your final translation reads like authentic English and reproduces the content and style of the text.
(3) Express what you understand in Arabic by using the idioms appearing in the text. Ensure to use all the idioms from the text correctly.
(4) Choose the correct idioms to fill in each of the blanks in the following sentences.

1 تم تأسيس هذا المركز العلمي بالاستفادة من خبرات عالمية من دول ____________ في مجال التصنيع العسكري.

أ في متناول يدها
ب تزف البشرى
ج لها باع طويل

2 إن حكومتنا تبذل ____________ من أجل رفع مستوى الخدمات للمواطن من خلال تطوير البنية التحتية.

أ زف البشرى
ب بادئ ذي بدء
ج الغالي والنفيس

3 عائدات النفط هي ____________ الدولة وينبغي أن توكل مهمة استثمارها إلى جهات أمينة وذات خبرة.

أ أمانة في عنق
ب في متناول يد
ج بادئ ذي بدء

4 وأخيرًا ____ الرواية ____ بعد أن سمحت وزارة الداخلية بنشرها.

أ أثلجت الصدر
ب أبصرت النور
ج اشرأبت لها الأعناق

5 وفي أقل من سنة دخل هذا الفنان العظيم عالم النجومية وأصبح ____________.

أ له باع طويل
ب أشهر من نار على علم
ج في متناول اليد

6	_____ مدير البنك الزراعي _____ بأنه سيتم تخفيض فوائد القروض الزراعية هذا العام.	أ زف البشرى ب أبصر النور ج تشرئب له الأعناق
7	_____ فإنني أود أن أتقدم بجزيل الشكر للأستاذ عميد كلية الحقوق على مبادرته في تنظيم هذا المؤتمر.	أ أمانة في عنقي ب يثلج صدري ج بادئ ذي بدء
8	معظم هذه الهواتف النقالة موجودة في الأسواق وتباع الآن بأسعار _____.	أ الغالي والنفيس ب في متناول اليد ج تشرئب لها الأعناق
9	لقد كان العالم اللغوي رحمه الله خطيبًا _____ لبلاغته وفصاحته.	أ يبصر النور ب تشرئب له الأعناق ج له باع طويل
10	إن خبر القبض على السفاح قد _____ المواطنين الذين أرهبتهم جرائمه.	أ زف البشرى ب أثلج صدر ج أمانة في عنق

(5) Translate the following sentences into Arabic. Translate the words in bold into one of the idioms of this unit.

1 This musical instrument first **saw the light of day** in the '70s.

2 One of our employees **broke the good news** to the lucky jackpot winner.

3 It requires a top-quality printer, which is not **within reach of** most people here.

4 The programme focuses on those who **sacrificed everything** to save us from disaster.

5 The lawyer acknowledged his client has **a long-standing record for** crime.

6 We are **much heartened** by the ruling and feel that justice has been done.

7 **First of all**, let me say I am grateful to all the staff here.

8 Junior researchers **looked up to** such an eminent scientist.

9 We regard the well-being of our citizens as **a sacred trust put into our hands**.

10 Al-Fishawi café is **the most renowned** and has been in service for over two centuries.

(6) Use the idioms of this unit in sentences of your own.

This practice exercise covers the following Arabic idioms:

أبصر النور	أشهر من نار على علم	زف البشرى
بادئ ذي بدء	أثلج الصدر	اشرأبت له الأعناق
له باع طويل	في متناول اليد	أمانة في عنقه
الغالي والنفيس		

16 ولات حين مناص

أيّتها السّيدات، أيّها السّادة،

تُعاني أغلبُ الشّعوب من شظفِ العيش بسبب الأزمةِ الاقتصاديّةِ العالميّة التي أخذتِ العالمَ على حينِ غرّة قبل عامٍ تقريبًا. وكما تلاحظون فإنّ هذه الأزمة أصبحت تُلقي بظلالها على كافّةِ جوانبِ حياةِ الأفرادِ والمجتمعاتِ في كلّ بقاعِ الأرض مما أدّى إلى أن تأخذَ الأمورُ منحىً خطيرًا قد يهدّد السِّلمَ العالميّ. فقد ارتفعتِ البطالةُ في أغلبِ البُلدانِ إلى مستوياتٍ لم نعهدها من قَبل بسبب توقُّفِ النّشاطاتِ الاقتصاديّة، وكذلك أصبحنا نشهدُ تزايدًا ملحوظًا في التّوتُّراتِ بين الدول وفي أكثر من مكانٍ في العالم. إنّ الأوضاعَ الاقتصاديّةَ السّيئةَ تُعدُّ من أهمِّ أسبابِ انعدامِ الاستقرارِ السّياسيّ وضعف الحكومات، وهكذا أصبحنا نرى اليومَ المزيدَ من موجاتِ الهجراتِ الجماعيّةِ عبر الحدودِ لأناسٍ يبحثونَ عن حياةٍ أفضل، والمزيدَ من الصّراعاتِ على الثّروات. لقد أصبح العالمُ أقلّ كرمًا وأكثر تطرّفًا وتنافسًا في ظلّ هذه الأزمةِ الاقتصاديّة. إنْ بقيتِ الأمورُ على ما هي عليه فإنّ هذه التّوتّرات ستؤدّي لا محالة إلى اشتعالِ حروبٍ كبرى لا تُبقي ولا تَذر.

إنّني أدعو زعماءَ العالمِ أجمع إلى الانتباهِ إلى خطورةِ الأوضاعِ ونبذِ خلافاتِهم التي أكلَ عليها الدهرُ وشرب، وأن يعملوا معًا بجدّيّةٍ وبسرعةٍ لوضعِ حلّ لهذه الأزمة. إنّ إطلاقَ مبادرةٍ دوليّةٍ شاملةٍ لوقفِ التّوتّراتِ والحروبِ بين الدّول ولو لفترةٍ مؤقّتةٍ سيُعطي العالمَ مساحةً للتفكيرِ في وضعِ حلولٍ لمعالجةِ الأوضاعِ المُزريةِ التي يعيشُها النّاسُ في كلِّ مكان.

اعذروني سيداتي وسادتي، ولكن اسمحوا لي أن أقولَ لكم إنّكم إن بقيتم في بروجكم العاجيّة فلن تشعروا بحجمِ الخطرِ المُحدق بعالمِنا، إنّ الأمورَ تتدهورُ نحو الأسوأ وعلينا أن نستبقَ الأحداثَ كي نوقفَ الكارثةَ قبل أن نقولَ ولاتَ حينَ مناص.

(1) Carefully read the text, then discuss how the idioms are used to convey the meaning.

DOI: 10.4324/9781003096665-47

(2) Translate the text into English, making sure that your final translation reads like authentic English and reproduces the content and style of the text.

(3) Express what you understand in Arabic by using the idioms appearing in the text. Ensure to use all the idioms from the text correctly.

(4) Choose the correct idioms to fill in each of the blanks in the following sentences.

1 لا أريد أن ______ ولكنني أتوقع أن أسعار النفط سترتفع في الأشهر القادمة رغم انخفاض الطلب عليها الآن.
- أ ألقي بظلالي على
- ب أبقي ولا أذر
- ج أستبق الأحداث

2 وبالرغم من أن والدهم كان يكابد ________ لسد احتياجات أولاده إلّا أنه لم يجعلهم يشعرون بذلك قط.
- أ شظف العيش
- ب بروج عاجية
- ج أكل عليه الدهر وشرب

3 من الواضح أن الحكومة قد أخذت ______ عندما بدأت القوات الدولية انسحابها من المنطقة العازلة.
- أ في بروج عاجية
- ب منحى
- ج على حين غرة

4 تقول التنبؤات الجوية إن العاصفة الإستوائية ستتطور إلى إعصار شديد __________.
- أ لا محالة
- ب لا يبقي ولا يذر
- ج في بروج عاجية

5 تحدث مسؤول وزارة التربية والتعليم عن الوباء الذي ________ على العملية التعليمية في البلاد.
- أ أخذ منحى
- ب ألقى بظلاله
- ج أكل عليه الدهر وشرب

6 كشفت تصريحات المسؤولين الأخيرة حول أسباب تفشي الجريمة في المجتمع أنهم يعيشون في ______.
- أ شظف العيش
- ب ولات حين مناص
- ج بروج عاجية

The practice exercises

7 لا يرغب الناس في الذهاب إلى هذه السينما لأنها تعرض أفلامًا قديمة _____ .

    أ في بروج عاجية
    ب لا تبقي ولا تذر
    ج أكل عليها الدهر وشرب

8 والقضية لم تقف عند هذا الحد بل _____ آخر حين اعترف الفنان بأنه أقدم على إحراق الاستوديو.

    أ أخذت منحى
    ب استبقت الأحداث
    ج ألقت بظلالها

9 إن لم تتوقف عن تبذير أموالك فسينتهي بك الأمر فقيرًا _____ .

    أ ولات حين مناص
    ب في بروج عاجية
    ج لا محالة

10 لقد انهار السد وخرجت الأمور عن السيطرة وستغرق المدينة، _____ .

    أ ولات حين مناص
    ب لا محالة
    ج يلقي بظلاله

(5) Translate the following sentences into Arabic. Translate the words in bold into one of the idioms of this unit.

1 Those uncertainties will **cast a shadow** over international collaboration in academia.

2 We don't want to **jump the gun** and assume negligence on their part.

3 The economy will **inevitably** shrink further as protests continue in major cities.

4 We were standing at the bus stop when, **all of a sudden**, a car veered off the road.

5 Two years from now, the situation will get much worse and then **it will be too late**.

6 He didn't believe in religion and dismissed faith as a **timeworn** cliché.

7 Then things **took a different turn** due to the new prime minister's desire for reform.

8 She helps those who have been touched by **hardship**.

9 Many people were killed in recent weeks as pro-regime bombardment **spared nothing**.

10 Politicians cannot sit **in ivory towers** and be blindfolded to the miseries of the people.

(6) Use the idioms of this unit in sentences of your own.

This practice exercise covers the following Arabic idioms:

على حين غرة	لا يبقي ولا يذر	ولات حين مناص
ألقى بظلاله على	أكل عليه الدهر وشرب	شظف العيش
لا محالة	استبق الأحداث	بروج عاجية
أخذ منحى		

17 حديث بين عجوزين

التقى الحاج بدر الميمر والمستر جون ويليس في المقهى. كانا يتحادثانِ عن أمورِ الحياةِ وعن صداقتِهما التي ما تزال مستمرةً لأكثر من أربعينَ عامًا منذ أن عملا معًا في شركةِ النّفط، وأخذهما الحديثُ إلى حياتِهما وهما في سنِّ الشّيخوخة، والتفت الحاج بدر إلى المستر جون قائلًا:

"أريدُ أن يتّسعَ صدرُك يا جون لما أقوله، فعلى الرّغم من أنّنا نعيشُ في عالمينِ مختلفَين، أحدُنا في الشّرق والآخر في الغرب، ولكنّنا أصدقاء، ونفهمُ الحياةَ جيّدًا وشريكانِ في الشّيخوخة أيضًا. أنا مثلك وحيدٌ منذ أن فقدتُ زوجتي، ومثلك فإنّ عندي أولادٌ حقّقوا الكثيرَ من النّجاحِ في حياتِهم. أنا الأبُ ومادمتُ حيًّا فأنا صاحبُ الرأيِ والمشورةِ عليهم، ومن الضّروريّ أن أراهم مجتمعينَ حولي هُم وأحفادي. هكذا عشتُ أنا مع والدي إلى أن توفّي. إنّهم يعيشونَ معي في بيتِ العائلة، ولا يشعرونَ مُطلقًا بأنّني أُثقل كاهلَهم. أعترفُ أنّني رجلٌ عجوزٌ، ولديَّ متطلباتي الخاصّة والمزعجة أحيانًا، ولكن أتعلم ياجون، إنّني أطيرُ فرحًا برؤيةِ أولادي وأحفادي حولي. أعتقدُ أنّه من الواجبِ عليهم أن يُبرزوا احترامَهم لي وأن يعتنوا بي ويُوفّروا لي كلّ متطلباتي في كبري عرفانًا منهم بالجميلِ تجاهي وتعبيرًا عن حبّهم لي كما اعتنيتُ أنا بوالديّ في كبرهما. لقد أديتُ ما عليَّ تجاهَ أولادي من جهدٍ ومشقةٍ وتربيةٍ وتعليمٍ إلى أن وصلوا إلى ما وصلوا إليهِ الآن. إنّني لا أجدُ ضيرًا في السّكنِ مع أولادي، والسّكنُ في دارٍ للعجزةِ عندي هو تجرُّعٌ للمرِّ لا يُمكن تقبّلهُ."

عدّل مستر جون جلستهُ بعد أن استمعَ باهتمامٍ إلى حديثِ الحاج بدر وقال:

"اسمح لي يا بدر أن أختلفَ معك في رأيك هذا. أنا أيضًا تعبتُ جدًا في تربيةِ أولادي، وقد علّقتُ أهميةً كبيرةً على أن أجعلَ منهم أولادًا صالحينَ وناجحينَ أفخرُ بهم، وهم كذلك اليوم. ولكنّني أُفضّلُ أن أعيشَ في بيتٍ لكبارِ السّنِّ على أن أسكنَ معهم في بيتٍ واحد. ومع أنّني لا يُساورني الشّكُّ في أنّهم يحترمونَني غايةَ الاحترام، ويحبّونَني كما أحبّهم، ويفخرونَ بي كما أفخرُ بهم، ولكنّ سكني بعيدًا عنهم، على أن ألتقيَ بهم في فتراتٍ متباعدةٍ يجعلني أحتفظُ

DOI: 10.4324/9781003096665-48

بكبريائي أمامَهم. وقد كنتُ أزورُ والدي كلّما سنحت لي الفرصةُ في بيتنا الرّيفيّ عندما بلغ سنَّ الشّيخوخة، ومع كلّ زيارةٍ كنتُ أزدادُ احترامًا وإعجابًا بهِ. إذ إنّنا عندما نبلغُ من العمرِ عِتيّا، فإنّنا نُتعِبُ مَن حولَنا شِئنا أم أبَينا، ومع صعوبةِ الحياةِ وتعقيدِها في كلِّ مكان، لا أجدُ مفرًّا من أن يقومَ برعايتي في كبري من هو متخصّصٌ في رعاية المسنّين. وكما قال المثلُ العربيّ زُر غبًّا تزدَد حبًّا."

(1) Carefully read the text, then discuss how the idioms are used to convey the meaning.

(2) Translate the text into English, making sure that your final translation reads like authentic English and reproduces the content and style of the text.

(3) Express what you understand in Arabic by using the idioms appearing in the text. Ensure to use all the idioms from the text correctly.

(4) Choose the correct idioms to fill in each of the blanks in the following sentences.

1 إنني أمام خيارين لا ثالث لهما، إما أن ______ وأتقبل الهزيمة أو أن أستمر في المعركة حتى نهايتي.

أ يساورني الشك
ب أتجرع المر
ج لا أجد ضيرًا

2 نحن __________ كبيرة على اللقاء المرتقب بين زعيمي البلدين على هامش مؤتمر القمة العربية.

أ نؤدي ما علينا
ب نعلق أهمية
ج لا نجد ضيرًا

3 سعد الجميع بولادة الحفيد الأول للعائلة ولاسيما الجدة التي ________ بالخبر السعيد.

أ اتسع صدرها
ب بلغت من الكبر عتيا
ج طارت فرحًا

4 رغم أنه لا يبوح بأسراره الخاصة إلّا أنه ______ في أن يفشي أسرار أصدقائه.

أ لا يجد ضيرًا
ب يثقل كاهله
ج يتسع صدره

The practice exercises

5 رغم أنه _____ وتجاوز التسعين إلّا أنه قرر أن يتزوج.
   أ   أثقل كاهله
   ب   بلغ من الكبر عتيا
   ج   ساوره الشك

6 _____ حول وضع الرجل الذي كان يتلفت يمنة ويسرة في البنك.
   أ   ساورها الشك
   ب   أدت ما عليها
   ج   عرفانًا بالجميل

7 أرجو أن _____ لما سأقوله لك وأن تتقبل وجهة نظري رغم اختلافها الشديد مع مبادئك.
   أ   تطير فرحًا
   ب   يتسع صدرك
   ج   يساورك الشك

8 إن مكتب الرئيس مفتوح لجنابكم في أي وقت _____ وتقديرًا لما قدمتموه خلال مسيرة عملكم.
   أ   زر غبًا تزدد حبًا
   ب   يثقل كاهله
   ج   عرفانًا بالجميل

9 لا ينبغي أن تتردد على بيتهم كثيرًا وتزورهم كل يوم، سيضجرون منك وسيؤثر ذلك على علاقتك بهم، _____.
   أ   علق أهمية عليهم
   ب   أثقل كاهلك
   ج   زر غبًا تزدد حبًا

10 وقال مدير مكتب الموارد البشرية إن الإدارة _____ من دور في إعلام الموظفين بالموعد النهائي للتقديم.
   أ   أدت ما عليها
   ب   اتسع صدرها
   ج   أثقل كاهله

11 إن الديون _____ هذا الرجل المسكين الذي يعمل ليلًا نهارًا ليسدد فوائدها.
   أ   تعلق أهمية على
   ب   تجرع المر
   ج   تثقل كاهل

(5) Translate the following sentences into Arabic. Translate the words in bold into one of the idioms of this unit.

  1 The government has **attached great importance** to improving business environment.

2. **As a sign of gratitude**, the zoo will open their doors free of charge to all medical staff.

3. Losing the custody of her children was **a bitter pill to swallow**.

4. I will continue to work with them for the time being until I have **fulfilled my duty**.

5. I was **beside myself with joy** when I received my confirmation of permanent residence.

6. His love for composing continued until he **became frail and weakened by old age**.

7. **Suspicion began to grow in my mind** when I saw them leaving together.

8. Is it true that **distance makes the heart grow fonder**?

9. My poor father was **heavily burdened** with crippling debts for many years.

10. **I beg your indulgence and understanding** of what I am going to say.

11. No point in arguing with someone who **sees nothing wrong** in bad-mouthing his ex like that.

(6) Use the idioms of this unit in sentences of your own.

This practice exercise covers the following Arabic idioms:

لا يجد ضيرًا	اتسع صدره	أثقل كاهله
ساوره الشك	عرفانًا بالجميل	طار فرحًا
أدى ما عليه	تجرع المر	بلغ من الكبر عتيًّا
	علق أهمية على	زد غبًّا تزدد حبًّا

18

الحرب الأهلية إلى أين؟

ما تزالُ الحربُ الأهليّةُ تدورُ رحاها في هذا البلدِ الذي كان واحةً من الأمنِ والاستقرارِ في منطقةٍ تشتعلُ فيها الصّراعات. فما إن لفظ الزعيمُ، الذي حكم البلدَ بيدٍ فولاذيّةٍ لأكثر من عشرين عامًا، أنفاسَهُ الأخيرة، حتى بدا للعالمِ أنّ الأمنَ والاستقرارَ كانا مجرّدَ وهم. حيث انكشفتِ الانقساماتُ الخطيرةُ التي كانت تعصفُ بكيانِ الدّولةِ والمجتمع في هذا البلد الشّرق أوسطيّ.

يدورُ الصّراعُ في البلد بشكلٍ جوهريٍّ حول من سيحكمُ البلد. خصوصًا أنّ الزعيمَ الراحلَ منع قيام أيةِ عمليّةٍ سياسيّةٍ يُمكنُ من خلالها أن تنتقلَ السّلطةُ إلى غيرهِ بطريقةٍ سلسة. وقد أحاط نفسَهُ بمجموعةٍ من الشّخصياتِ التي تُمثّلُ الفئاتِ المؤثرةَ في المجتمع. وقد حاول أن يُوازنَ فيما بينها من خلالِ التّقريبِ والإبعاد بناءً على الولاءِ لهُ وبشكلٍ يضمنُ لهُ أن تكونَ لهُ اليد الطّولى في تسييرِ شؤونِ البلاد. ولم يدُر في خلدِ الزّعيمِ الرّاحلِ أنّ جمعَ هذه الشّخصياتِ حوله سيتحولُ لاحقًا إلى شرارةٍ تُشعِلُ حربًا أهليّةً تعكسُ مدى انقسامِ المجتمعِ على نفسِهِ خلالَ فترةِ حكمهِ الطّويلةِ والقاسية. ومن المثير للسخرية أن أعضاء هذه المجموعة هم أنفسهم أمراء الحرب الأهلية وقادتها اليوم.

إن الحرب الأهليّة شديدة الوطأة على هذا البلد، إذ لا يكادُ يمرُّ يومٌ دون أن يتمّ تسجيلُ أعدادٍ جديدةٍ من القتلى، حيث حصد هذا الصّراع الدّمويّ أرواح الألوف من مدنيين ومقاتلين، فيما تُقدّرُ الإحصائياتُ الدّوليّةُ أنّ نصفَ السّكانِ قد أصبحوا في عدادِ المهجَّرين.

لا توجد أيّةُ مؤشراتٍ على نهايةٍ قريبةٍ لهذه الحرب وهي تشهدُ تعقيداتٍ جديدةً في كلّ يومٍ إضافيٍّ من عمرها، فخارطةُ الصّراع تتغيّرُ بشكلٍ مستمرٍّ دون أن يتمكنَ أيُّ طرفٍ من الأطرافِ من قلبِ موازين القِوى لصالحهِ.

لقد نجحتْ مؤخرًا بعضُ الجهودِ الإقليميّةِ الدّوليّةِ في ترتيبِ وقفِ إطلاقِ نارٍ هشٍّ لإسعافِ الجرحي وإيصالِ مساعداتٍ للمدنيين، ولكنّ ذلك لا يعني بالضّرورة أنّ الأمورَ تسيرُ بالاتّجاهِ الصّحيح. حيث يبدو أنّ فترةَ الهدوء القصيرة قد انتهتْ بعد أن استولتْ

DOI: 10.4324/9781003096665-49

إحدى المجموعاتِ المدجَّجةِ بالسّلاحِ على سيّاراتِ أسعافٍ تابعةٍ للصليبِ الأحمر الدّوليّ واستخدمتها في عملياتها المسلّحة.

وعلى الرغم من أنّ المجتمع الدّوليّ لم يُحرّك ساكنًا لإنهاء الحرب الأهليّة في بداياتها، إلّا أنّ أيّ تدخّلٍ دوليّ من أجل التّوصل إلى سلام يُعدّ أمرًا لا غنى عنه. ولكنّ هذا التّدخّل ينبغي أن يكون محسوبًا بدقة ويحظى برضا أغلب الأطراف المتصارعة. فهو قد يكون سلاحًا ذا حدّين، قد ينجح في إيقاف نزيف الدّم إن قدّم حلولًا تؤسّس لعمليةٍ سياسيّةٍ سلميّة وقد يزيد الطّين بلّةً ويُطيل أمدَ الصّراع إن تورّط في تلك الحرب على غرار تدخلاتٍ سابقة.

(1) Carefully read the text, then discuss how the idioms are used to convey the meaning.

(2) Translate the text into English, making sure that your final translation reads like authentic English and reproduces the content and style of the text.

(3) Express what you understand in Arabic by using the idioms appearing in the text. Ensure to use all the idioms from the text correctly.

(4) Choose the correct idioms to fill in each of the blanks in the following sentences.

1 تسببت الفيضانات في مقتل ما لا يقل عن تسعين شخصًا وما زال 14 شخصًا __________ المفقودين.

أ في عداد
ب على غرار
ج لا غنى عنهم

2 إحدى مطالب هؤلاء الناشطين هي إلغاء الدستور وهو في رأيي أمر __________.

أ لا يعني بالضرورة
ب يلفظ أنفاسه الأخيرة
ج مثير للسخرية

3 قطعت عناصر ________ الطريق الرئيس الرابط بين العاصمة وشمال البلاد.

أ تزيد الطين بلة
ب مثيرة للسخرية
ج مدججة بالسلاح

4 إن القانون الجديد سـ________ القوى وسيمنح النساء المزيد من الحريات.

أ يلفظ أنفاسه الأخيرة
ب يقلب موازين
ج يكون شديدة الوطأة

The practice exercises

5 بعد أن تحدثت مع الطفل _____ أنه مصاب بالوسواس القهري.
    أ لا يحرك ساكنًا
    ب دار في خلدها
    ج زاد الطين بلة

6 جاءت وفاة الفنان الصاعد مفاجئة، حيث إنّه شعر بالتعب أثناء ممارسته الرياضة ونقل إلى المستشفى حيث _____.
    أ لا يحرك ساكنًا
    ب دارت رحى الحرب
    ج لفظ أنفاسه الأخيرة

7 نحن نسعى إلى استخدام الحاسوب في المدارس الحكومية _____ المدارس الخاصة.
    أ على غرار
    ب شديدة الوطأة
    ج لها اليد الطولى

8 كان الدائنون يطالبونه بأموالهم وما _____ أن الشركة التي يعمل فيها قررت تقليص عدد موظفيها.
    أ لا يعني بالضرورة
    ب لا غنى عنه
    ج زاد الطين بلة

9 إن استخدام المواد الكيمياوية في الزراعة _____ إذ إنها تحمى المحاصيل الزراعية من الآفات وتزيد من الإنتاج وفي نفس الوقت لها أضرار على صحة الإنسان وعلى الطبيعة.
    أ يقلب موازين
    ب مثير للسخرية
    ج سلاح ذو حدين

10 وقد _____ العالمية الثانية لستة أعوام.
    أ دارت رحى الحرب
    ب لا يعني بالضرورة
    ج لها اليد الطولى

11 ينبغي أن تستخدموا المعقمات فهي ضرورية و _____ في مكافحة الجراثيم.
    أ لا تعني بالضرورة
    ب لا غنى عنها
    ج لا تحرك ساكنًا

12 إن الجفاف الذي تعاني منه هذه المنطقة _____ على حياة البشر فيها.
    أ له اليد الطولى
    ب على غرار
    ج شديد الوطأة

13	إن شعورك بالتحسن __________ أن تتوقف عن أخذ الدواء.	أ ب ج	لا غنى عنه يزيد الطين بلة لا يعني بالضرورة
14	لا شك أن هذه دول تدعم الإرهاب و __________ في حمايته وتمويله.	أ ب ج	يدور في خلدها لها اليد الطولى سلاح ذو حدين
15	ومن المؤسف أن أولاد عمي _______ عندما تعرضت للاعتداء من قبل جارنا.	أ ب ج	يلفظوا أنفاسهم الأخيرة لم يحركوا ساكنًا يقلبوا موازين

(5) Translate the following sentences into Arabic. Translate the words in bold into one of the idioms of this unit.

1 New research suggests that older people are **indispensable** in children's life.

2 Just because he has a beard **doesn't necessarily** mean he is religious.

3 Hundreds of **heavily-armed** men brandishing rifles entered the quiet village.

4 It was difficult for us to know what was **going on in his mind**.

5 She awoke with a sharp pain in her chest, and within an hour **breathed her last**.

6 The legislation will have a **harmful effect** on medical care in the country.

7 The 84-year-old actress **sparked ridicule** after sharing a clip of her make-up routine.

8 The military intervention **tipped the balance** of force in favour of the south.

9 Corruption is rife and **to make matter worse**, we elected a very weak leader.

10 The civil **war has been raging** for over a year and following a previous seven months' conflict.

11 Calamities took place on his watch and he **did not lift a finger** to stop it.

The practice exercises

12 While this testing seems helpful, the situation is a **double-edged sword**.

13 He has been **instrumental** in setting up the programme and maintaining its success.

14 These dividers could be used in crowded areas **similar to how** it is used in offices.

15 The official death toll of 148 is expected to rise, with thousands of people **believed to be missing**.

(6) Use the idioms of this unit in sentences of your own.

> **This practice exercise covers the following Arabic idioms:**
>
> | مدجج بالسلاح | له اليد الطولى | في عداد |
> |---|---|---|
> | دارت رحى الحرب | مثير للسخرية | سلاح ذو حدين |
> | شديد الوطأة | لا يعني بالضرورة | على غرار |
> | لا غنى عنه | قلب موازين | لفظ أنفاسه الأخيرة |
> | دار في خلده | لا يحرك ساكنًا | زاد الطين بلة |

19

محنة شاب بدين

يلومُني النّاسُ لِبدانَتي، وقد أصبحتُ مدعاةً للشفقةِ والسّخريةِ أينما ذهبتُ، وكثيرًا ما يُطلِقُ النّاسُ أحكامَهم الظّالمةَ عليَّ دون وجهِ حقّ، وكأنّني المتسبّب في المجاعاتِ التي تحصلُ في العالم. حتى في بيتنا تستمرُّ والدتي بإلقاءِ اللّومِ عليّ، ودائمًا ما تُطالبني بتخفيفِ وزني، رغم أنّني مثلها أعاني من البدانة. لن تصدقوا إن قلتُ لكم إنّ التّخلّصَ من بدانتي هو من رابعِ المستحيلات، فقد جرّبتُ كلَّ شيءٍ تقريبًا، أنواعَ الرياضةِ المختلفة والصّيامَ والابتعادَ عن السّكاكرِ والنشوياتِ والدّهون كي أُنقصَ وزني ولكن دون جدوى. وقد وصلتْ بيَ الحالُ مرةً من المرّات أنّني امتنعتُ تمامًا عن أكلِ الخبز، هل تصدقونَ أنّ أحدًا يستطيعُ العيشَ بلا خبز؟ لقد تحملتُ لمدةِ شهرٍ كاملٍ أو لِنقُل أقلّ قليلًا، ولكنّني لم أُفلِح. حاولتُ أن أبتعدَ عن السُّكّر، ولكن في يومٍ متعبٍ ومغبرٍّ ومثيرٍ للكآبة تناولتُ كوبًا من الشّوكولاتة اللّذيذة مع الكثيرِ من السّكّرِ والكريما، لقد شعرتُ حينها بأنّني ارتكبتُ جريمةً كبيرةً في وضحِ النّهار. ولكن لم أعُد أهتمّ بعد أن تعوّدتُ على ارتكابِ جرائم تناول السّكريات بعد ذلك الكوب. يلومونَني لأنّني بدين، أيّها النّاس، لستُ أنا السّبب. فبدانَتي سببُها العالمُ الذي نعيشُ فيه، وسأشرحُ لكم ذلك.

منذ نعومةِ أظفاري وأنا محاطٌ بكلِّ ما لذَّ وطابَ من مأكولات، والدتي كانت تُعِدُّ لي ألذَّ طعامٍ في العالم، وجبةُ الغداءِ وحدها كانت تمتلئ بسعراتٍ حراريّةٍ تكفي عشرينَ عاملَ بناء. وكان الطّعامُ يُستخدمُ معي أداةً للثوابِ والعقاب، إنْ أرضيتُ والدتي، امتلأ فمي بالحلويات، وإنْ أغضبتُها حرمتْني من الوجباتِ التي أحبُّها. وإن ساورني القلقُ أو اكتأبتُ لسببٍ ما وضعتْ أمامي قالبًا من الكعكِ اللّذيذ كي ترفعَ معنوياتي. أما الرّاحة التّامة ومتابعة التلفزيون وممارسة ألعابِ الكومبيوتر والنّقر على لوحةِ مفاتيح الحاسوب فقد كانت رياضاتي المفضّلة التي مازلتُ أمارسُها إلى يومنا هذا. كانت حياتي في الصِّغر مليئةً بموائدِ الطّعامِ اللّذيذة التي تجعلُ لعابَكم يسيلُ إن وصفتها لكم، واسترخاءً كاملًا يحسدُني عليهِ صاحبُ الجلالةِ ملك السّويد.

DOI: 10.4324/9781003096665-50

كبرتُ وكبر معي وزني، وكنتُ كلّما حاولتُ أن أُخفّف وزني، أوقفَني العالمُ المحيطُ بي. كلُّ شيءٍ حولي يجعلُني أُطيعُ نفسي الأمّارةَ بالسّوءِ التي توجّهُني نحو الطّعامِ وقلّةِ الحركة. سيارتي الفارهةُ تأخذُني إلى كلِّ مكانٍ أريدُ الذهابَ إليه دون أن أُكلّفَ قدميّ مشقّةَ السَّيرِ والتّعب. أمّا عالمُ التّسوُّقِ والمطاعم، فهو كَونٌ واسعٌ ولذيذ يمتلئ بكلِّ أنواعِ الطّعام، والسّكّرُ فيه طبعًا هو سيدُ الموقف. أتحدّاكم أن تذهبوا للسوقِ دون أن تضعوا في فمِكم قطعةً واحدةً من الحلوى اللّذيذة على الأقلّ، خصوصًا أنّ سعرَها في متناولِ اليد والنتيجة أنّها تملؤكم بالسّعراتِ الحراريّةِ ومعها الرّاحة النّفسيّة. تذهبُ إلى السّوقِ فتجدُ رُفوفًا لا تنتهي تتكدّسُ فيها الحلوياتُ والمقرمشاتُ بأنواعِها، وقد صُنِعتْ وعُبّئتْ وغُلّفتْ بشكلٍ يجعلُ أكثرَ النّاسِ تحمّلًا وصبرًا لا يقاومُ إغراءَها، الشوكولاتة، والبسكويت، والكعك بأنواعه، والآيس كريم، والمشروبات الغازيّة، والعصائر، والبطاطس المقرمشة. وإن خرجتَ من السّوقِ سالمًا دون أن تشتريَ شيئًا فإنّك ستسقطُ حتماً في فخِّ محلّاتِ الحلويّاتِ الشّرقيّةِ التي تتفنّنُ في صِناعةِ البقلاوةِ والقطائفِ بالجوزِ والكنافةِ بالجبن والقشطة والزلابية وغيرها من حلوياتٍ لا تُعدُّ ولا تُحصى. وإن هربتَ من هذه المحلّاتِ بعد جهدٍ جهيد فستجدُ أمامَك محلاتِ الكعكِ والمعجَّناتِ والحلوى الغربيّة. وإن تخلصتَ من كلِّ هذه اللّذائذ ولم تتذوق منها شيئًا، واغرورقتْ عيناكَ بالدموعِ حزنًا على فِراقِها، فإنّ سلسلةً طويلةً من المطاعمِ تُحاولُ أن تمسحَ عنكَ دموعَكَ وهي تدعوكَ لتتناولَ وجباتِها المليئةَ بالشُّحومِ واللُّحومِ والسّكاكرِ والمعجَّنات. بعد كلّ ما ذكرتُهُ لكم، ألا تُشاطرونَني الرأيَ إنّ المسؤولَ عن بدانَتي هو العالمُ الذي أعيشُ فيه؟

(1) Carefully read the text, then discuss how the idioms are used to convey the meaning.

(2) Translate the text into English, making sure that your final translation reads like authentic English and reproduces the content and style of the text.

(3) Express what you understand in Arabic by using the idioms appearing in the text. Ensure to use all the idioms from the text correctly.

(4) Choose the correct idioms to fill in each of the blanks in the following sentences.

1 كان والدي شغوفًا بالأدب وولعًا بقراءة النثر والشعر ___________.

أ من رابع المستحيلات
ب منذ نعومة أظفاره
ج سيد الموقف

محنة شاب بدين

2 أعتقد أنك _____ في أن الطقس أصبح
أكثر دفئًا في الأعوام الأخيرة.
- أ تطلق حكمًا
- ب تلقي باللوم عليّ
- ج تشاطرني الرأي

3 فلما رأيت الطفلة وقد _____ ضممتها
إليّ ووعدتها بأني سأعود لآخذها معي.
- أ في وضح النهار
- ب اغرورقت عيناها بالدموع
- ج ساوره الشك

4 تعرض أحد محلات سوق الذهب إلى عملية سرقة
_____ بعد أن أشهر اللص السلاح على
العاملين فيه أثناء تناولهم الغداء.
- أ في وضح النهار
- ب سقط في الفخ
- ج من رابع المستحيلات

5 لا يزال الغموض هو _____ في قضية
مقتل تاجر الموبيليا المعروف.
- أ مدعاة للشفقة
- ب دون جدوى
- ج سيد الموقف

6 تمكن رجال الإطفاء _____ من إخماد
الحريق الذي شب في المستودع الرئيس للأدوية.
- أ دون جدوى
- ب بعد جهد جهيد
- ج سقطوا في الفخ

7 يبدو أنه يرفض تمامًا العودة إلى أرض الوطن فهو
يقول إن عودته حاليًا هي _____.
- أ من رابع المستحيلات
- ب لا تعد ولا تحصى
- ج ألقى باللائمة على

8 ___ الأم _____ حين تأخرت الطائرة التي تقل
ابنتها في الوصول في ظل أوضاع جوية سيئة.
- أ ألقت باللائمة على
- ب وقعت في فخ
- ج ساور القلق

9 حاولنا الاتصال بهم عدة مرات ولكن
_____.
- أ من رابع المستحيلات
- ب دون جدوى
- ج بعد جهد جهيد

The practice exercises

10 إن فوائد البصل والثوم والزنجبيل لجسم الانسان _____ .

  أ   سيد الموقف
  ب ترفع معنوياتك
  ج   لا تعد ولا تحصى

11 امتلأ البيان الذي أصدرته الحكومة حول انجازاتها بالأكاذيب وكان _____ .

  أ   مدعاة للسخرية
  ب بعد جهد جهيد
  ج   تشاطره الرأي

12 ومن شأن المنحة التي ستقدمها وزارة الشباب والرياضة إلى النادي الرياضي _____ اللاعبين وأنصار النادي.

  أ   في وضح النهار
  ب رفع معنويات
  ج   دون جدوى

13 قبل أن تستعجل و _____ على الكتاب، عليك أن تقرأه بتمعن.

  أ   تسقط في الفخ
  ب ترفع من معنوياتك
  ج   تطلق حكمًا

14 يقولون إن الصديق المخلص أفضل من النفس لأن _____ أما الصديق المخلص فلا يأمر إلّا بالخير.

  أ   النفس تشاطرك الرأي
  ب النفس تلقي باللائمة
  ج   النفس أمارة بالسوء

15 دعت الحكومة الصحفيين إلى توخي الحذر وعدم _____ دعايات العدو المضادة.

  أ   رفع معنويات
  ب إطلاق حكم
  ج   الوقوع في فخ

16 وذكرت وسائل الإعلام أن الحكومة قد _____ ما وصفته "القوى الأجنبية" لسعيها إلى إلحاق الضرر بالبلاد.

  أ   ألقت باللائمة على
  ب أطلقت حكمًا
  ج   ساورها القلق

(5) Translate the following sentences into Arabic. Translate the words in bold into one of the idioms of this unit.

  1 The archipelago abounds with **countless** natural attractions.

  2 You are looking at something that is **absolutely impossible** to attain.

3 The mother **became concerned** when her baby started showing symptoms.
4 Two men have been arrested after a teenager was attacked **in broad daylight**.
5 She whispered the words, then her **eyes filled with tears**.
6 The Fire Service personnel put out the fire **after considerable effort**.
7 **Ever since I was a child**, I have had this passion for Arabic calligraphy.
8 The activist stood in front of the tanks, waving at them to stop, but **to no avail**.
9 The managers remain divided over the future outlook as ambiguity **still prevails**.
10 Do you **share my opinion** that this book is very useful?
11 The dramatic increase in the number of TB cases has become **a cause for concern**.
12 The return of this player would **lift the spirit of** the team as he is a key player.
13 She is capable of killing because **her very soul incites her to evil**.
14 The editor **fell into the trap of** defending the article when it deserves censure.
15 Is it right for us **to judge** the intelligence of a person by their education?
16 The report has **laid the blame** for the loss of the money **on** the former bank manager.

(6) Use the idioms of this unit in sentences of your own.

This practice exercise covers the following Arabic idioms:

سقط / وقع في فخ	رفع (من) معنوياته	في وضح النهار
لا تعد ولا تحصى	أطلق حكمًا	شاطره الرأي
ألقى باللائمة / باللوم على	اغرورقت عيناه بالدموع	ساوره القلق
بعد جهدٍ جهيد	سيد الموقف	دون جدوى
منذ نعومة أظفاره	من رابع المستحيلات	مدعاة للشفقة / للسخرية
		نفس أمّارة بالسوء

20 مقدمة تقرير رسمي

تقوم هيئة الخدماتِ الاجتماعيّةِ العامّة بتنفيذِ سياساتِ الحكومةِ المتعلّقةِ بتوفيرِ الرّعايةِ الاجتماعيّةِ للفئاتِ الهشّةِ كالأيتام، والأحداث، وذوي الاحتياجاتِ الخاصّة، وكبار السّنِّ، وفاقدي السّكنِ، ومحدودي الدّخلِ، والعاطلينَ عن العملِ وغيرهم. ويقعُ على عاتقِ الهيئة توفيرُ حياةٍ كريمةٍ للمواطنينَ المشمولينَ بعملها، ومساعدتهم على الانخراطِ بشكلٍ أفضلَ في المجتمع. والهيئة كما يشهدُ لها تاريخُها هي جزءٌ لا يتجزأ من نسيجِ المجتمعِ وحياةِ النّاسِ اليوميّة، وهي تدعمُ وتساندُ وترعى كلَّ مواطنٍ يحتاجُ مساعدةً لمواجهةِ الصُّعوباتِ التي تُعيقُ تقدّمَهُ في الحياة بغضِّ النّظرِ عن تلك الصُّعوباتِ وحجمِها.

يسلّطُ هذا التقريرُ الضّوءَ على المؤشّراتِ والإحصاءاتِ الاجتماعيّة ونشاطاتِ الهيئة في العام الماضي. لقد أبلتِ الهيئةُ بلاءً حسنًا في تقديم أفضل الخدمات في مجالِ مسؤوليتها رغم الصّعوباتِ التي واجهتها، حيث كانت بين مطرقةِ تخفيض التّخصيصاتِ الماليّةِ من جهةٍ وسندانِ تزايد الطلب على خدماتها من جهةٍ أخرى. وقد بذلتِ الهيئة قُصارى جهدِها من أجلِ تذليلِ الصّعاب الماليّة عبر سلسلةٍ من الإجراءاتِ والتّدابير الإداريّة المختلفة كي تستمرَ في أداءِ عملها على أفضلِ وجه خدمةً للمواطنين. وباعتمادِها على أساليب التحديثِ والتّطوير فقد أصبحت هيئة الخدماتِ الاجتماعيّةِ العامّة اسمًا على مُسمّى في قُدرتها على توفيرِ الخدماتِ الاجتماعيّة وضمانِ جودتِها.

(1) Carefully read the text, then discuss how the idioms are used to convey the meaning.

(2) Translate the text into English, making sure that your final translation reads like authentic English and reproduces the content and style of the text.

(3) Express what you understand in Arabic by using the idioms appearing in the text. Ensure to use all the idioms from the text correctly.

DOI: 10.4324/9781003096665-51

(4) Choose the correct idioms to fill in each of the blanks in the following sentences.

1 إني أرى الأستاذ ناجح قد نجح في بناء بيئة عمل ايجابية، فهو فعلاً _____.

أ   ما بين المطرقة والسندان
ب اسم على مسمى
ج مسلط عليه الضوء

2 الإيجار الشهري لهذا البيت هو نفسه _____ عدد الأفراد الساكنين فيه.

أ   على أفضل وجه
ب يقع على عاتق
ج بغض النظر عن

3 إن وسائل الإعلام _____ مسؤولية توعية الجمهور تجاه كل ما يخص شؤون المواطن.

أ   تقع على عاتقها
ب تبذل قصارى جهدها
ج تبلي بلاءً حسنًا

4 وبين أن يرضي زوجته أو أمه، يجد عمار نفسه _____.

أ   على أفضل وجه
ب يسلط الضوء
ج ما بين المطرقة والسندان

5 وعلق المذيع أن المرشح للرئاسة عن الحزب الديمقراطي قد _____ في المناظرة مع مرشح الحزب الجمهوري.

أ   على أفضل وجه
ب أبلى بلاءً حسنًا
ج ذلل الصعاب

6 عرض المركز الثقافي الإسباني فيلمًا وثائقيًا _____ رقصة الفلامينكو وتاريخها.

أ   سلط الضوء على
ب ذلل الصعاب
ج بغض النظر عن

7 نتطلع إلى توطيد العلاقات بين بلدينا وإلى علاقات تجارية تخدم مصالح شعبينا _____.

أ   تبلي بلاءً حسنًا
ب ما بين المطرقة والسندان
ج على أفضل وجه

The practice exercises

8 لقد _____ السبّاحة _____ وأحرزت الميدالية الذهبية في سباق الفراشة.
   أ أبلت بلاءً حسنًا
   ب سلطت الضوء
   ج بذلت قصارى جهدها

9 يعود انخفاض معدل الوفيات في البلاد إلى الحكومة التي _____ للارتقاء بالقطاع الصحي.
   أ ذللت الصعاب
   ب وقع على عاتقها
   ج سلطت الضوء

(5) Translate the following sentences into Arabic. Translate the words in bold into one of the idioms of this unit.

1 I will **do my best** to serve the people in these difficult times.
2 Vitamins can keep the body functioning in **the best possible way**.
3 The minister's remarks leave the officials between **the hammer and the anvil**.
4 All the responsibilities **fell on her shoulders** after her husband died.
5 Our government has worked consistently to **overcome challenges** in these areas.
6 The woman was **aptly named** Jameela.
7 The national football team **performed very well** this season.
8 The health report **highlighted** a number of food deficiencies.
9 These rules apply to everyone using their service, **regardless of** the nationality of the customer.

(6) Use the idioms of this unit in sentences of your own.

This practice exercise covers the following Arabic idioms:

ذلل الصعاب	ألقى / سلط الضوء على	وقع على عاتقه
أبلى بلاءً حسنًا	اسمٌ على مسمى	بغض النظر عن
على أفضل / أسوأ وجه	ما بين المطرقة والسندان	بذل قصارى جهده

21 وهكذا دواليك

خضر رجلٌ طاعنٌ في السّنِّ ورثُّ الهيئةِ يهيمُ على وجهِهِ في الأزقّة. لا بيتَ له ولا مأوى ولا يملكُ شروى نقير. تجدهُ يستجدي ما يسدُّ بهِ رمقَهُ من هذا أو ذاك. لا يعرفُ أحدٌ في حيِّنا مَن يكونُ خضر الذي يجلسُ مع شروق الشمس صباحَ كلّ يوم على قارعةِ الطّريقِ شاردَ الذِّهن صامتًا، وإنْ شعرَ بالجوع راحَ يمرُّ على الدّكاكين وهو يشخصُ ببصرهِ إلى الطّعام، وينظرُ بحسرةٍ إلى الكبابِ المشويّ في وقتِ الظّهيرةِ لعلّ أحدهم يرقُّ لهُ قلبهُ ويعطيهِ من بقايا طعامهِ أو شرابه. وإن هفتْ نفسُه إلى شيءٍ معيّنٍ تراهُ واقفًا متسمّرًا أمام محلٍّ من المحال لا يبرحُ مكانهُ حتى يضيقُ صاحبُ المحلّ ذرعًا بهِ وبهيئتهِ المثيرة للاشمئزاز، فإمّا أن يعطيه عن طيبِ خاطر قليلًا مما يريدهُ أو ينظرُ إليه شزرًا ويطردهُ على الملأ فيعودُ خضر أدراجهُ خائبًا. إلّا أنّ خضر لا يتوانى عن أن يعيدَ الكرّةَ كلّ يوم، وحينما تغربُ الشّمسُ ويغلبُ خضر النّعاس يشقُّ طريقَهُ بين الأزقّةِ ويعودُ أدراجَهُ إلى حيث أتى حتى صباح اليوم التّالي ليظهرَ في حيّنا من جديد، وهكذا دواليك.

(1) Carefully read the text, then discuss how the idioms are used to convey the meaning.

(2) Translate the text into English, making sure that your final translation reads like authentic English and reproduces the content and style of the text.

(3) Express what you understand in Arabic by using the idioms appearing in the text. Ensure to use all the idioms from the text correctly.

(4) Choose the correct idioms to fill in each of the blanks in the following sentences.

DOI: 10.4324/9781003096665-52

1	أصبحت الحارة مكدسة بالقمامة والمخلفات لأن الأهالي يلقون بها ________.	أ	عن طيب خاطر
		ب	على قارعة الطريق
		ج	على الملأ
2	بينما أنا أتجول في شوارع المدينة رأيت امرأة جالسة على باب بيتها وقد ________ نحو السماء.	أ	نظرت إليّ شزرًا
		ب	شخصت ببصرها
		ج	رقّ لي قلبها
3	لا يهمني ما يقولون، وها أنا أقولها ________ إنني غير موافق على السياسات الجديدة.	أ	على الملأ
		ب	عن طيب خاطر
		ج	على قارعة الطريق
4	قبل أن يعمل بوابًا لعمارتنا كان نبيل فقيرًا معدمًا و ________.	أ	يسد رمقه
		ب	ينظر شزرًا
		ج	لا يملك شروى نقير
5	ولأنه كان مسيحيًا متدينًا فإن ______ كانت ______ إلى زيارة كنيسة القيامة وحضور احتفالات عيد الميلاد فيها.	أ	النعاس يغلبه
		ب	قلبه يرق
		ج	نفسه تهفو
6	أنا متأكد أن سيادة الرئيس ______ عن تقديم كل أشكال الدعم الممكن لتطوير هذه المشاريع.	أ	يضيق ذرعًا
		ب	لا يتوانى
		ج	يشق طريقه
7	نعتقد أنه يجب الإفراج عنه الآن لأنه رجل ________ ولديه مرض خطير سيقتله في غضون شهرين.	أ	مثير للاشمئزاز
		ب	طاعن في السن
		ج	رث الهيئة
8	إنها نجمة كبيرة في عالم الغناء والطرب، و ______ الفني في عمر صغير.	أ	شقت طريقها
		ب	هامت على وجهها
		ج	عادت أدراجها

9 لقد _____ بأولئك الذين يتحدثون بنظرية المؤامرة ولا يرون حقيقة الأشياء.

أ رق قلبي
ب همت على وجهي
ج ضقت ذرعًا

10 سمح مالك الشقة _____ للمستأجر بتأجيل دفع الإيجار حتى نهاية الشهر.

أ سد رمق
ب وهكذا دواليك
ج عن طيب خاطر

11 وطيلة الفيلم يظهر الرجل العاطل عن العمل ضعيف البنية ضائعًا _____.

أ على الملأ
ب هائمًا على وجهه
ج وهكذا دواليك

12 لم يكن مدير السجن مرتاحًا لذلك السجين وكان كلما رآه _____.

أ عاد أدراجه
ب نظر إليه شزرًا
ج رق له قلبه

13 أثناء الانتخابات تم توزيع الحلويات على العائلات التي لا تجد ما _____.

أ تنظر إليه شزرًا
ب يسد رمقها
ج يشخص بصرها إليه

14 دائمًا ما أراه _____ إلى بيته بعد دوامه في الشركة.

أ لا يملك شروى نقير
ب يعود أدراجه
ج رث الهيئة

15 إن تعامل السياسيين مع بعضهم البعض _____ حقًا.

أ يشق طريقه
ب مثير للاشمئزاز
ج تهفو إليه النفوس

16 بعد أن _____ اضطر سائق الشاحنة أن يوقف شاحنته ويأخذ قسطًا من النوم.

أ عاد أدراجه
ب غلبه النعاس
ج رق له قلبه

The practice exercises

17 _____ الطفل على الجرو الصغير وهو يقف وحيدًا في البرد والعراء.
أ ضاق ذرعًا
ب رق قلب
ج لا يتوانى عن

18 في هذا التمرين ترفع يدك اليمنى إلى الأعلى ثم تنزلها ثم ترفع يدك اليسرى ثم تنزلها _____ لمدة عشر دقائق.
أ شارد الذهن
ب وهكذا دواليك
ج رث الهيئة

19 لطالما كان زميلي في المرحلة الابتدائية _____ أثناء الدروس ولكنه الآن أصبح مسؤول وحدة الطوارئ في المدينة.
أ يضيق ذرعًا
ب شارد الذهن
ج على قارعة الطريق

20 على الرغم من أنه يمتلك أفضل محل لبيع الملابس الرجالية الأنيقة إلّا أننا نراه _____ وهو يقف أمام محله.
أ شارد الذهن
ب رث الهيئة
ج على الملأ

(5) Translate the following sentences into Arabic. Translate the words in bold into one of the idioms of this unit.

1 A **shabby man** was standing at the traffic light, begging for help.
2 He has admitted that he would not like to **retrace his steps** back to Tripoli.
3 The girl tries to study but is often **overcome by sleep**.
4 I will donate this money **willingly and gladly**.
5 You should not **publicly** criticise your colleagues.
6 My neighbour was a **very old man** when the war broke out.
7 The smell of the Durian fruit is **revolting**.
8 In her later years, my mother became more **absent-minded**.
9 She was standing **in the road** when the car hit her.
10 We **will not stop short of** helping those helpless people.
11 It is hard not to **feel emotional** for her pleas.

12 She's been living a miserable life, and I guess she **can't stand it anymore**.

13 We then move to another place, then another place, **and so on**.

14 I was **wandering aimlessly** around the streets, hoping that I would somehow find her.

15 We don't have the **basic survival needs**.

16 The man **looked askance** at him, then he turned his head.

17 He lost everything he had and now **has not a red cent to his name**.

18 He **craved** the cigarette in the man's hand and had to ask him for one.

19 The artist **gazed at** the moon and started playing the guitar.

20 What is important is to be able to **make your way through** life regardless of difficulties.

(6) Use the idioms of this unit in sentences of your own.

This practice exercise covers the following Arabic idioms:

ضاق ذرعًا بِـ	هفت نفسه إلى	سدّ رمقه
عن طيب خاطر	على الملأ	نظر إليه شزرًا
طاعن في السن	شخص ببصره	عاد أدراجه
مثير للاشمئزاز	هام على وجهه	لا يملك شروى نقير
غلبه النعاس	رث الهيئة	على قارعة الطريق
لا يتوانى عن	شق طريقه	وهكذا دواليك
	رق له قلبه	شارد الذهن

22

تأبين زعيم سابق

اهتزّ العالمُ أجمع لوفاةِ السّيد الرئيس الذي وافاهُ الأجلُ ليلةَ البارحة عن عمرٍ يناهزُ الثّمانينَ عامًا. لقد عاشَ رحمهُ الله حياتَهُ وحتى الرّمقِ الأخير من أجلِ الشّعبِ وقضاياه المصيريّة، وكيفَ لا وهو قائدُ الثّورةِ والتّحرير الذي كانت لهُ صولاتٌ وجولات ضدّ الاستعمارِ كي ينالَ وطنُنا استقلالَهُ، وبطلُ البناءِ والإعمارِ الذي سارَ بوطنِنا نحو التّقدمِ والازدهار. لقد تجشّمَ السّيدُ الرّئيسُ رحمهُ الله عناءَ بناءِ دولةٍ مستقلّةٍ وذات سيادةٍ تصونُ حقوقَ أبنائهِ المواطنين وتحقّقُ لهم المساواةَ والعدالة. ولم يكتفِ قائدُنا العظيمُ رحمهُ الله بذلك فقد قادَ الشّعبَ نحوَ الوحدةِ والحريّةِ وكان المدافعَ الشّرسَ عن أموالِ الشّعبِ وثرواتهِ.

لقد اجتمعتْ كلمةُ الشّعبِ على اختيارهِ رحمه الله زعيمًا لبلدِنا في فترةٍ ما بعدَ الاستقلال وطبقًا لممارساتٍ ديمقراطيةٍ لم يشهد لها العالمُ مثيلًا. وقد نجحَ بقيادتهِ الحكيمة في ترسيخِ دولةِ القانونِ والاستقرارِ والرّفاهية، وكان زعيمًا نظيفَ اليد تصدّى للفسادِ وقطعَ أيدي الفاسدين. لقد كان الوطنُ هو همّ سيادتهِ الأول والأخير، ولم يكُن منصبُ الرئاسةِ لديهِ سوى وسيلة لخدمةِ الشّعبِ وحمايةِ هذا الوطن. وبعدَ خمسينَ عامًا قضاها الزّعيمُ في خدمةِ هذا الشّعبِ العظيم تنحّى وبمحضِ إرادتهِ عن منصبهِ بعدَ أنْ تأكّد أنّ البلدَ قد وصلَ إلى برِّ الأمان وأنّ جيلَ الشّبابِ من أبنائهِ يمتلكُ القدرةَ على قيادةِ البلدِ نحوَ مزيدٍ من التّقدّم. ورغم ذلك فإنّ الشعبَ لم يرضَ بغيرهِ قائدًا وبعد مطالب جماهيريّة مليونيّة استجابَ رحمه الله لتلك المطالب وقبِل أن يكون مرشدًا أمينًا وكهفًا حصينًا يلجأ إليهِ الجميعُ كلّما هبّتْ عواصفُ الأزماتِ وضربتْ زلازلُ الشّدائد.

خيّمَ الحزنُ على الوطنِ لترجُّلِ قائدهِ عن صهوةِ جوادهِ وهبّ الشّعبُ على بكرةِ أبيهِ للتّعبيرِ عن الأسى والألم، وتوجّه المواطنونَ وبشكلٍ عفويّ زرافاتٍ ووحدانًا إلى مقرِّ إقامةِ الفقيدِ الرّاحلِ معزّينَ ومواسينَ في هذا الخطبِ الجَلل. وقد فاضتْ أنهرُ الصّحفِ بالحديثِ عن سيرتهِ وإنجازاتهِ العظيمة، ولم تبقَ وسيلةٌ إعلاميّةٌ في العالم إلّا وغطتْ نبأ وفاته رحمه الله وتحدّثت عن إنجازاته وما حقّقه لبلدِنا من تقدُّمٍ وازدهار وللعالمِ من سلامٍ وتسامُح.

DOI: 10.4324/9781003096665-53

تأبين زعيم سابق

(1) Carefully read the text, then discuss how the idioms are used to convey the meaning.

(2) Translate the text into English, making sure that your final translation reads like authentic English and reproduces the content and style of the text.

(3) Express what you understand in Arabic by using the idioms appearing in the text. Ensure to use all the idioms from the text correctly.

(4) Choose the correct idioms to fill in each of the blanks in the following sentences.

1   رغم الجروح البليغة التي أصابته، استمر الجندي في المقاومة حتى _____.
   أ   صولات وجولات
   ب   يتجشم عناء
   ج   الرمق الأخير

2   نعت نقابة الفنانين الممثل الذي _____ عن عمر ناهز الرابعة والستين عامًا قضى معظمها في العمل التلفزيوني.
   أ   بمحض إرادته
   ب   تجشم عناء
   ج   وافاه الأجل

3   وحين انتشر الخبر بين أهالي القرية أقبلوا على شاطئ البحر _____ لمشاهدة منظر الحوت الغريب.
   أ   صولات وجولات
   ب   زرافات ووحدانًا
   ج   اجتمعت كلمتهم

4   لا أعرف كيف أشكره فقد _____ السفر وبُعد المسافة ليستقبلنا في المطار ويوصلنا إلى البيت في ساعة متأخرة من الليل.
   أ   ترجل عن صهوة جواده
   ب   تجشم عناء
   ج   وافته المنية

5   وقد قال مدير شؤون الموظفين إنه ترك عمله _____ ولم يكن هناك أية ضغوط من الإدارة كي يقدم استقالته.
   أ   بمحض إرادته
   ب   ترجل عن صهوة جواده
   ج   زرافات ووحدانًا

6   إن فقدانكم لولدكم في حادث السير هو _____ لا تستطيع كلمات المواساة التخفيف منه.
   أ   الرمق الأخير
   ب   خيم الحزن
   ج   خطب جلل

7 لقد عاش رحمه الله نزيهًا ________، وزاهدًا في الدنيا.

أ على بكرة أبيه
ب نظيف اليد
ج تجشم عناء

8 إن ما يهمني هو أنْ ________ وتتوحد صفوفكم لمواجهة الأزمة السياسية الحالية.

أ تجتمع كلمتكم
ب يخيم عليكم الحزن
ج عن بكرة أبيكم

9 ويومها خرجت الجماهير ________ لتعبر عن فرحتها بسقوط الديكتاتور.

أ صولات وجولات
ب عن بكرة أبيها
ج التي وافاها الأجل

10 لقد ______ السيد المدير العام ________ في إدارة الشركة في الوقت الذي تستعد لطرح منتجها الجديد.

أ نظيف اليد
ب عن بكرة أبيه
ج ترجل عن صهوة جواده

11 ________ على الوسط الإعلامي لرحيل الصحفي الكبير الذي توفي الأحد عن عمر ناهز الأربعين عامًا.

أ الرمق الأخير
ب خيم الحزن
ج الصولات والجولات

12 لا يزال لاعب السلة المخضرم يلعب بشكل مبهر رغم تجاوزه الثلاثين عامًا وما زالت ________ حاضرة في ميادين الكرة.

أ خطب جلل
ب زرافات ووحدانًا
ج صولاته وجولاته

(5) Translate the following sentences into Arabic. Translate the words in bold into one of the idioms of this unit.

1 The family **willingly** converted to Catholicism and began a new life.
2 The old couple **took the trouble to** travel to Sri Lanka for Janaka's funeral.
3 Our brave men fought up **to their last breath**, protecting the land they dearly loved.
4 Tragically, she **passed away** on 6 July after spending a week in ICU.

5 **Grief and sadness pervade** every household in our village.

6 The president's statement hints towards **a serious misfortune** the country will face.

7 The place became well known, and people began arriving **in droves**.

8 We must **join forces** in order to become stronger and more effective.

9 Had the army not stopped the protesters, they would have burnt the city **to the ground**.

10 He was a **seasoned** leader **with significant experience** in political matters.

11 I can attest that this gentleman is **a man of integrity**, and I appreciate and respect him.

12 The chief executive officer **departed from** the company he founded.

(6) Use the idioms of this unit in sentences of your own.

This practice exercise covers the following Arabic idioms:

تجشم عناء	زرافاتٍ ووحدانًا	بمحض إرادته
على (عن) بكرة أبيه	خطب جلل	نظيف اليد
ترجل عن صهوة جواده	وافاه الأجل	الرمق الأخير
خيم عليه الحزن	صولات وجولات	اجتمعت كلمة

23 الأمور بخواتيمها

وأخيرًا حصلَ على المنصِب الذي كان يطمح إليه، فقد أصبح مديرًا لأهمِّ مؤسسةٍ تتبعُ الوزارة. لقد كلّفهُ ذلك الكثير، إلى درجة أنّهُ أراقَ ماءَ وجههِ لكلّ من هبّ ودب كي يحقق حلمه. ووصلَ بهِ الحالُ أن يقبلَ وهو الذي يحمل شهادة الدكتوراه بأن يعملَ خادمًا شخصيًا للوزير الجاهل متحمّلاً طلباتهِ وإهاناتهِ ونوباتِ غضبهِ. مكتبٌ وثير، وكرسيٌّ كبيرٌ من الجلد، وسيارةٌ فارهةٌ مع سائقِها، والمؤسسةُ كلّها أصبحت تحت إمرتهِ. سيبدأ الآن بتحويلِ المكانِ إلى قلعتهِ الحصينة التي لا ينافسهُ فيها أحد. استدعى الموظفينَ الذين أوقفَهم أمامهُ كتلاميذ صغار، وألقى فيهم خطبةً عصماء أثبتَ فيها قوتهُ ورجولتَه، استهلَّ حديثَهُ فيها بالتّهديدِ والوعيدِ لكلّ مَن يخرجُ عن طاعتهِ، ثم وعدَهم بأنّهُ سيحقّقُ نجاحًا منقطعَ النّظير في إدارةِ العمل وتحقيقِ أهدافِ المؤسّسةِ التي ستتطوّرُ بناءً على خططٍ من بناتِ أفكاره. قرّر بسرعةٍ أن يتخلصَ من الذين لهم تأثيرٌ قويّ في المؤسّسة، وأن يملأ المؤسسةَ بأقاربهِ والموالينَ لهُ. وبعد فترة قصيرة أصبح المكانُ يعجُّ بموظفينَ تشبهُ ملامحُهم كثيرًا ملامحَ المدير. ومع مرورِ الوقت تحوّلتِ المؤسّسةُ إلى مؤسّسةٍ عائليّةٍ ترزحُ تحت الفسادِ الإداريّ وتُدارُ بلا حسيبٍ أو رقيب. ولم يتوقف الأمرُ عند هذا الحدّ، فبعدَ أن اعترضَ نسيم وهو الموظّفُ الأكثر خبرةً في المؤسّسة على أسلوبِ إدارتهِ، ناصبَهُ العداء ونقلهُ بشكلٍ عاجلٍ إلى قسمِ توزيعِ البريد.

وكان المدير يرسل تقارير كاذبة يتحدث فيها عن إنجازاتٍ كبرى للوزير مشفوعةً بهدايا ثمينة، ظانًّا أنّه سيبقى مديرًا للمؤسسة دون مشاكل. ولكن ما لم يعرفه المدير أنّ مساعٍ حثيثةً كانت تجري من وراء الكواليس للإطاحة بالوزير بعدَ أن بلغ السّيل الزّبى، وبدأتْ ملفّاتُ الفسادِ تتراكمُ ضدّهُ من كلّ حدبٍ وصوب، ولم تمرّ أيام حتى أُجبِرَ الوزيرُ على تقديمِ استقالتهِ.

بعد استقالة الوزير تشكلّتْ لجنةٌ تحقيقيّةٌ حكوميّةٌ أصدرت قراراتها بإعادةِ هيكلةِ المؤسّسة، ومن بينها تنحية المدير عن منصبهِ وجعل نسيم مديرًا بدلًا عنه. وكان أولُ قرارٍ

DOI: 10.4324/9781003096665-54

وقّعه نسيم إحالة المديرِ للتّحقيق ونقلهِ إلى قسمِ البريد بانتظارِ استكمالِ التّحقيقات، وهكذا فإنّ الأمورَ دومًا بخواتيمها.

(1) Carefully read the text, then discuss how the idioms are used to convey the meaning.
(2) Translate the text into English, making sure that your final translation reads like authentic English and reproduces the content and style of the text.
(3) Express what you understand in Arabic by using the idioms appearing in the text. Ensure to use all the idioms from the text correctly.
(4) Choose the correct idioms to fill in each of the blanks in the following sentences.

1 إن فكرة إنشاء مكتبة عامة لم تكن من __________ المحافظ وإنما أرسلها له أحد طلاب المدارس.

أ بنات أفكار
ب كل حدب وصوب
ج بلغ السيل الزبى

2 دعا مبعوث الرئيس الدول الإقليمية للانتقال من التعامل مع بعضها البعض من _________ إلى التعامل علانيةً.

أ استهل حديثه
ب ناصبه العداء
ج وراء الكواليس

3 لقد اعتاد أن __________ للحصول على أتفه الأشياء.

أ يرزح تحت نير
ب يريق ماء وجهه
ج يناصب العداء

4 وفي السنوات الأخيرة تم فتح منصات الإعلام _________ دون مراعاة للقوانين التي ينبغي أن تنظم الإعلام في البلاد.

أ من بنات أفكاره
ب لكل من هب ودب
ج منقطع النظير

5 انهال الإعجاب _______ على العامل الذي استمر يعمل في تنظيف الشارع رغم هطول الأمطار.

أ بلغ السيل الزبى
ب من كل من هب ودب
ج من كل حدب وصوب

6 و_____ أمام الكاميرا بتوجيه تحية إلى كل الذين ساندوه ومدوا له يد العون.

أ أراق ماء وجهه
ب استهل حديثه
ج ناصب العداء

7 وظلت كثير من هذه البلدان _____ الاستعمار لعشرات السنوات حتى نالت حريتها واستقلالها.

أ تريق ماء وجهها
ب ترزح تحت نير
ج تستهل حديثها

8 تُظهر هذه الطفلة نبوغًا _____ مقارنة بأقرانها.

أ منقطع النظير
ب وراء الكواليس
ج من بنات أفكارنا

9 لقد أصبحنا مضطرين بعد أن _____ أن نطالب رئيس الوزراء بأن يوقف الفساد عند حده.

أ ناصبنا العداء
ب أرقنا ماء وجهنا
ج بلغ السيل الزبى

10 سيعمل جميع الموظفين في هذا القسم _____ مدير القسم الجديد.

أ وراء كواليس
ب ويناصبون عداء
ج تحت إمرة

11 هناك تطورات إيجابية حاصلة في الأيام الأخيرة ولكن كما يقال إنّ _____ لا ببداياتها.

أ ابتسم لنا الحظ
ب الأمور بخواتيمها
ج بلغ السيل الزبى

12 ما يعجبني فيك هو أنك تحترم الجميع حتى مَن _____.

أ يناصبك العداء
ب يريق ماء وجهه لك
ج تحت إمرتك

(5) Translate the following sentences into Arabic. Translate the words in bold into one of the idioms of this unit.

1 What is to stop **every other Tom, Dick, and Harry** in the industry trying the same?

2 It seems that everybody in the party can **degrade himself** for political gains.

3 He **started his talk** by describing his role in keeping and interpreting financial records.

4 I started my military career **under the command** and control of this commander.

5 The festival is **the brainchild of** the writer who has been visiting the area since 2012.

6 These towns are run by corrupt officials, and **things are becoming unbearable**.

7 People **from all corners of the world** descended on the village for the race.

8 For 50 years we **lived under the yoke** of the occupation.

9 Officials from both parties have stepped up **behind-the-scenes** talks.

10 We've had **unparalleled** interest in the new product.

11 The court heard that the offender **showed strong hostility** towards his neighbour.

12 Let's not judge too soon; **the proof is in the end result**.

(6) Use the idioms of this unit in sentences of your own.

This practice exercise covers the following Arabic idioms:

تحت إمرة	أراق ماء وجهه	كل من هب ودب
بنات أفكاره	منقطع النظير	استهل حديثه
وراء الكواليس	رزح تحت نير	ناصبه العداء
الأمور بخواتيمها	من كل حدب وصوب	بلغ السيل الزبى

24 الصحراء

المنظرُ المهيبُ لها يجعلُ الإنسانَ يتصاغرُ أمامَ قسوتِها وجمالِها، ويُصابُ بالحيرةِ متردّدًا بين مشاعرِ العشقِ لها والخوفِ منها. إنّها الصّحراءُ التي تَرسمُ تضاريسُها أجملَ لوحاتٍ عرفتها الطّبيعة، فالكُثبانُ الرمليّةُ التي تموّجها الرياحُ تُلامسُ السّماءَ على مدِّ البصر، ويَنشرُ امتدادُها غموضًا غريبًا يحملُ توقيعَ الشّمس بأشعّتِها اللّاهبة، أمّا في اللّيلِ فتتحولُ فيها السّماءُ إلى مشهدٍ لا متناهٍ من الشّهبِ والكواكبِ والنجوم. ومع جمالِها الخلّاب الذي ألهمَ أجملَ الشّعرِ وأعذبَه، يختبئُ الموتُ في أغلبِ زواياها وهو يَسردُ قصصًا وحكاياتٍ تقشعرُ لها الأبدان. إنّ الصّحراءَ عالمٌ رباعيُّ العناصرِ تختلطُ فيهِ الحريّةُ، والبساطةُ، والمشاركةُ، والصّراعُ، ومَن لم يُحسن الموازنةَ بين تلك العناصر فلنْ يتمكّنَ من البقاءِ حيًّا فيها.

ما إن تطأْ قدماهُ رمالَها حتّى يشعرَ مرتادُ الصّحراءِ بأنّهُ على سطحِ كوكبٍ آخر. حيث تمنحُهُ تلك الأرضُ الجرداءُ شعورًا بأنّ لهُ مطلقَ الحريّةِ في أنْ يفعلَ ما يشاءُ دون أن تكونَ لأحدٍ سلطةٌ عليهِ سوى سلطة الطّبيعةِ وقوانينها. وفي نفسِ الوقت فإنّ الصحراء لا تدعُ زائرَها يغمضُ لهُ جفنٌ عندما يقضي لياليه فيها وهو يتأمّلُ مبهورًا سماءَها وهي تتلألأُ بالنّجومِ بعيدًا عن أضواءِ المدن، فحتى السّماء تحتفلُ بحريّتِها في الصّحراءِ على طريقتِها الخاصّة. وللصّحراءِ في حالِ سُكونِها طبعٌ يهدّئُ من روعِ مَن يرتادُها وتُحوّلهُ إلى فيلسوفٍ مع ذاتِه، وإلى شاعرٍ مع غيرِه. أمّا في حالِ قسوتها فهي تُلقّنهُ الصّبرَ الذي يصبحُ أمرًا لا مفرَّ منه كي يتعاملَ معها. ومع الهدوءِ والصّبرِ تنزعُ الصّحراءُ مشاعرَ العظمةِ والكبرياءِ عن الإنسانِ حتى لا يبقى عندهُ مثقالُ ذرةٍ منها، وتُعيدهُ إلى حقيقتهِ كائنًا صغيرًا وضعيفًا أمام جبروتِها.

إنّ الصّحراءَ بجمالِها، وعظمتِها، وقفرِها، وقسوتِها تجمعُ كلَّ المتناقضاتِ في آنٍ واحد، وتضعُ الإنسانَ فيها في مواجهةِ ذاتهِ والحدودِ الأخيرةِ لوجودهِ. لا غرو إذن أنْ أصبحتِ الصّحراءُ محطّ أنظارِ النّاسِ وهم يشدّونَ إليها الرّحالَ بحثًا عن حقيقةِ أنفسِهم أو هربًا منها.

DOI: 10.4324/9781003096665-55

الصحراء

(1) Carefully read the text, then discuss how the idioms are used to convey the meaning.

(2) Translate the text into English, making sure that your final translation reads like authentic English and reproduces the content and style of the text.

(3) Express what you understand in Arabic by using the idioms appearing in the text. Ensure to use all the idioms from the text correctly.

(4) Choose the correct idioms to fill in each of the blanks in the following sentences.

1 اشتهرت البصرة بإنتاج التمور وبأشجار النخيل التي كانت تمتد _____ .

أ   مثقال ذرة
ب محط أنظار
ج على مد البصر

2 وحين وصلوا إلى هناك وجدوا جثة رجل بلا ساقين ملقاة على قارعة الطريق. كان مشهدًا رهيبًا _____ .

أ   لم يغمض له جفن
ب محط أنظار
ج تقشعر له الأبدان

3 ويقول الكاتب إنه _____ هذه المدينة الساحلية الجميلة من أول زيارة فقرر أن يجعلها مقر إقامته.

أ   هدأ من روع
ب وقع في عشق
ج شد رحاله إلى

4 إن التعامل الحكومي مع أزمة الخبز نجح في أن _____ الناس في هذه المرحلة الصعبة.

أ   يهدأ من روع
ب تقشعر له الأبدان
ج يشد رحال

5 هل أن إصابتي بمرض السكري هو أمر _____ منه لأن والدتي أصيبت به؟

أ   تقشعر له الأبدان
ب لا غرو
ج لا مفر

6 تعد هذه المدينة _____ العالم بسبب قطارها المعلق الذي يسير فوق النهر.

أ   على مد بصر
ب محط أنظار
ج مثقال ذرة

The practice exercises

7 ولم يعلم بشأن صدور مذكرة الاعتقال بحقه إلى أن _____ الأراضي الروسية.

أ	وطأت قدماه
ب	وقع في عشق
ج	هدأ من روعه

8 ____ القوم _____ إلى مكة المكرمة رغم خطورة الطريق.

أ	على مد البصر
ب	تطأ أقدامهم
ج	شد رحالهم

9 وحسب الاتفاق فإن للدولة _____ في الأخذ بالمقترحات أو رفضها.

أ	مثقال ذرة
ب	مطلق الحرية
ج	لا مفر

10 _____ أن هذه الضوابط الجديدة تثير العديد من التساؤلات لدى الموظفين.

أ	لا مفر من
ب	لا غرو
ج	لا يغمض لنا جفن

11 لو كان في قلبك _____ من الرحمة والإنسانية لما حبست الطير في القفص.

أ	مطلق الحرية
ب	محط أنظار
ج	مثقال ذرة

12 تستشعر جدتي آلامنا دومًا و _____ حتى ترسم الفرحة على وجوهنا.

أ	لا يغمض لها جفن
ب	لا تهدأ من روع
ج	يقشعر لها بدنها

(5) Translate the following sentences into Arabic. Translate the words in bold into one of the idioms of this unit.

1 The cultural unit has become the **centre of attraction** for anthropologists.

2 Those who have bought the pass will **have complete freedom** to use the facilities.

3 If they had **an iota of** self-respect, they would not have behaved that way.

الصحراء

4 Do you really think an increased military presence will **calm** people **down**?

5 **No wonder** the kids are exhausted, they've been playing since morning.

6 My father doesn't want to face the **inescapable** fact that he is getting old.

7 Arabic is a language **to fall in love with**.

8 Because of the party next door, we hardly **got a wink of sleep**.

9 The video footage shows a **chilling** example of this kind of crime.

10 The cultivated orchards stretched **as far as the eye could see**.

11 After that, my mother-in-law swore she would never **set foot** in my house again.

12 In the past, people **decamped/travelled** to faraway lands to seek knowledge.

(6) Use the idioms of this unit in sentences of your own.

This practice exercise covers the following Arabic idioms:

مثقال ذرة	محط أنظار	لا غرو
تقشعرّ له الأبدان	لم يغمض له جفن	وقع في عشق
هدّأ من روع	على مدّ البصر	شدّ الرحال
لا مفر منه	وطأت قدماه	له مطلق الحرية

25

الطيور على أشكالها تقع

استيقظَ وسط منطقةٍ مهجورة، تلفّتَ باستغرابٍ لعلّهُ يجدُ ما يدلُّ على المكانِ الذي هو فيه. كلُّ ما يتذكرهُ هو أنّهُ بعدَ أنْ تعرّضَ إلى حادثٍ مروريٍّ مروّعٍ تحاملَ على نفسِهِ وخرجَ من السّيارةِ مثخنًا بالجراح، وأنّهُ غطّ في نومٍ عميقٍ ولم يشعر بشيءٍ بعد ذلك. رغم أنّ موتهُ كان تحصيل حاصلٍ إلّا إنّهُ فيما يبدو لم يمُت، أو إنّهُ ربّما ماتَ ولكنّهُ صحا في عالمٍ أو بُعدٍ آخر. تنفّسَ بعمقٍ الهواءَ الرّطبَ الذي يحملُ رائحةَ البحر، وشعرَ بأنّهُ على قيدِ الحياة. سارَ كتائهٍ في المدينةِ ليجدَ نفسَهُ قُربَ الشّطِّ الذي يعرفهُ جيدًا، بدا له أكثرَ اتّساعًا ممّا كان عليه، ولكنّهُ مع ذلكِ لم يتمكّن من التّعرّفِ على المدينة. كان اسم "سيّد البريم" يتردّدُ بشكلٍ مستمرٍّ في أذنهِ، زاد ذلك من حيرتهِ، فهو لا يتذكّرُ مَن يكونُ سيّد البريم.

مشى على الكورنيشِ المحاذي للشّطّ، ولاحظَ أنّ النّاسَ يلبسونَ ملابسَ تختلفُ عمّا تعوّدَ رؤيتَهم عليه، فيما اختفى النّخلُ تمامًا من المدينة. كانتِ القواربُ الطّائرةُ والملوَّنةُ تطيرُ جيئةً وذهابًا فوق الشّطّ، تذكّرَ أنّ قوارب خشبيّة هي التي كانت تتنقّلُ بين ضفّتيهِ. كانتِ المدينةُ تُشبهُ مدينتهُ التي وُلدَ وعاشَ فيها، ولكنّهُ أحسَّ بنفسهِ غريبًا فيها، فهي لا تُشبهُها كذلك.

توجّهَ إلى مبنىً على شكلِ فقاعةٍ زجاجيّةٍ كبيرةٍ جلس في داخلها أشخاص، ولكنّهُ لم يعرف كيف يدخلُ المبنى، فقد تهيّأ لهُ أنّهُ بلا أبواب. ورغم أنّ ملابسهُ وهيئتَهُ الغريبةَ كانت ستجذبُ العشراتِ من النّاسِ حولهُ إلّا إنّ أحدًا لم يكترث حتى بالنّظرِ إليه، لقد جعلهُ ذلك يشعرُ بالوحدةِ والانقباض. هل أصبحَ شبحًا لا يُرى؟ أم أنّهُ دخلَ مدينةً يسكنُها الجنُّ والأشباح؟ ورغم محاولاتِهِ بشتّى الطّرق أن يتحدث إلى الناس إلّا إنّهُ لم يجِد أحدًا يتواصلُ معهُ، فتركَ المكانَ خاليَ الوفاض.

قادتْهُ قدماهُ إلى تمثالِ الشّاعرِ الميّت، ونظرَ من هناك إلى الضّفّةِ الأخرى من الشّطّ التي كانت تكتظُّ بالبناياتِ الإسمنتيّةِ العاليةِ بدلَ غاباتِ النّخيل. التفتَ ليجدَ رجلًا مُسنًّا بيدهِ قدحُ ماء. نظرَ إليهِ الرّجلُ العجوزُ بطريقةٍ فيها الكثيرُ من الفضول، وقد شجّعهُ ذلك كي يجسَّ

DOI: 10.4324/9781003096665-56

نبضَ العجوزِ كي يتأكّدَ من أنّهُ يستطيعُ التّواصلَ معهُ. سألهُ عن "سيّد البريم" وعن اسمِ المدينةِ والتّاريخ، ولكنّ الرّجلَ العجوزَ لم يُجبهُ بشيء. كرّرَ السّؤالَ عدةَ مراتٍ، ولكن بقيتْ نظراتُ الرّجلِ نفسها دون أن يحصلَ منهُ على إجابة. انسحبَ وهو يجرُّ أذيالَ الخيبة ووضع يدَهُ على منصّةِ التّمثال، كانت من الغرانيت وملساء، لقد بدتْ لهُ حقيقيّةً جدًّا. وفي الأثناء انتبه إلى الرّجل العجوز واقفًا أمامهُ وهو يوجّه إليه حديثَهُ:

"أخيرًا وصلتَ، أنتَ يحيى البرحي، أليس كذلك؟ من المؤكّد أنّك اختفيتَ من المدينةِ قبلَ سبعينَ عامًا ولم يعثروا لكَ على أثر."

فغر يحيى البرحي فاهُ عندما سمعَ الرّجلَ العجوزَ يذكرُ اسمهُ، ولكنّ الرّجلَ العجوزَ استمرَّ في حديثِهِ. فقد أخبرهُ عن نفسِهِ أنّهُ هو الآخر وبعد سقوطِهِ من رصيفِ الميناء، أفاقَ بعد سبعينَ عامًا في منطقةٍ مهجورةٍ، ثم وجد نفسَهُ يسيرُ في المدينةِ بشكلٍ لا شعوريّ نحو تمثالِ الشّاعرِ الميّت، واسم "يحيى البرحي" يتردّدُ في ذهنِهِ. وهنا عند التّمثال وجدَ امرأةً شابةً أخبرتهُ باسمِهِ حالما أمسكَ منصةَ التّمثالِ ثم غادرتْ. أعطى العجوزُ قدحَ الماءِ ليحيى البرحي، وقبلَ أنْ يغادرَ المكانَ أخبرهُ بأنّ الطّيورَ على أشكالِها تقعُ عند تمثالِ الشّاعرِ الميّتِ على ضفة الشطّ في هذه المدينة.

(1) Carefully read the text, then discuss how the idioms are used to convey the meaning.
(2) Translate the text into English, making sure that your final translation reads like authentic English and reproduces the content and style of the text.
(3) Express what you understand in Arabic by using the idioms appearing in the text. Ensure to use all the idioms from the text correctly.
(4) Choose the correct idioms to fill in each of the blanks in the following sentences.

1 لقد ذهب زيد إلى مكتب التوظيف على أمل الحصول على عمل لكنه للأسف عاد __________.

أ يجس نبضه
ب خالي الوفاض
ج جيئة وذهابًا

2 غالبًا ما يجد زوجته __________ عميق عندما يصل إلى البيت.

أ تجس نبض
ب تتحامل على نفسها
ج تغط في سبات

3 وذكرت كتب التاريخ أن هذا التاجر كان يسافر __________ مع قوافله عبر الصحراء بين هاتين المدينتين.

أ جيئة وذهابًا
ب فاغر فاه
ج مثخن بالجراح

4 بعد أعوام من الحروب والتهديدات الداخلية والخارجية أصبح هذا البلد __________.

أ خالي الوفاض
ب مثخنًا بالجراح
ج تحصيل حاصل

5 بعد هزائمه المتتالية وخسارته مؤخرًا في بطولة كأس آسيا عاد المنتخب إلى بلاده وهو __________.

أ فاغر فاه
ب يغط في النوم
ج يجر أذيال الخيبة

6 أكد طبيبه الخاص أن حباله الصوتية تعرضت للإجهاد إلّا أن المطرب الشاب __________ ليكمل الحفل من أجل جمهوره.

أ جس نبضه
ب فغر فاه
ج تحامل على نفسه

7 هذه الجماعة من الأصدقاء تحمل نفس الأفكار فـ__________.

أ هي تحصيل حاصل
ب الطيور على أشكالها تقع
ج جيئة وذهابًا

8 حين رأى المهندس المبنى الذي صممه وهو يتحطم أمام عينيه __________ ووقف بلا حراك.

أ فغر فاه
ب جر أذيال الخيبة
ج جس نبضه

9 إن سقوط الدولة لم يكن إلّا __________ بسبب التدهور الذي أصاب كيانها.

أ جيئة وذهابًا
ب جس نبض
ج تحصيل حاصل

10 هل تعتقدون أن الحكومة جادة في تصريحاتها أم أن هذه التصريحات جاءت مجرد لـ__________ الشارع؟

أ تحصيل حاصل
ب جر أذيال خيبة
ج جس نبض

(5) Translate the following sentences into Arabic. Translate the words in bold into one of the idioms of this unit.

1. **His jaw dropped** when he realised his wife was pregnant with quintuplets.
2. When it all fell apart, he went back with **his tail between his legs**.
3. Despite the pain, she **forced herself** up onto her elbows.
4. I am not surprised these two are best of friends, as **birds of a feather flock together**.
5. And for no apparent reason, the teenager kept running **to and fro** across the hallway.
6. This is the leader our **wounded** country needs now.
7. The result of the election is a **foregone conclusion**, and they will win for sure.
8. The young man tried to rob the shop with a butter knife but left **empty-handed**.
9. You have to **test the waters** and gauge the industry's interest in such initiatives.
10. The mother kept singing, and the baby soon **went into deep sleep**.

(6) Use the idioms of this unit in sentences of your own.

This practice exercise covers the following Arabic idioms:

تحصيل حاصل	فغر فاه	جس نبض
جر أذيال الخيبة	تحامل على نفسه	مثخن بالجراح
غط في نوم / سبات	خالي الوفاض	جيئة وذهابًا
الطيور على أشكالها تقع		

26 بيان حكومي

في غمرةِ التّقدُّمِ الذي يُحرزهُ بلدُنا نحو مزيدٍ من التطوّر والازدهار، وخصوصًا بعدَ الإنجازِ الذي تحقّقَ بإجراءِ انتخاباتٍ برلمانيّةٍ حرةٍ ونزيهةٍ هي الأولى من نوعِها في تاريخِنا، أقدمتْ عصاباتُ التّطرُّفِ والكراهيةِ على شنِّ سلسلةٍ من الهجماتِ الإرهابيّةِ التي استهدفتْ عن قصدٍ المدنيينَ العُزّلَ وأودتْ بحياةِ العشراتِ منهم.

وفي الوقتِ الذي تتقدّمُ فيه الحكومةُ بتعازيها لذوي الشّهداء، فإنّها تُعاهدُ الشّعبَ بأنّ هذه الجرائم المروّعةَ لن تمرَّ مرور الكرام، وسنقومُ بردٍّ لا هوادةَ فيه ضدّ كلِّ مَن ارتكبَ هذه الجرائم. وبناءً على ما شهدتهُ البلادُ من خرقٍ أمنيٍّ خطير فقد قرّرتِ الحكومةُ بكاملِ أعضائها إعلانَ حالةِ الطّوارئِ بجميعِ أنحاء البلاد لمدّةِ ستة أشهرٍ اعتبارًا من يوم غدٍ. كما قرّرتْ تشكيلَ لجنةٍ تحقيقيّةٍ عُليا برئاسةِ وزيرِ الدّاخليّةِ للتّحقيقِ في هذه الاعتداءاتِ الآثمة، وستقومُ اللّجنةُ وعلى جناحِ السّرعة بالعملِ على كشفِ تفاصيل هذه الاعتداءات، والجهاتِ التي تقفُ وراءها.

تدعو الحكومةُ ومن واقعِ المسؤوليةِ المُلقاةِ على عاتقِها القُوى الأمنيّةَ إلى أنْ تتصدّى بحزمٍ ضدّ كلِّ من تُسوّلُ لهُ نفسُهُ المساسَ بأمنِ البلدِ والمواطنين وأنْ تردَّ الصاعَ صاعين ضدّ كلِّ مَن يُحاولُ جرَّ البلاد إلى العنفِ والفوضى. كما تدعو المواطنينَ إلى أخذِ الحيطةِ والحذرِ وعدمِ الاستماعِ إلى الإشاعاتِ التي تسعى إلى تأزيمِ الأوضاع، والاتصالِ فورًا بقُوى الأمنِ للإبلاغِ عن أيِّ وضعٍ مثيرٍ للرّيبة.

إنّ الأحداث التي شهدتْها البلادُ اليومَ تتطلّبُ منّا جميعًا أن ننضوي تحتَ لواءِ الوطن ونتحّدَ في مواجهةِ هذه الاعتداءاتِ الإرهابيّةِ التي يقومُ بها أعداءٌ يمارسونَ قتلَ الأبرياءِ دون أنْ يرفَّ لهم جفن. ونجدُ أنّهُ لا مناصَ أمامَنا جميعًا سوى الاستمرار في العملِ على قدمٍ وساقٍ لحمايةِ المنجَزاتِ التي تَحقّقتْ رغم أنفِ الإرهاب.

(1) Carefully read the text, then discuss how the idioms are used to convey the meaning.

DOI: 10.4324/9781003096665-57

بيان حكومي

(2) Translate the text into English, making sure that your final translation reads like authentic English and reproduces the content and style of the text.

(3) Express what you understand in Arabic by using the idioms appearing in the text. Ensure to use all the idioms from the text correctly.

(4) Choose the correct idioms to fill in each of the blanks in the following sentences.

1. إن العمل جارٍ _____ لإنجاز الدراسات الخاصة بتطوير المنطقة القديمة.

    أ عن قصد
    ب على قدم وساق
    ج رغم أنفه

2. لا توجد تفاصيل عن ملابسات الحادث الذي _____ المحامي الشهير.

    أ أودى بحياة
    ب رد الصاع صاعين
    ج مر مرور الكرام

3. وتلقى الرجل رصاصتين في ساعده الأيسر مما استوجب نقله _____ إلى إحدى المستشفيات القريبة.

    أ بلا هوادة
    ب على جناح السرعة
    ج رغم أنفه

4. بالرغم من أن الحدث يعتبر حدثًا هامًا في تاريخنا ويتم الاحتفال به كل عام، إلّا أن ذكراه _____ هذا العام.

    أ لا هوادة فيها
    ب انضوت تحت لواء
    ج مرت مرور الكرام

5. توعد شيخ القبيلة بأنه سـ_____ بسبب اعتقال أحد أفراد قبيلته على يد الشرطة.

    أ ينضوي تحت لواء
    ب يرد الصاع صاعين
    ج يمر مرور الكرام

6. إن هذا الشخص مستعد أن يشهد زورًا تحت القسم _____.

    أ دون أن يرف له جفن
    ب مر مرور الكرام
    ج رد الصاع صاعين

7 يبدو لي أنه عندما يكون __________ حماسه للفكرة يبدأ في الصياح والحديث بصوت عالٍ.

أ عن قصد
ب لا مناص من
ج في غمرة

8 يعيش الزوجان حياة مستقرة وهانئة __________ الحاسدين.

أ رغم أنف
ب في غمرة
ج عن قصد

9 إن القانون الجديد يعاقب بالسجن كلّ من __________ دخول البلاد بطريقة غير مشروعة.

أ يودى بحياة
ب ينضوى تحت لواء
ج تسول له نفسه

10 وقد تراجعت مبيعات شركة الأغذية بسبب مواجهتها منافسة __________ من شركات الأغذية الأخرى.

أ على قدم وساق
ب لا هوادة فيها
ج لا مناص

11 يعد التعاون الدولي في مجال مكافحة المخدرات ضرورة __________.

أ عن قصد
ب على جناح السرعة
ج لا مناص منها

12 دعت أحزاب ولجان شعبية أغلبها __________ ما يعرف بالقوى الديمقراطية لبس السواد احتجاجًا على تجميد العمل بالدستور.

أ ينضوي تحت لواء
ب يمر مرور الكرام
ج دون أن يرف لها جفن

13 لقد باع تاجر الجملة أطنانًا من الأرز منتهي الصلاحية ولا يُعرف ما إذا كان التاجر قد تصرف __________ منه أم لا.

أ رغم أنف
ب عن قصد
ج في غمرة

(5) Translate the following sentences into Arabic. Translate the words in bold into one of the idioms of this unit.

1 Preparations for the much-awaited festival are **in full swing**.

2 Do you think she did that **on purpose**?

3 The ministry needs to push this agenda forward **with utmost speed**.
4 The bill was accepted **despite the disagreement** of the parliament.
5 All those who might **be tempted to** use the opportunity to loot will be punished.
6 The gang can kill you in a second **without blinking an eye**.
7 Is it timely to launch a new business **in the midst of** the recession?
8 Entrepreneurs try to be ethical but find **no escape from** bending the rules.
9 The execution is the culmination of a **relentless** legal battle by the victim's family.
10 The issue of workplace diversity has not **passed unnoticed**.
11 Our country will **hit back with double the force** if its sovereignty is challenged.
12 All groups **joined under the banner of** the movement for national liberation.
13 The police are investigating the circumstances of the collision that **claimed the life** of the footballer.

(6) Use the idioms of this unit in sentences of your own.

This practice exercise covers the following Arabic idioms:

على جناح السرعة	في غمرة	مر مرور الكرام
أودى بحياة	رد الصاع صاعين	انضوى تحت لواء
لا هوادة فيه / بلا هوادة	سولت له نفسه	رغم أنفه
على قدم وساق	لا مناص له منه	دون أن يرف له جفن
عن قصد		

27

المقامة المسقوفيّة

ذهبتُ إلى بَغداد، في أوانِ الحَصاد، وقد برزَ في سوقِ العطّارينَ وقتَ الضُّحى كلُّ العِباد. وإذا برجلٍ في مقتبلِ العمرِ وقد تغطّى بالصّوف، ويضربُ مع ابنهِ بالدُّفوف، قد أقعدهُ الشَّلل، وعلى وجههِ تبدو آثارُ العِلل. فتألمتُ لحالهِ وتصدّقتُ عليهِ بدرهمَين، وأعطيتهُ من الخبزِ رغيفَين.

وبينما كنتُ في غمرةِ الحديثِ مع صاحبٍ لي حميم، نتذاكرُ أحوالَ الحاضرِ وغابرِ الزّمانِ القديم، وإذا بلصٍ في ريعانِ الشّبابِ يجرُّ خِلسةً من جيبي صُرّةَ مالي، مِن أمامِ النّاسِ ولم يكُنْ يُبالي. ولم أنتبِه إلّا ومالي قد أصبحَ في مهبِّ الرّيح، فقد فرّ اللّصُّ مُسرعًا بفعلهِ القبيح، واختفى في لمحِ البصر، هاربًا باتجاهِ طريقِ النَّهر.

فقلتُ لنفسي، ويحي هل إنّ الصّدقةَ تُذهِبُ بالمالِ الحَلال، وتجعلُ المُتَصدِّقَ نادمًا على أفضل الأعمال؟ أم أنّ حسدًا قد أصابَني عندَ غير قومي، فضيّع مالي وقوتَ يومي؟ ولكنّني رضيتُ بما حصلَ لي، ورجَوتُ من اِلله اللُّطفَ بي. فعملُ الخيرِ يجلبُ الخيرَ في نهايةِ المَطاف، وإن سادَ الأشرارُ وأصبحوا بالآلاف.

ومع ألمي وحسرتي، وقد كادتْ من عيني تسقطُ دمعتي. كنتُ أتلفّتُ ملهوفًا ذاتَ اليمينِ والشّمال، وأُبادرُ النّاسَ بالسُّؤال، لعلّني عن مالي خبرًا أنال. ولكنّني لم أجد في السّوقِ سوى الهَرج والمَرج، وازدحام الهَمج. وقد يئستُ من أنْ أسترجعَ مالي، وحزنتُ على ما وصلتْ إليهِ حالي. وصارَ صاحبي يُخفِّفُ عنّي همّي، ويدعو الله أنْ يكشفَ عنّي غمّي.

وبينما كنتُ على ذلكَ الحال، وإذا بصبيٍّ يجرُّ ثوبي بإصرار، ويُشيرُ عليَّ أنْ أذهبَ معهُ إلى حيثُ محلُّ العطّار. فذهبتُ وصاحبي إلى المحل بقرب السبيلِ والمنارة، لعلّنا نفهمُ ما يريدُ منّا صاحبُ العِطارة. وبعدَ التّحيّةِ والسّلام، وتبادُلِ الاحتِرام، أخرجَ العطّارُ صُرّةً حَمراء، عليها دائرةٌ بيضاء. وقد بدتْ لي كأنّها صُرّةُ مالي، وأردتُ أن أبادرَهُ عنها بسُؤالي. ولكنّني قلتُ في قرارةِ نفسي قد أخذَها اللّص، فما الذي أتى بها عندَ صاحبِ التّوابلِ والعَفص. فلمّا رآني العطّارُ مستفهمًا ومتحيّرًا قالَ قد أتتِ الفُرصة، وسأقصُّ عليكَ القِصّة.

DOI: 10.4324/9781003096665-58

فعندَ محلِّ العطّارِ وبينما كانَ اللّصُّ يُطلقُ ساقيهِ للرّيحِ هاربًا، عثرَ وسقطتْ من يدِهِ الصُّرّة، فتركَها ونكصَ على عقبيهِ ومضى بين الأزقّةِ موليًّا، وعندها وقعتْ عليها عينا العطّار، فأخذَها واحتفظ بها بعيدًا عن عيونِ الأشرار. وقد رآني في السّوقِ وأنا أدورُ وقد خابَ ظنّي، وبدا للنّاس حُزني. فأعطاني إياها بعدَ أن استعلمَ منّي عمّا فيها، فأخذتُها منهُ شاكرًا لهُ أمانتَهُ وإحسانَه. وحينَها تذكرتُ الإحسانَ للرّجلِ المتلحِّفِ بالصّوف، ومضيتُ أنا وصاحبي مسرورَين لنأكلَ عند دجلة السّمكَ المَسقوف.

(1) Carefully read the text, then discuss how the idioms are used to convey the meaning.

(2) Translate the text into English, making sure that your final translation reads like authentic English and reproduces the content and style of the text.

(3) Express what you understand in Arabic by using the idioms appearing in the text. Ensure to use all the idioms from the text correctly.

(4) Choose the correct idioms to fill in each of the blanks in the following sentences.

1 ما الذي يجعل فتاة ناجحة ___________ تُقدم على الانتحار بهذه الطريقة؟

أ في مهب الريح
ب في لمح البصر
ج في ريعان الشباب

2 في ظل الأزمة المعيشية الحالية أصبح رب الأسرة عاجزًا عن تأمين ___________.

أ قوت يومه
ب الهرج والمرج
ج في مقتبل عمره

3 ولجأت السلطات ___________ إلى إدخال إصلاحات من أجل تحسين الوضع المعيشي للأسر الفقيرة.

أ في ريعان الشباب
ب في مقتبل العمر
ج في نهاية المطاف

4 وما إن سمع القاتل صوت صافرة الإنذار حتى ___________ هاربًا من مسرح الجريمة.

أ في لمح البصر
ب أطلق ساقيه للريح
ج في مهب الريح

5 أصبح الوضع الأمني في البلد __________ بسبب تداعيات الاضطرابات الحاصلة في مختلف المناطق.

أ في مقتبل العمر
ب في مهب الريح
ج في ريعان الشباب

6 يكون الشباب __________ أقل ميلًا للاستماع للأخبار السياسية وللأغاني الطربية القديمة.

أ في لمح البصر
ب في مهب الريح
ج في مقتبل العمر

7 انطلق الصاروخ بسرعة هائلة واختفى خلف السحب __________.

أ في مهب الريح
ب في لمح البصر
ج في مقتبل العمر

8 نشأت الحضارات القديمة وتطورت منذ __________ على ضفاف الأنهار.

أ غابر الزمان
ب الهرج والمرج
ج وقعت عينها عليه

9 وسادت حالة من __________ بين المعجبين في المطار صباح اليوم لدى وصول المطربة الشهيرة.

أ قوت اليوم
ب غابر الزمان
ج الهرج والمرج

10 حاول الجيش احتلال المدينة ولكنه __________ بعد أن واجهته مقاومة شديدة.

أ وقعت عيناه على
ب نكص على عقبيه
ج في نهاية المطاف

11 لقد __________ بإنتاجك الأدبي في الفترة الأخيرة فقد انخفض مستواه عما اعتدت أن أقرأ لك.

أ نكص على عقبيه
ب هرج ومرج
ج خاب ظني

12 __________ العقد الذي في رقبتها وتذكر أنه اشترى لها ذلك العقد في الذكرى الثانية لزواجهما.

أ وقعت عيناه على
ب نكص على عقبيه
ج خاب ظنه

(5) Translate the following sentences into Arabic. Translate the words in bold into one of the idioms of this unit.

1. Seriously, it can happen **in a blink of an eye**.
2. The runner **eventually** reached the marathon end line.
3. When his credit card was declined, he **hurried away** with the packet without paying.
4. They were both still **young** and beautiful, and life was ahead of them.
5. In all the paintings, the queen was depicted **in the prime of youth**.
6. The future of the newspaper could be **at stake**.
7. The winter solstice has marked the start of winter since **ancient times**.
8. As the air-hostess moved, **my eyes fell on** the noisy toddler sitting in the aisle seat.
9. There was **chaos** at the baggage reclaim area as several flights arrived at the same time.
10. If they are expecting a major improvement, then they will be **sorely disappointed**.
11. When he realised how far out on a limb he was, **he had to backtrack**.
12. Many workers in this area are struggling for **their daily livelihood**.

(6) Use the idioms of this unit in sentences of your own.

This practice exercise covers the following Arabic idioms:

الهرج والمرج	غابر الزمان	في لمح البصر
نكص على عقبيه	أطلق ساقيه للريح	قوت يومه
في مهب الريح	في ريعان الشباب	وقعت عيناه على
خاب ظنه / أمله	في نهاية المطاف	في مقتبل العمر

28 شجب واستنكار

يستنكِرُ مركزُ التّحدّي لحقوقِ الإنسان ويشجبُ بشدّةٍ الاعتداءَ الذي تعرّضَ لهُ مديرُهُ معالي الدكتور نصر الأثلي على يدِ مجموعةٍ من الملثّمينَ توارتْ عن الأنظارِ في سيّاراتٍ حكوميّةٍ في جُنحِ الظّلام. ومع تمنياتِنا لمعالي الدّكتور بالشّفاءِ العاجلِ وهو يرقدُ في المستشفى، فإنّ المركزَ يُحمّلُ السُّلطاتِ الحكوميّة مسؤوليّةَ ما حدثَ ويُطالبُها بضمانِ سلامةِ معالي الدّكتور وكلّ النّاشطينَ في مجالِ حقوقِ الإنسان. إنّ البيانَ الذي أصدرَتهُ الحكومةُ حولَ متابعتِها لحادثِ الاعتداءِ على معالي الدّكتور لا يُعدّ أن يكونَ إلّا مجرّد حبرٍ على ورق، ومحاولة منها للنّأيِ بنفسِها عن الحادث. إذ إنّ الاعتداءَ يُعيدُ إلى الأذهان اعتداءاتٍ مماثلةً بحقِّ أشخاصٍ كانوا ينتقدونَ سياساتِ الحكومةِ وقد وثّقَها مركزُنا بتقاريرِهِ التي أثبتتْ تورُّطَ الحكومة في تلكَ الاعتداءات، وتَعكسُ هذه الاعتداءاتُ سياسةً تتبنّاها الحكومة تتحيّن الفرصَ لإسكاتِ المعارضين.

إنّ توقيتَ الحادثِ يتزامنُ مع موقفِ معالي الدّكتور الأثلي الذي رفض فيه قانونَ المطبوعاتِ الجديدِ جملةً وتفصيلًا. ويُعيدُ المركزُ تأكيدَ موقفِ الدّكتور بأنّ الحكومةَ تسعى من خلالِ فرضِ القانونِ الذي سيدخلُ حيّزَ التنفيذِ خلالَ الأيّامِ القليلةِ القادمةِ إلى التّحكّمِ بكلِّ ما يتمّ نشرُهُ في البلاد، ومنعِ أيّةِ انتقاداتٍ قد تُوجَّهُ لسياساتِها التي باتتْ أكثرَ قمعًا لحريّةِ التّعبيرِ عن الرّأي يومًا بعدَ يوم.

إنّنا نُطالبُ الحكومةَ بسحبِ هذا القانونِ الذي ينتهكُ حقوقَ الإنسانِ ولا ينسجمُ مع مبادئِ الدّستور الذي يضمنُ الحريّاتِ العامّةَ والشّخصيّةَ، ومنها حريّةُ الصّحافةِ والتّعبيرِ عن الرّأي. كما نطالبُ بالتوقّفِ عن إلحاقِ الأذى بالنّاشطينَ والصّحفيّينَ وبتوفيرِ الحمايةِ لهم. إنّ الاستمرارَ في هذه الممارساتِ سيعني إطلاقَ العنانِ لغضبٍ شعبيٍّ قد يأكلُ الأخضرَ واليابس.

إنّ مركزَ التّحدّي لحقوقِ الإنسانِ إذ يدقُّ ناقوسَ الخطرِ مع تصاعُدِ التّوجّهاتِ الاستبداديّةِ للحكومةِ ومع تزايدِ انتهاكاتِ حقوقِ الانسان فإنّه يؤكّد أنّهُ سيبقى ثابتَ العزم، بكلِّ ما في الكلمةِ من معنى، في مواجهةِ تلك التّوجّهاتِ والانتهاكات.

DOI: 10.4324/9781003096665-59

شجب واستنكار

(1) Carefully read the text, then discuss how the idioms are used to convey the meaning.

(2) Translate the text into English, making sure that your final translation reads like authentic English and reproduces the content and style of the text.

(3) Express what you understand in Arabic by using the idioms appearing in the text. Ensure to use all the idioms from the text correctly.

(4) Choose the correct idioms to fill in each of the blanks in the following sentences.

1	وقد صادق البرلمان على الاتفاقية التي ستـ _____ بعد أقل من شهرين.	أ	دخل حيز التنفيذ
		ب	توارى عن الأنظار
		ج	تحين الفرص
2	لاحظ الأطباء تزايد أعداد الإصابات المسجلة بالمرض مما دفعهم إلى _____ محذرين من تفشيه.	أ	حبر على ورق
		ب	أكل الأخضر واليابس
		ج	دق ناقوس الخطر
3	لقد _____ حضور أي صالون أدبي إذ إنني لم أعد أجد هذه الصالونات ترقى إلى المستوى العالي الذي كانت عليه في السابق.	أ	تواريت عن الأنظار
		ب	أطلقت العنان
		ج	نأيت بنفسي عن
4	قررت الحكومة تطوير الخطط والاستراتيجيات المستقبلية _____ متطلبات المرحلة القادمة.	أ	تدخل حيز التنفيذ
		ب	بما ينسجم مع
		ج	جملةً وتفصيلا
5	إن سوء الإدارة قد _____ في المؤسسات الحكومية.	أ	توارى عن الأنظار
		ب	نأى بنفسه عنه
		ج	أكل الأخضر واليابس
6	وبعد كل هذه السنوات اكتشف أن بوليصة التأمين لا توفر له أي نوع من الحماية المالية وأنها مجرد _____ .	أ	جملة وتفصيلا
		ب	حبر على ورق
		ج	بكل ما في الكلمة من معنى

The practice exercises

7 كان الشاب النزق _____ كي يُسمع الفتاة غزله.
- أ يتحين الفرص
- ب يدخل حيز التنفيذ
- ج جملة وتفصيلا

8 استخدم الفنان أعواد الكبريت والنار في رسم لوحاته وقد كانت مذهلة _____ .
- أ ثابتة العزم
- ب بكل ما في الكلمة من معنى
- ج حبر على ورق

9 وقد تمت هذه الصفقات المشبوهة في _____ وتحت أستار الليل.
- أ جملة وتفصيلا
- ب حبر على ورق
- ج جنح الظلام

10 انتشرت شائعات حول صحة الزعيم إثر اختفائه لثلاثة أسابيع، فقد _____ منذ ترؤسه الاجتماع الوزاري في مطلع الشهر الجاري.
- أ أطلق العنان له
- ب نأى بنفسه عنه
- ج توارى عن الأنظار

11 يجب أن يكون المستثمر في الأسهم _____ ومطمئن البال.
- أ بكل ما في الكلمة من معنى
- ب ثابت العزم
- ج جملة وتفصيلا

12 سيدي القاضي، أنا أرفض كل التهم الموجهة لي _____ .
- أ في جنح الظلام
- ب بما ينسجم معك
- ج جملة وتفصيلا

13 هل تعتقدين أنه من الصحيح أن _____ لأولادك ليفعلوا ما يحلو لهم دون قيد أو شرط؟
- أ تنأي بنفسك عن
- ب تطلقي العنان
- ج تتحيني الفرص

(5) Translate the following sentences into Arabic. Translate the words in bold into one of the idioms of this unit.

1 The dividend will be maintained, with plans to increase it **in line with** inflation next year.

شجب واستنكار

2. She was a beautiful lady and creative **in every sense of the word**.
3. Weight loss and trouble swallowing must **raise the alarm** of possible cancer symptoms.
4. The writer **unleashed his gift** for satire to create a masterpiece.
5. My son had feelings for his colleague, which he admitted to but has now **totally** denied.
6. The regulations for road safety **came into force** on 24 September last year.
7. Investors are **waiting for opportunities** to buy these bonds and stocks.
8. The ministry's report against corruption is **nothing but empty words**.
9. The group remains **resolute** in their fight against social injustice.
10. It is so sad that excessive greed **obliterated everything** in this beautiful land.
11. We heard that the institute has **distanced itself from** supporting the union's report.
12. The on-duty police patrol gave chase, but the thief **went out of sight**.
13. The salary range for senior members has been increased in a decision taken **behind closed doors**.

(6) Use the idioms of this unit in sentences of your own.

This practice exercise covers the following Arabic idioms:

تحيّن الفرص	جنح الظلام	توارى عن الأنظار
دخل حيز التنفيذ	ثابت العزم	بما ينسجم مع
أكل الأخضر واليابس	أطلق العنان لـ	جملة وتفصيلا
دقّ ناقوس الخطر	حبر على ورق	نأى بنفسه عن
		بكل ما في الكلمة من معنى

29

قرار محكمة التميز

القرار: لدى التّدقيق والمداولة من قبل الهيئة العليا في محكمة التّمييز وُجد إنّ المحكمة الجنائيّة المركزيّة قرّرت بتاريخ 2009/1/31 في الدعوى المرقّمة 205/ج/2008 إدانة المتّهم (ت) وفق أحكام قانون العقوبات وحكمت عليه بعقوبة الإعدام شنقًا حتى الموت، ولدى إمعان النّظر في الدعوى وما أظهرته وقائعها تبيّن أن المتّهم (ت) وبتاريخ 2008/6/3 قد سافر من قريته إلى المدينة وأقدم على قتل المجني عليه (س) في مكان عمله.

ولدى القبض على المتّهم (ت) اعترف أمام القائم بالتحقيق بأنّه قام بقتل المجني عليه (س) بعد أن عقد العزم على قتله، وقد خطّط لتنفيذ جريمته لفترة طويلة. وذكر المتّهم أن الباعث على ارتكاب جريمته هو الثأر لمقتل والده على يد (س). إذ إنّ خلافًا قد نشأ بين والد المتّهم و(س) بسبب رفض الوالد تزويج ابنته لـ (س) بسبب سوء أخلاقه. وقد تطوّر الخلاف بينهما بعد أن احترق بيت القصب الذي كان يسكن فيه والد المتّهم وأصبح أثرًا بعد عين، حيث اتّهم (س) بافتعال الحريق. وبعد أسبوع من الحريق حصلت مشادّة كلاميّة بين والد المتهم و(س) تحوّلت إلى شجار، وقد ادّعى المتّهم (ت) أنّه رأى بأمّ عينيه (س) يطعن والده بسكين ويهرب مسرعًا من المكان، حيث توفي الوالد بعد عدة أيام.

وبعد أن قامت العشيرة بهدر دم المجني عليه (س)، فقد قرّر المتّهم (ت) أن يقوم بنفسه بالانتقام لمقتل والده مهما كلّف الأمر. حيث انشغل طوال عامين بالتّمام والكمال بتعقّب أحوال المجني عليه أوّلًا بأول للتعرف على مكانه، وقد علم أنه يعمل بائعًا متجوّلًا في مرآب الباصات المركزيّ في المدينة، حيث سافر المتّهم من قريته إلى المدينة قاصدًا القتل. وذكر المتّهم أنّه بعد وصوله مرآب الباصات رصد المجني عليه وتوجّه إليه مباشرةً، ومن دون سابق إنذار اعتنقه وطعنه في خاصرته بخنجره عدة طعنات وأرداه قتيلًا في الحال. وقد بيّن المتّهم في اعترافه أنّه صفّى حسابه مع المجني عليه وإنّ العين بالعين والسّنّ بالسّنّ ولو بعد حين. وقد تمّ إلقاء القبض على المتّهم (ت) متلبّسًا بالجرم المشهود في مكان الحادث.

DOI: 10.4324/9781003096665-60

قرار محكمة التمييز

تم تأييد اعتراف المتّهم (ت) بالتفصيل الوارد في أقواله المدوّنة من قبل قاضي التّحقيق بتاريخ 2008/6/10 وبحضور نائب المدّعي العام والمحامي المنتدَب. ولدى إمعان النظر في الأدلّة المتحصّلة تحقيقًا ومحاكمةً وهي اعتراف المتهم (ت) أمام القاضي وقاضي التحقيق وبحضور الادّعاء العام والمحامي المنتدب وشهادة وفاة المجني عليه التي جاء فيها أنّ سبب الوفاة طعنات نافذة في الكلية بواسطة آلة حادّة، وشهادات الشّهود، عليه قرّرت تصديق كافة القرارات الصّادرة في الدعوى تعديلًا بالاستدلال بقانون العقوبات كون المدان لم يبلغ العشرين من العمر وقت ارتكاب الجريمة، وبسبب الظّروف المؤدّية إلى جريمة القتل، وتخفيف العقوبة إلى السّجن المؤبّد وصدر القرار بالأكثريّة في 2010/10/18.

(1) Carefully read the text, then discuss how the idioms are used to convey the meaning.

(2) Translate the text into English, making sure that your final translation reads like authentic English and reproduces the content and style of the text.

(3) Express what you understand in Arabic by using the idioms appearing in the text. Ensure to use all the idioms from the text correctly.

(4) Choose the correct idioms to fill in each of the blanks in the following sentences.

1   استمر الخط الساخن للوزارة بتلقي البلاغات والشكاوى وإخطار غرفة العمليات بآخر المستجدات _____ .

  أ   دون سابق إنذار
  ب   أولًا بأول
  ج   بالجرم المشهود

2   وكان الإمبراطور قد _____ منذ بداية حكمه على شن الحرب ضد أعدائه.

  أ   أرداه قتيلًا
  ب   عقد العزم
  ج   أهدرت دمه

3   وأطلق المتهم رصاصتين على صاحب المحل مما _____ في الحال.

  أ   عقد العزم
  ب   أهدر دمه
  ج   أرداه قتيلًا

4   لقد اضطر الكاتب إلى التواري عن الأنظار بعد صدور الفتوى التي _____ .

  أ   أردته قتيلًا
  ب   صفت حسابها معه
  ج   أهدرت دمه

The practice exercises

5 الشهر المقبل سأكون قد أكملت خمسين عامًا من عمري _____.
    أ   دون سابق إنذار
    ب   بالتمام والكمال
    ج   بالجرم المشهود

6 تستطيع أن ترى _____ كيف تغير مساحيق التجميل وجه هذه المرأة.
    أ   بأم عينيك
    ب   بالجرم المشهود
    ج   أثرًا بعد عين

7 بقتلها للزعيم الروحي للجماعة المسلحة تكون الحكومة في هذه الضربة قد _____ مع أخطر جماعة.
    أ   أهدرت دمه
    ب   أردته قتيلًا
    ج   صفت حسابها

8 من قال إن قانون _____ يحقق العدالة؟
    أ   بالتمام والكمال
    ب   العين بالعين والسن بالسن
    ج   دون سابق إنذار

9 واطلع الوفد على عمليات البناء والإعمار التي تشهدها البلدة التي أصبحت _____ بعد الهجوم الذي تعرضت له في بداية العام الماضي.
    أ   أثرًا بعد عين
    ب   بالجرم المشهود
    ج   عاقدة العزم

10 اقتحمت قوات مكافحة الشغب مركز قيادة التظاهرات _____ في ساعة متأخرة من مساء الخميس.
    أ   بالجرم المشهود
    ب   دون سابق إنذار
    ج   بأم عينيه

11 تم إلقاء القبض على شاب عشريني إثر ضبطه _____ وهو يروج لمواد ممنوعة.
    أ   أولًا بأول
    ب   بالتمام والكمال
    ج   بالجرم المشهود

(5) Translate the following sentences into Arabic. Translate the words in bold into one of the idioms of this unit.

  1 This employment is non-contractual and can be altered **without warning**.

2 I **saw first-hand** the difference one person can make in the lives of these children.

3 The building was **left in ruins** after it was targeted by four missiles.

4 The company is **a whole** ten years old.

5 The militia was used to **settle accounts** with political adversaries.

6 The firm seems **set on** moving the headquarters to another location.

7 A drug dealer has been jailed for three years after being **caught red-handed**.

8 We explicitly reject the notion of "**an eye for an eye and a tooth for a tooth**."

9 The detectives will **keep us updated** on the developments in the area.

10 The tribe **forfeited the blood** of the man who raped and killed one of their women.

11 The officer fatally shot and **killed** the kidnapper.

(6) Use the idioms of this unit in sentences of your own.

This practice exercise covers the following Arabic idioms:

بأم عينيه	عقد العزم	بالتمام والكمال
أرداه قتيلا	أثرًا بعد عين	أهدر دمه
أولًا بأول	بالجرم المشهود	دون سابق إنذار
العين بالعين والسن بالسن	صفى حسابه	

30 نهاية مطرب في زمن الإنترنت

بدأ كمطربٍ مغمورٍ يُغنّي في الحفلات، ولكنّ الحظَّ ابتسمَ لهُ عندما اتّفقَ مع صاحبِ شركةِ إنتاجٍ فنّيٍّ لتسجيلِ أغانيه. وقد جمعَ بعضَ المالِ من بيعِ كاسيتات أغانيه، مع أنّ صاحبَ الشّركةِ كان يُجحفُ حقَّهُ، ويُعطيهِ مقابلَ بيعِ عشرةِ كاسيتات ثمنَ كاسيتٍ واحد. لم يعترض، فاهتمامهُ كان منصبًا على أن يُصبحَ مشهورًا في عالمِ الغِناءِ والطّرب فالشهرةُ لها ثمنُها كما يُقال.

بدأ اسمهُ ينتشرُ بعد أن غنّى في حفلِ زفافٍ كان يحضرهُ مديرُ الإذاعة، وبعد أسبوعين وجدَ نفسَهُ في استوديو الإذاعة وهو يُسجّلُ أغنيتَهُ التي قادتهُ للنّجوميّة. لم تمرّ عدةُ أشهرٍ إلّا وأصبحَ يظهرُ على شاشةِ التّلفزيون وهو يُغنّي نفسَ الأغنية. من المؤكّدِ أنّ أغنيتَهُ التي أعجبت مديرَي الإذاعةِ والتّلفزيون ستُعجِبُ الجماهير. وهكذا فقد أصبحَ مطربًا معروفًا يُردّدُ النّاسُ أغانيه، ويتزاحمُ المسؤولونَ والأغنياء على دعوتهِ لإحياءِ حفلاتِهم.

تطوّرتِ الأمورُ، وأصبحَ رصيدُهُ من الأغاني والشُهرة يزدادُ، فقد اشتهرَ اسمهُ في كلِّ مكان. وأصبحَ صوتُهُ المميَّزُ يُمثّلُ بلدَهُ بين البُلدان، وكان يشعرُ بأنّهُ بلبلٌ يُغرّدُ بألحانِ وطنهِ أينما ذهب. اختفى الكاسيتُ وظهرَ القُرصُ المُدمَجُ، وانتشرتِ القَنَواتُ الفضائيّةُ التي كانت تستضيفُهُ وتعرضُ أحدثَ أغانيهِ التي تطوّرتْ من ألحانٍ محليّةٍ وتراثيّةٍ إلى ألحانٍ سريعةٍ تُحاكي التّغيّرَ الذي حصلَ لأذواق الناس في كلِّ مكان. ومع مرورِ الوقتِ والتّطوّر التكنولوجيّ كان اسمهُ يزدادُ انتشارًا. كثيرًا ما كان يستغرقُ بالضحكِ وهو يُشاهدُ بعضَ الهُواةِ والمطربينَ المبتدئينَ وهم يتلعثمونَ كي يقلدوا أغانيهِ في برامج كانت تبثُّها الفضائيات، بينما كان يمتلئُ بالفخرِ في نفسِ الوقتِ لأنّ الشّبابَ يحاولونَ تقليدَهُ والسّير على خُطاه.

كتبتْ عنهُ الصُحفُ، وأصبحتْ صورتُهُ في جيوبِ المعجباتِ وهنّ يستمعنَ إلى أغانيهِ عبرَ أحدثِ الأجهزة. أمّا حفلاتهُ فقد أصبحتْ عالميةً، يحضرُها الآلافُ من المعجبينَ والمعجباتِ، وتأخذُ منهُ كلَّ جهدِهِ، ويُديرُها طاقمٌ كبيرٌ من الفنّيينَ والإداريين. وجاءَ زمنُ

DOI: 10.4324/9781003096665-61

الإنترنتِ والهاتفِ النّقال، وعبرَ البريدِ الإلكترونيّ أصبحتْ تصِلُهُ بلا هوادةٍ الكثيرُ من رسائلِ الإعجابِ والكراهيةِ من مختلفِ أصنافِ البشر. في زمنِ الإنترنت باتَ العالَمُ كلُّهُ يستمعُ إلى أغانيهِ القديمةِ والحديثةِ التي أصبحتْ متاحةً للجميعِ بالمَجّان. وبدا لهُ وكأنّ العالَمَ الحقيقيَّ بحفلاتهِ وإذاعاتهِ وتلفزيوناتهِ قد انتهى لِيصبحَ افتراضيًا أكثرَ فأكثر. وكي لا يُقال عنهُ بأنّهُ قد تخلّفَ عن الرّكبِ في هذا العالَمِ، فقد أخذ بنصيحةِ أصدقائهِ وبدأ باستخدامِ وسائلِ التّواصلِ الاجتماعيّ، التي صار يضع فيها إعلاناتٍ عن حفلاتهِ التي أصبحتْ قليلةً جدًا، ومقاطعَ من أغانيهِ القديمةِ والحديثةِ وصورَهُ بالطّبع وبمختلفِ الأزياء، بالإضافةِ إلى آرائهِ وتعليقاتهِ حولَ كلِّ شيءٍ من الموسيقى إلى الطّبخِ والسّياسة. أرادَها أن تكونَ معرضًا افتراضيًا لحياتهِ الفنيّةِ وقد ظنَّ أنّ ذلك سيزيدُ من شعبيتهِ، ويجعلهُ محبوبَ الجيلِ الجديد.

ولكن حصلَ ما لم يكُن في الحُسبان، فقد أطلقَ شابٌ متهورٌ في إحدى مواقعِ التّواصلِ الاجتماعيّ إشاعةً بأنّ أغانيهِ تجلبُ النّحسَ وتُسبّبُ الكآبة. ولم تَمضِ أيامٌ حتى انتشرتِ الإشاعةُ كالنارِ في الهشيمِ وأصبحَ هو وأغانيه مادةً للاستهزاءِ والهجومِ من على مواقعِ التّواصلِ الاجتماعيّ من جمهورٍ لا يُقدّرُ الفنَّ ولا يحترمُ مشاعرَ النّاس. حاولَ أنْ يتمالكَ أعصابَهُ، ولكنّ الإشاعةَ أشعلتْ مواقعَ التّواصلَ الاجتماعيّ، وأصبحَ العالمُ مشغولًا بإشاعةِ تأثيراتِ أغانيهِ السّلبيةِ بدلَ الحديثِ عن تراثِهِ الفنّيّ.

وصلتْهُ رسالةٌ نصيّةٌ تُخبرهُ بأدبٍ بأنّ حضورَهُ لم يعُد ضروريًا للغِناءِ في الحفلةِ التي كان يَنوي إقامتَها أحدُ الوُجَهاءِ بمناسبةِ زواجِ ابنتهِ، فيما اتّصلَ به صحفيٌّ يسألهُ عن رأيهِ في الإشاعةِ وهو يضحك. رمى الهاتفَ جانبًا ووضعَ يدَهُ على جبهتهِ حزينًا، فقد شعرَ بأنّ الحابلَ قد اختلطَ بالنابلِ في هذا الزّمنِ، ولم يعُد هناكَ مَن يستمعُ لأغانيهِ إلّا مِن أجلِ الضّحكِ والاستهزاء. سارعَ إلى إغلاقِ حساباتِهِ في مواقعِ التّواصلِ الاجتماعيّ، وشغّلَ مسجِّلَهُ القديمَ مستمعًا إلى أغنيتهِ الأولى من الكاسيتِ مُستذكِرًا أيامَ الصُّعودِ إلى القِمّة، فبقاءُ الشُّهرةِ إلى الأبدِ أمرٌ صعبُ المنال، إنْ لم يكُن أضغاثَ أحلام.

(1) Carefully read the text, then discuss how the idioms are used to convey the meaning.

(2) Translate the text into English, making sure that your final translation reads like authentic English and reproduces the content and style of the text.

(3) Express what you understand in Arabic by using the idioms appearing in the text. Ensure to use all the idioms from the text correctly.

The practice exercises

(4) Choose the correct idioms to fill in each of the blanks in the following sentences.

1 عاش الممثل الشاب في فقر مدقع لسنوات إلى أن _____ صدفة فالتقى بمخرج معروف انتشله من الفقر ليدخله إلى عالم الشهرة.

أ أجحف بحقه
ب استغرق بالضحك
ج ابتسم له الحظ

2 بسبب قلة الموارد المالية فإن الجامعة _____ الجامعات العالمية وحتى الإقليمية، وسبقتها الكثير من الجامعات في دول الجوار بأشواط.

أ سارت على خطى
ب تخلفت عن ركب
ج انصب اهتمامها على

3 أجهشت السيدة بالبكاء ولم تستطع أن _____ حين تذكرت أحداث المجزرة التي حصلت في قريتها أثناء الحرب الأهلية.

أ تسير على خطاها
ب تتمالك أعصابها
ج تستغرق بالضحك

4 إن قصص الخيال العلمي ليست _____ بل هي توقعات مستقبلية صيغت بطريقة أدبية.

أ أضغاث أحلام
ب النار في الهشيم
ج استغراق في الضحك

5 يتوقع الخبراء السياسيون أن _____ الرئيس الجديد على إجراء إصلاحات اقتصادية وإحداث تغييرات في مختلف الجوانب السياسية.

أ يجحف حق
ب يسير على خطى
ج ينصب اهتمام

6 حاول أن لا يكون كل همك هو إسعاد الآخرين لإن إرضاء الناس هي غاية _____.

أ صعبة المنال
ب أضغاث أحلام
ج تجحف بحقهم

7 إن الحزب اليميني الحاكم _____ اليسار في أغلب سياساته الاقتصادية.

أ تخلف عن ركب
ب يسير على خطى
ج تمالك أعصابه

8 ______ الجمهور ______ لدى مشاهدته فيلم تشارلي تشابلن.

أ ابتسم له الحظ
ب تمالك أعصابه
ج استغرق بالضحك

9 إن طرد اللاعب بسبب تحيز الحكم هو__________ فريقه.

أ سير على خطى
ب إجحاف بحق
ج استغراق بالضحك

10 و _______ أثناء المؤتمر الصحفي عندما حصل عراك بين الصحفيين.

أ سرنا على خطى
ب ابتسم لنا الحظ
ج اختلط الحابل بالنابل

11 وانتشر الوباء في بلدان العالم انتشار ________، حيث اكتظت المستشفيات في مدن العالم بأعداد كبيرة من المرضى.

أ صعب المنال
ب النار في الهشيم
ج أضغاث أحلام

(5) Translate the following sentences into Arabic. Translate the words in bold into one of the idioms of this unit.

1 Days later, **fortune smiled on her** when the manager rang to offer her a job.
2 I was struggling to **keep my temper in check**, when he smirked.
3 The man **laughed like a drain** when he saw his wife dressed up as a witch.
4 For people from lower classes, these kinds of jobs seem like **unattainable** dreams.
5 The new law is **unfair towards** younger employees.
6 Sadly, disinformation campaigns **spread like wildfire** on social media.
7 The yearly resolutions have once again become nothing but **pipe dreams**.
8 We are pinning our hopes on him **to follow in the footsteps of** his grandfather.

The practice exercises

9 The firm has **focused its attention** on developing unique services.

10 The moment the news broke out, **everything got mixed up**.

11 Housing development in this area has **lagged behind** that of the rest of the country.

(6) Use the idioms of this unit in sentences of your own.

> ***This practice exercise covers the following Arabic idioms:***
>
> | | | |
> |---|---|---|
> | ابتسم له الحظ | اختلط الحابل بالنابل | تمالك أعصابه |
> | أضغاث أحلام | صعب المنال | أجحف حقه |
> | استغرق بالضحك | تخلف عن الركب | سار على خطى |
> | | النار في الهشيم | انصبّ اهتمامه على |

For Product Safety Concerns and Information please contact our EU representative GPSR@taylorandfrancis.com
Taylor & Francis Verlag GmbH, Kaufingerstraße 24, 80331 München, Germany

www.ingramcontent.com/pod-product-compliance
Lightning Source LLC
Chambersburg PA
CBHW061342300426
44116CB00011B/1956
9780367561529